clave

Manuel J. Smith fue psicólogo e impulsor de la terapia asertiva sistemática. Trabajó en la formación de voluntarios de Peace Corps, en el Hospital de Veteranos de Sepúlveda y en un centro de terapia del comportamiento de Beverly Hills. Entre su obra destaca *Libérese de sus miedos*, *Sí, puedo decir no* y *Cuando digo no, me siento culpable*, libro que ha sido traducido a quince idiomas y del que se han vendido más de cinco millones de ejemplares en todo el mundo.

Cuando digo no, me siento culpable

Un método fácil y de excelentes resultados para afirmar los propios derechos y aspiraciones

MANUEL J. SMITH

Traducción de
Ramón Hernández Sol

DEBOLS!LLO

Papel certificado por el Forest Stewardship Council®

MIXTO
Papel | Apoyando la
silvicultura responsable
FSC® C117695
www.fsc.org

Penguin
Random House
Grupo Editorial

Título original: *When I Say No, I Feel Guilty*
Traducido de la edición original de The Dial Press, Nueva York, 1975
Publicado por acuerdo con Dell Publishing, Nueva York

Primera edición con esta cubierta: octubre de 2023

© 1975, Manuel J. Smith
© 1977, Penguin Random House Grupo Editorial, S. A. U.
Travessera de Gràcia, 47-49. 08021 Barcelona
© 1977, Ramón Hernández Sol, por la traducción
Diseño de la cubierta: Penguin Random House Grupo Editorial / Laura Jubert
Imagen de la cubierta: © Shutterstock

Printed in Spain – Impreso en España

ISBN: 978-84-9908-649-1
Depósito legal: B-13.670-2023

Impreso en Novoprint
Sant Andreu de la Barca (Barcelona)

P 8 8 6 4 9 E

A la Humanidad, la única especie animal que realmente me importa, y a sus miembros siguientes: Dennis, Evelyn, Fred, Gladys, Hal, Ian, Irv, Jennie, JoAnn, Joe, Mannie, Phil, Sue y El Turco

Índice

Prólogo

La teoría y las técnicas verbales de la terapia asertiva (o afirmativa) sistemática son resultado directo de los trabajos efectuados con seres humanos normales, en el curso de los cuales se intenta enseñarles algo acerca de la manera de enfrentarse eficazmente con los conflictos que a todos nos plantea el hecho de la convivencia con otros. Mi motivación inicial para establecer un método sistemático encaminado a enseñar a «estar a la altura», a reaccionar de manera asertiva, arranca de mi nombramiento como Oficial de Evaluación sobre el Terreno, en el Centro de Formación y Perfeccionamiento del Cuerpo de la Paz, situado en las colinas próximas a Escondido, California, durante el verano y el otoño de 1969. En el curso de dicho período observé, descorazonado, que las técnicas tradicionales —conocidas, pintorescamente, con el nombre de «armamentarium» del psicólogo clínico (o de cualquier otra disciplina terapéutica, para el caso)— resultaban harto limitadas dentro de aquel marco de formación. La intervención en caso de crisis, el asesoramiento o la psicoterapia individuales, y los métodos o procesos de grupo, incluidos los de formación de la sensibilidad o los de crecimiento-encuentro en grupo, poco hacían para enseñar a los reclutas relativamente normales del Cuerpo de la Paz a resolver los problemas cotidianos de la interacción humana que la mayoría de los voluntarios veteranos habían visto planteárseles en el extranjero, en sus países huéspedes. Nuestro fracaso en el intento de ayudar a aquellos entusiastas jóvenes de ambos sexos se hizo patente al cabo de doce semanas de adiestramiento práctico y teórico intensivo, cuando, por ejemplo, se les practicó la primera demostración de un rociador portátil de insecticida. Sentados sobre sus talones en un campo polvoriento, para simular un grupo de labradores latinoamericanos, había un abigarrado conjunto de doctores en filosofía y psicólogos, un psiquiatra, instructores de lenguaje y voluntarios veteranos disfrazados con sombreros de paja, pantalón corto, sandalias, botas de soldado, zapatos de tenis o simplemente descalzos. Mientras los alumnos llevaban a cabo su demostración sobre el terreno, los pretendidos labradores mostraban escaso interés por el rociador de insecticida, por el aparato en sí, y gran interés en cambio por los forasteros que habían aparecido en los campos de su aldea. Si es cierto que los alumnos eran capaces de dar respuestas acertadas a toda clase de preguntas sobre agronomía, lucha contra las plagas, regadío o fertilización, ni uno solo de ellos pudo dar una respuesta creíble a las preguntas que con toda probabilidad serían las primeras que les formularían aquellas gentes a las que deseaban ayudar: «¿Quién os ha enviado aquí a vendernos ese aparato?» «¿Por qué os empeñáis en que lo empleemos?» «¿Por qué habéis venido desde el otro extremo de América para explicarnos esto?» «¿Qué ganáis con ello?» «¿Por qué habéis venido primero a nuestro pueblo?» «¿Por qué tenemos que conseguir mejores cosechas?», etc. Mientras todos y cada uno de los alumnos trataban, exasperados, de hablar del aparato rociador, los pretendidos labriegos no cesaban de formular preguntas acerca de las razones de su visita. Ni un solo alumno, que yo recuerde, respondió asertivamente más o menos con estas palabras: *«Quién sabe...* ¿Quién conoce la respuesta a todas vuestras preguntas? Yo no. Yo solo sé que deseaba venir a vuestro pueblo y conoceros y mostraros cómo este aparato puede ayudaros a cultivar más alimentos. Si deseáis aumentar vuestras cosechas, tal vez yo os pueda ayudar en ello». Sin esa clase de *actitud no defensiva y de respuesta verbal asertiva,* cuando se encontraron en la posición *indefendible* de ser interrogados en busca de motivos poco honestos, la mayoría de los alumnos vivieron una experiencia turbadora e inolvidable.

Aunque les habíamos dado una buena preparación lingüística, cultural y técnica, no les habíamos preparado en absoluto para enfrentarse de manera asertiva y confiada a un examen personal crítico, efectuado en público, de sus motivos, sus deseos, sus debilidades y aun de sus fuerzas; en breve, para un examen de sí mismos en tanto que personas. No les habíamos enseñado a resolver una situación en la que el alumno se empeñaba en hablar de agronomía mientras que los fingidos campesinos (como lo hubieran hecho los de verdad) solo querían hablar de los propios alumnos. No les habíamos enseñado a reaccionar en parecida situación porque en aquel entonces no sabíamos qué debíamos enseñarles. Todos teníamos ideas vagas acerca de la situación, pero ninguna de ellas nos resultaba muy útil. No enseñamos a los alumnos a afirmarse a sí mismos sin tener que justificarse o dar una razón para todo lo que hacen o quieren hacer. No enseñamos al alumno a decir simplemente: «Porque quiero...» y a dejar luego lo demás al buen criterio de las personas a las que iba a tratar de prestar ayuda.

En las pocas semanas que quedaban antes de la ceremonia del juramento y de su marcha, llevé a cabo un sinnúmero de experimentos con toda clase de variaciones e improvisaciones de adiestramiento terapéutico con todos los alumnos que se mostraron bien dispuestos a ello. A medida que se acercaba la última semana, el número de los alumnos que me evitaban iba en aumento. Ninguna de las ideas brotadas de mi cerebro dio por el momento resultado alguno, ni pareció siquiera prometedora. Pero hice, eso sí, una observación importante: los alumnos que se mostraban menos capaces de enfrentarse a un examen personal crítico se comportaban, en su trato con otras personas, como si no pudieran admitir el menor fracaso; parecían persuadidos de que tenían que ser perfectos.

Hice esta misma observación durante mis cargos clínicos, en

1969 y 1970, en el Centro de Terapia del Comportamiento, de Beverly Hills, California, y en el Hospital de la Administración para Veteranos, en Sepúlveda, California. Durante el tratamiento y la observación de pacientes cuyo diagnóstico iba desde manías normales o leves hasta graves perturbaciones neuróticas y hasta esquizofrenias, descubrí que muchos de ellos tenían la misma incapacidad para mostrarse a la altura que los jóvenes reclutas del Cuerpo de la Paz, solo que en grado mucho mayor. Muchos de aquellos enfermos parecían incapaces de enfrentarse con afirmaciones o preguntas críticas acerca de sí mismos formuladas por otras personas. Uno de los enfermos, en particular, se mostraba tan marcadamente reacio a hablar de nada que guardara relación con él, que en cuatro meses de terapia tradicional solo se consiguió arrancarle unas pocas docenas de frases. A causa de su mutismo y su aislamiento de otras personas y de la manifiesta ansiedad que le producía la proximidad de otros, se le diagnosticó como un caso grave de ansiedad neurótica. Guiado por la intuición de que se trataba simplemente de un caso extremo del síndrome de los alumnos del Cuerpo de la Paz, dejé de «hablarle» de sí mismo para hablarle de las personas que más conflictos le habían causado en la vida. Durante un período de semanas averigüé que sentía terror y hostilidad al mismo tiempo contra su padrastro, una persona que, frente a él, solo acertaba a adoptar una de estas dos posiciones: crítica o protección paternalista. Nuestro joven paciente, por desgracia, no conocía otra manera de relacionarse con su padrastro más que como objeto de crítica o de protección. En consecuencia, en presencia de aquella figura autoritaria, el paciente se encerraba prácticamente en un mutismo total. Su silencio casi involuntario, producido por su temor a ser criticado y su convicción de que era incapaz de defenderse por sí mismo, se generalizó y era esgrimido contra cualquier otra persona que mostrara la menor seguridad en sí misma. Cuando pregunté a aquel joven atemorizado si le interesaría aprender a defenderse contra las críticas de su padrastro, empezó a hablarme como una persona a otra persona. Emprendimos juntos, en plan experimental, un trabajo encaminado a *desensibilizarle a las críticas* de su padrastro, de su familia y de la gente en general. Al cabo de dos meses, aquel «neurótico mudo» fue dado de alta, después de haber sido el cabecilla de un grupo de otros jóvenes que hicieron una escapada para ir a echar unos tragos y armaron luego la gran juerga en su sala, a su regreso. Según los últimos informes obtenidos, ingresó en un colegio, empezó a vestir a su antojo y a hacer casi todo lo que le daba la gana, pese a todas las protestas de su padrastro, y parece sumamente improbable que sea necesario volver a internarlo jamás.

A raíz de este tratamiento eficaz pero enteramente nuevo, el doctor Matt Buttiglieri, psicólogo jefe del Hospital de Sepúlveda, me animó a ensayar esas técnicas de tratamiento con enfermos de tipo similar y a establecer un programa de tratamiento sistemático para personas incapaces de afirmarse. Durante la primavera y el verano de 1970, las técnicas de terapia asertiva o afirmativa descritas en el presente libro fueron evaluadas clínicamente, tanto en el Hospital de la Administración para Veteranos, de Sepúlveda, como en el Centro de Terapia del Comportamiento, por obra del gran clínico y colega nuestro, el doctor Zev Wanderer. Posteriormente, esas técnicas sistemáticas han sido ampliadas y utilizadas por mí mismo, por mis alumnos y por mis colegas para enseñar a las personas incapaces de afirmarse a sí mismas a tratar de manera eficaz con los demás en una variedad de situaciones. Esas técnicas asertivas se han enseñado en clínicas universitarias, de distrito y privadas, destinadas a enfermos no internados, y han figurado en programas y clases de formación universitaria, en seminarios de formación celebrados en fines de semana, y en reuniones prácticas profesionales, así como en programas de formación orientada hacia los delincuentes en libertad vigilada, la asistencia social, los presos, la rehabilitación de ex presos y las escuelas públicas, y los resultados obtenidos han sido objeto de informes presentados en reuniones profesionales.

Para mí es indiferente que decidamos llamar a las personas susceptibles de beneficiarse de la terapia asertiva sistemática gente normal que tropieza con dificultades a la hora de mantenerse verbalmente a la altura frente a los demás (como en el caso de los reclutas del Cuerpo de la Paz), o personas neuróticas, como en el caso del joven enfermo «mudo». Lo que interesa e importa es aprender a enfrentarnos con los problemas y conflictos de la vida y con la gente que nos los plantea. He aquí, en resumen, en qué consiste la terapia asertiva sistemática, y he aquí por qué se escribió este libro. Las técnicas asertivas descritas en esta obra se basan en cinco años de experiencias clínicas realizadas por mí mismo y por mis colegas en el arte de enseñar a la gente a «mantenerse a la altura». Al escribir acerca de la teoría y la práctica de la terapia asertiva sistemática, mi objetivo estriba en ayudar al mayor número de personas posible a comprender mejor lo que ocurre a menudo cuando nos sentimos incapaces de enfrentarnos con otra persona... y a remediar esta dificultad.

M.J.S.
Westwood Village
Los Ángeles

Agradecimientos

Mi sincero agradecimiento a los colegas, los estudiantes y los alumnos que han contribuido a la redacción final de este libro y al desarrollo de la terapia asertiva sistemática como un sistema de conocimientos clínicos y prácticos, por permitirme describir aquí las experiencias que realizamos conjuntamente.

Quiero dar las gracias en particular a las siguientes personas, por la colaboración constructiva que me han prestado con sus críticas, sus consejos y la revisión del original: a la señora Susan F. Levine, M.S.W., que colaboró estrechamente conmigo en el Instituto de Salud Mental del distrito de Los Ángeles, por su juicio crítico de cada una de las partes del original, formulado en el curso de su redacción desde un punto de vista clínico pero al mismo tiempo cálido y humano, y por el entusiasmo chispeante con el que acierta a enseñar el sistema asertivo aun después de tantas y tantas clases y reuniones de trabajo; al doctor Irving M. Maltzman, decano de la Facultad de Psicología de la Universidad de California, en Los Ángeles, por haber leído mis primeros borradores, que me alentó a ampliar en forma de libro, y por su revisión del primer borrador técnico; a Fromme Fred Sherman, M.S., mi viejo colega del Cuerpo de la Paz, por su revisión de mi primer borrador y por las valiosas sugerencias con las que lo mejoró, así como por su agilidad mental y su ingenio puestos a contribución en la enseñanza práctica del sistema, y más tarde por su deliciosa interpretación de Tevye después de ocho horas de trabajo; al doctor Zev Wanderer, director del Centro de Terapia del Comportamiento, de Beverly Hills, California, por sus consejos, sus observaciones, y su crítica de las técnicas terapéuticas descritas en el original de este libro, así como por haberme animado a publicarlas. Aunque todos ellos han contribuido a la redacción y al contenido definitivos del libro, debo aceptar de antemano la plena responsabilidad por cualquier error o inexactitud que pudiera contener.

Quiero dar las gracias también a Nancy Stacy y a Jennifer Patten Smith, expertas mecanógrafas y redactoras gracias a las cuales tiene algún sentido lo que yo escribí; gracias, especialmente, a Jennifer, quien siempre acierta a interpretarme cuando yo no consigo expresar sobre el papel mis pensamientos.

Debo dar gracias muy especiales a Joyce Engelson, editora ejecutiva de The Dial Press, Nueva York; mi agradecimiento a ese excepcional «sargento» de instrucción literaria cuyo duro trabajo y cuyo afectuoso interés por mi manuscrito tanto significaron para este y para mí.

1

Nuestras reacciones hereditarias para la supervivencia; frente a los demás, nos defendemos mediante la lucha, la huida o nuestra afirmación verbal

Hace cerca de veinte años, y recién licenciado del ejército, conocí en la universidad a un hombre honrado y cordial. Joe era entonces un joven profesor y yo uno de sus alumnos. Cuando le conocí, Joe enseñaba psicología y sigue haciéndolo. La enseñaba con un estilo duro, testarudo, abierto. Destruía implacablemente todas las ideas ingenuas que sus alumnos albergaban acerca de la disciplina llamada psicología. Se negaba a dar las explicaciones esperadas acerca de las normalidades mundanas de la mente, el comportamiento o el espíritu de motivación humanos. En lugar de exponer complicadas teorías sobre el motivo de nuestros diversos comportamientos, hacía hincapié en la simplicidad. Para él, bastaba describir cómo funcionaban las cosas psicológicamente, y comprobar que funcionaban realmente así, empleando simples presupuestos, y encareciéndonos a dejar así las cosas, sin más. Albergaba la firme creencia de que el 95 por ciento de lo que se presenta pomposamente como teoría psicológica científica es pura bazofia y de que deberá transcurrir todavía mucho tiempo antes de que conozcamos realmente nuestros mecanismos básicos lo bastante bien como para poder explicar completamente la mayor parte de lo que vemos.

El valor del argumento de Joe resulta tan convincente actualmente como lo era hace veinte años... ¡y sigo estando de acuerdo con él! Las explicaciones técnicas o místicas de altos vuelos resultan a menudo interesantes y hasta literarias, pero no solo son innecesarias sino que no hacen más que complicar las cosas sin añadir un ápice a nuestros conocimientos reales. Para *hacer uso* de lo que la psicología puede ofrecernos, es más importante saber qué es lo que resultará eficaz, qué es *lo que funcionará,* más que *por qué* habrá de funcionar. Por ejemplo, en el trato con mis pacientes, observo que resulta típicamente inútil concentrarse demasiado en averiguar *por qué* un paciente tiene un determinado problema; se trata de una especie de masturbación académica que puede prolongarse durante años sin resultados positivos. Y hasta puede resultar perniciosa. Resulta mucho más útil concentrarse en estudiar *qué* es lo que el paciente va a hacer, acerca de su comportamiento, y no empeñarse en comprender por qué se comporta como lo hace.

Joe llegó al extremo de hacer añicos cualquier idea que hubiésemos podido hacernos acerca de los psicólogos como nuevos sumos sacerdotes omniscientes del comportamiento humano, al refunfuñar en plena clase: «¡Me fastidian los alumnos que hacen preguntas que no sé contestar!». Como se adivinará sin duda, el carácter de Joe fuera del aula no era muy diferente, y, a pesar de ser un experto en comportamiento humano, no le faltaban problemas en su trato con los demás. Joe tenía problemas suficientes además de los que yo le planteaba y que le obligaban a refunfuñar ásperamente cada semestre, después de distribuir las calificaciones: «Esos estudiantes andan quejándose siempre de que tienen demasiados problemas personales que estudiar. ¿No pueden apechugar con sus problemas? ¡Si no tuvierais problemas, todavía no habríais empezado a vivir!».

Cuando, con el tiempo, llegué a conocer a Joe como un amigo íntimo y un verdadero experto en comportamiento humano, me di cuenta de que tenía los mismos problemas que yo en su trato con los demás, y aproximadamente en la misma proporción. A medida que fui conociendo a otros expertos en comportamiento humano, en psicología y en psiquiatría, descubrí que también ellos tenían problemas en el trato con los demás. El título de «doctor» y los conocimientos que lo acompañan no nos eximen de experimentar los mismos problemas que vemos en nuestros familiares, vecinos, amigos y hasta en nuestros pacientes, independientemente de cuáles sean sus ocupaciones o sus estudios. Lo mismo que Joe, lo mismo que otros psicólogos y no psicólogos, todos tenemos problemas en nuestro trato con los demás.

Cuando nuestros maridos, nuestras esposas o nuestros amantes se sienten desdichados por algún motivo, saben hacer que nos sintamos culpables aun sin decir una sola palabra acerca de ello. Basta una determinada forma de mirarnos, o una puerta que se cierra con un estruendo ligeramente superior al normal, anunciando una hora de silencio, o la petición glacial de que cambiemos de canal de televisión. Una vez Joe me decía, lamentándose: «Que me aspen si sé cómo lo consiguen, o por qué reacciono de esta manera, pero de un modo o de otro acabo por sentirme culpable aunque no tenga motivo alguno para ello».

Los problemas no se limitan a los que nos plantean nuestras parejas. Si los padres y la familia política quieren algo, son capaces de hacer que sus hijos e hijas adultos se sientan ansiosos como chiquillos, aunque ya sean padres también ellos. Todos sabemos perfectamente cuál es nuestra reacción íntima ante un silencio de nuestra madre por teléfono o ante la mirada de desaprobación de un suegro, o de una observación de papá o mamá del tipo siguiente: «Debes de andar muy atareado últimamente. Ya no se te ve nunca por aquí», o «Hay un piso estupendo por alquilar en nuestro barrio. ¿Por qué no vienes mañana por la noche y le echamos una ojeada todos juntos?».

Como si el hecho de tener que enfrentarnos a esa clase de conflictos que nos forman un nudo en el estómago no bastara para inducirnos a dudar de nosotros mismos, también tenemos problemas con personas ajenas a nuestra familia. Por ejemplo, si el mecánico hace una reparación defectuosa a nuestro automóvil, el dueño del taller posee conocimientos suficientes para podernos explicar con todo lujo de detalles por qué nuestro radiador sigue recalentándose después de haber pagado cincuenta y seis dólares por su reparación. Pese a la habilidad con la que sabe hacernos sentir unos perfectos ignorantes en materia de automóviles y hasta culpables por no saber tratarlo como se debe, persiste en nosotros la inquietante sensación de que nos están tomando el pelo. Hasta nuestros amigos nos plantean problemas. Si un amigo nos sugiere una salida nocturna en plan de diversión, que no nos apetece, nuestra reacción casi automática será inventar una excusa; nos veremos obligados a mentir a nuestro amigo para no herir sus sentimientos, y al mismo tiempo nos sentimos como una odiosa culebra por obrar así.

Obremos como obremos, los demás pueden plantearnos problema tras problema. Muchas personas creen, de manera completamente irreal, que verse obligadas a enfrentarse con problemas día tras día es un estilo de vida nocivo o antinatural. ¡Nada de eso! La vida nos plantea problemas a todos. Es algo enteramente natural. Pero, con gran frecuencia, como resultado de la creencia irreal de que las personas sanas no tienen problemas podemos llegar a creer que la vida que nos ha tocado en suerte vivir no merece la pena de ser vivida. La mayoría de las personas a las que he llegado a conocer a fondo a través de las sesiones de terapia terminan por alimentar esta creencia negativa. Pero ello no es resultado de tener problemas, sino de sentirse incapaces de enfrentarse con ellos y con las personas que se los plantean.

Pese a que, por mi parte, experimento sentimientos muy parecidos cuando no acierto a enfrentarme a mis problemas, la suma de toda mi experiencia de psicólogo se rebela ante la idea de que los seres humanos constituimos una especie genéticamente anticuada, creada especialmente para una época anterior, en que las cosas eran más sencillas. ¡Cuentos! Me niego a aceptar que somos unos fracasados incapaces de vivir dichosos nuestra existencia cotidiana y de mostrarnos a la altura de esta era del espacio industrializada, urbanizada e higienizada. Por el contrario, mi criterio es completamente distinto, mucho más esperanzador y optimista; y ese criterio se basa en mi propia experiencia, en mis estudios profesionales, en lo que me enseñaron a mí y en lo que yo enseño, en mis investigaciones clínicas y de laboratorio, en los años que llevo enseñando a la gente a enfrentarse con los problemas que le plantea la vida, en el hecho de haber tenido que internar a centenares de personas contra su voluntad, simplemente porque no sabían cómo enfrentarse con los demás, y en los años que llevo tratando clínicamente trastornos psiquiátricos de toda clase, desde los más leves hasta los más peligrosos. Situando todas esas experiencias en perspectiva, junto con una observación naturalista del millar de otros seres humanos que he conocido en el curso de mi vida, llego a una conclusión más firme y más realista: *no solo es lógico esperar que se nos plantearán problemas por el mero hecho de existir, sino que es igualmente lógico prever que seremos todos perfectamente capaces de enfrentarnos eficazmente a esos problemas.*

Si no existiera en nosotros una capacidad hereditaria para enfrentarnos a toda clase de problemas, la especie humana habría dejado de existir hace ya mucho tiempo. Contrariamente a lo que trompetean los profetas apocalípticos, los seres humanos somos los organismos más perfectos, más adaptables, más inteligentes y más resistentes que ha producido la evolución natural. Si hemos de prestar crédito a las pruebas y a las conclusiones generales que los antropólogos, los zoólogos y otros hombres de ciencia nos presentan, vemos que hace muchos años tuvo lugar en esta tierra una larga lucha evolutiva. En esa lucha, la familia genética de nuestros antepasados humanos y animales compitieron con otras especies por la supervivencia, bajo las durísimas condiciones impuestas por las fuerzas ecológicas de la naturaleza. Pues bien, nuestros antepasados no solo sobrevivieron bajo esas condiciones de competencia, sino que medraron. Hemos sobrevivido y prevalecido, mientras otras especies se han extinguido o se encuentran en vías de extinción, porque estamos constituidos, fisiológica y psicológicamente, para sobrevivir bajo toda clase de condiciones. Nuestros antepasados primitivos sobrevivieron, no a pesar de los problemas que se les plantearon sino precisamente a causa de ellos. Como seres humanos, procedemos por evolución de una serie de animales que desarrollaron la capacidad de resolver con eficacia sus problemas en unos tiempos muy duros y en un medio inclemente. Gracias a esta capacidad, no solo hemos domeñado nuestra tierra y nuestro medio ambiente, sin encontrar otra forma de vida susceptible de ser comparada con nosotros en lo que se refiere a la gran capacidad que poseemos de luchar con éxito con las dificultades, sino que estamos iniciando el proceso de preservar nuestra tierra y las demás especies que en ella existen con miras a la supervivencia de las generaciones futuras.

¿En qué consisten esas capacidades de lucha hereditarias que han dado por resultado el éxito de la especie humana? ¿Qué tenemos en común, los hombres, con las especies animales en vías de extinción, y qué hay en nosotros de exclusivamente humano? Si observamos los principales comportamientos de lucha o de competencia en las especies subhumanas, particularmente en los vertebrados, siempre que surge un conflicto entre dos individuos de la misma especie solemos ver una reacción de lucha o de huida por parte de al menos uno de los dos animales en contienda. Tanto la lucha como la huida son medios muy eficaces para el enfrentamiento entre los animales. Estas dos clases de reacción parecen casi automáticas, como preprogramadas y de gran valor para la supervivencia, en el caso de los animales inferiores. También los seres humanos luchamos y huimos unos de otros, a veces a la fuerza, otras veces libremente, en ocasiones abiertamente, más a menudo disimulando nuestra reacción frente al contrincante. Luchamos o nos damos a la fuga porque procedemos por evolución de antepasados prehumanos que emplearon con éxito esas mismas reacciones innatas de defensa. En nuestra actual forma humana, sin embargo, no poseemos colmillos para la lucha, ni afiladas garras, ni músculos especializados para respaldar con eficacia nuestro comportamiento hereditario de agresión o de huida, como modos primordiales de relacionarnos unos con otros. Esforzándonos un poco, todavía somos capaces de producir un rugido suficiente para asustar a un ladrón, y por mi parte, aunque todavía confío en mi capacidad para echar una buena carrera en caso de apuro, no quisiera verme obligado a recurrir a ese procedimiento con demasiada frecuencia.

Aunque tenemos la lucha y la huida en común con los animales inferiores que actualmente sobreviven únicamente con nuestra venia, lo que nos distingue de las demás especies, sobre todo, es nuestro cerebro, grande, *nuevo,* verbal y capaz de resolver problemas, formado evolutivamente mediante la adición de sucesivas capas encima de nuestro cerebro animal, más primitivo. Hace aproximadamente un millón de años, al parecer, la evolución y la competencia por la supervivencia eliminaron a nuestros primos ancestrales, que fueron incapaces de agregar algo más eficaz a su primitiva panoplia constituida exclusivamente por la lucha y la huida. Al mismo tiempo, la evolución fortaleció la capacidad verbal y solventadora de problemas de cada nueva generación de nuestros antepasados, quienes, en consecuencia, sobrevivieron y nos produjeron a nosotros como sus descendientes. Nuestro nuevo cerebro, capaz de resolver problemas, nos permite comunicarnos y colaborar con otros cuando surge un conflicto o un problema. Esta capacidad de comunicación verbal y de resolución de problemas es la diferencia clave, para la supervivencia, entre los seres humanos y las especies que se han extinguido, o están en vías de extinción, o las que, cosa peor, han sido domesticadas.

Mientras que las especies animales no humanas solo cuentan con dos principales modos de comportamiento hereditarios para la supervivencia —la lucha y la huida— en común con nosotros, gracias a nuestros antepasados más logrados nosotros contamos con *tres* principales modos de comportamiento para la supervivencia y la relación con los demás: la lucha, la huida y la capacidad verbal para resolver problemas. La lucha y la huida del peligro son las reacciones que hemos heredado de nuestros antepasados *prehumanos*. Comunicarnos verbalmente unos con otros y resolver nuestros problemas de manera asertiva en lugar de luchar o huir, es la parte de nuestra herencia evolutiva que nos ha sido legada por nuestros primeros antepasados *humanos*. En suma, si bien tenemos la capacidad hereditaria de luchar o de huir para sobrevivir, no estamos obligados por nuestros instintos a hacer ninguna de esas dos cosas. Al contrario, se nos ofrece la opción, propia del ser humano, de hablar con los demás y de resolver de ese modo lo que nos preocupa.

Cuando tratamos de resolver algún conflicto en nuestro mundo moderno, civilizado, mediante la agresión o la huida, nunca lo hacemos abiertamente. Reaccionar de cualquiera de esas dos maneras no está muy bien visto. Desde chiquillos nos enseñaron que no debíamos luchar, que no debíamos darles en las narices a los otros niños. También nos enseñaron que teníamos que ser valientes y no huir corriendo de la gente que nos diera miedo. La mayoría de los chiquillos de la clase media, en la sociedad occidental, reciben de sus padres enseñanzas parecidas. Se nos adiestra a aceptar el conflicto pasivamente. «No devuelvas los golpes», «Aguanta firme», son dos métodos pasivos, ambos. Cuando alguien nos juega una mala pasada, por ejemplo, raras veces reaccionamos abiertamente. Nos limitamos a rechinar los dientes en silencio y a jurar para nuestros adentros que tomaremos represalias algún día. Este era el típico modo de comportamiento de una de mis pacientes, Diane, una mecanógrafa de veintinueve años. Diane trataba de responder a las exigencias de su jefe, cuando no le gustaban, mediante la agresión pasiva. En lugar de confesarle a su jefe su disgusto o de levantarse de un salto y chillarle: «¡Vayase al diablo!» o algo por el estilo, Diane obedecía a su jefe pero de mala gana. Cada vez que le tocaba el turno de preparar el café de la oficina, había desastre seguro. Diane lo derramaba, o lo hacía demasiado claro o excesivamente fuerte; en suma, daba un verdadero espectáculo de ineptitud, como todas las personas que luchan pasivamente contra algo. Si se le pedía que se quedara a trabajar hasta tarde para despachar un trabajo urgente, cometía un sinfín de errores mecanográficos y tardaba en terminarlo el doble de lo normal. En lugar de apelar a la agresión abierta, Diane recurría a la agresión pasiva; su jefe no podía acusarla concretamente de desobediencia o de indisciplina, y sin embargo la muchacha oponía a sus designios tantos obstáculos como podía. Como es fácil sospechar, la agresión pasiva de Diane le ocasionaba más problemas a ella que a su jefe.

Lo mismo que Diane, cada vez que usted o yo agredimos pasivamente, nos toca a *nosotros* limpiar la mesa del café derramado, o volver a prepararlo, o terminar nuestro trabajo dos veces más tarde de lo normal, por culpa de nuestra pasividad. Somos nosotros quienes pagamos el pato, y *no nuestro jefe*. Peor aún, si optamos por la agresión pasiva de ese tipo, lo más probable es que nuestro jefe vuelva a pedirnos lo mismo una y otra vez, y que volvamos a sentirnos tan frustrados mañana como hoy. La agresión pasiva suele beneficiarnos muy poco, y raramente conseguimos con ella lo que deseamos.

Diane, como muchos de nosotros, pretendía también resolver ciertos problemas apelando a la huida pasiva. Cuando alguien le planteaba un problema, rehuía a aquella persona en lo posible. Por ejemplo, Diane acudió a mi consultorio con un fracaso matrimonial sobre sus hombros y un posible divorcio a la vista. Aunque estaban separados, Diane veía a su marido casi cada día, puesto que ambos trabajaban en el mismo edificio. A veces, con ocasión de aquellos encuentros casuales, su marido se mostraba frío con ella. Su actitud era explicable, en parte, puesto que la consideraba culpable casi exclusiva del fracaso de su matrimonio. A Diane le resultaba difícil apechugar con aquella frialdad, especialmente cuando su marido se la demostraba en público. En aquel entonces, Diane pensaba que seguía queriendo a Bob, y le daban ganas de llorar cuando este obraba de aquel modo. Trató de resolver el problema dedicando grandes esfuerzos a evitar a su marido. Cuando Bob intentó llamarla para ponerse de acuerdo en cuanto al destino de sus bienes comunes, Diane pasó semanas enteras negándose a acudir al teléfono, y llegó al extremo de alejarse de su escritorio cuando sonaba el teléfono, incluso sin saber quién la llamaba. Ni siquiera en su apartamento podía estar tranquila, temiendo que Bob la llamara allí. Cuando Diane me confió su problema, iniciamos una serie de sesiones para enseñarle a *responder asertivamente* al comportamiento de Bob, en lugar de apelar, como lo había estado haciendo hasta entonces, a la huida. A fuerza de practicar ejercicios adecuados, Diane fue capaz de telefonear a Bob, de resolver el problema de la separación de bienes, y, cosa más importante todavía, de citarse para comer con él y discutir acerca de lo que le disgustaba en sus encuentros casuales.

Si la huida pasiva de Diane hubiese continuado, también habría seguido fracasando como método eficaz de resolver un problema (exactamente de la misma manera que fracasaba la agresión pasiva con la que respondía a las órdenes de su jefe). Llegó un momento en que debía elegir entre enfrentarse con el problema del reparto de sus bienes, o huir realmente de Bob y del proceso de divorcio. Más avanzada la terapia, Diane estuvo en condiciones de comprender que en el origen de muchos de sus problemas matrimoniales se hallaban sus métodos de agresión y huida pasivas en los conflictos surgidos entre Bob y ella. Como Diane descubrió con amargura demasiado tarde, si cualquiera de nosotros huye continuadamente, y de manera pasiva, de su contrincante durante un conflicto, es muy probable que este se irrite, abandone y rompa las relaciones con nosotros.

Cuando reaccionamos exclusivamente a través de la agresión o de la huida, nos sentimos además pésimamente, puesto que esos modos de comportamiento llevan siempre asociadas las desagradables emociones de la ira o del miedo. Cuando reaccionamos así, no solo somos presa de la ira o del miedo, sino que por regla general perdemos la batalla —y en la vida hay verdaderas batallas que se ganan y se pierden— contra los demás, con lo cual nos sentimos frustrados, y a menudo acabamos presa de la tristeza o de la depresión. El terceto ira, miedo y depresión constituye nuestro conjunto básico de emociones hereditarias asociadas con la supervivencia, y el denominador común que conduce a las personas en apuros a recurrir a la psicoterapia profesional. Los pacientes que recurren a mí se enojan y se muestran agresivos con los demás con excesiva frecuencia para su gusto, o bien temen continuamente a los demás y los rehuyen, o están hartos de perder y de sentirse deprimidos la mayor parte del tiempo. La mayoría de las personas que vemos los terapeutas apelan a nosotros como consecuencia de haber confiado excesivamente en la lucha o la huida en cualquiera de sus diversas y a veces extravagantes formas. Todos hemos experimentado las emociones de la ira, el miedo y la depresión, asociadas con la agresión, la huida y la frustración Si nos sentimos iracundos, asustados o deprimidos, ello no significa necesariamente que estemos enfermos en modo alguno, ni siquiera aunque decidamos pedir ayuda a causa de esas emociones. Si sentimos ira, temor o depresión, ello se debe a que, psicológica y fisiológicamente, estamos hechos para sentir esas emociones. Somos como somos porque esa disposición particular de tejido nervioso, músculos, sangre y huesos, y el comportamiento que resulta de todo ello, permitieron a nuestros antepasados sobrevivir en las condiciones más duras.

Las emociones negativas de la ira, el miedo y la depresión tienen un valor para la supervivencia, de la misma manera que lo tiene el dolor físico. Cuando tocamos un objeto caliente, nuestra mano se aparta automáticamente. Nuestro sistema nervioso está construido de tal modo que esta reacción se producirá mecánicamente, sin necesidad de reflexión alguna. Cuando experimentamos una emoción desagradable, experimentamos en realidad las modificaciones fisiológicas y químicas ordenadas por las partes «animales» primitivas de nuestro cerebro encaminadas a preparar al conjunto de nuestro cuerpo para dar una determinada respuesta de comportamiento. En el caso de la ira, experimentamos los preparativos de nuestro cuerpo para un ataque contra alguna persona o algún animal. No solo podemos experimentar esos preparativos para la agresión en nosotros mismos, sino que podemos ver sus resultados en el comportamiento de otras personas. Por ejemplo, ¿cuántas veces el equipo de fútbol favorito ha perdido el campeonato, derrotado en el partido decisivo por otro equipo inferior, simplemente porque los jugadores de este último acababan de ser insultados cruelmente en la caseta por su entrenador? Cuando llega el momento de defendernos físicamente, no puede decirse del hombre que sea la criatura más favorecida por la naturaleza. Con todo, tenemos más probabilidades de sobrevivir defendiéndonos agresivamente cuando no hay posibilidad de huida o de salvarnos de una situación peligrosa mediante un acuerdo verbal.

Cada vez que nos asalta el miedo, por otra parte, experimentamos un cambio fisioquímico ordenado por nuestro cerebro primitivo, que prepara automáticamente nuestro cuerpo para huir del peligro lo más deprisa posible. Nuestras posibilidades de supervivencia son mejores si podemos huir de un peligro que no podemos atajar por medios puramente verbales. Si se nos acerca un desaprensivo con una navaja abierta en la mano, en una calle oscura, el sentimiento de pánico que experimentamos en nuestro pecho, nuestro vientre y nuestros miembros no es cobardía, sino un sentimiento natural de alarma suscitado automáticamente por nuestros centros cerebrales para preparar nuestro cuerpo para la huida.

Aunque contemos con una tercera posibilidad humana, además de la agresión y de la huida —la solución de los problemas mediante la palabra hablada—, hay momentos en que todos nos sentimos presa de la ira, nerviosos o miedosos por más que no queramos reconocerlo. Cuando el conductor imprudente me corta el paso a ciento cuarenta por hora, de nada me sirve tratar de mostrarme asertivo y de evitar que me tiemblen las manos; cuando se llega tan cerca del desastre, uno se echa a temblar y nada puede hacer por evitarlo. Cuando aparece misteriosamente una abolladura en el guardabarros de mi coche recién estrenado, de nada me vale mostrarme asertivo con una persona que no está presente, y me enfurezco como un loco aunque quiera evitarlo. Si mi mujer vuelve a casa frustrada y gruñona y desahoga su malhumor dándome puntapiés a mí en lugar de dárselos al perro, a veces entablamos un verdadero combate a seis asaltos, y nos lanzamos a él con ímpetu. Cuando ocurre esta clase de cosas, nuestra psicofisiología hereditaria se nos impone, a nuestro pesar, e incurrimos inevitablemente en la ira o en el miedo. Pero, cuando *podemos* entablar contacto asertivo con otras personas y, al obrar así, tenemos una posibilidad de obtener por lo menos en parte lo que deseamos, es menos probable que surjan automáticamente la ira o el miedo. Si, por el contrario, nos sentimos frustrados por algo que no podemos modificar, o dejamos de emplear nuestra innata capacidad verbal para resolver algo que podríamos modificar, es probable que nos sintamos luego emotivamente deprimidos.

Aunque la depresión puede parecer, actualmente, desprovista de valor para la supervivencia, o casi, su valor para nuestros antepasados se nos aparecerá claramente si observamos cuál es nuestro comportamiento típico cuando se adueña de nosotros la depresión. En realidad, por así decirlo, no nos «comportamos» en absoluto. Poco o nada es lo que hacemos, aparte de mantener nuestras funciones corporales indispensables. Generalmente, no hacemos el amor ni otras cosas agradables y explorativas como ir al cine, aprender algo nuevo, resolver cantidad de problemas, o trabajar de firme, ni en casa ni en la oficina. Si observamos cómo caemos en la depresión, veremos que, cuando estamos ligeramente deprimidos o tristes, echamos de menos algo a lo que estamos acostumbrados o hemos sufrido una ligera frustración. Cuando estamos profundamente deprimidos, hemos sufrido una pérdida emocional o una frustración grave. Cuando estamos deprimidos, experimentamos los efectos de los mensajes transmitidos por las zonas más primitivas de nuestro cerebro, encaminadas a reducir gran parte del funcionamiento normal de nuestra fisiología corporal necesaria para las actividades cotidianas más comunes.

Para nuestros antepasados primitivos, la depresión era un estado beneficioso cuando se veían obligados a soportar un período de condiciones ambientales especialmente duras. Cuando las cosas se ponían feas, realmente no tenían más remedio que atrincherarse en sus refugios. Nuestros primeros antepasados que se sentían deprimidos y se limitaban a permanecer sentados durante los tiempos más calamitosos, tenían con ello más probabilidades de conservar sus recursos y sus energías, y, al obrar así, aumentaban sus posibilidades de sobrevivir hasta que los tiempos mejoraran. Probablemente, podemos ver un indicio de ese primitivo residuo emocional en nosotros mismos en un sábado frío y nublado de invierno, cuando, sin ninguna razón que podamos señalar particularmente, apenas tenemos ganas de hacer otra cosa más que rondar por la casa medio adormilados, probando algún que otro bocado y echando siestecitas. La depresión corriente que todos experimentamos a menudo puede durar varias horas y hasta varios días. Nos sentimos desdichados, pero, con el tiempo y con la ayuda de alguna experiencia positiva, la depresión acaba por desaparecer.

En la sociedad relativamente opulenta en la que vivimos, ni la depresión ni la retirada parecen producir beneficio alguno en cuanto a la supervivencia. Para la mayoría de nosotros, las condiciones no son físicamente tan duras y exigentes como lo fueron para nuestros primeros antepasados. Así, ese mecanismo de «hibernación» psicológica de la depresión, que nuestros antepasados empleaban para esperar que mejoraran las condiciones del medio ambiente, ha dejado de ser beneficioso para nosotros. En la actualidad, nuestras frustraciones no proceden del medio ambiente, sino de la acción de otras personas. Los pacientes que yo y mis colegas hemos visitado a causa de sus depresiones prolongadas suelen tener un historial de repetidas frustraciones.

La experiencia clínica acumulada en el tratamiento de enfermos de depresión temporal o prolongada sugiere que es más eficaz ayudar a la persona deprimida a «moverse» otra vez y a establecer de nuevo contacto con experiencias positivas de la vida, que empeñarse en remontar el curso de la depresión en busca de sus orígenes. El tratamiento de Don, un contable de treinta y tres años, divorciado, con fases recurrentes y prolongadas de depresión, constituye un excelente ejemplo de lo que queremos decir. Don fue educado por una madre y un padre que constantemente frustraban todos sus deseos. Durante su infancia, la interacción típica entre Don y sus padres consistía en que el chiquillo nunca recibía elogios, o apenas, por los trabajos que hacía en casa, y en cambio era severamente castigado —con el correspondiente sentimiento de culpabilidad— cada vez que cometía algún fallo. Cuando quiso su primera bicicleta, por ejemplo, Don recibió de sus padres toda clase de razones por las que ir en bicicleta, a su edad, era peligroso. Las bicicletas eran caras, y los padres de Don le recordaron que, siendo como era tan descuidado, probablemente no sabría cuidar debidamente su bicicleta en el supuesto de que se la compraran. Nunca llegó a tener bicicleta. Cuando quiso aprender a conducir un automóvil, sus padres le dijeron que antes de los veinte años los muchachos conducían muy mal, y que tenía que esperar. Don aprendió a conducir en la universidad, lejos de su hogar.

Se casó luego con una mujer según él muy parecida a su madre. Su esposa nunca le elogiaba y siempre parecía capaz de encontrarle peros a lo que hacía, fuese lo que fuese. Tres años antes de iniciar su tratamiento, la mujer de Don se había divorciado de él con su consentimiento. Poco después de su separación, Don empezó a experimentar períodos de depresión cada vez más prolongados. Cuando acudió a nuestra consulta, Don había estado tomando medicamentos estimulantes durante meses, con escasos efectos. El tratamiento adecuado, en el caso de Don, consistió en interrumpir su medicación, puesto que no solo no obraba efectos en su depresión sino que le mantenía nervioso e irritable. Una vez suprimida la medicación pedí a Don que escribiera una lista de las cosas que le gustaba hacer cuando no estaba deprimido. Le encargué luego, específicamente, que se dedicara por lo menos a dos de aquellas actividades cada semana, que se obligara a ello, si era necesario, por más deprimido que se sintiera. Además, cada vez que tuviese la impresión de que cometía algún error, en su trabajo o en la vida social, no debía incurrir de nuevo en su pasado hábito de huir de la situación demorándose en sus sentimientos de depresión y buscando la soledad o encerrándose en su casa. Al contrario, debía terminar lo que estaba haciendo o continuar la actividad en la que estuviese ejercitándose, aunque su reacción inmediata le empujara a abandonarlo todo. La ejecución de ese programa terapéutico permitió a Don librarse, en cuatro semanas, de su depresión crónica de cinco meses.

Aunque nuestros mecanismos neurofisiológicos defensivos de ira-agresión, miedo-huida y depresión-retirada no constituyen en sí mismos signos de enfermedad ni de mala adaptación, lo cierto es que ya no son de gran utilidad en nuestros tiempos. Pocas veces resultan eficaces y raramente alivian. La mayoría de nuestros conflictos y problemas proceden de otras personas, y, en nuestro trato con los demás, nuestras reacciones primitivas carecen de importancia en comparación con nuestra capacidad, exclusiva de los seres humanos, de aplicar la aserción verbal a la resolución de nuestros problemas. La ira-lucha y el miedo-huida, sin embargo, llegan a interferirse realmente con esta capacidad de reacción verbal. Cuando somos presa de la ira o del miedo, nuestros centros cerebrales primitivos inferiores impiden en gran medida el funcionamiento de nuestro nuevo cerebro humano. El torrente sanguíneo se desvía automáticamente de nuestro cerebro y de nuestro estómago para regar los músculos del esqueleto y prepararlos así para la acción física. Nuestro cerebro humano solucionador de problemas se encuentra imposibilitado para ordenar sus datos. Cuando somos presa de la ira o del miedo, somos incapaces de pensar con claridad y eficacia. Cometemos errores. Para un hombre irritado o asustado, dos y dos dejan de ser cuatro.

Para nuestros antepasados, y a veces para nosotros también, esta inhibición de nuestro nuevo cerebro humano por nuestro cerebro primitivo inferior no presenta problema alguno. Si en una situación determinada no podemos hacer otra cosa que huir físicamente o echar a correr para sobrevivir, no tenemos ninguna necesidad de pensarlo mucho. Basta que luchemos con todas nuestras fuerzas o que corramos a toda velocidad, y nuestra psicofisiología hereditaria se encarga de que así lo hagamos. Pero nuestro trato corriente con los demás no suele requerir ni la lucha ni la huida. Y, de hecho, esas reacciones primitivas se interfieren también, de otra manera, con nuestra capacidad verbal para resolver nuestros problemas. La mayoría solo nos afirmamos verbalmente frente a los demás cuando nuestro sentimiento de frustración nos causa ira o irritación. Y esta ira no solo resta eficacia a nuestros intentos de resolver la cuestión conflictiva sino que, cuando nos ve enojados, la gente tiende a minimizar nuestros agravios con estas o parecidas palabras: «Se está desahogando, simplemente. Cuando se calme, todo solucionado. Vamos a dejarle». Así pues, nuestras primitivas reacciones son peor que inútiles, ya que suelen crearnos más problemas de los que nos resuelven.

Si esta visión evolucionista de nuestros tres principales modos de comportamiento de defensa —dos animales y uno humano— es correcta, ¿por qué tantos de nosotros nos ponemos furiosos o sentimos miedo y apelamos a la agresión o a la huida cuando otras personas nos plantean problemas y conflictos? Si nuestra capacidad, puramente humana, de resolver problemas mediante la aserción verbal es tan valiosa para la supervivencia, ¿por qué tantos de nosotros hacemos tan mal uso de ella? Este capítulo de introducción tiene por objetivo ayudarnos a dar una respuesta a esta importante y turbadora pregunta. La respuesta que encontremos nos ayudará a comprender por qué tantos de nosotros necesitamos *redescubrir la asertividad verbal natural* con la que nacimos pero que tan a menudo perdemos por el camino. Para empezar la búsqueda de la respuesta que ha de explicarnos por qué la mayoría de nosotros apelamos a reacciones primitivas que son inútiles y complican nuestros problemas, echemos una ojeada a lo que nos ocurre durante la infancia.

El niño es naturalmente asertivo. Nuestra primera acción independiente, al nacer, consistió en protestar contra el tratamiento que se nos estaba infligiendo. Cuando éramos niños, si ocurría algo que no nos gustaba, lo hacíamos saber inmediatamente a los demás, gimiendo, llorando o berreando a cualquier hora del día o de la noche. Y éramos persistentes. Rara vez dejábamos de comunicar públicamente nuestro disgusto hasta que alguien hacía algo por remediarlo. En cuanto fuimos capaces de arrastrarnos a gatas, hicimos, de manera asertiva y persistente, todo lo que nos daba la gana y en el momento en que nos daba la gana hacerlo. Nos metíamos dentro, encima o debajo de todo lo que deseábamos explorar. A menos que estén físicamente impedidos o que estén durmiendo, los niños pequeños suelen sembrar la desolación y la ruina a su alrededor. De aquí la invención de la cuna con barandilla, del parque, del cabestro infantil y de la *baby-sitter,* como únicos remedios para que los padres puedan ocuparse de otras cosas además de andar a la caza de sus hijitos.

Esos métodos e instrumentos resultan eficaces durante un tiempo para regular las actividades asertivas infantiles, pero pronto el bebé madura hasta convertirse en un niño pequeño. Entonces podemos andar y hablar y entender lo que nos dicen nuestros padres. Al llegar a ese punto, ya no resulta apropiado restringir físicamente nuestro comportamiento si se quiere que progresemos hasta dejar atrás algún día la fase infantil. El control que nuestros padres ejercían sobre nosotros pasa de ser físico a ser psicológico. En cuanto aprendemos a hablar, la palabra que brota de nuestros labios de manera más asertiva es un «No» rotundo. Más de una vez estamos dispuestos incluso a privarnos de una golosina, por el placer de decir «No». Aunque esta obstinación puede haber puesto en apuros más de una vez a nuestra madre, no era más que una extensión de nuestra asertividad innata a la esfera verbal. Para controlar psicológicamente nuestro comportamiento mientras adquiríamos y explorábamos esa fascinante capacidad verbal, en cuanto pudimos comprender lo que nuestros padres nos decían, se nos enseñó a sentirnos ansiosos, ignorantes y culpables.

Estos sentimientos son simples variaciones condicionadas o aprendidas de nuestra emoción básica de supervivencia, el miedo. Una vez que hemos aprendido a sentirnos ansiosos, ignorantes o culpables, haremos un montón de cosas para evitar esos sentimientos. Nuestros padres nos adiestran a experimentar esas emociones negativas por dos importantes razones. En primer lugar, provocar nuestras emociones negativas es un medio sumamente eficaz de controlar nuestra asertividad infantil natural, molesta y a veces explosiva. Al utilizar nuestras emociones para controlar nuestro comportamiento, nuestros padres no se comportan necesariamente con descuido, perezosamente o de manera insensible a nuestros deseos. Lo que ocurre es que nuestra asertividad infantil tiende a aparecer erróneamente, a los ojos de nuestros padres, como una sola y misma cosa, con la tendencia innata y agresiva a reaccionar mediante la lucha, que mostramos cuando nos sentimos frustrados. En segundo lugar, nuestros padres emplean este método de control psicológico porque nuestros abuelos les enseñaron *a ellos* a sentirse ansiosos, ignorantes y culpables.

Nuestros padres llevan a cabo esta labor de adiestramiento emocional de una manera muy sencilla. Nos enseñan ideas y creencias acerca de nosotros mismos y de la manera en que se comporta la gente, que suscitan sentimientos de ansiedad, ignorancia y culpabilidad. Por ejemplo, pongámonos en el lugar de un niño, nuestro hijo tal vez, o de nosotros mismos cuando éramos pequeños, y veamos qué clase de adiestramiento se nos da. Se encargan de adiestrarnos nuestros padres, los dos, pero por regla general es mamá quien se encarga del «trabajo sucio» puesto que está con nosotros mucho más tiempo que papá. Cuando arreglamos y ordenamos nuestro cuarto y nuestros juguetes, mamá suele decir cosas por ese estilo: «Buen chico». Cuando no la satisface nuestro trabajo —si hemos trabajado—, entonces mamá suelta frasecitas del siguiente estilo: «¡Qué clase de chiquillo eres tú? ¡Solo los niños malos son tan desordenados y sucios!». No tardamos en aprender que el calificativo de «malo», sea lo que sea lo que signifique, se nos aplica a nosotros. Cada vez que suena esta palabra, el tono de voz y la expresión de mamá nos dicen que *puede* ocurrirnos algo espantoso y desagradable. Mamá emplea también otras palabras: travieso, terrible, sucio, testarudo, salvaje, y hasta diablillo y mala pécora, pero todas vienen a decirnos lo mismo: «No eres más que un niño pequeño, indefenso y que apenas sabe nada. He aquí cómo "deberías" sentirte: torpe, nervioso, tal vez asustado y sin duda alguna culpable».

Al enseñarnos a vincular conceptos emocionalmente cargados como *bueno y malo* a nuestras menores acciones, mamá pretende negar que tenga la menor responsabilidad en el hecho de obligarnos a hacer lo que *ella* quiere que hagamos, como, por ejemplo, proceder a la limpieza de nuestro cuarto. El efecto que obra en el niño el empleo de ciertos conceptos «cargados» como bueno, malo, bien hecho, mal hecho, para controlar lo que hace viene a ser lo mismo que si su madre le dijera: «No me pongas mala cara. *No soy yo* quien quiere que ordenes tu cuarto. Es *Dios* quien lo quiere». Al emplear calificaciones de bueno o malo para controlar nuestro comportamiento, mamá se lava las manos de toda responsabilidad por el hecho de obligarnos a hacer algo. Mediante declaraciones externas sobre lo que está bien y lo que no está bien, declaraciones que nada tienen que ver con nuestra interacción con ella, nuestra madre achaca la culpa de la incomodidad que representa para nosotros tener que hacer lo que *ella* quiere, a cierta autoridad externa que fue la que instituyó las normas que «debemos» acatar.

Esta es una actitud no asertiva. Esta manera de regular el comportamiento, es decir, con la fórmula de doble filo «Te has portado bien o mal», es muy eficaz, ciertamente, pero es una manipulación, un control solapado por debajo de la mesa, y no una interacción honrada en la que mamá nos exponga *de manera asertiva, por su propia autoridad,* qué desea que hagamos

—*ella* y no un tercero desconocido, imaginario e impersonal—, y se aferre a su voluntad. En lugar de declarar asertivamente lo que quiere a un niño asertivo hasta que este responda a sus deseos (cosa que hará), mamá juzga más fácil lanzarnos a la batalla del bien y del mal con Dios, con el gobierno, con el departamento de saneamiento y seguridad, con el anciano de la barba blanca, con el jefe de policía o cualquier figura o institución que nuestra imaginación infantil considere como la que decide qué es lo que está bien y qué es lo que está mal. Mamá raramente nos dice: «Gracias, me haces muy feliz cuando ordenas tu cuarto», o «ya sé que debe de fastidiarte mucho tener que ordenar de nuevo tu cuarto, pero eso es exactamente lo que deseo que hagas». Con frases como esas, mamá nos enseña que lo que cualquier madre desea es importante simplemente porque lo desea *ella*. Y esa es la verdad. Nos enseña que solo ella, y nadie más que ella, controla nuestro comportamiento. Y eso también es verdad. No se nos induce a sentirnos ansiosos, o culpables o indignos de ser amados porque no nos gusta lo que mamá quiere. No se nos enseña que lo que mamá quiere es bueno y lo que no le gusta es malo. Si mamá emplea aserciones simples, como «Quiero», «Deseo», «Me gusta», no hay en sus palabras implicaciones o amenazas tácitas de que los niños «buenos» son queridos por sus padres y los «malos» no. *Ni siquiera es necesario que nos guste lo que mamá quiere que hagamos; basta que lo hagamos.*

¡Dichosa situación! Poder rezongar contra mamá y papá para aliviarnos o desahogarnos y saber que no por ello dejan de amarnos. Emplear la culpabilidad psicológica para manipular nuestro comportamiento, en cambio, es tanto como enseñarnos que debe gustarnos el sabor de la aspirina antes de que cure nuestro dolor de cabeza. Por fortuna, cuando los padres asumen de manera asertiva que son ellos y nadie más que ellos la autoridad acerca de lo que su hijo puede o no puede hacer, enseñan al mismo tiempo el concepto asertivo de que cuando uno sea mayor no solo podrá hacer lo que quiera, *exactamente como papá y mamá,* sino que deberá también hacer cosas que no le interesarán, para poder hacer otras cosas que le interesen, exactamente como papá y mamá.

Por desgracia, se enseña a los niños a reaccionar frente al control psicológico de sus emociones aprendidas de ansiedad, ignorancia y culpabilidad en numerosas situaciones infantiles. Por ejemplo, si el niño está jugando con su perro en la sala de estar, y su madre desea echar una siestecita en el sofá, enseñará a su hijo a responder al control emocional manipulativo preguntándole: «¿Por qué estás jugando siempre con Rover?». El niño debe entonces dar una respuesta que explique por qué está siempre jugando con Rover en la sala de estar. Como no sabe por qué lo hace, salvo porque le gusta y es divertido, se siente ignorante, puesto que si su madre le pide la razón de su comportamiento, debe existir sin duda alguna esa razón. Mamá no pediría algo que no existiera, ¿verdad? Si el chiquillo, honrada pero mansamente, contesta: «No lo sé», su madre remacha: «¿Por qué no vas a jugar con tu hermana en su cuarto?». Como el chiquillo no conoce ninguna «buena» razón para preferir jugar con el perro antes que con su hermana, de nuevo se ve inducido a sentirse ignorante al no saber «por qué». Mientras el niño, tartajeando, busca una razón, su madre le ataja: «Nunca quieres jugar con tu hermana. ¡Con lo que le gustaría a ella jugar contigo!». Sintiéndose ya profundamente culpable, el chiquillo guarda silencio mientras su madre le asesta el golpe de gracia: «Si no quieres jugar nunca con tu hermana, tu hermana no te querrá, ni querrá jugar contigo». Sintiéndose ya no tan solo ignorante y culpable, sino también ansioso acerca de lo que su hermana puede pensar de su actitud, el chiquillo emprende la marcha, con Rover a sus talones, para ir a ocupar el lugar donde el deber le llama, al lado de su hermana y donde no pueda oírle su madre.

Paradójicamente, toda la tortuosa maniobrería a la que apela la madre para convencer al chiquillo de que «debería» gustarle jugar con su hermana resulta mucho más perjudicial para la iniciativa asertiva natural del niño que si le revelara su vulgar y terrenal apetito de reposo y comodidad y le dijera: «Hazme el favor de no molestarme cuando quiero dormir. ¡Largaos de aquí, tú y tu piojoso montón de pelo andante!». Aun con palabras como estas, la mujer está exponiendo a su hijo a las duras realidades de la convivencia con otros seres humanos. Más de una vez, las personas que nos aman y a las que amamos nos tratarán a palos, porque son humanos. Pueden amarnos y preocuparse por nosotros y sin embargo irritarse contra nosotros. La convivencia con los demás no es siempre fácil, y mediante episodios ocasionales de furor, atemperados por el amor cotidiano, las madres pueden preparar emocionalmente a sus hijos para enfrentarse a esa paradoja humana.

La enseñanza manipulativa de emociones negativas superimpuestas continúa y se refuerza fuera del hogar. Los niños de más edad, que han recibido el mismo adiestramiento, emplean el control emocional manipulativo para conseguir de los más pequeños lo que quieren. En la escuela, el maestro toma el relevo de la madre y emplea el control emocional manipulativo como medio eficacísimo para gobernar la clase con menos esfuerzo por su parte. En algunos casos, cuando el chiquillo está bien adiestrado a dejarse controlar por medio de sus emociones negativas aprendidas y se encuentra eficazmente bloqueado e imposibilitado en cuanto a mostrarse asertivo, empieza a recurrir a la agresión pasiva, a la huida pasiva o la contramanipulación, en un intento de conseguir cierto control sobre su propio comportamiento.

Las primeras manipulaciones que el niño esgrime por su cuenta pueden adoptar, por ejemplo, la forma de la pregunta siguiente: «Mamá, ¿por qué Anita se queda jugando en su cuarto todo el rato mientras yo limpio el patio?», con lo que sugiere, en tono crítico, que mamá tiene favoritismos. A esa edad, el niño no ha aprendido todavía bastante acerca del arte de la manipulación como para poder enfrentarse con su madre. No le será tan fácil hasta que sea un joven de quince a veinte años, cuando querrá tener su propio coche o poder conducir el de papá o mamá para salir con sus amiguitas, o cualquier otra de las cien cosas que deseará obtener. A esas alturas, el joven ya es lo bastante listo como para saber jugar con los sentimientos de ansiedad y de culpabilidad de sus padres con puyazos de esta categoría: «El padre de Ron le ha comprado un coche. ¿Es más rico que tú?», o bien: «La madre de Jennifer tiene una mujer de la limpieza. ¿Por qué no puedes tenerla tú también?». Pero, entretanto, los primeros intentos manipulativos del chiquillo bastan y sobran para que su madre se sienta a la defensiva y procure protegerse a sí misma. La crítica que le ha dirigido el pequeño sugiere que no es justa o que no se atiene a las normas externas que le ha enseñado a él. Dentro del mismo espíritu manipulativo con el que el chiquillo le ha formulado su velada crítica, su madre contestará, más o menos, en parecidos términos: «Tu hermana me ayuda en la casa. Es justo que no tenga que limpiar además el patio. También tú tienes que hacer *algo*. Las niñas hacen la limpieza de la casa, y los chicos limpian el patio». Una vez más, prudentemente refugiada detrás de la cortina de su manipulación, la madre del chiquillo da a entender no solo que este anda muy cerca de convertirse en una boca inútil, sino que la desagradable tarea de limpiar el patio no se la impone ella por capricho, o que al ordenarle que la lleve a cabo no hace más que atenerse a un complejo conjunto de normas que ella no estableció y que el niño no está todavía capacitado para comprender. (El mismo niño, incidentalmente, utilizará más tarde, asimismo, esas normas, sin llegar *jamás* a comprenderlas del todo, porque todos y cada uno de nosotros, lo mismo que la madre del ejemplo puesto, improvisamos nuestras referencias concretas a las normas sobre la marcha, ateniéndonos selectivamente a ellas cuando nos conviene e ignorándolas cuando nos estorban.) Frente a esa formidable maraña verbal, el chiquillo considera más fácil retirarse al patio para una larga sesión dedicada a gruñir por lo bajo y a pasar el rastrillo una y otra vez por el suelo, sin ningún entusiasmo, pasivamente. El control manipulativo que la madre ejerce sobre las emociones y el comportamiento del niño no solo contribuye a adiestrar a este en el empleo arbitrario de ideas como «lo bueno» y «lo malo», o como la «justicia», sino que con esas mismas palabras la madre le condiciona para que se acostumbre a pensar de conformidad con unas vagas normas generales que «deben» seguirse.

Este proceso de condicionamiento tiene un fallo: que esas normas abstractas son tan generales que pueden interpretarse como se quiera, aun en unas mismas circunstancias. Esas normas son exteriores a nuestro propio juicio acerca de lo que nos gusta y lo que nos disgusta. Les dictan a la gente cómo «deben» sentir y comportarse unos con otros, independientemente de cuál sea la relación que exista entre ellos. Esas normas se interpretan a menudo de manera dogmática y mezquina, hasta el punto de imponer un estilo de vida sexual totalmente arbitrario que nada tiene que ver con la supervivencia o la reproducción. Por ejemplo, ¿por qué les corresponde a los chicos, y no a las niñas, la limpieza del patio?

A la madre, sin embargo, se le ofrece la posibilidad más prometedora de tratar de manera *asertiva* las declaraciones manipulativas de sus hijos. Puede y debe emplear la aserción verbal en su respuesta, y, cuando lo hace, ni castiga ni contramanipula a su hijo. Frente a la crítica relativa a la asignación de las diversas tareas, por ejemplo, la madre puede responder asertivamente en estos términos: «Veo que te parece injusto que tú limpies el patio mientras tu hermana juega. Comprendo que esto debe trastornarte, pero, aun así, *quiero que pases el rastrillo por el patio ahora mismo*». Con su respuesta asertiva, esgrimida como una necesidad desagradable de defenderse contra la manipulación de su hijo, la madre le dice a este un montón de cosas tranquilizadoras y constructivas. Le dice que, aunque le toque hacer algo que no le apetece, tiene derecho a sentir lo que siente, y le comunica que no es insensible a sus sentimientos al respecto; pese a que el niño ve desmoronarse su mundo ordenador y justo, las cosas tendrán que hacerse tal como quiere su madre que se hagan, y, lo que resulta más tranquilizador de todo, el desastre no acecha al doblar la esquina porque mamá es lo bastante lista como para no dejarse confundir por un crío como su hijo o su hija.

Las madres que acuden a mis cursos expresan todas ellas sentimientos de parecida incomodidad acerca de la tarea de tratar y educar a sus hijos pequeños. Su preocupación procede principalmente de dos causas. En primer lugar, se sienten confundidas ante la diferencia de los métodos empleados en el curso de los años para la educación de los hijos. Spock les dice una cosa, Gesell otra diferente, y Patterson una tercera. En segundo lugar, *todas* las madres llegan erróneamente a la conclusión de que, si deciden adoptar una actitud asertiva, solo podrán hacer una de las dos cosas siguientes: comportarse con sus hijos como odiosos tiranos, o con una blandura y una indulgencia igualmente odiosas. No aciertan a ver un término medio entre los dos extremos. Frente a una elección tan desagradable, vuelven a apelar a la manipulación emocional, tan eficaz, que les enseñaron sus padres, en lugar de asumir la responsabilidad franca y honrada de su propia autoridad personal: *«Quiero que hagas tal cosa...»*.

Ejercer la propia autoridad y emplearla para que uno y sus propios hijos acepten mejor las tensiones propias del crecimiento resulta fácil bajo el punto de vista del comportamiento, pero no emocionalmente. Una madre, por ejemplo, me preguntó con cierta hostilidad: «¿Cómo se puede dejar sin cumplir algo que una ha prometido a su hija?». El tono con el que formuló la pregunta me permitió comprender que aquella mujer, como otras muchas, consideraba imperativo, imprescindible, estar siempre en el punto más alto y ofrecer por lo menos la ilusión de una madre supercompetente a su hija; por ejemplo, la de una madre que jamás deja incumplida una promesa.

Después de charlar un rato con ella comprobé que mi análisis había sido correcto. Aquella madre vivía obsesionada por la necesidad de ser perfecta, de no cometer errores, y, sobre todo, de no parecer tonta a los ojos de los demás. A mi juicio, su posición era insostenible. Al empeñarse en aparecer perfecta, como una supermamá, a los ojos de su hija, se había situado en un punto en el que tenía todas las de perder. Tarde o temprano tendría que quebrantar alguna promesa, porque no podría cumplirla o porque no querría hacerlo. Si fuese capaz de renunciar a su «necesidad» de ser perfecta y a su empeño en fingirse tal, podría quebrantar la promesa hecha a su hija de manera asertiva, con lo que reduciría al mínimo los sentimientos de incomodidad *de las dos*. Podría decir, por ejemplo: «Sé que es una estupidez por mi parte prometerte algo que luego no puedo cumplir, pero vamos a renunciar a nuestro plan de ir a Disneylandia este sábado. No hiciste nada malo y no es tuya la culpa. Veamos cuándo podremos ir, ¿te parece?». A través de esta declaración negativa pero *asertiva,* haría llegar a su hija el mensaje de que hasta mamá comete errores de vez en cuando, pero, cosa más importante todavía, sirve de modelo para su hija al mostrarle que si mamá no tiene por qué ser perfecta, tampoco debe serlo ella. Al mismo tiempo que se presenta a su hija bajo su aspecto más humano, deja muy clara una realidad importante: por la razón que sea, mamá ha decidido que no irán a Disneylandia esta vez, y *no irán.*

En resumen, ustedes y yo y la mayoría del resto de la población fuimos adiestrados para responder al control emocional manipulativo desde que fuimos capaces de hablar y de entender lo que nos decían los demás. Los cordones psicológicos, de marioneta, que nuestros padres nos atan por medio de los sentimientos *aprendidos* de nerviosismo o ansiedad, ignorancia y culpabilidad, controlan nuestra asertividad infantil. Nos alejan con eficacia y eficiencia de los peligros reales e imaginarios que acechan a los niños y facilitan enormemente la existencia de las personas adultas que nos rodean. Pero esos cordones emocionales tienen un efecto secundario indeseable. Cuando llegamos a la edad adulta y pasamos a ser responsables de nuestro propio bienestar, esos cordones no desaparecen por arte de magia. Seguimos experimentando sentimientos de ansiedad, ignorancia y culpabilidad que pueden ser utilizados —y lo son— por otras personas para obligarnos a hacer lo que *ellas* quieran, independientemente de si nosotros queremos o no hacerlo. Este libro tiene por objeto la reducción, por lo menos, si no la eliminación total, de esas emociones aprendidas, en nuestro trato con los demás, en las experiencias ordinarias de nuestra vida. En particular, los capítulos que siguen tratan: 1) de las creencias no asertivas que adquirimos a causa de nuestros sentimientos de ansiedad, ignorancia y culpabilidad, y de cómo esas creencias permiten a otras personas manejarnos a su antojo; 2) de los derechos que tenemos como seres humanos a poner término de manera asertiva a la manipulación de nuestro comportamiento por otros, y 3) de las técnicas verbales sistemáticas que se aprenden fácilmente en situaciones cotidianas, encaminadas a permitirnos imponer nuestros derechos humanos asertivos frente a miembros de la familia, parientes, padres, hijos, amigos, colegas de trabajo, jefes, operarios, jardineros, vendedores y gerentes; en suma, frente a otros seres humanos, sea cual sea la relación que les una a nosotros.

2

Nuestro primer derecho humano asertivo, y su violación por obra de los demás

Todos nos hemos encontrado más de una vez en situaciones que nos confunden. Un amigo, por ejemplo, nos pide que vayamos a buscar al aeropuerto a su tía, que llega en avión de Pascagoula a las seis de la tarde. Lo último que deseamos en este mundo pecador es vernos obligados a enfrentarnos con el denso tráfico de la carretera del aeropuerto, y a tratar luego de sostener una conversación, sin perder de vista el parachoques del automóvil de delante, con una persona de la que no sabemos nada, y procurando que no se dé cuenta de que quisiéramos que se hubiese quedado tranquila en su Mississippi. Uno procura racionalizar: «Bueno, un amigo es un amigo. Él haría lo mismo por mí». Pero no tardan en interferirse otros pensamientos menos generosos: «Sin embargo, yo nunca le he pedido que fuese a recoger a alguien por mí. Siempre voy yo mismo. En realidad, Harry ni siquiera me ha dicho por qué no puede ir él. O por qué no puede ir su mujer...».

En situaciones de esta clase, todos tendemos a decir: «Cuando digo "No" me siento culpable, pero si digo "Sí" me daré asco a mí mismo». Cuando nos decimos esto para nuestro capote, nuestros verdaderos deseos se encuentran en conflicto con nuestro adiestramiento infantil y nos hallamos sin armas para ayudarnos a resolver este conflicto. ¿Qué podemos decir? Si digo «No», mi amigo puede sentirse herido o rechazado. Es posible que deje de sentir afecto por mí. Pensará que soy un egoísta, o, por lo menos, muy poco amable. Si no lo hago, ¿debo considerarme como un fresco, un egoísta? Si digo «Sí», ¿por qué será que siempre me encuentro con esos compromisos? ¿Seré un cobarde? ¿O es ese el precio que debo pagar para convivir con los demás?

Estas preguntas interiores acerca de nuestra manera de reaccionar son suscitadas por un conflicto externo entre nosotros mismos y otra persona. Nosotros queremos hacer algo, y nuestro amigo, vecino o pariente da por supuesto, espera y desea que hagamos otra cosa, y hasta llega a apelar a la manipulación para inducirnos a satisfacer su deseo o su esperanza. La crisis interior se declara porque nos gustaría hacer lo que queremos pero tememos que nuestro amigo piense que lo que queremos hacer no está bien; es posible que cometamos un error; podemos herir sus sentimientos, y en tal caso es posible que nos rechace por ello y por haber hecho lo que deseábamos hacer; tal vez tememos que nuestras razones para hacer lo que deseamos no sean bastante «razonables» (no tenemos ninguna pierna rota y la policía no anda buscándonos, así que, ¿por qué no hemos de poder ir al aeropuerto?). En consecuencia, cuando tratamos de hacer lo que queremos, permitimos también que otras personas nos hagan sentirnos ignorantes, ansiosos o culpables: los tres terribles estados emocionales que de niño nos enseñaron a experimentar cuando no hacíamos lo que otra persona quería que hiciéramos. Para resolver este conflicto, el problema estriba en que la parte manipulada y adiestrada de nuestro propio ser acepta sin discusión que alguien «debe» poder controlarnos psicológicamente y hacernos experimentar esos sentimientos. Suprimida la parte asertiva innata de nuestra personalidad por la educación que recibimos en nuestra infancia, reaccionamos mediante la contramanipulación ante la frustración de sabernos manipulados. Pero la reacción manipulativa es un ciclo yermo. Tratar de manera manipulativa a otro adulto no es lo mismo que tratar manipulativamente a un niño. Si manipulamos a adultos mediante sus emociones y sus creencias, ellos pueden contramanipularnos a nosotros por el mismo procedimiento. Si reaccionamos contramanipulando también, ellos lo harán asimismo, y así sucesivamente. Por ejemplo, al tratar de escaparnos de ir a buscar a la tía de nuestro amigo, las palabras y las frases que empleamos pueden ser mucho más sutiles, pero de todos modos se reducen, a fin de cuentas, a algo parecido a este breve fragmento de un diálogo manipulativo:

Nosotros: ¡Por todos los santos, Harry! ¡Con lo cansado que estoy a esa hora del día! (Tratamos de suscitar en Harry un sentimiento de culpabilidad al insinuar: «¡Cómo se le puede pedir a un amigo cansado que se enfrente con el tráfico callejero a esta hora de la tarde!», pero seguramente Harry se estará diciendo: «¡Al cuerno! ¡Yo tengo que enfrentarme con ese mismo tráfico cada día, a las cinco de la tarde!».)

Harry: Las viejecitas pueden ser presa de verdadero terror si llegan a un aeropuerto desconocido y no encuentran a nadie que las espere. (Harry trata de suscitar en nosotros sentimientos de culpabilidad al sugerir: «¡Habría que ser muy duro de corazón para hacer sufrir así a una pobre anciana, solo porque uno está un poco cansado!», pero por nuestra parte estamos pensando: «¿A qué viene ahora esa historia de la frágil e indefensa viejecita? Después de convivir durante cincuenta años con los mosquitos de Pascagoula, sin duda será más fuerte que un caballo».)

Nosotros: Es que tendría que dar un rodeo bastante grande... (Ahora tratamos de inducirle sentimientos de culpabilidad sugiriendo: «Será una gran molestia para mí», mientras Harry se dice sin duda: «Será una pequeña molestia pero no será la primera vez que haces tal cosa, y no te vas a morir por eso».)

Harry: Si tuviera que ir a recogerla yo, no llegaría antes de las siete y media (Harry sugiere que ignoramos los hechos al dar a entender que su viaje sería mucho más largo y pesado que el nuestro, mientras nosotros pensamos: «Pero ¿de dónde sale ahora con esa historia? Estoy seguro de que está mucho más cerca del aeropuerto que yo».)

Lo cómico de este intercambio manipulativo y contramanipulativo es que al aeropuerto iremos nosotros o Harry, no según nuestros deseos, sino de acuerdo con nuestra capacidad para hacer que el otro se sienta más culpable. Como resultado de esta clase de interacciones manipulativas con otras personas, lo más probable es que terminemos por sentirnos frustrados, irritados y ansiosos, pese a todos nuestros esfuerzos por evitar esos sentimientos. A falta de una salida apropiada, madura y asertiva, esos sentimientos pueden expresarse a través de una lucha verbal o de una huida. El resultado final de ese conflicto interno no resuelto entre nuestros deseos naturales y nuestras creencias y hábitos adquiridos en la infancia, nos ofrece varias posibilidades nada atractivas, por cierto: podemos hacer lo que quieren los demás, sentirnos frustrados muy a menudo, caer en la depresión, apartarnos de la gente y perder todo respeto de nosotros mismos; podemos hacer lo que nos da la gana, con ira, enajenarnos las simpatías de los demás y perder todo respeto de nosotros mismos; o podemos esquivar el conflicto huyendo de él y de quienes nos lo plantean, con lo cual perderemos igualmente todo respeto de nosotros mismos.

Como primer paso en el proceso de llegar a mostrarnos asertivos, debemos darnos cuenta de que *nadie puede manipular nuestras emociones o nuestro comportamiento si nosotros no lo permitimos.* Para poder poner coto a la manipulación de nuestras emociones o de nuestro comportamiento por los demás, es preciso que aprendamos a reconocer de qué manera trata la gente de manipularnos. ¿Qué dicen, cómo actúan o qué creen, que sea susceptible de controlar nuestras emociones y nuestro comportamiento? Para conseguir la máxima eficacia en nuestro intento de poner fin a la manipulación, debemos además poner en tela de juicio las actitudes e ideas infantiles en las que fuimos educados muchos de nosotros y que nos hacen susceptibles a la manipulación por los demás. Aunque las palabras y los métodos que emplea la gente para manipularnos son infinitos, en mi experiencia clínica y en el tratamiento de personas no asertivas he podido observar que existe un conjunto sumamente común de expectativas manipulativas que muchas personas alimentan acerca de sí mismas y de los demás. El comportamiento manipulativo dictado por esas expectativas puede observarse también en la población general, no clínica. Esas expectativas infantiles y su consiguiente comportamiento anulan gran parte de nuestra dignidad y de nuestro respeto de nosotros mismos como seres humanos. Si albergamos, acerca de nosotros mismos, las mismas expectativas que alimentan nuestros manipuladores, abdicamos en su favor de nuestra dignidad y de nuestro respeto de nosotros mismos, de la responsabilidad de gobernar nuestra propia existencia y de nuestro derecho a controlar nuestro comportamiento.

Este capítulo y el siguiente tratan del conjunto —tan común— de presupuestos infantiles acerca de cómo se supone que «debemos» comportarnos todos, con el fin de no tener que recurrir a nuestros métodos de reacción primitivos, es decir, la ira-agresión o el miedo-huida. Tales creencias constituyen la base de la mayoría de las maneras en que otras personas nos manipulan para que hagamos lo que ellas quieren. Esas creencias contradicen directamente nuestros derechos asertivos como individuos sanos y emocionalmente estables. En este capítulo y en los siguientes, describimos esas creencias junto con cada uno de nuestros derechos asertivos, esos derechos que nosotros y otros muchos violamos cada día en un fútil intento de evitar recurrir a la agresión o la huida en nuestras relaciones con los demás.

Nuestros derechos asertivos constituyen una estructura básica para la sana participación de cada individuo en toda relación humana. Estos derechos asertivos individuales constituyen la estructura sobre la cual edificamos nuestras conexiones positivas entre las personas, tales como la confianza, la comprensión, el afecto, la intimidad y el amor. Sin esta estructura asertiva básica que nos permite expresar unos a otros nuestro yo individual, la confianza cede el lugar a la sospecha, la comprensión degenera en cinismo, el afecto y la intimidad se desvanecen, y lo que llamamos amor adquiere un mordiente ácido. Muchas personas temen exhibir sus sinceros sentimientos de amor y de comprensión porque piensan que serán avasallados y que no podrán reaccionar frente al rechazo de los demás. Si pensaran confiadamente que sí, que sin duda habrá que resolver ciertas dificultades, pero que serán perfectamente capaces de reaccionar asertivamente frente a esas dificultades, y hasta frente al rechazo de los demás, habría menos temor a exhibir sentimientos de ternura, de afecto y de amor. Me complazco en pensar que ser asertivo significa confiar en uno mismo y en sus capacidades. «Sea lo que sea lo que me ocurre, sé que podré con ello.»

La Carta de los Derechos Humanos Asertivos que presentamos a continuación está compuesta de afirmaciones o declaraciones acerca de nosotros mismos como seres humanos, declaraciones sobre nuestras verdaderas responsabilidades para con nosotros y declaraciones acerca de nuestra aceptación de nuestra condición de seres humanos, que señala límites prácticos a lo que los demás pueden esperar de nosotros. Examinemos, en primer lugar, nuestro derecho asertivo primordial, del que se derivan todos los demás derechos asertivos: *nuestro derecho a juzgar en última instancia todo lo que somos y todo lo que hacemos.* Pasaremos luego a examinar de qué manera permitimos que la gente viole manipulativamente este derecho en diferentes tipos de relaciones.

Derecho asertivo I

Tenemos derecho a juzgar nuestro propio comportamiento, nuestros pensamientos y nuestras emociones, y a tomar la responsabilidad de su iniciación y de sus consecuencias.

Tenemos derecho a juzgarnos en última instancia a nosotros mismos: he aquí una simple declaración que suena en buena medida como algo de puro sentido común. Y sin embargo, se trata de un derecho que nos otorga a cada uno de nosotros un control tan grande de nuestros pensamientos, nuestros sentimientos y nuestras acciones que cuanto más intensa haya sido la formación manipulativa y no asertiva que hayamos recibido, tanto más probable será que lo rechacemos como un derecho de los demás y aun de nosotros mismos.

¿Por qué ha de ser así? ¿Por qué una declaración tan sencilla —la de que cada uno de nosotros tiene derecho a ser su propio juez— ha de suscitar la menor controversia? Si ejercitamos este derecho asertivo, tomamos sobre nuestros hombros la responsabilidad de nuestra propia existencia y despojamos de esa responsabilidad a los demás. Para aquellas personas que temen lo que los demás pueden hacer, nuestra independencia respecto a su influencia resulta algo muy trastornador, como mínimo. Las personas que se sienten trastornadas e inquietas a causa de nuestra independencia consideran que los seres humanos con quienes ellas se relacionan deben estar controlados, porque ellas mismas son impotentes. Este sentimiento de indefensión es un resultado de su fracaso, debido al empleo de actitudes, creencias y comportamientos no asertivos en sus intentos de enfrentarse a los demás. Si alguna de las personas con las que se relacionan no está controlada por alguna norma externa de comportamiento, temen que sus propios objetivos, que su misma felicidad, queden al antojo y a la merced de la persona no controlada. Cuando dudamos sinceramente de que seamos los verdaderos jueces de nuestro propio comportamiento, somos impotentes para controlar nuestro destino sin la ayuda de toda clase de normas acerca de cómo «debemos» comportarnos todos. Cuanto más inseguros estamos, más miedo sentimos cuando no existe un gran número de normas arbitrarias de comportamiento. Si nos sentimos muy inseguros y preocupados por la falta de pautas en alguna zona particular de comportamiento, llegaremos a inventarlas, por arbitrarias que sean, en número suficiente para volver a sentirnos seguros y al abrigo. Por ejemplo, en la mayoría de los municipios no hay ninguna ley que controle específicamente la eliminación de las heces fecales de cada individuo, cuestión de graves consecuencias para la salud pública. Si un caballero vacía sus intestinos en pleno mediodía en los bulevares Wilshire y Westwood, tal vez lo arresten por ensuciar la vía pública pero no por su acción específica de eliminación. No hay normas acerca de la forma en que «debemos» *comportarnos* todos en cuanto a la eliminación de los desechos de nuestro cuerpo. Nuestro comportamiento, en ese sector, no varía mucho entre unas personas y otras, aunque en teoría pudiéramos comportarnos de muchas maneras distintas. En un lavabo público, ¿es correcto entablar conversación con la persona que ocupa el retrete contiguo? No lo sé, ciertamente, pero sospecho que si yo lo hiciera esa persona me creería loco o poco menos. Nadie me ha dirigido jamás la palabra, a mí, en parecidas circunstancias. En un urinario público lleno de gente, ¿está permitido mostrarse curioso acerca de lo que está haciendo nuestro vecino de al lado? ¿Qué pensará si se da cuenta de que lo estamos mirando? ¿Está permitido escribir las iniciales de nuestro nombre en la porcelana? ¿Cuál es el sistema aprobado para desprenderse de la última gota de orina? ¿Una sacudida nerviosa? ¿Un movimiento insolente? ¿Un golpecito lleno de dignidad? Si no existen normas para eso —y nunca he oído hablar de su existencia ni he leído jamás ninguna—, ¿cómo se explica que todos los hombres nos comportemos idénticamente, sin que ninguno de nosotros se ponga a perorar acerca de esos matices tan delicados de la función de eliminación? Si son como yo, también ellos habrán inventado un conjunto arbitrario de reglas acerca de lo que «deben» o «no deben» hacer en la ejecución de esa función. Aunque este ejemplo describe una modalidad poco importante de nuestro comportamiento, el comportamiento observado está muy reglamentado.

El mismo concepto de inseguridad personal que nos lleva a inventar normas para controlar nuestro comportamiento se aplica a otras cosas más importantes. ¿Cuál es la manera «correcta» de realizar el coito? ¿La corriente? Entonces, ¿qué debe pensarse acerca de las descripciones del Kama Sutra? Si también son correctas, ¿por qué no se publicó esta obra en la mayoría de los países hasta hace muy pocos años? En otros sectores de la vida cotidiana, ¿cómo podemos decirle a nuestra madre que deje de «pinchar» a nuestra esposa? ¿Cuáles son las normas por las que «deben» regirse suegras y nueras en sus relaciones mutuas? ¿Cómo es que nuestra esposa no se ocupa de resolver este problema por su cuenta? ¿Acaso se *supone* que son los hijos los que deben tratar de esta cuestión con su madre? ¿De dónde han salido todas esas maneras arbitrarias de hacer las cosas «correctamente»? La respuesta es muy sencilla. Todos inventamos las normas sobre la marcha, empleando para ello las creencias que nos enseñaron cuando éramos niños a modo de orientación general. Luego las empleamos manipulativamente con otras personas para controlar su comportamiento, mediante la violación de sus derechos asertivos, y aliviando así de paso nuestros sentimientos de inseguridad personal en cuanto a no saber cómo debemos obrar o reaccionar en nuestro trato con los demás. En cambio, cuando obramos como si fuésemos en última instancia nuestros propios jueces, y cuando las normas arbitrarias dictadas por otros deben recibir nuestra aprobación personal antes de que decidamos acatarlas, entonces amenazamos gravemente ese orden estructurado arbitrariamente que las personas no asertivas emplean en su trato con nosotros. En consecuencia, la persona no asertiva se resistirá siempre a otorgar a los demás derechos asertivos y poderes para influir en sus relaciones con ella. Como medida de autoprotección esta persona nos manipulará psicológicamente con normas y pautas de bondad y de maldad, de justicia, de razonabilidad y de lógica, con el fin de controlar un comportamiento que podría entrar en conflicto con sus deseos, gustos y aversiones personales. La persona manipulativa inventará este tipo de estructura externa o dará por supuesto que ya existe en una relación con el fin de controlar nuestro comportamiento. La tragedia, en esa actividad manipulativa, consiste en que el manipulador no se da cuenta de que la única justificación que necesita para negociar un cambio en algo es *el hecho de que desea un cambio.* No necesita ninguna estructura externa ni ninguna regla arbitraria como sostén manipulativo para lo que desea obtener. Para imponernos sus deseos, le basta considerar que sus gustos y sus aversiones son una justificación suficiente para el esfuerzo que deberá desarrollar en la negociación.

El empleo de una estructura por parte del manipulador, es decir, su forma de determinar y de tratar de convencernos sobre cuál es la manera «correcta, errónea, justa o lógica» de hacer algo, ¿significa acaso que toda estructura es manipulativa? ¿Quiere decir esto que si empleamos normas y estructuras para simplificar y facilitar un poco nuestras relaciones, abrimos las puertas de nuestro yo a la manipulación? Es difícil contestar a estas preguntas con un simple sí o un simple no. Una respuesta más apropiada a los posibles empleos de una estructura sería *«probablemente sí»,* según se inserte la estructura en la relación en cuestión, y según la clase de relación que exista entre las personas en conflicto. En una relación dada, ¿cómo puede una estructura obrar en favor nuestro o en contra de nosotros? ¿Cuáles son los importantes elementos de la estructura y de las relaciones que nos permiten distinguir entre una estructura empleada para manipularnos y una estructura (compromisos viables) empleada para hacer las cosas más fáciles, más estables y menos caóticas? En primer lugar, cualquier estructura o juego de normas, en toda interacción entre dos personas, son arbitrarios. Si cabe trazar un plan determinado de cómo funcionarán las cosas, generalmente podremos encontrar otra media docena de maneras de obrar que producirán poco más o menos el mismo resultado. Por ejemplo, si usted y su socio en el negocio deciden que usted se ocupará del despacho mientras él tratará con el público, no es esta la única manera en que podrían haber arreglado las cosas. Podrían haber compartido la labor de contabilidad o haber contratado los servicios de un contable a horas, o quién sabe a qué otros arreglos podrían haber llegado con el mismo resultado, es decir, un negocio floreciente. Si usted, señora, se ocupa de sus hijos mientras su marido trabaja, no se trata más que de un arreglo arbitrario. Usted podría compartir las responsabilidades de su esposo, contratar los servicios de una niñera, llevar a sus hijos a una guardería o a casa de su abuela, buscar un empleo para usted, o un sinfín de otras posibilidades más, ninguna de ellas impuesta por el cielo.

En segundo lugar, para comprender mejor cómo puede emplearse una estructura, bien para facilitar las cosas, bien para violar nuestro derecho a decidir lo que queremos hacer y lo que no queremos hacer, conviene clasificar todas nuestras relaciones con los demás en tres categorías generales: 1) relaciones comerciales o formales, 2) relaciones de autoridad, y 3) relaciones de igualdad. La categoría en la que clasifiquemos una determinada interacción entre nosotros y otra persona dependerá del grado en que la interacción en cuestión sea reglamentada por normas desde el principio, quizá antes incluso de que hayamos conocido a la persona de que se trata. Por ejemplo, a pesar de lo que pueda parecernos a primera vista, de todas nuestras interacciones los tratos comerciales son las que llevan impuesta la mayor parte de su estructura antes incluso de que se inicie la interacción. Esta estructura puede adoptar la forma, inclusive, de un código legal o de un contrato. En la compraventa de mercancías, por ejemplo, ambas partes saben o determinan exactamente cuál será su comportamiento comercial entre ellas. Una de las partes suele seleccionar y pagar la mercancía y la otra suele recibir dinero, entregar la mercancía y responder de la calidad de lo que ha vendido. En las relaciones comerciales surgen problemas cuando una de las partes (generalmente el vendedor) hace entrar en juego una estructura manipulativa externa en la que no se había convenido de antemano, y no nos permite ser nuestros propios jueces acerca de lo que haremos. Por ejemplo: «Nosotros no tenemos nada que ver con la reparación de su radiador. Las reparaciones son de la incumbencia de la tienda de radiadores. Tendrá que ir a ver a esa gente». (De paso, se nos sugiere: «¡Tonto de capirote! ¿Es que no sabe cómo llevamos los negocios aquí, en la Ripoff Motors?».)

La categoría media, 2), que incluye las relaciones con alguna clase de figura autoritaria, solo en parte está estructurada de antemano. No todo el comportamiento de las personas que intervienen en esta clase de relación está cubierto por unas normas establecidas en acuerdo mutuo. Podremos observar la existencia de unas funciones y de una organización impuestas a las dos personas desde el principio, pero no todo su comportamiento se halla reglamentado, como en una relación comercial. Un ejemplo que encaja en esta categoría es la interacción entre un jefe y su empleado. En mis relaciones con mi jefe, no todas las normas se han formulado claramente ni han sido objeto de un acuerdo previo. Yo puedo saber específicamente cómo debo tratarle en el trabajo, pero ¿cómo debo obrar fuera de él? ¿Quién paga la bebida? ¿O quién elige el bar? E incluso en el trabajo, por ejemplo, ¿qué hacer cuando el jefe introduce algún elemento nuevo en nuestra relación, proponiéndonos por ejemplo que aceptemos una mayor responsabilidad, o que hagamos horas extraordinarias sin cobrarlas? En este tipo de interacción vemos que se plantean problemas cuando se impone arbitrariamente una estructura manipulativa en sectores en los que no existen reglas convenidas de mutuo acuerdo, y esta estructura no nos permite ser nuestros propios jueces en cuanto a nuestro comportamiento futuro. Por ejemplo, nuestro jefe de la oficina no es nuestro jefe en la pista de tenis (¡gracias a Dios!); por tanto, ¿cómo se explica que, cuando jugamos al tenis juntos, yo me ocupe de todas las cuestiones previas que hay que resolver? Nuestro jefe de taller no es nuestro jefe a partir de las cinco de la tarde, cuando volvemos a nuestro hogar; ¿por qué, entonces, llevamos su traje a la tintorería? Aún más que la situación que se crea en el tenis, nos irrita el hecho de convertirnos en su lacayo, y, sin embargo, no osamos decirle ni una sola palabra de ello. Esta es la clase de cosas que nos *ocurrirán* si se introduce una estructura arbitraria en sectores de nuestras relaciones con otras personas que no requieren estructura alguna para la *conveniencia mutua*. Cuando la estructura se impone unilateralmente, su efecto *y su propósito* estriban en controlar nuestro comportamiento, violando así nuestro derecho a juzgar y decidir qué deseamos hacer y qué no deseamos hacer.

Otro buen ejemplo del tipo de relación autoritaria es el que existe entre los padres y sus hijos pequeños. Aquí podemos observar que los padres parten de las funciones autoritarias de madre-padre, maestro, enfermera, protector, abastecedor, modelo, disciplinista, autor de toda decisión y juez. También podemos ver que el niño empieza con las funciones de persona dependiente, aprendiz, paciente, peticionario, etc. Con el paso de los años, a medida que el niño crece y asume un grado cada vez mayor de responsabilidad personal en cuanto a su propio bienestar, la estructura inicial padre-hijo impuesta por la realidad requiere una modificación. Cada vez se necesita menos estructura y menos normas, puesto que se le debe otorgar progresivamente al hijo una mayor libertad de opción si se quiere que algún día llegue a tomar la iniciativa en la dirección de su propia existencia. Todos podemos recordar seguramente, por nuestra propia experiencia, que cuando los papeles entre padres e hijos se hacen más iguales, unos y otros pueden compartir algunos de sus sentimientos personales, de sus objetivos y de sus problemas. Por norma general, esta «comunidad» no llega a alcanzar el nivel de intimidad que caracteriza las relaciones entre iguales. Con demasiada frecuencia, por ignorancia, o por aferrarse en busca de seguridad a la vieja estructura —segura, ciertamente, pero anticuada— los padres otorgan libertad a sus hijos adultos pero no abdican de sus funciones inicialmente impuestas de padre-madre omnisciente, violando así el derecho asertivo de sus hijos a ser sus propios jueces. El resultado de esa resistencia a un cambio inevitable es la creación de una distancia innecesaria entre los padres y sus hijos.

Esta infortunada circunstancia se hizo patente en un caso entre una madre y su hija de cuarenta años, antes de que la hija acudiera a nuestra consulta. Como reacción frente a su constante sentimiento de frustración, esa hija no asertiva no encontraba en la vida más satisfacción que la que le proporcionaba la comida. Como consecuencia de ello, con frecuencia se veía en la precisión de imponerse una dieta muy estricta. En cierta ocasión, cuando se hallaba en período de dieta, fue de tiendas con su madre. Al final de la jornada, entraron en una cafetería a descansar un poco. La madre se empeñó inmediatamente en convencer a su hija para que tomara algo más que una simple taza de café, basándose en que «tu madre sabe lo que te conviene». Aunque la hija alegó que sabía perfectamente lo que hacía, acabó por comer en contra de su propia voluntad. Y hasta que llegamos al término de su tratamiento asertivo, mi paciente nunca quiso ni se atrevió a volver a ir de tiendas con su madre. La madre manipulaba a su hija (¿Por qué? Y a nuestros fines, por otra parte, poco importa) poniendo en acción una estructura caduca, extraída de una situación previa (la infancia) que ya no tenía razón de ser entre dos mujeres, una de sesenta años y la otra de cuarenta. Al mismo tiempo, aquella madre estaba atravesando graves dificultades en su propia vida hogareña. Su marido se hallaba físicamente imposibilitado, y ella se estaba armando grandes líos financieros y de toda clase emprendiendo proyectos para los que no estaba preparada o no tenía experiencia alguna. Su hija hubiese querido ayudarla, pero evitaba intervenir porque adivinaba que su madre probablemente no confiaría en su criterio ni seguiría sus consejos. Por otra parte, estaba hasta la coronilla de las añagazas manipulativas de su madre y prefería mantenerse lejos de ella tanto como le fuese posible. *Padres así no han sabido adoptar una nueva actitud adulta, respecto a sus hijos y sus hijas, que habría resultado más apropiada para la relación única, y por ende maravillosa, que los padres pueden entablar con sus hijos mayores.*

En vivo contraste con ese ejemplo de hijos que todavía son «los niñitos de sus padres» a los cuarenta años, y de padres que siguen siendo «los papaítos de sus nenes» a los sesenta años, podemos citar la relación que existe entre otra madre y otra hija a las que conozco muy bien. Estas dos mujeres sufrieron también una grave disrupción en su existencia, pero en una edad más joven. Cuando la hija entraba en la pubertad, murió el padre. Pese a todos los problemas que deben surgir forzosamente en una familia en tal situación, con los años y a través de ensayos y de errores, esta madre y esta hija llegaron a desarrollar un respeto mutuo por las opciones y las decisiones de la otra. Actualmente, la madre tiene cincuenta y seis años y vive sola, mientras que la hija tiene treinta y un años, está casada y tiene dos hijos. Cada una de ellas es una fuente de afecto, de apoyo y de consejo para la otra. Esta madre, al hablar recientemente a su hija de los problemas propios de su vida solitaria, le decía: «Realmente, me gusta hablarte de mis problemas. No formulas juicio alguno sobre mis amigos masculinos. No los discutes ni tratas de decirme lo que debo hacer. Te limitas a escucharme y a dejarme que alivie lo que llevo en el pecho. De veras te lo agradezco». Y esta madre no solo es capaz de aceptar ayuda y consejo de su hija, sino que también sabe respetar los límites que le pone su hija cuando interactúa cerca de sus nietos y de su yerno.

En la tercera categoría de relaciones —entre iguales— no existe una estructura inicial impuesta de antemano a ninguna de las dos personas, que determine su comportamiento. En ese tipo de interacción, toda estructura se va elaborando a medida que la relación progresa, a través de una serie de compromisos en acción. Esos compromisos acordados mutuamente (estructura) son prácticos; posibilitan llevar adelante el negocio de la relación sin necesidad de entrar cada día en negociaciones acerca de quién debe hacer qué y cuándo debe hacerlo. Las personas a las que he enseñado a ser más asertivas insisten a menudo, ingenua y sinceramente, en que esos compromisos deben ser justos, y a menudo parecen ligeramente escandalizadas cuando les respondo: «No es indispensable que los compromisos sean justos para ser útiles. ¡Lo único indispensable es que funcionen, que sean eficaces! ¿Dónde ha leído usted que la vida es justa?

¿De dónde ha sacado una idea tan descabellada? ¡Si la vida fuese justa, usted y yo nos dedicaríamos por turno a visitar el Pacífico Sur, el Caribe y la Riviera francesa con los Rockefeller, y en cambio, como puede ver, ahí estamos, en esa cochina clase, tratando de aprender a ser asertivos!».

Ejemplos de relaciones entre iguales son las que se establecen entre amigos, vecinos, condiscípulos, compañeros de trabajo, novios, amantes, miembros adultos de la familia, primos, familia política, hermanos y hermanas; son relaciones en las que gozamos de la máxima libertad para tratar de obtener lo que deseamos, pero en las que tenemos más probabilidades de resultar heridos. El ejemplo más obvio es el de los cónyuges en el matrimonio. En los matrimonios eficaces entre iguales, que todos conocemos, observamos cómo las dos partes establecen colectivamente, modificándola de mutuo acuerdo cuando es preciso, la estructura de compromiso que requieren, mediante una comunicación mutua frecuente acerca de lo que cada uno de ellos desea y es capaz de darle al otro. No hay ningún temor a parecer «raro» o egoísta a sus propios ojos, o a violar quién sabe qué secreto conjunto de normas acerca de cómo «deberían» comportarse los maridos y las mujeres. Con esta capacidad asertiva por compartir, las dos partes elaboran un mínimo de compromisos viables y que pueden volver a negociarse acerca de su comportamiento mutuo, manteniendo así la estructura de su matrimonio lo bastante flexible, dentro de lo humanamente posible, como para poder enfrentarse a los verdaderos problemas de la vida y no con problemas de tipo manipulativo que solo pueden conducir a la propia frustración.

En este tipo de relaciones entre iguales se plantean problemas cuando uno de los miembros, o los dos, por inseguridad personal o por ignorancia han iniciado la relación con ideas preconcebidas acerca de cómo «deben» comportarse los amigos, los compañeros de habitación o los maridos o esposas. Por ejemplo, si observamos los matrimonios infelices que conocemos advertiremos probablemente que uno de los dos cónyuges, o acaso los dos, tienen ideas preconcebidas acerca de sus respectivos papeles. Esas normas impuestas por uno de los cónyuges no permiten al otro ser juez de su propio comportamiento en el matrimonio. Pero las normas impuestas no funcionan en la realidad: los detalles de las distintas funciones de cada uno de los cónyuges se deben ir perfilando *sobre la marcha,* si los casados quieren mantenerse unidos y crear una vida dichosa para sí mismos. Cuanto mayor sea la inseguridad personal de cualquiera de los dos cónyuges, más arbitraria y manipulativa será la estructura que intentará imponer al otro y a sí mismo, lo antes posible. La persona insegura se siente mejor dentro de una situación muy estructurada, con muy pocas incógnitas que resolver. El marido inseguro puede imponer una estructura arbitraria a su esposa simplemente para contrarrestar su temor a no saber mostrarse a la altura de ella, a no saber reaccionar frente a ella. Por ejemplo, es posible que insista en que su mujer no trabaje fuera de casa, en que permanezca en el hogar, en que se ocupe ella sola de los hijos y en que no debe administrar el dinero del matrimonio. Hasta puede considerar que las mujeres casadas deben ser castigadas o que por lo menos debe hacerse que se sientan culpables si tienen otras ideas acerca de esta manera artificialmente impuesta de concebir el matrimonio. Y puede que obre así al mismo tiempo que enuncie toda una serie de lugares comunes acerca del juego limpio y del toma y daca.

Así era el marido de una de mis clientas, hace algunos años. Aquella desdichada pareja no habían tenido ninguna experiencia social ni sexual con nadie más, fuera de su matrimonio. La única relación íntima, entre iguales, que habían sostenido era la de ellos dos. Estaban completamente desprovistos de experiencia en cuanto a la manera de tratarse dos personas en un nivel íntimo, de igualdad. La estructura arbitraria del marido fue la dominante en sus interacciones desde el principio, y la joven esposa no era lo bastante independiente, asertivamente, como para poder desafiar aquella estructura. En consecuencia, los únicos medios de reacción que tenía a su alcance eran la agresión pasiva, la huida pasiva o una manipulación muy inferior por comparación a la de su marido. Al cabo de seis años de matrimonio, acudieron a mi consultorio, con todos sus problemas de interacción amontonados en una carretilla de mano psíquica, con un reventón en la rueda, que la mujer iba empujando de acá para allá y a la que llamaba «mi problema sexual». Impotente para reaccionar asertivamente frente a las manipulaciones de su marido en la vida cotidiana, la esposa fue apartándose progresivamente de él en todos los aspectos, incluido el sexual. Al cabo de cuatro años de relaciones sexuales insatisfactorias, la esposa se quejaba de disfunción orgásmica (frigidez), vaginitis (irritación vaginal), vaginismo (contracciones involuntarias de la abertura vaginal que impiden las relaciones sexuales), dispareunia (dolor vaginal profundo que se alega en los casos de falta de armonía sexual), así como de que su marido no conseguía «excitarla». Negando que no fuese asertiva e insistiendo en que su vida conyugal, fuera del terreno sexual, era satisfactoria, la joven esposa empezó un tratamiento indicado para corregir la disfunción sexual. El vaginismo suele tardar tres semanas en corregirse mediante métodos de comportamiento. En su caso se tardó tres meses. Después de varios intentos, igualmente morosos, de resolver sus dificultades sexuales específicas, se inició, sin resultado, una psicoterapia exploratoria general. Ni el marido ni la mujer eran capaces de aceptar el hecho de que sus problemas sexuales guardasen relación alguna con su comportamiento general del uno para con el otro. Cuando se le preguntó a ella por qué quería resolver sus dificultades sexuales, respondió, sinceramente, con estas palabras: «Para que Chuck sea feliz», sin decir palabra acerca de su propio placer o satisfacción sexual. No se daba cuenta de que su dificultad para sentirse excitada sexualmente por su marido no era más que una manera elegante de cortarle las alas y de expresar su propia frustración por haberse casado con él, sin que lo pareciera. ¿Quién puede reprocharle su invalidez a un inválido? El matrimonio abandonó muy pronto el tratamiento psicoterapéutico y no mostró deseo alguno de reanudarlo más tarde. Según los últimos informes recibidos, están pensando en divorciarse.

Una esposa personalmente insegura, por su parte, puede también imponer una estructura manipulativa dentro de su matrimonio con el fin de resolver sus propios temores de no ser capaz de enfrentarse a lo desconocido. Puede violar el derecho asertivo de su marido a ser juez de sus propias acciones, tratándole, sutilmente y hasta condescendientemente, como si fuese un chiquillo irresponsable. Le dejará en plena libertad en cuanto a su trabajo, pero no confiará en él y tratará de controlarle en todos los demás aspectos de su vida y de hacerle sentirse culpable si no acepta sus rígidos métodos. Como en el caso de la esposa manipulada, este marido debe creer que es perfectamente correcto que su mujer lo trate así; si no lo cree firmemente, su mujer no logrará manipularle. Debe creer que no es él su propio juez antes de que la estructura impuesta por su esposa pueda obrar efectos manipulativos. Si el marido no lo acepta, la mujer no podrá imponerle esa estructura.

Un paciente a quien vi recientemente tenía este tipo de interacción con su esposa. Antes de acudir a nuestra consulta, tenía el empleo de gerente de unos almacenes que formaban parte de una cadena comercial. Su ascenso al puesto de gerente le había sometido a una serie de presiones, tanto por parte del público con el que trataba como de la dirección regional de la empresa para la que trabajaba. A causa de su sistema de creencias no asertivas, no había trazado unos límites firmes en cuanto a lo que estaba dispuesto a hacer por sus clientes, ni en cuanto a lo que consideraba sus deberes para con la empresa. Como consecuencia de ello, no tardó en perder el cargo. Durante la época en que estuvo sin empleo, consideró que debía mentir a su mujer y decirle que había encontrado trabajo antes que confesarle que percibía el subsidio de paro. Cuando le ofrecieron un trabajo temporal en unos almacenes generales, no lo aceptó porque temía que su mujer le echara en cara lo que diría la familia de esta si le veían convertido en un obrero. El pobre hombre, manifiestamente, no creía ser su propio juez en cuanto a su comportamiento, y por eso reaccionaba por el método primario de la huida pasiva en lugar de apelar a la asertividad verbal.

En cualquiera de las tres formas en que nos relacionamos con los demás —comercialmente, autoritariamente o en un plano de igualdad— surgen problemas cuando tenemos más de una sola interacción con una misma persona. Por ejemplo, cuando entramos en relaciones comerciales con un amigo, tanto nuestro amigo como nosotros podemos tropezar con dificultades para impedir que nuestro comportamiento comercial se interfiera con nuestro comportamiento de amigos, o a la inversa. Nuestro amigo puede manipularnos al imponernos maneras de hacer acordadas previamente como amigos, que no tienen nada que ver con nuestros tratos comerciales. Por ejemplo, puede tomar prestado nuestro coche para hacer gestiones comerciales, basándose en que en el pasado solíamos prestarnos el coche uno a otro, en plan de buena amistad. Puede tratar de pedirnos prestadas sumas de dinero más cuantiosas, puesto que un acuerdo anterior de prestarnos pequeñas cantidades había dado buenos resultados. Si nosotros y nuestro amigo no hemos elaborado una verdadera interacción de igualdad libre de toda estructura manipulativa, nuestro amigo intentará aplicar a nuestros tratos comerciales los mismos conceptos acerca de cómo «deben» comportarse los amigos entre sí, y dirá, por ejemplo: «¿Cómo puede insistir un amigo en que se le pague en la fecha convenida?». Esos ejemplos de relaciones mixtas que conducen a la manipulación tienen un paralelo en el dicho popular según el cual una cosa es la amistad y otra el negocio. Hablando de esos problemas, mi primo Edgar, de Hawai, me decía: «Cuando voy de cara al negocio, quiero dejar siempre las cosas bien claras desde el principio y dar a entender a mi socio que, si no cumple, como es su deber, no voy a andarme con remilgos con él. No me gusta tener que mostrarme duro con mis amigos. Tengo cosas mejores que hacer con ellos». Aunque la solución propuesta por mi primo Edgar al problema de las relaciones mixtas tiene su atractivo, y no pequeño, podemos encontrarnos en una posición en que no tengamos más remedio que tratar en dos niveles diferentes con una misma persona. Lo mismo que cuando se encuentra uno metido en una pelea en un bar, una vez que estamos metidos en ella poco importa si resbalamos y caímos en medio del fregado, si nos lanzamos a la pelea voluntariamente y con ganas, o si alguien nos empujó o nos arrastró a ella contra nuestra voluntad. ¿Tiene alguna importancia la forma en que nuestro amigo se adueña de nuestro coche, o queremos ayudarle invirtiendo en Magic Moment Wart Remover? A pesar de todo, no tenemos más remedio que apechugar con los hechos. Si reaccionamos frente a la manipulación en unas relaciones mixtas con la decisión asertiva de ser nuestros propios jueces, decidiendo hacer lo que *nosotros* queremos, y formulando los compromisos que estamos dispuestos a aceptar en las diversas etapas del camino, podemos hacer negocio con un amigo y al mismo tiempo conservar nuestra amistad.

En cualquiera de los tres tipos de interacción con otras personas, se produce una manipulación de nuestro comportamiento cuando se nos imponen normas externas en las que no habíamos convenido previamente y que, por ende, violan nuestro derecho asertivo a juzgar nuestra manera de obrar. Si cualquiera de nosotros tuviera que formular con palabras la creencia primaria infantil que se nos imbuyó y que hace posible la manipulación, tal vez cada uno lo expresaría con palabras o frases diferentes, pero el significado sería poco más o menos el siguiente: *No debemos formular juicios independientes acerca de nosotros mismos y de nuestras acciones. Debemos ser juzgados por unas normas externas, según determinados procedimientos, y por una autoridad más capaz y más grande que nosotros.* Básicamente, pues, la manipulación es todo comportamiento dictado por esta creencia. Somos objeto de una manipulación siempre que alguien reduce, por el medio que sea, nuestra capacidad para juzgar nuestras acciones. Esas normas y esa autoridad externas a las que hace referencia esa creencia tienen profundas repercusiones en cuanto al control y la reglamentación de cuanto hacemos, sentimos y pensamos. Por ejemplo, en una clase de ochenta y cinco personas que estaban aprendiendo a ser asertivas, cuando pregunté, a propósito de esa creencia primaria infantil: «¿Cuántos de ustedes *creen realmente* en ella?», solo tres personas levantaron la mano. En cambio, cuando les pregunté: «¿Cuántos de ustedes *se comportan como si creyeran* en ella?», todos levantaron la mano.

El derecho a ser nuestro propio juez decisivo es el derecho asertivo primario que impide que los demás nos manipulen. Es el derecho asertivo del que se desprenden todos los demás derechos asertivos, los cuales, en el fondo, no son más que aplicaciones cotidianas más específicas de ese derecho primordial. Esos otros derechos son importantes por cuanto nos proporcionan los detalles necesarios para reaccionar frente a los métodos más corrientes por medio de los cuales las demás personas nos manipulan psicológicamente y violan nuestra dignidad personal y el respeto de nosotros mismos. Al hablar de cada uno de los diferentes derechos asertivos específicos será el momento de proponer ejemplos de las diversas maneras en que los demás tratan de manipularnos, pretendiendo erigirse en nuestros jueces o esgrimiendo cualquier norma arbitrariamente establecida. Por el momento, sin embargo, examinemos brevemente algunas de las consecuencias del ejercicio, por nuestra parte, de nuestro derecho asertivo básico a ser nuestros propios jueces.

Cuando nos convertimos en nuestros propios jueces, aprendemos a establecer de manera independiente nuestros propios métodos para juzgar nuestro comportamiento. Los juicios que formulamos como resultado de los ensayos y los errores que constituyen nuestra experiencia personal, más que un sistema de «cosas buenas y cosas malas» constituyen un sistema basado en «eso me va, o eso no me va». Nuestros juicios independientes son un sistema flexible de «me gusta o no me gusta», y no un sistema de «debo o no debo», o de «debes o no debes hacer tal y tal cosa». El juicio particular que cada uno de nosotros formula acerca de sí mismo puede no ser sistemático, lógico, consistente, permanente y ni siquiera juicioso o razonable a los ojos de los demás. Pero nuestros juicios, sin embargo, se ajustarían perfectamente a nuestra personalidad y a nuestro estilo de vida.

Para muchos de nosotros, la perspectiva de tener que juzgarnos a nosotros mismos puede ser terrorífica. Ser nuestros propios jueces, sin normas arbitrarias, es como viajar por un país desconocido y nuevo sin ninguna guía turística que nos indique qué es lo que debemos visitar, o, lo que es peor aún, sin un mapa que nos indique cómo podemos llegar allá. Tener que establecer nuestras propias normas de vida *sobre la marcha* no es tarea fácil, pero frente a las alternativas de frustración, agresión y huida que resultan cuando permitimos que otros manipulen nuestros sentimientos, ¿qué otra solución podemos elegir? No tenemos más remedio que basarnos en nuestro propio juicio, porque la verdad es —nos guste o no nos guste— que solo nosotros somos responsables de nosotros mismos.

La responsabilidad que nos incumbe a cada uno de nosotros por iniciar y aceptar las condiciones de todo lo que hacemos no puede rehuirse negando o ignorando su existencia. No podemos asumir la responsabilidad de otra persona para su felicidad, ni podemos traspasar automáticamente la responsabilidad de nuestra propia felicidad a otra persona. No podemos rehuir nuestra responsabilidad por la forma en que vivimos nuestra vida, alegando razones pretendidamente racionales para demostrar que se nos ha obligado a hacer tal cosa o tal otra. *Se trata de nuestra vida, y lo que en ella ocurra nos incumbe a nosotros, y a nadie más.* Muchas personas se niegan a aceptar que sean ellas sus propios jueces, y al negarse a asumir la responsabilidad de su comportamiento, apelan a toda clase de excusas y de justificaciones. Esas negaciones de responsabilidad suelen adoptar una forma parecida a la clásica defensa esgrimida en Nuremberg: «Yo me limitaba a cumplir órdenes». Una de las posibles respuestas asertivas que hubiesen podido formular los soldados alemanes acusados, en lugar de esa excusa, habría sido: «Decidí voluntariamente hacer eso de lo que actualmente se me acusa, porque lo preferí antes que ser amonestado, degradado, juzgado y enviado a Rusia, o fusilado».

Como paso final que debe conducirnos al examen de nuestros demás derechos asertivos más específicos —basados todos en el primordial— sentemos claramente de qué modo nuestro comportamiento asertivo guarda relación con la autoridad exterior, por ejemplo los sistemas morales y legales.

La moral es un sistema de normas arbitrarias que la gente adopta para juzgar su propio comportamiento y el de los demás. La forma en que adoptamos y empleamos los sistemas morales es muy parecida a la forma en que nos prepararíamos para regresar de las montañas si nuestro guía, de pie seguro e infalible, hubiese tropezado con un tronco caído y se hubiese roto el pescuezo. Cada uno de nosotros se vería enfrentado a la difícil tarea de encontrar el camino de vuelta a casa y la terrorífica posibilidad de no llegar a encontrar jamás ese camino. Cada vez que uno de nosotros encontrara un sendero se diría, y diría a los demás: «Es por aquí». Nuestro temor a perdernos en el desierto y a no saber qué hacer se aliviaría a la vista de cualquier signo de civilización, aunque ese signo acaso nos condujera más adentro de la selva. A medida que pasara el tiempo nos negaríamos a preocuparnos de volver a analizar la situación y a considerar la posibilidad de que existieran otros senderos para salir de la selva, mejores que el que elegimos. Al declarar rígidamente que nuestro camino es el bueno, nos descargamos de la responsabilidad de llegar a casa y la traspasamos al sendero arbitrario que elegimos. Si el camino en cuestión no nos condujera a casa, siempre nos cabría el recurso de echarles las culpas a los estúpidos que abrieron ese camino, y no a nosotros.

Hemos empleado esta alegoría para indicar que no existe ningún modelo de comportamiento «bueno» o «malo», de manera absoluta; ni siquiera existe ningún modo técnicamente correcto de comportarse. Solo hay los modos personales de comportarnos que cada uno de nosotros elige para sí, y que enriquecen o amargan nuestra existencia. Por ejemplo, el excursionista montañero que tenga un carácter asertivo puede decidir no seguir ninguna de las veredas descubiertas por el resto de su grupo y guiarse exclusivamente por su instinto personal, ayudándose con todas las informaciones disponibles: la ruta del sol y las estrellas, la posición de las plantas sensibles a la luz, los puntos de referencia que recuerda, y sus propias teorías acerca de dónde debe encontrarse la carretera Noventa y nueve que figura en su mapa.

Los sistemas legales son normas arbitrarias que la sociedad ha adoptado para prever unas consecuencias negativas para toda clase de comportamiento que esa misma sociedad desea eliminar. Como los sistemas morales, las leyes no tienen nada que ver con el bien o el mal absolutos. Los sistemas del bien y el mal se emplean para manipular psicológicamente los sentimientos y el comportamiento de la gente. Los códigos legales se han establecido para poner límites al comportamiento y zanjar las disputas entre la gente. Pero siempre nos cabe la posibilidad de ejercer un juicio asertivo, quebrantar una ley y aceptar las consecuencias de nuestra manera de obrar. ¿Cuántos de nosotros podemos decir que nunca hemos decidido violar una prohibición de aparcamiento o de exceso de velocidad, dispuestos a pagar la multa si somos sorprendidos en la infracción? Asumimos la responsabilidad por nuestra decisión y sus consecuencias. Sin embargo, muchos de nosotros confundimos los sistemas del bien y del mal con los códigos legales. La mayoría de los legisladores, jueces y juristas sufren la misma confusión acerca de lo que está bien y lo que está mal. Los problemas jurídicos y judiciales que se plantean en el control de las modalidades de comportamiento «buenas» y «malas» ponen de manifiesto esta confusión. La identificación de los códigos legales con sistemas de «bien» y de «mal» hace de las leyes verdaderos instrumentos de control emocional manipulativo. Un sistema de bien-y-mal puede incorporarse al cuerpo de la ley como en el caso de la pornografía «socialmente redentora», según la fraseología tendenciosa del Tribunal Supremo de Estados Unidos. ¿Quiere decir el Tribunal Supremo que podemos leer la pornografía que posee un valor socialmente redentor sin sentirnos culpables por nuestro interés malsano? Si los personajes de un libro que toman parte en una orgía sexual literaria no son condenados más tarde al fuego del infierno, o, cosa peor, no se arrepienten y se convierten en asistentes sociales, ¿quiere eso decir que la lectura de ese libro «debe» hacernos sentir culpables?

Los conceptos del bien y del mal pueden también envolver una ley y ser empleados en un intento para castigar el «mal» comportamiento en las calles por la policía. Una manipulación «legal» de esa clase fue la que intentó aplicarme recientemente un agente del tráfico en un departamento de policía de la zona de Los Ángeles. Después de haberme obligado a parar y de imponerme una multa por rodar a 100 kilómetros por hora en una zona de la autopista donde la velocidad mínima obligatoria era de 105 kilómetros por hora, el policía, un tipo de media edad, con bigote y barrigudo, embutido en sus bombachos caqui, pretendió, además, inducirme a sentirme culpable: «Si quiere usted ser un *estorbo* en el canal reservado para los vehículos lentos, allá usted, pero en este canal no está permitido, así que no vuelva a hacerlo». No le bastaba al policía en cuestión imponerme una multa; quería, además, que me sintiera como un «estorbo», a causa de su juicio. Pareció un tanto decepcionado ante mi falta de emoción, pero no tardó en recobrar su «gallardía» una vez que hubo montado en su Yamaha y se hubo lanzado carretera adelante.

Cuando se emplean sistemas basados en los conceptos de «bien» y «mal», se provocan como consecuencia sentimientos de culpabilidad. Cuando se emplean las leyes para provocar sentimientos de culpa, esas leyes, o los que las aplican, violan nuestro derecho asertivo humano a ser los jueces definitivos de nuestras propias emociones. Esa clase de leyes *empleadas emocionalmente* obran efectos radicalmente diferentes de las demás leyes. Si decidimos afirmarnos asertivamente frente a una ley obligatoria corriente, podemos quebrantar la ley y arrastrar las consecuencias que esta violación entraña, por ejemplo, un juicio de faltas, una multa o una sentencia de prisión. La decisión depende de nosotros. Podrá o no ser juiciosa, a criterio de otros, pero es nuestra decisión, como son para nosotros sus consecuencias, positivas o negativas. En cambio, si decidimos violar una «ley emocional», no solo tendremos que enfrentarnos con las correspondientes consecuencias legales sino que se esperará de nosotros, independientemente de cuál sea nuestro criterio, que nos sintamos psicológicamente culpables por haber violado esa ley. Un ejemplo muy claro, aunque extremo, de ley emocional es el caso de los objetores de conciencia ante el servicio militar. Hombres que creen sinceramente que la guerra es un derroche trágico de esfuerzos humanos y que no quieren tener absolutamente nada que ver con ella han sido rutinariamente condenados por los tribunales a varios años de servicios auxiliares de tipo servil, como por ejemplo, limpiar orinales en un hospital, en lugar de ser condenados a la cárcel. Aunque limpiar orinales puede parecer un trabajo poco atractivo, esta parte de la sentencia es trivial. Lo importante es que la libertad del objetor de conciencia para ir a pasar la noche en su casa depende en gran medida del sistema «moral» por el que se rija el personal del hospital, y aun del simple capricho de ese personal. Si la dirección del hospital siente antipatía por los objetores de conciencia, puede echar de la institución al individuo que le han confiado, el cual, indefectiblemente, irá a dar con sus huesos en la cárcel. Sin tapujos, cuando un juez formula esta clase de sentencia condicional, viene a decirle al objetor de conciencia: «Se te condena a varios años de lamerles las botas a determinadas personas, si no quieres ir a la cárcel. No serás tu propio juez, sino que les nombro a ellos únicos jueces de todo cuanto hagas». El dilema que se le plantea al objetor de conciencia está claro: ir a la cárcel o renunciar a su derecho a ser su propio juez. Este método, si no consigue hacer que el objetor de conciencia comprenda su «error» y se sienta culpable, por lo menos le inflige un castigo por no haber aplicado su propio juicio en favor de la «defensa» del país. Se le obliga a aceptar la renuncia a su derecho asertivo a juzgarse a sí mismo en otros sectores de la vida durante unos cuantos años.

Estos ejemplos de empleo de la ley para manipular emotivamente a la población de un país constituyen un claro ejemplo de abuso del consentimiento o consenso de los gobernados. Ningún gobierno puede ser democrático si trata de reglamentar o manipular el estado emocional de su población. Al leer la Constitución Americana y la Declaración de Independencia de las Colonias Americanas, no consigo encontrar ninguna sección que conceda poderes al gobierno americano para dedicarse a castigar delitos mediante el control de las emociones del delincuente. Leo, en cambio, que tenemos ciertos derechos no manejables, entre ellos el derecho a la vida, a la libertad y a la búsqueda de la felicidad. Si no ejercemos nuestro derecho asertivo a ser jueces decisivos de nosotros mismos, automáticamente nuestro derecho a la vida, a la libertad y a la busca de la felicidad se convierte en simple papel mojado.

Y ahora pasemos a echar una ojeada a nuestros demás derechos asertivos, que, como ya hemos dicho, se desprenden todos ellos de nuestro derecho a juzgar, solo nosotros, nuestras acciones. Al mismo tiempo, daremos también un vistazo a los procedimientos más corrientes a los que recurren los demás para violar manipulativamente esos derechos.

3

Nuestros derechos asertivos en la vida cotidiana y los procedimientos que emplean los demás para manipularnos

El hecho de ser nuestros propios jueces tiene gran número de repercusiones en nuestro comportamiento y en nuestro criterio acerca de nosotros mismos y de los demás. Pero ¿cómo traducimos esta declaración general única acerca de nosotros mismos, en un lenguaje corriente que guarde relación significativa con nuestra vida cotidiana? ¿Cómo podemos saber cuándo somos objeto de manipulación, cuándo se está violando nuestro derecho humano asertivo? Una de las maneras que todos conocemos, por desgracia, es posterior a los hechos, cuando nos decimos: «No sé cómo ocurrió, pero tuve la irritante sensación de que me habían tomado el pelo». Esta sensación posterior a los hechos, también por desgracia, de poco nos vale para nuestras relaciones futuras con los demás, salvo en cuanto tendemos a evitar a las personas que han tenido algo que ver, una y otra vez, con nuestra «tomadura de pelo». Con objeto de ayudar al lector a reconocer *que* alguien está haciéndole objeto de manipulación precisamente *cuando* esta manipulación se está produciendo, el presente capítulo expone los procedimientos más comunes a los que recurren los demás para manipularnos, y nuestros correspondientes derechos asertivos cotidianos en esas mismas situaciones.

Derecho asertivo II

Tenemos derecho a no dar razones o excusas para justificar nuestro comportamiento.

Como todos los demás derechos asertivos que se citan en el presente capítulo, el derecho a no dar explicaciones acerca de nuestras acciones se desprende de nuestro derecho asertivo a ser los jueces decisivos de cuanto somos y hacemos. Si somos nuestros propios jueces, no tenemos por qué explicar nuestro comportamiento a los demás para que estos decidan si es acertado o erróneo, correcto o incorrecto, cualquiera que sea la etiqueta que pretendan pegarle. Por supuesto, los demás siempre tendrán la opción asertiva de decirnos que no les gusta lo que hacemos. Nos cabe entonces la opción de no hacer caso de sus preferencias, de buscar un compromiso o de respetar sus preferencias y modificar por completo nuestro comportamiento. Pero si somos nuestros propios jueces, los demás no tienen derecho a manipular nuestro comportamiento y nuestros sentimientos exigiéndonos razones para convencernos de que estamos equivocados. La creencia infantil subyacente a este tipo de manipulación podría formularse poco más o menos en los siguientes términos: *Debemos explicar las razones de nuestro comportamiento a los demás, puesto que somos responsables ante ellos de nuestras acciones. Debemos justificar a sus ojos nuestras acciones.* Nos cabe ver un empleo cotidiano de esta creencia manipulativa, por ejemplo, cuando un dependiente pregunta a una clienta que devuelve un par de zapatos: «¿Qué defecto encuentra a estos zapatos?», dando a entender, sin decirlo, que parece fuera de lo corriente que a alguien puedan no gustarle los zapatos en cuestión. Con esta pregunta, el dependiente formula el juicio de que la clienta debe tener una razón para rechazar los zapatos que resulte convincente para él. Si la clienta deja que el dependiente decida que debe haber alguna razón para que no le gusten los zapatos, se sentirá ignorante. Al sentirse ignorante, la clienta probablemente se creerá obligada a explicar por qué no le gustan los zapatos. Y si expone sus razones, la clienta autoriza al dependiente a darle razones igualmente válidas por las que deberían gustarle. Según cuál de los dos acierte a alegar más razones —ella o el dependiente—, hay probabilidades de que la clienta acabe por quedarse con un par de zapatos que no le gustan, como se indica en el siguiente diálogo manipulativo:

DEPENDIENTE: ¿Por qué no le gustan esos zapatos?

CLIENTA: No me gusta ese tono magenta.

DEPENDIENTE: ¡No diga! ¡Si es el color que hace más juego con el tono con el que lleva pintadas las uñas!

CLIENTA: Me están demasiado holgados y la tira del talón está bajando continuamente.

DEPENDIENTE: Eso se lo arreglamos por menos de cuatro dólares.

CLIENTA: Y en cambio me aprietan en la puntera.

DEPENDIENTE: ¡No hay problema! Se los ensanchamos en el acto.

Si la clienta toma su propia decisión acerca de si debe o no responder a los «por qué» del dependiente, lo más probable es que responda exponiendo simplemente los hechos de la situación: «No tengo razón alguna; simplemente, esos zapatos no me gustan».

Las personas a las que enseño a mostrarse asertivas me preguntan invariablemente: «¿Cómo puedo negarme a exponer mis razones a un amigo cuando me las pide? Si no se las doy lo tomará a mal». Mi respuesta consiste en una serie de preguntas estimulantes, por toda contestación: «¿Cómo se explica que su amigo le exija razones para explicar su comportamiento?» «¿Es una de las condiciones de la amistad que les une, el hecho de que usted le permita decidir acerca de la corrección o adecuación de su comportamiento?» «Si usted no le da ninguna razón para no prestarle su coche, ¿bastará eso para poner fin a su amistad?». Si alguno de nuestros amigos se niega a reconocer nuestro derecho asertivo a oponerse a toda manipulación insistiendo en ser nuestros propios y exclusivos jueces, tal vez ello signifique que este amigo es incapaz de relacionarse con nosotros más que sobre la base de la manipulación. La elección de nuestros amigos, como todo lo demás, depende de nosotros.

Derecho asertivo III

Tenemos derecho a juzgar si nos incumbe la responsabilidad de encontrar soluciones para los problemas de otras personas.

Cada uno de nosotros es responsable, a fin de cuentas, de su propio bienestar psicológico, de su felicidad y de su éxito en la vida. Por más que podamos desear el bien para otros, de hecho no está en nuestras manos crear estabilidad mental, bienestar o felicidad para los demás.

Podemos, desde luego, complacer a alguien temporalmente haciendo lo que él o ella desea, pero esa persona deberá cargar sobre sus propios hombros todo el esfuerzo, el sudor, el dolor y el miedo al fracaso necesarios para ordenar su propia existencia con miras a la salud y la felicidad. Pese a nuestra compasión por los problemas de los demás, la realidad de la condición humana es que cada uno de nosotros debe tratar de resolver los problemas de la vida aprendiendo a obrar por su cuenta. Esta realidad se expresa en uno de los primeros principios de la psicoterapia moderna. Los que practican este arte terapéutico han aprendido que el proceso del tratamiento no resuelve los problemas del paciente, pero ayuda a este a adquirir la capacidad necesaria para resolverlos por sí mismo. Nuestras acciones pueden haber sido causa directa o indirecta de sus problemas, y, sin embargo, los demás tienen la responsabilidad única de resolver sus propios problemas, cualquiera que haya sido su causa. Si no reconocemos nuestro derecho asertivo a optar por ser responsables únicamente de nosotros mismos, los demás podrán manipularnos, y lo harán, y nos obligarán a hacer lo que ellos quieran, presentándonos sus propios problemas como si fuesen nuestros. La creencia infantil subyacente a este tipo de manipulación puede formularse poco más o menos en los siguientes términos: *Tienes ciertos deberes con respecto a algunas cosas e instituciones más grandes que tú, creadas por grupos de otras personas para dirigir la tarea de vivir. Debes sacrificar tus propios valores para impedir que esos sistemas se desintegren. Si en tus relaciones con esos sistemas se te plantean problemas, esos problemas serán tuyos y en ningún modo imputables a los sistemas.* Los ejemplos de comportamiento manipulativo debido a esa creencia infantil abundan en nuestro trato común con los demás. Podemos ver esposas o maridos que se manipulan unos a otros, diciendo: «Si no dejas de irritarme, tendremos que pedir el divorcio». Declaraciones como esta provocan sentimientos de culpabilidad por cuanto en ellas se sobreentiende que el contrato y la relación matrimonial son más importantes que los deseos individuales y la felicidad personal de cada una de las dos partes. Si el otro cónyuge tiene la misma creencia infantil, debe elegir entre 1) hacer lo que desea individualmente y sentirse culpable por el hecho de poner sus propios deseos por encima de la relación matrimonial, y 2) hacer lo que su cónyuge quiere y sentirse frustrado, irritado, causar agresivamente más fricción o caer en la depresión y retirarse. Si el cónyuge amenazado con el divorcio reacciona de manera no asertiva con la postura defensiva de que el divorcio no es una solución posible para sus problemas, podrá ser manipulado o manipulada y obligado u obligada a hacer lo que el otro cónyuge desee, como se indica en el siguiente diálogo:

CÓNYUGE 1: Si no cesas de irritarme con todas tus excusas para pasarte el día sin dar golpe, acabaremos por divorciarnos.
CÓNYUGE 2: (Con ira frustrada.) ¡Qué tontería! ¡No puedes desear el divorcio!

CÓNYUGE 1: ¡Pues sí lo deseo! ¿Es que no te importa nuestro matrimonio y todo lo que me tocará pasar si vuelvo a quedarme sin compañía en la vida?

CÓNYUGE 2: (Sintiéndose culpable.) ¡Claro que me importa! ¿Qué clase de persona crees que soy? No me negarás que he hecho muchas cosas por nosotros.

CÓNYUGE 1: Solo haces lo que te interesa *a ti*. ¿Por qué esta testarudez? Si de verdad te importara nuestro matrimonio, tratarías de hacerme las cosas un poco más fáciles. Yo tengo que hacerlo todo, mientras que tú, ¿qué haces?

Si, en cambio, el cónyuge amenazado con el divorcio pronuncia asertivamente su propio juicio acerca de dónde radica el problema y a quién incumbe la responsabilidad de su solución (si el cónyuge amenazado con la perspectiva de divorcio o en la misma relación conyugal), es probable que conteste: «Si de verdad crees que no puedes aceptarme tal como soy, tal vez tengas razón. Si no podemos resolver por las buenas este problema, quizá debamos empezar a pensar en el divorcio».

En las relaciones comerciales podemos ver todos los días ejemplos de personas que tratan manipulativamente de inducirnos a poner el bien de unos sistemas ineficaces de hacer las cosas por encima de nuestro propio bien. Los dependientes pueden a menudo tratar de conseguir que un cliente determinado renuncie a sus quejas sobre una mercancía defectuosa, diciéndole: «Hay mucha gente que espera ser atendida, por favor, deje paso a los demás». Al formular esta observación, el dependiente está suscitando en nosotros, manipulativamente, un sentimiento de culpabilidad, dando a entender que somos responsables de que no pueda atenderse a los demás sin hacerles esperar. El juicio que el dependiente formula *por nosotros* implica que, si el sistema de atender las quejas que impera en esos almacenes no funciona correctamente en nuestro caso, la responsabilidad de resolver el problema nos incumbe a nosotros y no a los almacenes. En cambio, si tuviéramos que decidir por nosotros mismos sobre quién pesa la responsabilidad, nos limitaríamos a exponer simplemente los hechos de la situación y diríamos, por ejemplo: «Es verdad, estoy deteniendo la cola. Le sugiero que atienda rápidamente mi queja para que no tengan que esperar más rato todavía».

Cuando tratamos de obtener la debida satisfacción por una mercancía defectuosa, o que nos devuelvan el dinero, a menudo observaremos que los dependientes o los gerentes dicen cosas como las siguientes: «Este problema no nos afecta. Tiene usted que reclamar al fabricante (o a la central, o al importador, o a la empresa de transportes, o a la compañía de seguros, etc.). A nosotros el fabricante no nos devuelve el dinero por la mercancía defectuosa, de modo que nosotros tampoco podemos devolvérselo». Este tipo de declaración es una evasión manipulativa de responsabilidad. Si permitimos que el dependiente o el gerente decidan por nosotros que debemos resolver el problema de sus almacenes, consistente en no perder dinero con la mercancía defectuosa, nos vemos empujados a la fuerza a la posición ridícula de: 1) dejar de insistir en que se nos dé una mercancía que valga lo que hemos pagado por ella; 2) aceptar el concepto infantil de que no debemos plantear problemas a los empleados o a la empresa, y 3) sufrir la frustración de no saber cómo conseguir lo que deseamos sin acarrear problemas a los demás. En cambio, si decidimos por nuestra cuenta si debemos o no ser responsables de encontrar una solución para los problemas de los almacenes con el fabricante, podremos contestar, asertivamente: «No me interesan sus problemas con el fabricante (o el distribuidor, etc.). Lo único que me interesa es que me entreguen una mercancía que esté conforme o que me devuelvan el dinero».

A mi juicio, la idea de definir nuestra propia responsabilidad en los problemas ajenos se define perfectamente en un chiste que circuló hace ya algunos años. Después de haber sido rodeados por diez mil indios hostiles, el Batidor Solitario se vuelve hacia Tonto y le dice: «Temo que esto sea el final, amigo. Estamos perdidos», a lo que Tonto, previendo el desastre, replica: «¿Quiénes *estamos* perdidos, *rostro pálido*?».

Derecho asertivo IV

Tenemos derecho a cambiar de parecer.

Como seres humanos, ninguno de nosotros es constante y rígido. Cambiamos de parecer; decidimos adoptar una manera mejor de hacer las cosas, o decidimos hacer otras; nuestros intereses se modifican según las condiciones y con el paso del tiempo. Todos debemos reconocer que nuestras opciones pueden favorecernos en una situación determinada y perjudicarnos en otra. Para mantenernos en contacto con la realidad, y en beneficio de nuestro bienestar y de nuestra felicidad, debemos aceptar la posibilidad de que cambiar de parecer, de opinión o de criterio sea algo saludable y normal. Pero, si cambiamos de parecer, es posible que otras personas se opongan a nuestra nueva actitud mediante una manipulación basada en cualquiera de las creencias infantiles que hemos visto, la más común de las cuales podría formularse aproximadamente en los términos siguientes: «*No debes cambiar de parecer una vez que te has comprometido. Si cambias de parecer, hay algo que no marcha como debiera. Debes justificar tu nueva opinión o reconocer que estabas en un error. Si te equivocaste una vez, demuestras que eres un irresponsable y que es probable que vuelvas a equivocarte y plantees problemas. Por consiguiente, no eres capaz de tomar decisiones por ti mismo*».

Con ocasión de la devolución de una mercancía observaremos con frecuencia ejemplos de comportamiento dictado por esta creencia manipulativa. Recientemente, devolví nueve botes de pintura para interiores a uno de los más importantes almacenes de la ciudad. En el momento de cumplimentar el impreso de devolución, el empleado llegó al espacio destinado a hacer constar la «Razón por la que se devuelve el género» y me preguntó por qué devolvía la pintura. Respondí: «Cuando compré los diez botes, me dijeron que podía devolver todos los que no hubiese abierto. Probé un bote, no me gustó, y cambié de idea». Pese a la política oficial de los grandes almacenes, el dependiente no podía decidirse a inscribir «cambió de idea» o «no le gustó» e insistió en pedirme la razón por la que devolvía la pintura: ¿la había encontrado defectuosa, de un color feo, de poca consistencia? En realidad, el dependiente en cuestión me estaba pidiendo que inventara cualquier razón para satisfacerle o, mejor, para satisfacer a sus superiores, que mintiera, que encontrara algún defecto que alegar como excusa para el comportamiento irresponsable de haber cambiado de idea. Estuve tentado de decirle que la pintura de marras trastornaba la vida sexual de mi perro Wimpy y dejar que lo interpretara a su gusto. Pero, en lugar de hacerlo así, insistí y aseguré al dependiente que la pintura no tenía ningún defecto. Simplemente, había cambiado de idea y decidido no emplear aquella pintura en la decoración de mi hogar, puesto que me habían dicho que podía devolver todos los botes que no hubiese abierto, los devolvía para recuperar mi dinero. Incapaz de concebir, por lo visto, que una persona, y sobre todo un hombre, pudiera simplemente cambiar de idea y no sentirse incómodo por ello, el dependiente tuvo que consultar con su superior antes de entregarme el volante para la devolución. Por mi parte, habría podido dejar que el dependiente juzgara por mí y decidiera que no estaba bien cambiar de idea. En tal caso, de no haber encontrado algo que alegar como justificación de mi proceder, hubiese tenido que mentir o apechugar con la pintura. Obrando como lo hice, juzgué por mi cuenta acerca de mi derecho a cambiar de idea, le dije al dependiente que solo deseaba que me devolvieran el dinero, y lo conseguí.

Tenemos derecho a cometer errores... y a ser responsables de ellos.

«Quien esté libre de pecado arroje la primera piedra.» Cito esta frase concreta atribuida a Jesús, no tanto por la compasión y la tolerancia que nos incita a mostrar ante la falibilidad ajena, como para hacer resaltar la observación más práctica que nos comunica que ninguno de nosotros es perfecto. Errar forma parte de la condición humana. Nuestro derecho asertivo a cometer errores y *a ser responsables de ellos* describe simplemente una parte de la realidad del ser humano. Sin embargo, podemos ser manipulados por otras personas para sus propios fines si no reconocemos que los errores son simplemente eso, errores. Permitiremos que se manipulen nuestra conducta y nuestras emociones si creemos que los errores son algo «malo» que no se «debe» cometer. Muchos de nosotros tenemos la impresión de que, puesto que los errores son «malas acciones», hay que repararlos, y que para reparar esos errores hay que ejecutar de algún modo «buenas acciones». Esta exigencia de la reparación de errores que otras personas tratan de coser a la cola de los que cometemos constituye la base a partir de la cual manipulan nuestra conducta futura a través de nuestros errores pasados. La creencia infantil subyacente a esta manipulación puede formularse, poco más o menos, en los siguientes términos: *No debes cometer errores. Los errores son malas acciones y causan problemas a otros. Si cometes errores, debes sentirte culpable. Es probable que cometas más errores y causes más problemas, y por consiguiente no puedas reaccionar como se debe ni tomar las decisiones apropiadas. Otras personas deben regular tu comportamiento y decidir por ti, para que no sigas planteando problemas; de este modo repararás el mal que les causaste.* Una vez más, como en el caso de las demás creencias infantiles, podemos ver expresada esta en nuestro comportamiento cotidiano. Como resultado de esta creencia, maridos y mujeres, por ejemplo, suelen tratar de controlar en su cónyuge un comportamiento que no guarda la menor relación con sus errores. Se obra así dando por supuesto que los errores del cónyuge son «algo malo», por lo que de una manera o de otra hay que «reparar» (generalmente haciendo algo distinto de lo que la parte «ofendida» desea que se haga). Por ejemplo, al repasar el carnet de cheques familiar, un marido no asertivo puede hacer observar con cierta emoción a su esposa que una vez más olvidó anotar el destinatario en el resguardo de un cheque que rellenó el mes pasado. En lugar de ir directamente al grano y decirle: «Ya sabes que no me gusta que se te olvide. No vuelvas a hacerlo», el marido da a entender, mediante su tono emocional, que su esposa hizo algo «malo» y que, por tanto, le debe algo; tal vez, por el momento, solo pretenda sembrar en ella este sentimiento como prenda de una culpabilidad por la que más tarde le exigirá una «reparación».

Si la esposa es lo bastante no asertiva como para consentir que su marido juzgue por ella su comportamiento, es probable que 1) niegue el error; 2) exponga las razones por las que no anotó los datos; 3) trate de quitar importancia al error, obligando a su marido a reprimir sus sentimientos acerca del mismo y a sentirse resentido contra ella, o a acentuar el conflicto hasta convertirlo en una pelea para expresar a través de ella sus sentimientos de ira no asertivos; o 4) se excuse por haber cometido un error que le irritó y se sienta obligada, a su pesar, a repararlo. Si, en cambio, la esposa es lo bastante asertiva como para juzgar por sí misma acerca de sus propios errores, probablemente reaccionará ante las recriminaciones de su marido diciendo: «Tienes razón. Fui muy estúpida al volver a hacerlo y darte tanto trabajo, con el que ya tienes». En un comentario breve, no suscita nuevos problemas y dice muchas cosas: «Cometí ciertamente un error, el error te ha traído problemas, y no temo reconocerlo así. Como todo el mundo, también yo cometo errores».

Cuando trato de ayudar a modificar los sentimientos automáticos de culpabilidad, ansiedad o ignorancia que se experimentan al cometer un error, aconsejo a los alumnos que están aprendiendo a ser asertivos que no digan nunca que «lo sienten» (por lo menos en clase; *más tarde,* en la vida corriente, podrán decidir cuándo y cómo les conviene añadir un poco de «cortesía» a su comportamiento, *una vez que hayan aprendido a ser asertivos).* Les aconsejo, en cambio, que se limiten a exponer los hechos de la situación. Por ejemplo: «Tienes razón, he llegado tarde», sin pedir perdón por ello. El único problema que me plantea este método docente es que la mayoría de mis alumnos, incluidos los de más de sesenta años, me exponen los hechos de sus errores, en clase, *alegremente,* con una sonrisa de oreja a oreja. Sin embargo, este método de enseñanza resulta eficaz puesto que, fuera de la clase, la mayoría de ellos aceptan sus errores sin emotividad y asertivamente, sin rebozo.

Derecho asertivo VI

Tenemos derecho a decir: «No lo sé».

Otro de nuestros derechos asertivos es la capacidad de formular juicios acerca de lo que deseamos sin necesidad de saberlo todo antes de hacer algo. Tenemos derecho a decir: «No lo sé» sin tener una respuesta a punto para las preguntas que la gente pueda formularnos. De hecho, si nos preguntáramos acerca de todos los posibles resultados de nuestras acciones antes de emprenderlas, probablemente no haríamos gran cosa, que es, casi seguro, lo que desea la persona que nos está manipulando. Si alguien se comporta con nosotros como si «debiéramos» conocer los resultados concretos de lo que ha de ocurrir cuando hagamos lo que deseamos hacer, esta persona presupone que albergamos la siguiente creencia infantil: *«Debemos tener respuestas para cualquier pregunta acerca de las posibles consecuencias de nuestras acciones, porque si no tenemos respuestas no tenemos conciencia de los problemas que plantearemos a los demás y, por*

consiguiente, somos irresponsables y necesitamos un control».
Nos cabe ver ejemplos corrientes de manipulación basada en
esta creencia en cualquiera de nuestras diferentes relaciones
con otras personas. Los alumnos que aprenden a ser asertivos
refieren numerosos incidentes en los que otras personas les acu-
san de ser irresponsables a causa de las consecuencias de mostrarse asertivos de manera general. Un marido manipulativo trató de obligar a su esposa asertiva a volver a su antiguo estado de
sumisión fácilmente controlable, preguntándole: «¿Qué crees
tú que ocurriría en este país si todo el mundo decidiera ser su
propio juez?». Al formular esta pregunta, su marido trataba de
inducir a su esposa asertiva a sentirse ignorante y por consiguiente incapaz de tomar decisiones por sí misma. Su mujer
tomó su propia decisión acerca de la importancia de tener una
respuesta para esta pregunta, y contestó: «No lo sé. ¿Qué ocurriría?».

En otro caso, un matrimonio de cerca de sesenta años acudió a mi despacho para una consulta sobre salud mental a propósito de una hospitalización involuntaria. A medida que fui
conociendo su historia, vi claramente que el marido deseaba
que su mujer fuese internada en un hospital mental porque se
negaba a seguir viviendo con él y quería tener su pequeño apartamento propio donde poder cuidar de sí misma sin tener que
soportar constantemente a su marido. En muchos casos de consultas matrimoniales, uno de los cónyuges es conducido a la
consulta por el otro, el cual aspira a que el médico diga al paciente identificado que es culpable de mal comportamiento,
que ha cometido un error, etc. Cuando el marido en cuestión
comprendió que no iba a ayudarle a controlar el comportamiento y las aspiraciones de su mujer y que no estaba dispuesto a internarla contra su voluntad solo porque quería vivir independiente de él, trató entonces de hacerme víctima a mí de
sus manipulaciones. Con la voz empapada de desprecio, dijo:
«¡Doctor! ¿Qué ocurriría si todas las mujeres casadas decidieran tener su pisito propio, recibir a quien se les antojara y andar

por ahí con otros hombres?». Reprimiendo mi súbito deseo, nada profesional por cierto, de confiarle mis ideas acerca de lo que sería de su mujer si conseguía librarse de él y de las probabilidades que tendría de volver a ser una verdadera persona, me limité a responder a su pregunta con estas palabras: «La verdad es que no lo sé. ¿Qué cree usted que ocurriría?». Ignorando mi falta de emoción al contestarle, replicó: «Doctor, ¿le parecería bien que su mujer le dijera lo que me dice a mí la mía?». Con absoluta ingenuidad, contesté: «Francamente, me preocuparía menos saber si está o no en lo justo, que averiguar por qué no se siente a gusto conmigo». Poco dispuesto, seguramente, a explorar este enfoque de sus dificultades como otra posibilidad, en lugar de su plan de hacer encerrar a su mujer, el hombre la tomó de la mano y se la llevó. La psicoterapia no puede embutírsele a nadie por el gaznate como una papilla. Se ha tratado de hacerlo muchas veces, pero nunca ha dado resultado. Aquel pobre tipo solo quería dominar a su mujer y controlar su comportamiento, y no le interesaba, en absoluto, mejorar la calidad de sus relaciones. Triste situación, ciertamente, y muy frecuente, por desgracia para muchos.

La manipulación basada en la creencia infantil de que debemos conocer la respuesta a cualquier pregunta que se nos formule puede ser manifiesta, como en los ejemplos que hemos expuesto, o muy sutil. En cualquiera de sus formas puede reconocérsela generalmente por el empleo de frases como: «¿Qué ocurriría si...?» «¿Qué cree usted que...?» «¿Qué pensaría si...?» «¿Qué clase de amigo, persona, esposa, hijo, hija, padre, etc., sería...?». Frente a esta clase de manipulación, no es preciso que sepamos qué ocurriría si... Nadie puede conocer todas las consecuencias de su comportamiento, y a veces *ninguna. Si* al manipulador le divierten las especulaciones, ¡allá él!

Tenemos derecho a ser independientes de la buena voluntad de los demás antes de enfrentarnos con ellos.

«Nadie es una isla en sí mismo», dijo John Donne, y con razón. Dar un paso más y afirmar que todos los hombres son mis hermanos y mis amigos, sin embargo, rebasa toda licencia literaria y todo sentido común. Sea lo que sea lo que usted o yo hagamos, siempre habrá alguien a quien no le guste, y hasta es posible que este alguien se sienta herido en sus sentimientos. Si presuponemos que, para relacionarnos o enfrentarnos adecuadamente con una persona, necesitamos contar de antemano con su buena voluntad como hermano o amigo, nos abrimos de par en par a toda la presión manipulativa que nuestra necesidad de buena voluntad ajena provoca. Contrariamente a esa presunción tan común, *no necesitamos la buena voluntad de los demás para relacionarnos con ellos de manera eficaz y asertiva*. Parafraseando a John Donne, podemos decir que los seres humanos no resultamos mucho como islas, cuando nos aislamos de todos los demás, pero sí resultamos estupendas penínsulas cuando nos mostramos realísticamente sensibles tan solo a las necesidades de las relativamente pocas personas de nuestra existencia que comparten nuestra intimidad. Las personas con las que mantenemos relaciones comerciales o de autoridad pueden retirarnos su simpatía de manera permanente, sin que por ello nos veamos imposibilitados de seguir trabajando con ellos, aun sin su simpatía. Mis alumnos oponen con frecuencia objeciones a este punto de vista diciendo que no les gusta hacer que un camarero o un dependiente se sienta incómodo mostrándose asertivos cuando algo no marcha. Yo suelo responder a sus objeciones, en los siguientes o parecidos términos: «¡Vaya, eso sí que no lo entiendo! Cualquiera diría que el camarero le invitó a usted a una comida gratis, por la forma en que se expresa, y que si es cierto que el regalo era mísero hay que tener en cuenta que le dio todo cuanto tenía» o «Diríase que el dependiente entregó la totalidad de su salario a una obra benéfica cuando le vendió aquella bicicleta con diez velocidades de las que solo funcionaban cuatro. ¿Es así?», y «Corríjame si me equivoco, pero tengo la impresión de que en esas situaciones o usted o el camarero han de sentirse incómodos. ¿Quién prefiere que se sienta así, usted o él?».

En nuestras relaciones de igualdad, tampoco la falta de buena voluntad por parte del otro afecta en modo alguno a nuestra capacidad para resolver un conflicto asertivamente. Marido y mujer, por ejemplo, pueden suspender automáticamente su buena voluntad en un conflicto. Esta ausencia temporal de buena voluntad no significa que el matrimonio haya encallado, o que el fin de semana se haya echado a perder o que la velada se haya aguado. Hablando de la suspensión de la buena voluntad con mi editora, Ms. Joyce Engelson, mi interlocutora acertó a resumir limpiamente mis años de experiencia clínica acerca de este problema con las siguientes palabras: «La gente se horroriza en cuanto alguien amenaza con retirarles su afecto o se lo retira efectivamente. Se quedan paralizados y no aciertan a actuar en su propio beneficio ni en el trabajo ni en su relación matrimonial, o con sus amigos, sus amantes, sus novias, etc. Hay veces en que se siente la tentación de decirle a la gente: «Nunca os amará nadie si no sois capaces de arriesgaros a ganaros la antipatía de otros».

Mis observaciones clínicas y personales me han demostrado que las personas solo nos retiran su buena voluntad (en el supuesto de que la sintieran inicialmente, desde luego) si ello ha de rendirles algún beneficio. Si reaccionamos como si la retirada de su buena voluntad por parte del otro cónyuge afectara a nuestro comportamiento, su retirada se convierte en un poderoso instrumento de manipulación en sus manos, que no dejará de volver a emplear. Si no reaccionamos frente a la suspensión de la buena voluntad como instrumento de manipulación, esta suspensión deja de «rendir» salvo en cuanto sirve para desahogar la ira (estado temporal), y sin duda alguna disminuirá la frecuencia de su empleo. A causa de su potencia posible, si las personas con las que nos relacionamos son tan poco asertivas como la mayoría de nosotros, probablemente tratarán de manipularnos e inducirnos a obrar según sus deseos, por el sistema de amenazarnos con retirarnos su afecto, su buena voluntad, y nos amenazan entonces con su antipatía más o menos directa y hasta con su voluntad de rechazarnos. La creencia infantil que la gente emplea como base para este tipo de manipulación puede expresarse en los siguientes términos: *Debes contar con la buena voluntad de las personas con las que te relacionas porque de lo contrario pueden impedirte hacer algo. Necesitas la cooperación de los demás para sobrevivir. Es muy importante que las personas sientan simpatía por ti.* Ejemplos de manipulación basada en esta creencia se dan todos los días, particularmente en las relaciones más íntimas, pero también en las relaciones de autoridad del trabajo y de la escuela. Por ejemplo, podemos observar que nos sentimos presa de angustia y susceptibles a la manipulación por otros cuando damos crédito automáticamente a las personas que insinúan: «Me acordaré de eso», «Te arrepentirás de haber hecho eso», o simplemente ante una mirada «fría» o una expresión «herida». Expresiones de esta clase son parecidas y obedecen a los mismos fines que las que ciertas personas empleaban con nosotros para condicionarnos cuando éramos pequeños, inspirándonos automáticamente sentimientos de angustia. Cuando hacíamos algo que molestaba a los adultos o a los niños mayores que nosotros, para controlar nuestro comportamiento nos decían cosas por el estilo de: «Si sigues haciendo eso (tácitamente, "si sigues molestándome") vendrá el hombre del saco y te llevará (implícitamente: "Dejaré de quererte y no te protegeré contra él")». Cuando alguien le dice: «Me acordaré de eso» (es decir, «ya no te querré y tal vez algún día me vengue»), el adulto angustiado juzga que las condiciones siguen siendo las mismas de cuando era un chiquillo indefenso y necesitaba la buena voluntad y la amistad de todos para sentirse seguro y feliz. Si, frente a estas intimidantes alusiones a un posible desquite futuro, decidimos según nuestro propio criterio si necesitamos o no la buena voluntad de todos los demás para ser felices, probablemente responderemos, juiciosa y asertivamente: «No comprendo; ¿por qué te acordarás?», o bien: «No comprendo, diríase que ya no piensas quererme». No necesitamos que nuestro comportamiento agrade a las personas con las que nos relacionamos o que suscite su admiración *ni tenemos que angustiarnos ante la posibilidad de que alguien no nos quiera.* Lo único que cuenta es llegar a la meta. No se nos concederán puntos por cuestiones de forma y de estilo. En cambio, nos darán igualmente el premio aunque caigamos, resbalemos o tropecemos en el momento de cruzar la línea de llegada.

A muchos de nosotros nos resulta, al parecer, muy difícil responder simplemente con un «No» a una petición e incluso a una invitación. En cierto modo, damos por supuesto —conscientemente o no— que, o bien la otra persona es demasiado débil para aceptar nuestra negativa, o bien que es imposible mantener una relación sin un ciento por ciento de acuerdo mutuo. Podemos ver ejemplos de los resultados de esta creencia no asertiva todos los días cuando otras personas nos invitan a participar con ellas en alguna actividad social. ¿Qué aliviados nos sentimos si revelamos asertivamente nuestro verdadero estado diciendo simplemente y con sinceridad: «No, este fin de semana no me apetece. ¿Vamos a dejarlo para otra ocasión?». Pero en vez de obrar así inventamos «buenas» razones para evitar que la persona que nos invita se sienta ofendida y rechazada, y deje de querernos. La mayoría adoptamos esta postura anodina a causa de nuestra creencia infantil según la cual nada nos saldrá bien si obramos de modo que los demás dejen de querernos, aunque solo sea un poquitín. Aunque las generalizaciones siempre son sospechosas y suelen resultar inútiles, nuestro comportamiento en este aspecto es lo bastante infantil como para inducirme a formular la siguiente observación: no podemos vivir en el terror de herir los sentimientos ajenos. A veces no tenemos más remedio que ofender. ¡Así es la vida en la gran ciudad!

Tenemos derecho a tomar decisiones ajenas a la lógica.

La lógica es un proceso de razonamiento al que todos podemos recurrir en ocasiones para ayudarnos a formular juicios acerca de muchas cosas, incluidos nosotros mismos. Pero no todas las declaraciones lógicas son verdaderas, ni nuestro raciocinio lógico puede predecir siempre lo que ocurrirá en cualquier situación dada. En particular, la lógica resulta muy poco útil cuando están en juego nuestros deseos, motivaciones y sentimientos y los de los demás. La lógica y el razonamiento suelen basarse en afirmaciones y negaciones rotundas, blanco y negro, todo o nada... Y en la realidad, nuestros deseos, motivaciones y emociones no suelen presentársenos de manera manifiesta en términos de «todo o nada». A menudo, nuestras emociones acerca de algo o de alguien están muy mezcladas y confusas. Las experimentamos en diferentes grados, según el momento y el lugar. Hasta es posible que deseemos cosas diferentes al mismo tiempo. La lógica y el razonamiento no resultan muy eficaces cuando están en juego esas zonas grises, «ilógicas», de nuestra condición humana. De poco nos servirán los razonamientos lógicos para comprender por qué deseamos lo que deseamos o para resolver problemas creados por motivaciones en conflicto mutuo.

Por otra parte, la lógica resulta sumamente útil a otras personas en relación con nuestro comportamiento, si desean convencernos para que cambiemos de modo de obrar. Si nos pidieran que explicáramos a un niño pequeño qué significa la palabra «lógica», no andaríamos muy descarriados si le dijéramos: «La lógica es lo que los demás emplean para demostrar que estamos equivocados o que obramos mal», y el chiquillo comprendería lo que queremos decir. La lógica es una de esas normas exteriores que muchas personas emplean para juzgar su propio comportamiento y el nuestro. Pese al mal uso de la lógica en las relaciones humanas, muchos de nosotros conservamos la creencia infantil que se nos imbuyó y según la cual hay que dar «buenas» razones para justificar nuestros deseos, nuestros objetivos y nuestras acciones, y la afilada navaja intelectual del razonamiento y la lógica, al hundirse en nuestra confusión personal, pondrá al descubierto el curso que se debe seguir. Muchas personas emplearán la lógica para manipularnos e inducirnos a hacer lo que ellas quieren que hagamos. Esta manipulación se basa en nuestra siguiente creencia infantil: *«Debemos ajustarnos a la lógica porque nadie puede formularse mejores juicios que ella».* Ejemplos de manipulación basada en la lógica pueden verse en nuestras relaciones cotidianas. En la universidad, por ejemplo, algunos consejeros de facultad emplean la lógica para manipular al estudiante e influir en su elección de opciones. Esos consejeros manipulan con la lógica para mantener al estudiante «dentro de los cauces previstos» y evitar que siga cursos «innecesarios» en otro departamento que tal vez le interese. Para ello se le recuerda al estudiante que necesita un título para ejercer una profesión o conseguir un buen empleo. El consejero señala entonces al estudiante, con toda lógica, que un cursillo superfluo sobre sarcófagos pornoglíficos egipcios (inscripciones en la superficie de los ataúdes de las momias), por ejemplo, no ayudará al estudiante a hacerse con el codiciado título o con el esperado empleo. Pero nunca se le señala al estudiante que la rápida obtención de un título con el máximo de cursos del departamento de su consejero beneficia a este departamento por cuanto se le aumenta la subvención y se aumenta asimismo el número de cátedras. Si el estudiante permite que el consejero formule «lógicamente» sus juicios por él es probable que acabe formando en la fila de las mansas ovejas que contribuyen al florecimiento de su facultad. En cambio, si decide *asertivamente* qué le interesa más, si seguir un cursillo extra que le atrae o licenciarse tal vez un semestre o un trimestre antes, es más probable que reaccione ante la manipulación lógica de su consejero diciendo: «Es verdad, tal vez así pasaré más tiempo en la universidad, pero a pesar de todo prefiero seguir algunos cursillos que me interesan».

En nuestra experiencia cotidiana podemos observar otros muchos ejemplos de manipulación mediante la lógica. Los cónyuges suelen señalarse, el uno al otro, que no deben hacer tal o cual cosa, porque «nos cansaremos», o «mañana tenemos que madrugar» o «la prima Mildred llegará mañana por la noche», o cien otras posibles consecuencias negativas que pueden resultar de hacer lo que deseamos hacer. Esta manipulación se ejecuta de manera altruista, lógica y amable, sin que el manipulador se desenmascare y confiese qué desea hacer en lugar de lo que proponía el otro. Esta manipulación lógica hace imposible toda negociación de deseos en conflicto entre marido y mujer, y hace que el cónyuge manipulado se sienta ignorante y aun culpable por el solo hecho de sugerir siquiera un comportamiento tan ilógico.

Una de las primeras cosas que aprendí en la escuela superior fue que, para sobrevivir, era necesario mantener en buen estado de funcionamiento para los profesores el equipo electrónico de los laboratorios. La segunda cosa que aprendí fue, por consiguiente, que después de haber perdido el tiempo siguiendo paso a paso el proceso lógico que se exponía en el manual de mantenimiento para averiguar dónde estaba la avería, debías acabar por poner el trasto patas arriba, sacudirlo y tocar al azar todos los cables para que el aparato volviera a funcionar. Ajustarse a la lógica no significa necesariamente que resolveremos nuestro problema. Ajustarse a la lógica significa que nos limitaremos a trabajar con aquello que comprendemos perfectamente, cuando, en realidad, la solución de nuestro problema se encuentra muchas veces más allá de esos límites. A veces no hay más remedio que conjeturar, por más burdo y hasta poco elegante que resulta hacerlo.

Tenemos derecho a decir: «No lo entiendo».

Sócrates dijo que la verdadera sabiduría desciende sobre nosotros cuando nos damos cuenta de cuán poco sabemos de la vida, de nosotros mismos y del mundo que nos rodea. Su observación describe perfectamente uno de los aspectos del ser humano. Nadie es tan listo y rápido de inteligencia como para poder comprender del todo la mayor parte de las cosas que nos rodean. Y sin embargo, sobrevivimos, al parecer, pese a esos límites impuestos a nuestra capacidad por la condición humana. Aprendemos lo que aprendemos gracias a la experiencia, y la experiencia con otras personas nos enseña a la mayoría de nosotros que no siempre comprendemos lo que otra persona piensa o quiere. Pocos de nosotros somos capaces de leer en la mente ajena, y ninguno, en absoluto, es capaz de leer perfectamente en ella; y sin embargo muchas personas tratan de manipularnos para conducirnos a hacer lo que ellas desean, mediante alusiones, indirectas o sugerencias, o actuando sutilmente como si esperaran que hiciéramos algo por ellas. La creencia infantil que se nos ha imbuido y que posibilita esta clase de manipulación podría formularse así: *Debemos anticiparnos y mostrarnos sensibles a las necesidades ajenas si queremos vivir todos unidos y sin discordias. Se espera de nosotros que comprendamos cuáles son esas necesidades sin plantear problemas, obligando a los demás a que nos formulen explícitamente sus necesidades. Si no sabemos comprender sin necesidad de que se nos repita constantemente qué desean los demás, no somos capaces de vivir en armonía con los demás y somos irresponsables o ignorantes.* En nuestras relaciones con personas a las que vemos todos los días podemos observar ejemplos de manipulación basada en esta creencia infantil. Miembros de nuestra familia, colegas de trabajo, compañeros de habitación, etc., que alimentan esta creencia pueden tratar de manipularnos e inducirnos a modificar nuestro comportamiento con ellos mediante miradas y silencios con los que expresen sus sentimientos heridos o de irritación. Tales intentos manipulativos suelen seguir a un conflicto entre nosotros y la parte «ofendida», en el que hemos hecho algo que no ha gustado a la otra persona. En lugar de afirmarse verbalmente, de manera asertiva, en un intento de conseguir al menos una parte de lo que desean mediante un compromiso, tales personas formulan por nosotros un juicio según el cual: 1) hemos obrado «mal», 2) «deberíamos» comprender intuitivamente que están disgustadas con nosotras, 3) «deberíamos» comprender automáticamente qué clase de conducta les disgusta, y 4) «deberíamos» cambiar de conducta para no herirlas ni irritarlas. Si dejamos que la otra persona juzgue por nosotros que «debemos» comprender automáticamente qué es lo que le disgusta, probablemente modificaremos nuestro comportamiento a su gusto y haremos además otras cosas para aliviar su sentimiento de disgusto o de irritación contra nosotros. Si aceptamos esta clase de manipulación, no es solo por vernos imposibilitados de hacer lo que *deseamos* hacer, sino haciendo además alguna otra cosa para redimirnos del «error» que entraña el solo hecho de haberlo deseado.

También podemos observar la manipulación basada en la creencia infantil de que *debemos comprender* por parte de los demás ciertas relaciones comerciales. Por ejemplo, cuando acudimos a la consulta de un médico particular en busca de tratamiento médico, el tiempo que se emplea en rellenar los impresos que el doctor exige antes de vernos, acerca de nuestros ingresos, la seguridad de nuestro empleo, la cobertura de nuestros seguros, etc., puede ser más largo que la duración de la visita médica propiamente dicha. A veces tengo la impresión de que el médico cree que voy a pedirle un préstamo en lugar de un tratamiento médico. Creo que es errónea, pero más de una vez he pensado que la conducta del personal médico implica que el tratamiento es gratuito y que les debo algo más que dinero.

Recientemente, cuando acudí en busca de tratamiento osteopático, la gota que hizo rebosar mi vaso fue el hecho de que se me pidiera mi número de la seguridad social. Al leer ese apartado, puse punto final y dejé de rellenar la ficha. Menos mal que se trataba de la última pregunta, porque de lo contrario el osteópata no habría llegado a saber a quién estaba tratando. Al repasar el impreso de información extramédica que yo había rellenado —no del todo—, la enfermera me hizo observar que se necesitaba mi número de seguridad social antes de que pudiera visitarme el osteópata. Cuando le repliqué que no comprendía para qué se necesitaba mi número de seguridad social para tratar mi codo lesionado, la enfermera repitió que era indispensable. La mirada de superioridad que me dirigió sugería además que yo «debía» saber por qué se pide el número de la seguridad social. Incapaz todavía de leer en la mente ajena pese a mi excelente formación psicológica, repetí que no entendía qué relación guardaba con mi codo mi número de seguridad social. Modificando su actitud, la enfermera me explicó que muchos clientes pedían la baja de su trabajo, etc. El personal de la consulta pedía regularmente el número de seguridad social para facilitar luego los trámites al establecer contacto con los organismos del seguro. Pero aquel cliente en perspectiva (a aquellas alturas muy asertivo ya) que era yo, decidió que no había ninguna necesidad de dar su número de seguridad social a una gente a la que pagaba de su bolsillo para que le atendieran. Recibí un tratamiento excelente de un tipo estupendo, pese a que la última casilla de mi ficha biográfica había permanecido en blanco. Una pequeña victoria sobre uno de mis enemigos predilectos: las mentalidades IBM. Aun así, no comprendo por qué valía la pena molestarse tanto, en aquella ocasión, para negarse a dar el número de seguridad social que pedía aquella gente. Cuando se es como yo, incapaz de leer claramente ni siquiera en su propia mente, ¿cómo se puede esperar leer en la de los demás?

Derecho asertivo X

Tenemos derecho a decir: «No me importa».

El lector habrá observado que los diferentes derechos asertivos que vamos exponiendo coinciden en algunos puntos entre sí, cosa lógica si se recuerda que no son más que derivaciones concretas de nuestro derecho primordial a ser nuestros propios jueces. También coinciden en muchos puntos las creencias más comunes subyacentes a las manipulaciones de nuestra conducta por otras personas, puesto que no son más que diferentes maneras de decir una sola y misma cosa: que *no* somos nuestros propios jueces decisivos. Un factor común a todas las creencias y mecanismos no asertivos que los demás utilizan para manipular nuestro comportamiento es el presupuesto de que, como seres humanos, aunque no seamos perfectos, «debemos» esforzarnos por alcanzar la perfección, y de que si, Dios no lo quiera, no podemos mejorarnos a nosotros mismos, «debemos» al menos *desear* mejorar nuestra manera humana e impía de hacer las cosas. Si nos ajustamos a esta manera de vernos, quedamos al albur de los millares de modos mediante los cuales los demás pueden manipular nuestro comportamiento, y que no tienen más límite que la capacidad de imaginación de los demás. Si tuviéramos que expresar con palabras esta creencia, diríamos, poco más o menos: *A causa de nuestra condición humana, somos ruines y tenemos muchos defectos. Debemos tratar de compensar esta condición humana esforzándonos por mejorar hasta alcanzar la perfección en todo. Siendo como somos humanos, probablemente no alcanzaremos esta meta, pero de todos modos debemos aspirar a perfeccionarnos. Si alguien nos señala cómo podemos mejorar, tenemos el deber de seguir esa dirección. Si no lo hacemos, somos unos seres corrompidos, perezosos, degenerados e indignos del respeto de los demás y del propio.* Esta creencia, en mi opinión, es un verdadero engañabobos. Si nos proponemos alcanzar la perfección en algo (¡aun en ser asertivos!) acabaremos frustrados y decepcionados. Sin embargo, tenemos el derecho asertivo a decir que no nos importa, que no nos interesa ser perfectos según la definición de nadie, incluida la propia, puesto que la perfección de un hombre determinado es probable que sea la perversión de otro.

En muchas de nuestras relaciones podemos observar ejemplos de manipulación basada en la creencia de que «debemos» aspirar a nuestro perfeccionamiento. Si nuestro matrimonio es como muchos otros, nuestra esposa puede tratar de corregir nuestra conducta descuidada diciéndonos, por ejemplo: «¡Siempre dejas tus cosas de cualquier manera cuando llegas de la calle! ¿Es que ni siquiera deseas mejorar (o hacer mejor las cosas, o aprender qué es lo importante, o volverte civilizado, o ser una persona decente, o dejar de ser un guarro, etc.)?». Si caemos en la trampa manipulativa de que «debemos» desear mejorar nuestro comportamiento (de conformidad con la decisión arbitraria de otra persona acerca de en qué consiste ese mejoramiento), entonces nos vemos obligados a dar las razones por las que dejamos nuestras cosas de cualquier manera: porque llegamos muy tarde por la noche, o estamos demasiado cansados, o, simplemente, olvidamos ordenarlas o no lo hacemos muy a menudo, o cualquier otra excusa infantil. Si, en cambio, formulamos nuestro propio juicio acerca de nuestro deseo de mejorar o no, es probable que reaccionemos de manera más realista ante esa situación, diciendo, por ejemplo: «Comprendo que debería gustarme el orden, pero hay momentos en que tanto me da. Sé que eso te molesta, pero veamos si podemos llegar a alguna forma de compromiso. Si no tratas de meterte conmigo cada vez que hago algo que no te gusta, yo no me meteré contigo cuando no me guste tu modo de comportarte. En cambio, si me fastidias, yo te fastidiaré a ti». Nada de andarse por las ramas. Al pan pan y al vino vino. A eso se le llama comunicación directa.

En el trabajo podemos ver a menudo cómo la gente se indica, unos a otros, la manera de perfeccionar su rendimiento, o lo que habría que hacer para que las cosas fuesen más fáciles o más eficaces, o más bonitas. Un caso a propósito es el de Sid, gerente de una tienda y persona no asertiva por excelencia, que había aprendido por experiencia a exponer de manera atractiva los artículos que vendía. Cuando acudió a mi consulta, estaba completamente deprimido porque varios nuevos miembros del personal trataban de manipularle para que les permitiera exponer el género a su manera en lugar de atender a los clientes como él deseaba que hicieran, para lo cual no cesaban de señalarle cómo se podía mejorar todo lo que hacía. Sid no sabía cómo reaccionar frente a aquella manipulación si no era acabando por dar rienda suelta a su irritación contra sus dependientes, con consecuencias negativas para la marcha de la tienda. Al cabo de varias semanas de terapia asertiva sistemática, Sid fue capaz de enfrentarse serenamente con aquel tipo de interferencia manipulativa sin arrojarlo todo por la borda. Y además se sintió encantado, al menos al principio, al descubrir que no solo no tenía por qué ser perfecto sino que ni siquiera deseaba perfeccionarse.

La manipulación basada en la creencia de que «debemos» aspirar a perfeccionarnos es, en muchas situaciones, la clase de manipulación que puede resultar más sutil y más difícil de contrarrestar. La única manera segura de poner coto a esta manipulación consiste en preguntarnos si estamos realmente satisfechos de nuestra conducta o de nosotros mismos, y juzgar después *por nuestra cuenta si deseamos o no cambiar.*

Muchos de nuestros alumnos, una vez iniciado el proceso de adquirir un carácter más asertivo, nos declaran que a menudo les resulta difícil distinguir entre la manipulación de su comportamiento y lo que ellos realmente desean. A menudo dicen cosas como: «Deseo hacer esto o aquello, pero pienso: "¡No puedo hacer eso!". Nadie me está manipulando. ¿Estaré manipulándome yo mismo?». En tales casos suelo pedir a mis clientes, para ayudarles a ver claro en sí mismos, que formulen su conflicto interior en una de las tres categorías: «Deseo», «Debo» o «Debería». La categoría *Deseo* es directa, es decir, deseo comer bistec para el almuerzo tres veces por semana, deseo ir al cine en lugar de ver la televisión, o deseo pasar el resto de mi existencia viviendo en una playa de Tahití. De estos deseos se siguen como consecuencia ciertos *Debo*. Los *Debo* son compromisos a los que llegamos con nosotros mismos y con los demás. Si quiero o deseo comer bistec tres veces por semana, debo conseguir el dinero necesario para poder comer bistec tres veces por semana. Para conseguir este dinero (si no quiero ir a la cárcel) debo trabajar en un empleo que me proporcione los medios suficientes para poder permitirme el lujo de comer bistec tres veces por semana (o cualquier otro compromiso que resulte eficaz para el caso). Si quiero o *deseo* ir al cine esta noche, *debo* renunciar a mi programa favorito de la televisión. Si deseo pasar el resto de mi vida haraganeando en una playa de Tahití, *deberé* renunciar a un sinfín de lujos y comodidades de la vida civilizada. Todas estas determinaciones de nuestra manera de obrar, impuestas por nuestros deseos de ciertas cosas, son sumamente sencillas. Decidimos simplemente si nuestros *Deseo* merecen la pena en cuanto a los correspondientes *Debo*. Muchas personas, sin embargo, confunden el *Debo* con el *Debería* y enturbian así el agua clara de sus pensamientos. El *Debería* puede incluirse en la categoría de las estructuras manipulativas empleadas para obligarnos a hacer algo que otra persona quiere que hagamos, o de las estructuras arbitrarias que nos hemos impuesto nosotros mismos para resolver nuestra propia inseguridad acerca de lo que «podemos» o «no podemos» hacer. Así, por ejemplo, *debo* trabajar porque todo el mundo *debe* ser productivo, y no solo porque quiero comer carne tres veces por semana; *debo* salir esta noche porque *no debo* quedarme siempre a ver la televisión; *no debo* desear ir a Tahití porque no *se debe* ser un vagabundo de playa. Cada vez que oigamos a alguien —o a nosotros mismos— emplear cualquiera de esas expresiones (se debe, no se debe), extendamos nuestras antenas antimanipulativas lo más que podamos y prestemos atención. Muy probablemente captaremos un mensaje, a continuación, que dice: «No eres tu propio juez».

4

La primera virtud que debe adquirir la persona asertiva: la persistencia

Una vez que el lector haya digerido todo el material acerca de sus derechos humanos asertivos, es posible que se encuentre en la posición de aquel alumno que nos dijo: «Durante toda mi vida he albergado en secreto estas creencias acerca de mí y de los demás. Pero cada vez que he expresado mis convicciones me han dicho que estaba equivocado... Que no debía pensar así. Me alegra saber que otros creen que tengo derecho a pensar y obrar a mi guisa. Comprendo todo lo que me dice usted. ¡Estupendo! Pero... aún no sé cómo mostrarme asertivo. ¿Qué debo hacer ahora?». Si el lector de este libro formula también esta pregunta, la respuesta es muy sencilla: «No haga nada... todavía». Para comportarse asertivamente necesita usted, ante todo, conocer sus derechos asertivos, pero le falta aprender además a imponer esos derechos. Lo primero es una filosofía y lo segundo un conjunto de comportamientos asertivos. Como señalaba en la introducción del presente libro, nuestra alternativa humana, diversa de la reacción de lucha o de huida propia de los seres primitivos, consiste en nuestra gran capacidad verbal para resolver problemas, que nos permite comunicarnos con los demás para aclarar las cosas. Una parte importante de esta capacidad es nuestro comportamiento verbal asertivo: lo que hacemos cuando nos afirmamos asertivamente. Limitarse a hablar de los derechos asertivos propios no basta para imponerlos. El hecho de que nuestros derechos asertivos existan, de que los aceptemos como parte de nuestro ser, no significa que los demás los respeten o los comprendan, o modifiquen su comportamiento manipulativo, aunque les expliquemos nuestros derechos. Por ejemplo, si una señora, en una tienda de piezas de recambio de automóvil, reacciona ante un intento de manipulación por parte del dependiente diciéndole: «¡Haga el favor de dejar de manipularme!», probablemente el dependiente reaccionará a su vez exclamando: «¿Cómo? ¿Que yo la manipulo, señora? ¡Si no le he puesto la mano encima! ¿Alguien ha visto que la tocara? ¿Viste tú que la manipulara, Harry?». O si la dama en cuestión, en respuesta a la manipulación del dependiente, le dice: «Yo soy mi propio juez», probablemente el hombre pensará: «Esta mujer está majareta. ¡Aquí estoy yo intentando explicarle la conveniencia de cambiar el carburador de su coche, y empieza a hablarme de filosofía!». O si tratamos de explicar nuestros derechos asertivos a nuestra madre cuando esta, manipulativamente, se esfuerza por conseguir que vayamos a verla con más frecuencia, sin duda llegará a la conclusión de que no solo somos tan caprichosos como cuando éramos pequeños, sino que, además, se nos han metido en la cabeza unas ideas completamente absurdas. Nuestra madre, lo mismo que el vendedor de piezas de recambio de automóvil, puede no sentir en absoluto el menor interés por nuestros derechos asertivos, y acaso se limite a decir: «Me alegro de saberlo, hijo; no me arrepiento de haber insistido para que fueses a la universidad. ¿Cuándo piensas venir otra vez?».

Para imponer nuestros derechos asertivos y poner coto a toda manipulación de nuestro comportamiento, debemos modificar nuestra reacción frente a la manipulación, es decir, la reacción que hasta ahora hacía posible nuestra manipulación. El resto de este libro se refiere al aprendizaje de una serie de técnicas verbales asertivas eficaces para imponer nuestros derechos asertivos en nuestras relaciones con otras personas.

Cuando presento a mis alumnos la primera técnica asertiva sistemática, el DISCO RAYADO, empiezo por preguntarles: «¿Por
qué suelen ustedes perder la partida cuando intentan que el mecánico de su automóvil rectifique convenientemente la reparación defectuosa que les hizo?». La respuesta típica a esta pregunta es un profundo silencio. Una vez queda así bien sentado
que los alumnos no saben mejor que yo cuál es la causa de su repetida frustración, arriesgo la siguiente opinión: «¿No saben ustedes por qué? ¡Yo se lo diré! Porque, por regla general, se dan
por vencidos después del primer "No" del mecánico. El hombre
les dice "No" y ustedes dicen "Bueno, bueno", o rezongan por
lo bajo algo menos halagador acerca de sus posibles hábitos sexuales, y se retiran. Pierden porque ceden con demasiada facili-
dad. Ese tipo (como otras muchas personas) solo tiene unos pocos "No" en el buche. Si tiene solamente tres "No", a ustedes les
bastan cuatro. Si tiene seis "No", a ustedes les bastarán siete.
¡Así es de fácil!». Al llegar a este punto, lo corriente es que alguno de los alumnos diga: «Pero es que yo no puedo hacer eso. No
puedo no darme por enterado cuando alguien me dice "No"». A
eso respondo yo: «¿Qué quiere decir con eso de que "no puede"? No veo que lo hayan esposado ni que lleve bozal o cadena
que coarten sus movimientos. Puedo aceptar que "no quiera usted" pero no que "no pueda"». Y si no quiere insistir, sospecho que ha sido usted adiestrado lo mismo que todos nosotros:
«Hay que ser amable y hacer caso al pobre mecánico del taller de
reparaciones de automóvil cuando dice "No"». ¿Es así? «Al fin
y al cabo, el pobre solo aspira a ganarse el pan, como todos.» ¿Es
así? (Aquí la clase en peso suele estallar en un coro sarcástico de
afirmación rotunda.) «El hombre tiene seis hijos y trata de darles de comer y de darles estudios lo mismo que usted y yo.» ¿Es
así? «Si pierde dinero en su negocio, no podrá mantenerlos en
el nivel que desea.» ¿Es así? «Pero ¿quién dice que si hace una
chapuza en nuestro coche tenemos el deber de seguir prote-

giéndole y subvencionarle, como quien dice, a nuestro cargo?»

Si el lector es como ese alumno y tantos otros, debe aprender a ser más persistente en la afirmación asertiva de sí mismo. *Uno de los aspectos más importantes de ser asertivos consiste en ser persistentes y en repetir una y otra vez lo que queremos, sin enojarnos, irritarnos ni levantar la* voz. La mayoría de las veces, para comunicarnos de manera eficaz en una situación conflictiva, debemos insistir y aferrarnos a nuestra opinión. Las personas no asertivas tienden a incurrir en un parloteo excesivo y abandonan fácilmente cuando alguien les explica «por qué», les demuestra «lógicamente» o les da «razones» para que no hagan lo que desean hacer. Para aprender a mostrarse persistente, la persona no asertiva no debe dar razones o excusas o explicaciones acerca de «por qué» quiere lo que quiere; debe hacer caso omiso de todo lo que le dicen para infundirle sentimientos de culpabilidad. Una técnica verbal que enseña a conseguir todo esto simultáneamente es la que fue empleada por primera vez en terapia asertiva por mi íntimo colaborador, el doctor Zev Wanderer, quien la bautizó con este descriptivo nombre: EL DISCO RAYADO. Entrenándonos a hablar como si fuésemos un disco rayado, aprendemos a mostrarnos persistentes y a aferrarnos a la cuestión que se debate, a seguir diciendo lo que queremos decir, y a hacer caso omiso de todos los intentos de desviar la cuestión por parte de la persona a la que pretendemos imponernos asertivamente. Si el alumno emplea la técnica del DISCO RAYADO, nada de lo que le diga su interlocutor podrá con él, y seguirá diciendo, *con voz tranquila y repetitiva,* lo que desea decir, hasta que la otra persona accederá a su petición o aceptará un compromiso. El objetivo de la enseñanza teórica y de la práctica de la técnica del DISCO RAYADO no consiste en enseñar al alumno a hablar como un disco rayado, sino a enseñarle a ser persistente y a obtener fruto de su persistencia, sean cuales sean las palabras que emplee. Para ver cómo puede obtenerse este resultado, examinemos un diálogo tipo DISCO RAYADO, muy sencillo, extraído de una situación comercial de la vida real.

DIÁLOGO 1

Carlo
y el dependiente
del supermercado

Nos ha facilitado el siguiente diálogo tipo DISCO RAYADO Carlo, un encargado de relaciones públicas chicano. Carlo recibía lecciones en mi consulta, dentro de un programa de perfeccionamiento personal en eficacia en las comunicaciones. En el curso de la cuarta sesión, Carlo explicó que el sábado anterior había hecho las compras en lugar de su mujer, y, al llegar a su casa, no encontró la carne que había comprado. Como su padre estaba en la casa para comer con ellos, Carlo le invitó a acompañarle al supermercado, donde esperaba recuperar la carne comprada.

Escenario del diálogo: Al entrar en el supermercado, remolcando a su padre, Carlo se dirige al empleado del mostrador de comprobaciones y le habla de la pérdida de la carne.

EMPLEADO: Usted dirá.

CARLO: Hace un rato compré aquí tres bistecs, carne asada y dos pollos, junto con otras cosas, y cuando llegué a casa eché de menos la carne. Quiero mi carne.

EMPLEADO: ¿La ha buscado en su coche?

CARLO: *Sí, quiero mi carne.* [DISCO RAYADO.]

EMPLEADO: Temo que no pueda hacer nada por usted. [Evasión de responsabilidad.]

CARLO: Comprendo que así le parezca, *pero quiero mi carne.* [DISCO RAYADO.]

EMPLEADO: ¿Guarda el tíquet de caja?

CARLO: (Entregando el tíquet al empleado.) *Sí, y quiero mi carne.* [DISCO RAYADO.]

EMPLEADO: (Mirando el tíquet.) Aquí constan seis compras de carne.

Carlo: Exacto, y *quiero mi carne.* [DISCO RAYADO.]

Empleado: Bueno, yo no tengo nada que ver con el departamento de carnicería. [Evasión de responsabilidad.]

Carlo: Comprendo sus sentimientos, pero yo le pagué a usted, y *sigo queriendo mi carne.* [DISCO RAYADO.]

Empleado: Tendrá usted que ir a la parte de atrás y hablar con el encargado de la carnicería. [Evasión de responsabilidad.]

Carlo: *¿Me dará la* carne? [DISCO RAYADO.]

Empleado: Es él quien debe encargarse de eso. [Evasión de responsabilidad.]

Carlo: ¿Cómo se llama?

Empleado: Mr. Johnson.

Carlo: Tenga la bondad de llamarle para que venga.

Empleado: Vaya usted al fondo, y lo encontrará. [Evasión de responsabilidad.]

Carlo: No veo que haya nadie al fondo; *llámelo, por favor.* [DISCO RAYADO.]

Empleado: Vaya al fondo, irá enseguida. [Evasión de responsabilidad.]

Carlo: No quiero ir al fondo y tener que esperar una eternidad. Tengo mucha prisa. *Por favor, hágalo venir aquí.* [DISCO RAYADO.]

Empleado: Oiga, mire, que hay mucha gente que espera. [Intento de imbuir sentimientos de culpabilidad: «¿No tiene usted consideraciones para los demás?».]

Carlo: Toda esta gente espera que la atiendan, como yo quiero que me atienda usted a mí. *Por favor, llame al encargado de la carnicería.* [DISCO RAYADO.]

Empleado: (Dirige una mirada curiosa a Carlo, durante unos segundos, se acerca a la muchacha que está en el mostrador de los cheques y vuelve a donde espera Carlo.) Llegará dentro de un momento.

Carlo: Gracias.

A los pocos minutos, el encargado de la sección de carnicería, señor Johnson, se acerca al mostrador y da un golpecito en el hombro del empleado.

EMPLEADO: Este cliente, que ha perdido la carne que ha comprado.

JOHNSON: (A Carlo.) ¿Dónde la ha perdido usted?

CARLO: Aquí mismo; es que no me la ha entregado usted, y *quiero mi carne.* [DISCO RAYADO.]

JOHNSON: ¿Tiene usted el tíquet de caja?

CARLO: (Mostrándoselo.) Sí, y *quiero mi carne.* [DISCO RAYADO.]

JOHNSON: (Echando una ojeada al tíquet.) Aquí figuran seis compras en la sección de carnicería.

CARLO: Exactamente, tres bistecs, carne asada y dos pollos. *Y quiero mi carne.* [DISCO RAYADO.]

JOHNSON: La mayoría de las personas que dicen que han perdido su compra recuerdan más tarde que la dejaron olvidada en alguna otra parte. ¿Por qué no vuelve usted mañana, si realmente no la encuentra? [Intento de suscitar sentimientos de ignorancia y culpabilidad; tenemos mala memoria y podemos sufrir un error.]

CARLO: Comprendo que piense usted así, pero *quiero mi carne.* [DISCO RAYADO.]

JOHNSON: Se está haciendo tarde y estamos a punto de cerrar. [Intento de suscitar sentimientos de culpabilidad: «Por su culpa voy a llegar tarde a mi casa».]

CARLO: Comprendo, pero *quiero mi carne.* [DISCO RAYADO.]

JOHNSON: Pues lo siento, pero yo no puedo hacer nada. [Evasión de responsabilidad.]

CARLO: ¿Quién puede, entonces?

JOHNSON: El gerente de los almacenes.

CARLO: Bien, pues *llámelo y dígale que venga.* [DISCO RAYADO.]

Johnson: En este momento está muy ocupado. ¿Por qué no vuelve usted el lunes y habla con él? [Intento de suscitar sentimientos de culpabilidad: «Es una persona importante, muy ocupada, y no debería usted molestarlo por una nimiedad como esa».]

Carlo: Comprendo, pero yo también estoy muy ocupado en este momento. *Llámelo, por favor.* [DISCO RAYADO.]

Johnson: (Mirando primero a Carlo en silencio, unos segundos.) Voy a hablar con él, a ver qué puede hacerse.

Carlo: Gracias. Le espero.

El señor Johnson se dirige hacia el fondo de la tienda, desaparece por una puerta y vuelve a aparecer a los pocos instantes en el interior de un despacho acristalado desde el cual se domina el conjunto de la tienda. Johnson inicia un diálogo con un hombre que está sentado detrás de una mesa. Este último dice algo. Johnson menea negativamente la cabeza y señala hacia Carlo. El hombre se levanta, mira a Carlo y vuelve a hablar. Johnson contesta, moviendo afirmativamente la cabeza. El hombre vuelve a hablar y se sienta de nuevo detrás de su escritorio. Johnson desaparece del despacho y unos momentos más tarde se acerca a Carlo.

Carlo: ¿Y bien?

Johnson: Sentimos mucho lo ocurrido. ¿Por qué no vuelve usted a nuestra sección de carnicería y elige de nuevo lo que ha perdido?

Carlo: De acuerdo, gracias.

Johnson: La semana próxima tendremos una venta especial, en la carnicería. Habrá varias ofertas interesantes.

Carlo: Se lo diré a mi mujer, gracias.

Mientras se resarcía de su pérdida en la sección de carnicería, el padre de Carlo felicitó a su hijo por la forma en que había sabido comportarse frente al personal de los almacenes. Lleno de asombro, no cesaba de repetir: «De haberme ocurrido a mí, habría estado buscando la carne en mis bolsillos, debajo de los asientos del coche, en la alacena y hasta en el desván». Mientras volvían a casa, en el coche, el padre de Carlo le preguntó cómo había conseguido actuar de aquella manera. Con cierta modestia, pero no sin una moderada y merecida confianza en sí mismo, Carlo le contestó: «Aprendí eso en un curso sobre la manera de comportarse asertivamente en el trabajo. Si quieres, te enseñaré también a ti».

En el diálogo de Carlo con los empleados del supermercado, el lector observará cuán repetidamente les dijo, por el sistema del DISCO RAYADO, lo que quería, su objetivo primordial, es decir, recuperar la carne que había comprado. Cuando en la discusión surgían otros objetivos menores, Carlo no vacilaba en emplear el DISCO RAYADO para comunicar sus deseos inmediatos a los empleados. Por ejemplo, cuando le decían que esperara hasta que pudieran ocuparse de su problema, Carlo les pedía reiteradamente que fuesen a buscar a la persona que podía resolver su problema. El objetivo del DISCO RAYADO, según Carlo había aprendido, consiste en transmitir un mensaje repetidamente a la persona ante la cual queremos afirmarnos: «No va usted a descorazonarme; puedo seguir así todo el día, si es necesario», sean cuales sean los trucos a los que apele nuestro interlocutor. La idea de afirmarnos verbalmente con persistencia, que nos enseña el DISCO RAYADO, va de la mano con la mayoría de las restantes técnicas verbales descritas. Como el lector observará en los diálogos siguientes, las cosas que se dicen asertivamente se repiten una y otra vez hasta conseguir el resultado deseado: que cese la manipulación de la que quieren hacernos objeto, la obtención de un objetivo material, un compromiso viable, un efecto terapéutico en favor nuestro, o la recuperación del respeto de nosotros mismos.

La primera vez que enseño a alumnos y enfermos a sacar el máximo provecho de su práctica del DISCO RAYADO, les invito a representar una escena en grupos de cuatro: una persona asertiva, una persona manipuladora y dos alumnos. Se trata de reproducir la situación siguiente: un vendedor a domicilio trata de vender enciclopedias induciendo al cliente asertivo a sentirse ansioso o culpable. En el diálogo que Carlo sostuvo en la vida real, respondía voluntariamente a todo lo que el dependiente o el gerente manipulativos le decían o le preguntaban. Pero cada una de sus respuestas estaba bien meditada, sin embargo. Carlo solo decía lo que quería decir. En cambio, en los diálogos tipo DISCO RAYADO que Carlo representó inicialmente para aprender a mostrarse persistente y no dejarse manipular, le obligué —a él y a los demás alumnos— a hablar literalmente como si hubiesen sido discos fonográficos rayados. Dijera lo que dijera la otra persona, Carlo respondía: «Comprendo (sus sentimientos) pero no me interesa (comprar ninguna enciclopedia)», *siempre en voz baja y apacible.* Este procedimiento se empleó para ayudar a Carlo a vencer la creencia y el hábito adquirido que hace que lo que decimos dependa de lo que otra persona ha dicho antes.

Diálogo 2

*Aprender
a decir «no»
con persistencia*

Vendedor: Sin duda, usted desea que sus hijos aprendan más deprisa, ¿no?

Carlo: Comprendo, pero no me interesa comprar el libro.

Vendedor: Sin duda, su esposa desearía que les comprara esta enciclopedia a sus hijos.

Carlo: Comprendo, pero no me interesa.

Vendedor: Aquí fuera hace un calor espantoso. ¿Puedo entrar y beber un vaso de agua?

Carlo: Comprendo, pero no me interesa.

Vendedor: No me diga que va a negarme un vaso de agua.

Carlo: Comprendo lo que siente, pero no me interesa.

Vendedor: No, no lo comprende usted, porque si lo comprendiera compraría la enciclopedia para sus hijos.

Carlo: Comprendo lo que piensa, pero no me interesa.

Vendedor: Usted no hace más que repetir que comprende. ¿No sabe decir otra cosa?

Carlo: Comprendo, pero, simplemente, no me interesa.

Vendedor: Permítame que le haga una sola pregunta. ¿Qué edad tienen sus hijos?

Carlo: Comprendo, pero no me interesa comprar nada.

Vendedor: ¿Ni siquiera quiere decirme qué edad tienen sus hijos?

Carlo: Comprendo lo que siente usted, pero no me interesa.

Vendedor: Vamos a ver, ¿cuántos niños viven en esta manzana?

Carlo: Comprendo, pero no me interesa.

Vendedor: ¿O sea que no quiere contestar a lo que le pregunto?

Carlo: Comprendo, pero no me interesa.

Vendedor: Si no quiere hablar conmigo, me voy.

Carlo: Comprendo, pero no me interesa, simplemente.

Vendedor: ¿Cree usted que a su vecino, señor Jones, puede interesarle?

Carlo: Comprendo lo que siente usted, pero, simplemente, no me interesa.

Mediante la representación de diálogos tipo DISCO RAYADO como este, a modo de adiestramiento, Carlo y sus compañeros aprendieron a modificar el hábito compulsivo de contestar a cuantas preguntas se nos hacen o a cuantas observaciones se nos dirigen. Este hábito se basa en nuestra creencia de que, cuando alguien nos hable, «debemos» tener una respuesta y «debemos» responder específicamente a lo que nuestro interlocutor nos dice, sea lo que sea. La primera sesión de prácticas de diálogos como el que hemos reproducido resulta muy sorprendente para los alumnos novatos. Muchos de ellos no tienen idea de cuán arraigado está en ellos este hábito y de cuán incómodos se sentirán cuando traten de no responder automáticamente a las interpelaciones de otra persona. Más de la mitad de mis alumnos tropiezan con dificultades en este ejercicio, con el que se pretende enseñarles a hacer caso omiso de las interpelaciones y las preguntas de otras personas y a exponer asertivamente, una y otra vez, lo que desean decir y no lo que otra persona desea que digan. Reaccionar según el nuevo modelo no forma parte, simplemente, del repertorio de esas personas, quienes necesitan repetidas instrucciones para que se decidan a romper con esta modalidad de comportamiento susceptible de manipulación. Frente a esta resistencia, mi forma de «animarles» resulta muy poco «comprensiva» cuando se trata de alumnos novatos (pero no de enfermos víctimas de ansiedades). Hasta aquel momento, suelo presentarme bajo el aspecto del «tipo simpático» que solo trata de enseñarles a mostrarse más asertivos. Para ayudarles a obtener de mí la experiencia de aprendizaje más significativa, he observado que es conveniente contar por lo menos con un «tipo duro» con el que puedan competir con éxito. En muchos casos, yo soy la única persona a la que puedo confiar la interpretación de este papel. Al llegar a este punto de su adiestramiento, empiezo a adoptar la actitud del malo *oficial* (con el que más adelante podrán competir fácilmente), y a lanzarles «empujoncitos» para que se esfuercen más, dentro del estilo siguiente: «*Pero ¿qué demonios están haciendo ustedes? ¿*Puede saberse? ¿En qué artículo del reglamento de la vida puede leerse (deliberadamente, cáusticamente, imitando a un tipo simplón que leyera de un texto imaginario que sostengo en mis manos): "Cuando alguien me haga una pregunta, contestaré"? ¡Enséñenme el contrato que firmaron ustedes comprometiéndose a obrar así! ¿O sea que no firmaron nada en este sentido? (silencio general). Entonces, ¿por qué demonios obran ustedes así?

Repitan el ejercicio y esta vez háganlo como yo quiero que lo hagan. No contesten a ninguna pregunta... ¡El DISCO RAYADO y nada más que el DISCO RAYADO!».

Un número reducido de los estudiantes y los enfermos que aprenden a mostrarse asertivos conciben, por lo menos temporalmente, sus derechos asertivos y las técnicas asertivas sistemáticas como un medio para «vengarse», «desquitarse», devolver la pelota a sus manipuladores. Por lo menos uno de cada grupo o clase formula la siguiente o parecida pregunta: «Comprendo lo que nos ha explicado usted, pero ¿cómo puedo utilizar lo que me está enseñando para conseguir que mi marido (mujer, hermana, hijo adolescente, padre, etc.) haga lo que yo quiero que haga?». Mi respuesta es sencilla: «¡No puede usted, de ninguna manera!». Y si examinamos realmente esta pregunta del alumno a la luz de nuestra propia experiencia con la gente, esta respuesta cobra todo su sentido. Podemos «acorralar» a otra persona para que haga algo, podemos manipularla, y podemos decir asertivamente qué es lo que deseamos que haga alguien, pero no podemos controlar el comportamiento de otro adulto de manera consistente. Si engañamos a la gente para conseguir que hagan lo que nosotros queremos, ellos pueden hacernos lo mismo a nosotros; si les manipulamos para que ejecuten nuestros deseos, ellos nos manipularán a su vez, posiblemente; pero si decimos asertivamente qué es lo que deseamos de ellos, lo único que pueden decir es «No» o explicarnos qué desean obtener a cambio, es decir, que se puede llegar a un compromiso viable. De esas tres posibilidades, la última asertiva es la más fructuosa porque corta rápidamente la manipulación y nos permite, a nosotros y a la otra persona en conflicto, comunicarnos sin rodeos y encontrar una solución.

Al menos un alumno de cada clase discutirá que mi análisis de la asertividad sistemática sea la manera más directa y honesta de resolver un conflicto, alegando: «¿Dónde están las salvaguardas? Uno puede aprovecharse de la otra persona si esta no ha seguido también este cursillo. ¡Contando con esas técnicas asertivas podemos arrollarla como una apisonadora!». Aunque no compartimos los temores de este alumno en cuanto a la indefensión de la humanidad frente a la asertividad sistemática, comprendo su aprensión ante el hecho de facilitar a la gente un conjunto de técnicas verbales que en teoría deberían permitirle imponer su derecho a ser sus propios jueces, poniendo en sus manos un medio eficaz para hacer lo que quieran hacer. La mejor respuesta que he oído a declaraciones como la de este estudiante brotó de labios de un ex colega del Cuerpo de la Paz, Fred Sherman, quien, hallándose de visita en una de mis clases, dijo: «Esas técnicas verbales asertivas son como todas las técnicas de cualquier clase que aprendemos; son amorales. Después de haber aprendido a conducir un automóvil, podemos emplear nuestros conocimientos para conducir a un grupo de niños a una excursión de la escuela dominical, o para ayudar a escapar a unos mafiosos». Si somos nuestros propios jueces, somos también responsables de nuestro comportamiento asertivo personal. Lo que hagamos con él es cosa nuestra.

COMPROMISOS VIABLES

Muchas personas que están aprendiendo a ser asertivas, a menudo por primera vez en su vida de adultos, no comprenden por qué se emplean técnicas verbales como la del DISCO RAYADO. Preguntan: «¿Qué debo hacer cuando mi interlocutor no cede o se muestra a su vez asertivo conmigo?». La respuesta a esta pregunta es que nuestro verdadero sentimiento de respeto propio tiene prioridad por encima de todo lo demás. Por consiguiente, si conservamos nuestro respeto propio mediante el ejercicio de nuestros derechos asertivos con técnicas como la del DISCO RAYADO, nos sentiremos mejor aunque no hayamos conseguido inmediatamente nuestro objetivo. Sentirse en paz consigo mismo es un objetivo primordial de la terapia asertiva sistemática. Cuando estamos satisfechos de nosotros mismos, nuestra capacidad para enfrentarnos con el conflicto crece como una bola de nieve. No se trata de una pequeña y maravillosa sensación «extra». El hecho de sentirnos satisfechos o en paz con nosotros mismos no excluye, sin embargo, la posibilidad de obtener lo que nos propusimos obtener, además de conservar nuestro respeto propio. Cuando nuestro interlocutor se muestra a su vez asertivo con nosotros, ocurre, simplemente, que el conflicto se establece en torno a los datos reales del problema o de la cuestión, y no en torno de la fuerza relativa de las personalidades en juego, y su solución deja de depender de quién es el mejor o el peor manipulador. En la práctica, *siempre que comprendamos que no está en juego el respeto que sentimos por nosotros mismos,* da excelentes resultados ofrecer a nuestro interlocutor un compromiso viable. Podemos, por ejemplo, manifestarnos dispuestos a esperar un período de tiempo concreto para que nos cambien o reparen la mercancía, acatar los deseos de la otra persona en la ocasión siguiente o, simplemente, decidir quién gana a cara o cruz. Siempre cabe llegar a un acuerdo con los demás, en cuestiones materiales, si el compromiso no afecta a nuestros sentimientos personales de respeto de nosotros mismos. Si el objetivo final entraña una cuestión de valor propio, no cabe compromiso alguno.

Con algunas excepciones, reaccionamos mejor y de manera más sana mediante el empleo de la aserción verbal sistemática y el proceso del compromiso viable. ¿Cuáles son esas excepciones, es decir, las situaciones en las que es preferible no mostrarse sistemáticamente asertivos? Son varias, de modo que habrá que dedicar un momento a examinarlas brevemente.

No resulta muy realista mostrarse asertivo en determinadas situaciones. En situaciones en las que tenemos escaso control sobre lo que va a ocurrir, es estúpido y puede ser peligroso (a menos que seamos profesionales formados) afirmarnos asertivamente en la forma sistemática esbozada en este libro. Las situaciones en las que debemos limitar nuestra asertividad son aquellas que incluyen factores jurídicos físicos.

No todos los miembros de nuestros organismos federales, estatales, de distrito y municipales encargados de juzgar el comportamiento de los ciudadanos o de exigir el cumplimiento de la ley se comportan de manera asertiva. Algunos miembros de esas profesiones, por desgracia, abrigan sus tendencias puramente personales acerca de cómo «deben» comportarse las personas bajo la capa de su uniforme profesional, y gozan de autoridad real, si no absolutamente «legal», para obrar de conformidad con sus sentimientos personales. De poco nos servirá afirmarnos asertivamente, con persistencia, empleando la técnica del DISCO RAYADO frente a un juez irritado, quien podría recompensarnos con un encierro de treinta días en el calabozo. Con esa misma técnica, lo más que podemos conseguir de un vigilante que hurga en nuestro costado con su chuzo, es que insista en su «entretenimiento». Por otra parte, cuando aconsejo que se pongan límites al propio comportamiento asertivo en tales situaciones, no quiero decir que se deba callar y cerrar el pico mansamente. Por ejemplo, si somos víctimas de malos tratos físicos por parte de un agente de policía sería una estupidez protestar en el acto. Lo que hay que hacer es tomar nota de su número e informar de su comportamiento a su superior; si el agente obra así con frecuencia y se quejan varios ciudadanos, no tendrá más remedio que modificar su comportamiento hostil.

Este equilibrio o justo medio entre la asertividad y la contención se pone especialmente de manifiesto en el caso de Jerry. Vi por primera vez a Jerry cuando este contaba diecisiete años. Tenía un historial de tres años de consumo de drogas, incluidas la heroína, la cocaína y las anfetaminas. Jerry, lo mismo que muchos otros enfermos farmacodependientes, era extremadamente no asertivo y no sabía cómo tratar con las personas «normales»: sus padres, su familia, sus maestros, los representantes de la ley, etc. Jerry permanecía dentro del círculo no asertivo de la cultura de la droga por varias razones. Sus compañeros nunca le criticaban ni le atosigaban, nunca se enfadaban con él, nunca trataban de inducirle a hacer lo que no le gustaba, y casi siempre le dejaban obrar a su antojo. Jerry les trataba a ellos de la misma manera, con una actitud no asertiva, despegada y aquiescente descrita en las deslumbrantes palabras de «Amor», «Paz» y «Hermandad». Jerry permanecía en el seno de su cultura de la droga porque le gustaba; muy pocas personas le molestaban, y no sabía cómo tratar a las personas «normales», exteriores a su cultura de la droga. Con estos antecedentes, Jerry fue sometido a tratamiento contra su farmacodependencia empleando la terapia asertiva como medio para permitirle entrar en contacto y mantener un trato eficaz con las personas no adictas a la droga. Al cabo de cuatro meses de terapia asertiva de grupo y de dos meses de terapia asertiva individual, Jerry abandonó sus actividades de introductor de la droga en su antigua escuela superior, consiguió un empleo regular, y al cabo de doce meses ingresó en la universidad. Sometido a vigilancia médica ulterior durante veinticuatro meses, al cabo de este período de tiempo Jerry no había recaído en el abuso de drogas «fuertes» aunque había empleado esporádicamente marihuana.

Antes de haberse sometido a la terapia asertiva, Jerry era invariablemente detenido y cacheado por la policía, o su coche era objeto de minucioso registro cada vez que entraba en contacto con algún agente del orden. A pesar de que nunca lo detuvieron, porque jamás le encontraron con la droga encima, Jerry, de un modo o de otro, inspiraba sospechas a la policía. Con posterioridad a su tratamiento, Jerry ha sido obligado por la policía a detenerse varias veces, *pero su coche no ha vuelto a ser registrado, ni le han cacheado a él.* En algunos de esos últimos encuentros con la policía le han sido impuestas multas, y en una de esas ocasiones estaba absolutamente seguro de no haberla merecido. Después de haber comparecido ante el tribunal, Jerry me explicó que a propósito de esa multa se había manifestado de manera asertiva en presencia del juez. Temiendo lo peor, es decir, que Jerry se hubiese ganado una condena de encierro por desacato al tribunal, quedé agradablemente sorprendido cuando me aclaró que, simplemente, había contado al juez los hechos tal como él los veía... y que el juez le había dado la razón. Para Jerry, mostrarse asertivo ante el tribunal significaba simplemente interpretar su papel, contar su versión de los hechos y ser escuchado, creyeran o no en sus palabras. La experiencia de Jerry ante el tribunal es un buen ejemplo de equilibrio entre un comportamiento asertivo y la debida contención, en circunstancias en las que, legalmente, una persona que posee el poder necesario para hacerlo, podría, si quisiera, echar a perder nuestro porvenir.

La segunda situación en que el comportamiento asertivo resulta inadecuado es también obvia y de sentido común: cuando nos encontramos físicamente a merced de otras personas. Durante una algarada callejera, una manifestación violenta, un atraco, etc., de poco nos sirve mostrarnos asertivos. Walter, estudiante de historia en una universidad local, preguntó qué debía hacerse en la situación siguiente: a la salida de clase una noche, al pasar a pie por una calle mal iluminada, tropezó con un grupo de cuatro hombrones de aspecto patibulario. Uno de ellos, abriendo una reluciente navaja, le pidió a Walter un «préstamo» de cinco dólares. Walter me preguntó qué habría hecho yo en una situación como aquélla. Mi respuesta fue: «¿No necesita más que eso? ¡Puedo prestarle veinte dólares!». Cuando no tenemos otra opción, nos conviene, en nuestro propio interés, colaborar plenamente con quien nos amenaza físicamente. Walter había confundido, en su espíritu —pero no en su comportamiento, puesto que «prestó» los cinco dólares al atracador—, la línea divisoria que separa el valor estúpido de la asertividad. Cuando alguien nos amenaza con una pistola o un cuchillo, de poco nos vale repetir, a modo de DISCO RAYADO, «No quiero darle mi dinero» una y otra vez, con la esperanza de que el atracador desista de su propósito.

Hay también situaciones en las que por más asertivamente persistentes que nos mostremos tenemos las de perder; no vamos a alcanzar nuestro objetivo material. No existe ningún conjunto de técnicas que pueda garantizar un ciento por ciento de éxito en la obtención de lo que deseamos en todos los casos. Para ser más concretos, resulta muy probable que fracasemos cuando tratemos de emplear técnicas asertivas sistemáticas (particularmente en interacciones formales y comerciales) para negociar de nuevo una estructura a priori. Eso fue lo que le ocurrió, por ejemplo, a un alumno nuestro en un curso reciente, que solicitó un adiestramiento especial para aprender a devolver un neumático con un defecto en un costado. Efectuado el entrenamiento, el alumno en cuestión acudió a la tienda donde había comprado el neumático, empleó con persistencia la técnica del DISCO RAYADO para que le devolvieran el dinero y lo único que consiguió fue que se burlaran de él. Cuando, a su regreso, contó que su actitud verbal había resultado inútil, sus compañeros, llenos de curiosidad, le pidieron detalles de la interacción. Perplejos después de haberle escuchado, puesto que no acertaban a encontrar fallo alguno en el comportamiento del alumno, uno de sus compañeros le preguntó por qué creía él que el vendedor se había negado a devolverle el dinero. La estupefacción general fue profunda cuando el alumno contestó: «Sospecho que no quiso devolverme el dinero porque cuando le devolví el neumático había rodado con él cuarenta mil kilómetros». Averigüé más tarde que el muchacho había tratado de mostrarse asertivo con objeto de reconquistar su respeto de sí mismo, dieciocho meses después de haber aceptado sin chistar un neumático defectuoso. Le felicité por su enorme dosis de *chutzpa,* pero no por su sentido común. Para los lectores no familiarizados con esa expresión *yiddish,* aclaré que *chutzpa* es la característica primordial del hombre que asesina a su padre y a su madre y después pide que el tribunal se muestre benévolo con él teniendo en cuenta que es un pobre huérfano.

5

Conversación social asertiva y comunicación

Tanto en mi consultorio psicoterapéutico general como en los cursos de asertividad, he observado que las personas son sociables en la medida en que son asertivas. He observado también que las personas que se benefician de los cursos de asertividad sistemática suelen requerir cierta ayuda para mejorar su capacidad social. La persona no asertiva tiene típicamente ciertas dificultades para comunicarse con los demás en situaciones sociales. Es tímida. Los adultos de esta clase, lo mismo que muchos adolescentes, se encuentran a menudo incapacitados para hablar, presa de la ansiedad, y no encuentran palabras con las que expresarse ni siquiera en un ambiente social apacible, desprovisto de todo carácter amenazador. Esta observación me induce a formular la siguiente pregunta: ¿cuál es la importancia de la conversación social en relación con la salud y la felicidad, y qué relación guarda con nuestra asertividad? La respuesta es sencilla, pero tiene repercusiones para cada uno de nosotros en nuestras importantes —aunque solo lo sean en potencia— relaciones con otras personas.

La comunicación es la «cola» que mantiene unidas a las personas mientras una relación se desarrolla, y se fortalece para canalizar el apoyo, el consejo, la productividad, el interés y la satisfacción de las dos partes. Para que una relación social se desarrolle, las dos partes deben tener por lo menos un grado mínimo de asertividad en su trato mutuo. Si no se tratan mutuamente de manera asertiva, ya en su primer encuentro, su relación puede tardar meses en desarrollarse, en el supuesto de que llegue a hacerlo. Cuando una nueva relación vacila o fracasa, particularmente una relación de carácter heterosexual, entre hombres y mujeres, lo más probable es que una de las dos partes no haya comunicado asertivamente a la otra parte qué clase de persona es, cuáles son sus deseos, sus gustos, sus aversiones, sus intereses, lo que hace y lo que quisiera hacer, su manera de hacer las cosas, etc. La capacidad para hablar de nosotros mismos, de quiénes somos, de cómo vivimos, y la capacidad para que los demás no teman hablarnos de sí mismos de la misma manera, son técnicas sociales asertivas. El comportamiento asertivo, pues, es mucho más que exigir de los demás el respeto de nuestros derechos o, como he venido repitiendo con insistencia, impedir que los demás nos manipulen. En este sentido social, ser asertivos consiste en comunicar a otros quiénes somos, qué hacemos, qué deseamos, qué esperamos de la vida. Es de esperar que nuestro interlocutor sea también asertivo y que podamos descubrir una base para unas relaciones fructuosas y autónomas. Cosa igualmente importante, la asertividad social nos permite descubrir si no existen intereses mutuos, o muy pocos, y evitar así unas relaciones sin salida ni posibilidades para ninguna de las dos partes.

Si estamos desprovistos de estas técnicas sociales, nuestro bloqueo en materia de comunicación puede deberse a un historial de frustración en el trato general con los demás. Ese historial de frustración puede provocar una reacción de ansiedad en nuestro interior en cualquier nueva situación social. Nuestra ansiedad condicionada por los fracasos pasados inhibe nuestra espontaneidad y nos impide hablar de nosotros mismos y de escuchar realmente lo que nuestro interlocutor nos revela de sí mismo.

En el proceso de establecer un método de adiestramiento para enseñar a personas no asertivas a mostrarse verbalmente a la altura en cualquier relación social potencialmente angustiosa, he observado que, en un ambiente social, todos tendemos a facilitar *información gratuita* acerca de nosotros mismos que no nos ha sido solicitada específicamente. Gran parte de esta información gratuita acerca de nosotros mismos guarda relación con nuestros intereses, nuestros deseos, nuestros prejuicios, lo que nos hace felices, y lo que nos preocupa, y nuestro estilo de vida. Si hablamos a otra persona empleando algo más que afirmaciones, negaciones o gruñidos, sin duda le facilitaremos gran número de claves e indicaciones acerca de lo que es importante para nosotros en ese momento determinado de nuestra vida.

Libre información

Para llegar a ser un «comunicador» asertivo en un ambiente social, el individuo debe dominar dos técnicas. En primer lugar, debe ejercitarse en el arte de captar las claves que los demás nos dan acerca de sí mismos. El estudio o examen de la INFORMACIÓN LIBRE O GRATUITA que los demás nos ofrecen acerca de sí mismos (información que no hemos solicitado ni comentado) cumple dos funciones en un ambiente social. La libre información nos facilita algo de qué hablar, además del tiempo, y evita esos penosos silencios en los que nos preguntamos: «¿Y ahora qué digo?». Además, cosa más importante todavía, cuando prestamos atención a la libre información que se nos da incitamos asertivamente a los demás a hablarnos de sí mismos y les facilitamos la tarea manifestando nuestro interés por cosas que son importantes para ellos.

La revelación de nosotros mismos

La segunda técnica que se debe dominar para llegar a una comunicación eficaz es la de la AUTORREVELACIÓN. Al revelar de manera asertiva información acerca de nosotros mismos

—cómo pensamos, sentimos y reaccionamos ante la libre información recibida de nuestro interlocutor— permitimos que la comunicación social fluya en ambas direcciones. Sin las revelaciones acerca de nosotros mismos, nuestra atención e interés por la libre información de los otros prestaría un tono pomposo a la conversación, y produciría la impresión de que estamos desempeñando el papel de un interrogador o un fiscal, o, simplemente, escudriñando en la vida de otra persona sin compartir con ella ninguna de nuestras experiencias.

Antes de estudiar el diálogo de asertividad social que reproducimos más abajo, dediquemos unos instantes a examinar de qué manera podemos distinguir la libre información de los restantes elementos de la conversación y estudiemos someramente en qué consiste la AUTORREVELACIÓN o confesión propia.

Si acaban de presentarnos a alguien, en una reunión de sociedad (o mejor todavía, si nos hemos presentado nosotros mismos), podemos preguntar a esta persona, por ejemplo: «¿Vives cerca de aquí, Mary?». Si Mary contesta «No», no nos habrá dado la menor información acerca de sí misma. En cambio, si contesta: «No. Vivo en Santa Mónica, junto a la playa», nos ha facilitado dos datos que no le habíamos pedido. Primero, que vive en Santa Mónica, y segundo, que muy probablemente le gusta la playa y la frecuenta. También es posible que consigamos de ella otras informaciones libres: que está casada, que tiene tres hijos y dos perros y que se encuentra en la reunión esperando a su marido. En todo caso, ¿qué se hace con los datos que se nos facilitan? ¿Cómo podemos explotarlos para conseguir conocer mejor a Mary y que Mary nos conozca mejor a nosotros? Hay dos maneras de explotar la información gratis que se nos da. En el caso de Mary, por ejemplo, podemos preguntarle simplemente cómo es Santa Mónica. Esta vía, ciertamente directa, inducirá a Mary a informarnos con abundancia acerca de Santa Mónica, pero probablemente muy poco acerca de sí misma. Con el fin de facilitar el proceso de comunicación social tenemos la posibilidad de preguntar a Mary qué opina de Santa Mónica.

Por ejemplo, podemos iniciar nuestra pregunta con una revelación acerca de nosotros mismos: «Yo no he vivido nunca en Santa Mónica, pero unos amigos míos me han dicho que es un lugar estupendo. ¿Cómo decidiste irte a vivir allá?». Esta forma de continuar la conversación se encamina en realidad más hacia el tema de Mary que hacia el tema de Santa Mónica. Otros ejemplos de información gratuita o libre pueden ser que Mary es ceramista, sigue un curso nocturno de mecanografía, tiene una tabla de surf, es soltera, etc. Siguiendo la línea de los intereses de Mary pueden obtenerse más datos sobre cerámica, mecanografía, la práctica del surf o el estado de soltería. Al mismo tiempo, cabe informarse acerca de cómo y por qué le interesan a Mary la cerámica, la mecanografía, el surf o mantenerse soltera. En cualquiera de los dos casos, tanto si hacemos hincapié en la cerámica como si lo hacemos en la relación que une a Mary con la cerámica, tenemos la posibilidad asertiva de elegir cualquiera de las dos direcciones.

Para completar nuestra mitad de la comunicación social es necesario también dar información acerca de nosotros mismos a la persona con la que nos relacionamos. Lo mismo que en el caso de la información que se nos da, podemos elegir entre hablar de los temas que interesan a la otra persona o de nosotros mismos en relación con esos temas. La revelación de nosotros mismos según la última modalidad puede adoptar una forma muy sencilla, por ejemplo: «En realidad, entiendo muy poco en cerámica. En tu caso, ¿tiene tu vocación alguna explicación o fue realmente como una inspiración?», o bien: «Nunca he hablado de cerámica con nadie. ¿De qué se trata, en realidad?», o bien: «Nunca he tenido tiempo para hacer cosas tan divertidas. ¿Cómo te las compones tú para tenerlo?». Al revelar información sobre nosotros mismos en respuesta a las informaciones que nuestro interlocutor nos ha dado, le inducimos a pedirnos más información acerca de las cosas que nos interesan, de nuestro estilo de vida y hasta de nuestros problemas.

Para enseñar a mis alumnos a identificar la LIBRE INFOR-

MACIÓN, a prestarle la debida atención, y a emplear a su vez la AUTORREVELACIÓN, suelo emplear dos ejercicios prácticos que inventé en la primavera de 1970 en el Sepulveda V. A. Hospital. El primer ejercicio consiste en ponerse de acuerdo con un interlocutor arbitrario y limitarse a practicar la técnica de prestar atención a la información que nos da. La persona que está aprendiendo a identificar la LIBRE INFORMACIÓN no ofrece por su parte información alguna o revelaciones de ninguna clase acerca de sí misma, antes bien concreta todo su esfuerzo en identificar y atender a la LIBRE INFORMACIÓN que su interlocutor le ofrece. Cuando los dos alumnos han practicado lo suficiente este ejercicio, invirtiendo alternativamente sus papeles, se pasa al segundo ejercicio. En este, se da instrucciones al alumno en el sentido de que, por cada dato que su interlocutor le dé, debe revelarle a su vez algo de sí mismo. Cuando los dos interlocutores han practicado a fondo la técnica de devolver información por información y al mismo tiempo incitar al otro a dar más, se les permite participar en el proceso simultáneamente. En esta última fase, si se observa la conversación parece una discusión muy animada e interesante, y nada hace sospechar que se trate de un diálogo estereotipado o que los dos interlocutores estén empleando unas técnicas aprendidas.

Cuando enseño a mis alumnos a comunicarse asertivamente entre sí en situaciones sociales, invariablemente hay alguien que formula una observación como la siguiente: «Yo creo que el intercambio entre personas o seres humanos es algo que no se puede crear artificialmente. O existe o no existe. Ejercitarse en hablar a otra persona de manera sistemática es algo falso y mecánico». Por mi parte suelo evitar la prolongada y tediosa discusión del problema en que se corre el riesgo de enzarzarse a partir de un prejuicio tan manifiesto. Lo que hago, generalmente, es poner de relieve la similitud de este punto de vista con la observación de aquella viejecita a quien, después de haber visto por la televisión cómo Neil Armstrong daba su paso gigantesco para la humanidad, un periodista preguntó si le gustaría ir algún día a la luna personalmente. He aquí la respuesta de la viejecita en cuestión: «Si Dios quisiera que fuésemos a la luna, no nos habría dado aparatos de televisión para verla desde aquí».

El siguiente diálogo es una muestra de ejercicio de demostración que suelo emplear en mis grupos de terapia asertiva. Aunque su estilo y su contenido se han preparado pensando en gente joven que trata de concertar citas, las técnicas para identificar la INFORMACIÓN GRATUITA y corresponder a ella con revelaciones acerca de uno mismo se han empleado con el mismo éxito en situaciones sociales entre hombres y mujeres recién divorciados de todas las edades, en situaciones sociales en las que las diferencias de sexo no contaban para nada, como el hecho de entrar en relación con unos nuevos vecinos o de ser presentados a otras personas en una fiesta, así como en nuevas relaciones sociales entre hombres o entre mujeres.

DIÁLOGO 3

Pete y Jean
presentan las técnicas
de conversación social de
INFORMACIÓN GRATUITA y
REVELACIÓN DE UNO MISMO

En este diálogo, Pete y Jean presentan un modelo de reacción ante una INFORMACIÓN GRATUITA, para un grupo de alumnos de la Sacred Heart Academy and Cal. Tech, en una serie de encuentros celebrados los fines de semana en la Universidad de California, en Santa Barbara. El diálogo se centra en los problemas de conversación social con que tropiezan los jóvenes de ambos sexos cuando salen juntos.

Escenario del diálogo: Pete va a buscar a Jean a su casa para salir con ella por primera vez.

PETE: Hola, Jean.

JEAN: Hola, Pete, ¿qué hay?

PETE: Bien, ¿y tú?

JEAN: Con muchas ganas de pasarlo bien.

PETE: Estupendo. Lo mismo que yo.

JEAN: Vamos. Cuando quieras.

PETE: Podemos ir andando. Está solo a cuatro o cinco manzanas y podemos charlar por el camino.

JEAN: De acuerdo.

PETE: ¿Qué has hecho hoy? ¿Algo espectacular?

JEAN: No, *he pasado todo el día estudiando.* [INFORMACIÓN GRATUITA.] [Nota 1. Jean responde que no le ha ocurrido nada extraordinario, es decir, «No». Después da la información gratuita de que ha estado estudiando, comportamiento muy natural y propio de un estudiante, pero que no siempre debe darse por supuesto. Los estudiantes hacen otras cosas, además de estudiar. Pete puede preguntarle entonces: 1) Qué suele hacer cuando no estudia, 2) Si últimamente le ha ocurrido algo interesante o extraordinario, 3) Qué estudia, y 4) Por qué ha estado estudiando precisamente hoy.]

PETE: ¿Qué estudias?

JEAN: La semana que viene tengo *dos* pruebas. [LIBRE INFORMACIÓN acerca de sus planes para el futuro inmediato.]

PETE: ¿Pruebas de qué asignaturas?

JEAN: Literatura shakespeariana y biología de la reproducción. [Nota 2. Pete puede reaccionar ante las declaraciones de Jean de dos maneras: 1) Impersonal, o 2) Orientándose hacia los intereses personales de la muchacha. En el primer caso podría decir, poco más o menos: «Háblame del teatro de Shakespeare». En el segundo caso, personalizando más, diría por ejemplo: «¿Cómo llegaste a interesarte por Shakespeare?».]

PETE: *¡Caramba, con lo que me gusta a mí el teatro!* Oye, ¡qué combinación! ¡Shakespeare y reproducción! Comprendo que te interese la reproducción, pero ¿cómo llegaste a interesarte por el teatro de Shakespeare? [AUTORREVELACIÓN.]

JEAN: *Mi madre era profesora de teatro en el colegio, antes de conocer a* mi *padre.* Supongo que lo he heredado de ella. [LIBRE INFORMACIÓN acerca de sus padres.]

PETE: *En mi familia no ha habido nadie que tuviera talento para el teatro.* ¿No lamentas que tu madre dejara de hacer teatro? *Supongo que debe de ser estupendo vivir con una persona que conozca a toda esa gente de Broadway y Hollywood.* [AUTORREVELACIÓN.]

JEAN: Supongo que sí, *pero me gusta mucho cómo es mamá ahora, y verla cuidando de papá y de todos.* [LIBRE INFORMACIÓN acerca de su madre.]

PETE: ¿Crees que es ese tu estilo de vida? Quiero decir, ese plan de ama de casa y tal. *A veces pienso que debe de ser una lata para una mujer.* [AUTORREVELACIÓN.]

JEAN: No lo sé. Lo que sí sé es que no pienso casarme todavía. *Quiero ver de qué soy capaz por mí misma.* [LIBRE INFORMACIÓN sobre sus objetivos personales.]

PETE: Yo *pienso igual. Quiero ser independiente por un tiempo.* ¿A qué quisieras dedicarte? ¿Te gustaría ser actriz? [AUTORREVELACIÓN.]

JEAN: Tal vez. Si *valiera para ello.* ¿Qué estudias tú? [LIBRE INFORMACIÓN acerca de las dudas que alberga en cuanto a sus propias cualidades.]

PETE: Aún no he decidido si dedicarme a la cirugía cerebral o hacer de conductor de tranvías.

JEAN: ¡Qué gracioso! El chiste es tan viejo que murió de muerte natural.

PETE: *Ya sé que es malo, pero es mi chiste favorito.* ¿Sabes alguno bueno? [AUTORREVELACIÓN.]

JEAN: No, *solo recuerdo chistes de elefantes.* [LIBRE INFORMACIÓN sobre gustos en materia de humor.]

PETE: *Los hay muy buenos también.* A lo mejor sabes alguno que yo no sé. [AUTORREVELACIÓN.]

JEAN: *Prefiero que hablemos de ti.* ¿Qué piensas hacer cuando termines los estudios? [AUTORREVELACIÓN.]

PETE: ¿Sueles someter a interrogatorio a todos los chicos con los que sales?

JEAN: Vamos, dime ya, ¿qué estudias?

PETE: Me rindo. Voy a confesártelo. Ingeniería aeroespacial. *¡Belicista, ya ves!* [LIBRE INFORMACIÓN acerca de opiniones políticas.]

JEAN: No está mal. *Pero no tienes aspecto de ingeniero aeroespacial.* [LIBRE INFORMACIÓN.]

PETE: ¿Ah, no?

JEAN (Riendo.) Más bien pareces un defensa de fútbol.

PETE: *¿Verdad que sí?* Ya veo que tienes mucho sentido del humor. [AUTORREVELACIÓN.]

JEAN: ¿De qué te quejas?

PETE: Cierto, ¿de qué me quejo?

Revelar información privada acerca de nosotros mismos a otras personas es una técnica asertiva muy eficaz, no solo en plan de conversación social sino también cuando surge un conflicto entre nosotros y otra persona. Los demás no pueden manejar nuestros sentimientos, nuestras preocupaciones, y ni siquiera nuestra falta de conocimiento o nuestra indecisión por el procedimiento de negar o ignorar estos sentimientos. Nadie puede conseguir que hagamos a gusto una cosa, por ejemplo prestarle el coche, si no nos gusta prestárselo a nadie. Podemos resistirnos a prestar el coche a una persona e inventar mil razones por las que no podemos prestarle el coche justamente en esta ocasión sin llegar a reconocer jamás —ni siquiera en la intimidad de nuestra conciencia— que cuando prestamos a alguien nuestro coche lo pasamos muy mal; la «razón» perfecta para no hacer algo que no deseamos hacer. Hasta podemos pasarlo mal y preocuparnos a sabiendas de que no hay razón alguna para preocuparnos. Hemos prestado el coche muchas veces y nunca ha ocurrido nada. Esta lógica en nada afecta a la cuestión. Nuestros sentimientos pueden ser irracionales o irrazonables, pero siguen siendo nuestros sentimientos sinceros y merecen todo el respeto. *Por desgracia, no solemos respetar nuestros sentimientos de preocupación o incertidumbre.* Podemos razonar que *no deberíamos* preocuparnos cuando alguien desea pedirnos prestado el coche. En lugar de decir honradamente «No», sin dar explicación alguna, o de decir «No, cuando presto el coche a alguien sufro mucho, la verdad», inventamos razones que nos suenen más aceptables a nuestros propios oídos. El tipo de AUTORREVELACIÓN en el que he venido insistiendo versa, por supuesto, acerca de las cosas que damos por supuesto que debemos ocultar: aversiones, preocupación, ignorancia, miedo, etc. No debe confundirse la autorrevelación voluntaria con el acto de vomitar confesiones AUTODESPRECIATIVAS de tipo involuntario, automático y casi condicionado. Nuestra revelación voluntaria de factores negativos acerca de nosotros mismos y nuestra propia aceptación de los mismos es probablemente la técnica asertiva más potente y eficaz para evitar la manipulación y alcanzar la paz de nuestro espíritu. Si los demás reaccionan ante nuestra revelación asertiva de nuestro yo interior y de nuestras preocupaciones tratando de convencernos de que no «debemos» o no tenemos derecho a pensar o sentir así, nuestra respuesta será simple y directa: «Es posible, pero esto es lo que siento». Frente a una respuesta sincera y honrada como esta es imposible emplear la manipulación. Cuando formulamos una AUTORREVELACIÓN de esta clase, la persona con la que estamos interactuando debe respondernos en el mismo plano de deseos personales honrados o no tratar en absoluto con nosotros. Como veremos en muchos de los diálogos que seguirán, el uso adecuado de la AUTORREVELACIÓN voluntaria es eficaz en el trato con personas de carácter manipulativo, sean vendedores de coches usados, dependientes, corredores a domicilio, hombres de negocios, mecánicos, compañeros de trabajo, jefes, amigos, vecinos, parientes, padres o hijos nuestros, lo mismo que como medio para mejorar nuestras técnicas de conversación y de comunicación social.

Hasta aquí me he referido principalmente a nuestro comportamiento verbal con otras personas. La finalidad de la práctica asertiva sistemática consiste en presentar una persona que esté segura de sí misma, versada en el trato con otras personas en conflicto, y llena de confianza. Nuestro impacto en los demás perderá probablemente toda eficacia si al mismo tiempo mostramos indicios observables de ansiedad. Todos conocemos personas que dicen una cosa, pero cuyo cuerpo dice otra. Aunque nuestros interlocutores acaso no sepan señalar con precisión los indicios que les revelan nuestra ansiedad, no por ello dejarán de interpretarlos correctamente. El índice más obvio de nuestro nerviosismo en el trato con otra persona es la ausencia del contacto directo con la mirada, de ojos a ojos. Cuando transmitimos un mensaje verbal positivo a una persona pero al mismo tiempo nos mostramos nerviosos, esa persona prestará más atención a nuestro nerviosismo que a lo que podamos decirle. Nuestras posibilidades de comunicarle lo que nos proponíamos disminuirán por cuanto la ansiedad, por lo menos en nuestra civilización occidental, se considera un comportamiento anormal y el modelo que empleamos en nuestro trato con un comportamiento anormal es el que nos sirve para enfrentarnos con una persona intoxicada, es decir, con un borracho. La mayoría de las personas le seguirán la corriente a la persona que se comporte dando signos de anormalidad. Pero los compromisos formulados generalmente no llegarán a cumplirse y se emplearán tan solo para deshacerse cuanto antes de la persona ansiosa.

La ausencia de contacto directo entre ojos y ojos, el más común de los indicios de ansiedad, es una reacción de huida adquirida, es decir, aprendida. Aprendemos a evitar el contacto visual, la mirada, sin darnos cuenta de ello. En el pasado, cuando hemos establecido contacto visual en un conflicto y no hemos sabido estar a la altura en ese conflicto, la otra persona nos ha puesto nerviosos. Sin darnos cuenta, para reducir esta ansiedad adquirimos una respuesta condicionada de huida; desviamos la mirada de la persona que nos inspira esta ansiedad, y nos sentimos mejor, al menos por el momento. Si no miramos a nuestro interlocutor, no nos sentimos tan ansiosos. A fuerza de conseguir una y otra vez evitar esta ansiedad, no mirar a nuestro interlocutor a los ojos se convierte en un hábito.

Siendo como es una reacción provocada por la ansiedad, el tratamiento de la falta de contacto visual es muy sencillo. En conjunción con los ejercicios de conversación social citados, empleo el siguiente ejercicio de desensibilización fóbica para ayudar a mis alumnos a eliminar la ansiedad en los contactos visuales. Este ejercicio se lleva siempre a cabo por parejas; los dos alumnos se sientan aproximadamente a la distancia de un metro y medio, frente a frente. Entonces les digo: «Quiero que uno solo de ustedes dos mire continuamente a los ojos del otro y vea si puede decir adónde mira este. Si le mira a usted a los pies, probablemente lo advertirá usted perfectamente. Si está mirando en dirección a un círculo imaginario de unos veinticinco centímetros de radio alrededor de su nariz de usted, usted verá que sus ojos cambian de posición pero no podrá decir adónde mira exactamente. Ahora quiero que uno de los dos mire la nariz del otro, su barbilla, su cuello, su nuez de Adán, el cuello de su camisa, la parte alta del pecho, por este orden. Vamos a ver ahora *cuándo* el otro se da cuenta de que su interlocutor *no* está mirándole a los ojos. (Los alumnos siguen las instrucciones.) ¿Alguno de ustedes puede decir exactamente cuándo su interlocutor no estaba mirándole a los ojos —no cuándo estaba moviendo los ojos—, sino cuándo sus ojos permanecían inmóviles? ¿Cuál era su grado de ansiedad cuando le miraba usted a los ojos? Empleen un "termómetro del miedo" graduado del cero al cien. Cero significa que están ustedes tan relajados que van a quedarse dormidos, y cien quiere decir que están a punto de pulsar el botón del pánico. Recuerden su grado de ansiedad y compárenlo con lo que sentirán una vez terminado todo el ejercicio. Ahora quiero que los dos dirijan sus ojos hacia donde yo les indique. Voy a ordenarles que centren su mirada en su interlocutor, desde las puntas de los pies hasta la nariz, y que pasen de diez a treinta segundos mirando las diferentes partes de su cuerpo. ¿Preparados? Pie derecho - pie izquierdo - rodilla derecha - tobillo izquierdo - rodilla derecha - ombligo - rodilla izquierda - pantorrilla derecha - muslo izquierdo - ombligo - codo derecho - pecho - hombro izquierdo - ombligo - cuello de la camisa - codo izquierdo - hombro derecho - cuello - hombro izquierdo - parte alta de la cabeza - oreja izquierda - mentón - oreja derecha - nacimiento de los cabellos - oreja izquierda - labios - oreja derecha - frente - mejilla izquierda - oreja derecha - nariz - ceja derecha - puente de la nariz - ojo izquierdo - nariz - ojo derecho - ojo izquierdo - nariz - frente - ojo derecho - ojo izquierdo - los dos ojos - quédense así un minuto».

Aconsejo a mis alumnos que practiquen este ejercicio por su cuenta con sus amigos, su mujer o quienquiera que esté dispuesto a perder un rato con ellos unas tres veces por semana durante tres semanas. En clase, sin embargo, inmediatamente después de este ejercicio, hago que las mismas parejas de alumnos practiquen el contacto ojos-con-ojos al mismo tiempo que repiten la última parte del ejercicio de conversación social. La mayoría de las personas encuentran difícil mirar a una persona a los ojos al mismo tiempo que contestan a una pregunta o formulan una declaración verbal. Les resulta difícil concentrarse. En estos casos, les sugiero que sigan centrando su mirada en el interior del círculo de veinticinco centímetros alrededor de la nariz del interlocutor, pero mirando una oreja, por ejemplo. La mayoría de los alumnos consideran que mirar una oreja mientras se contesta una pregunta produce menos ansiedad y menos confusión en sus pensamientos.

6

La reacción asertiva frente al gran manipulador: las críticas

Cuando nos afirmamos sistemáticamente empleando las técnicas verbales que he bautizado con los nombres de el BANCO DE NIEBLA, la ASERCIÓN NEGATIVA y la INTERROGACIÓN NEGATIVA, se consiguen dos resultados principales. Primero y principal —en relación con el objetivo terapéutico de llegar a ser seres humanos completos, plenamente eficaces—, la práctica de estas técnicas puede reducir al mínimo nuestra típica respuesta emocional negativa ante las críticas, sean reales o imaginarias, formuladas por nosotros mismos o por otros. Esta modificación interior en nuestra reacción y nuestra actitud emocionales se consigue con la práctica repetida de estas técnicas; es un hecho observado clínicamente y no un supuesto teórico.

¿Por qué la práctica de estas técnicas asertivas produce este resultado benéfico? La respuesta a esta pregunta podría constituir el tema de otro libro entero sobre la teoría de la psicofisiología, las modificaciones emocionales o del comportamiento y la terapia behaviorista. Dejando de lado el «por qué», el hecho es que este proceso interior obra el efecto de hacer que nos sintamos menos en guerra con nosotros mismos y de que, por ende, seamos capaces de aceptar más tranquilamente tanto los aspectos negativos como los aspectos positivos de nuestra personalidad. En segundo lugar, el uso repetido del BANCO DE NIEBLA, la ASERCIÓN NEGATIVA y la INTERROGA-

CIÓN NEGATIVA corta de golpe los cordones emocionales adquiridos que hacían de nosotros verdaderas marionetas, esos cordones que nos hacen reaccionar automáticamente, tal vez incluso con pánico, frente a las críticas de los demás; esta ansiedad adquirida, aprendida, suscitada por las críticas que hacen posible que se nos obligue, mediante la manipulación, a defender lo que queremos hacer en lugar de hacerlo.

Hallándome en el Sepulveda V. A. Hospital, en la primavera de 1970, me enfrenté con el problema de enseñar una técnica que un marido o una esposa, por ejemplo, pudieran emplear para reaccionar frente a las críticas de un cónyuge no asertivo y tal vez insistente. Observé que, casi sin excepción, la persona objeto de crítica se comporta defensivamente y niega la crítica. Esta crítica manipulativa se produce, ante todo, porque a la esposa quisquillosa, por ejemplo, se le enseñó que sus deseos deben ser justificados, deben ser razonables, deben poder «defenderse ante un tribunal» o incluso en el seno de una iglesia. Como nos ocurre a todos los que hemos sido adiestrados psicológicamente para mantenernos en línea, esa esposa pasa grandes apuros para dar razones lógicas y sólidas con las que «justificar» lo que desea en la vida. Como a la mayoría de nosotros, se le ha enseñado que ha de tener una razón para querer lo que quiere. Si su marido hace algo que la impide realizar sus deseos, como por ejemplo limitarse a haraganear por la casa en lugar de salir a visitar a unos amigos, la esposa no cuenta con ningún recurso asertivo para oponerse a este comportamiento y solo puede imponer a su marido su propia estructura no asertiva, arbitraria y manipulativa, y *criticarle porque no se ajusta a esa estructura*. Si su marido quiere dedicarse a repasar el motor de su coche, por ejemplo, debe tener una razón para «justificar» este deseo; de lo contrario, estará en falta y merecerá las críticas de su esposa. La crítica manipulativa se produce con gran frecuencia en el trato con los demás por la sencilla razón de que, como solía decir mi abuela, siempre cabe encontrar algún defecto en los demás, si uno se empeña. Podemos encontrar fácilmente cosas que criticar por el simple procedimiento de imponer nuestra propia estructura arbitraria aplicándola a la relación que determina cuáles son las reglas del bien y del mal, cómo «deberían» ser realmente las cosas. Cada uno de nosotros puede imponer e impone en la realidad su estructura manipulativa a los demás, y la mayoría de nosotros hemos sido perfectamente adiestrados para aceptar automáticamente la estructura impuesta por otra persona y hasta para creer sinceramente en esa estructura. Una esposa no asertiva puede atacar críticamente un comportamiento que le disgusta diciendo a su marido: «No has hecho más que andar divirtiéndote con el coche todo el fin de semana». La estructura arbitraria que está tratando de imponer a la relación matrimonial y al comportamiento de su marido consiste en sugerir que en cierto modo está mal hecho pasarse el fin de semana distrayéndose con chapuzas. Esta estructura arbitraria de *bien y mal* en realidad no tiene nada que ver con si *a ella le gusta o* no que su marido se distraiga todo el fin de semana a su manera, en lugar de hacer otra cosa con ella. El hecho de que la esposa desee hacer otra cosa no es manipulativo. Pero defender sus deseos criticando el comportamiento de su marido sí es una actitud manipulativa, producida por su propia falta de asertividad. La esposa en cuestión no puede justificar sus propios deseos de ir a ver a unos amigos y de salir de casa. Si el marido aficionado a las chapuzas al que se critica por su afición acepta automáticamente la estructura arbitraria de su esposa, según la cual está «mal» que se distraiga así, debe también aceptar automáticamente como cierta cualquier crítica contra cualquier desviación de su comportamiento respecto a la misma estructura impuesta por su mujer. Debe aceptar también, además, que las críticas de su esposa son pertinentes; *él* está en un error y «debe» enmendarse con arreglo a las críticas de su esposa. Como a la mayoría de nosotros se nos ha enseñado a sentirnos ansiosos, nerviosos o culpables cuando cometemos errores (los errores son algo «malo»), la persona objeto de crítica, en este caso el marido no asertivo, tratará con toda probabilidad de negar, mediante la lógica, la argumentación o incluso contracriticando el comportamiento cotidiano de su mujer, la verdad (totalmente irrelevante) de la crítica manipulativa. Por ejemplo: «¡No es verdad que haya pasado todo el fin de semana trabajando en el coche! Ayer, durante el almuerzo, ni siquiera me acordaba de que existiera. Y esta tarde he hecho una siesta de más de una hora. Además, ¡quién habla! Lo único que sabes hacer cuando yo no estoy es quedarte mirando esas bobadas de la televisión todo el día». Este tipo de reacción estilo «foca amaestrada» frente a la crítica no asertiva suscita invariablemente nuevas críticas, con lo que se produce un ciclo de críticas-negación de errores-más críticas. A medida que el ciclo va ascendiendo en intensidad, uno de los dos interlocutores acaba por enfurecerse y pegar al otro o marcharse, o lo que es más triste y sin duda mucho peor, ambas cosas a la vez.

En una situación de esta clase, para que la relación resulte menos destructiva para las dos partes se requiere algún otro estilo de reacción aparte de la actitud defensiva y la negación del error, ya sea este real, imaginario o sugerido. Un tipo de comportamiento que constituya una reacción eficaz, asertiva y no manipulativa frente a la crítica comprenderá los siguientes e importantes elementos:

1. El comportamiento adecuado nos enseñará a distinguir entre: a) las verdades que los demás nos dicen acerca de nuestra conducta (que siempre andamos haciendo chapuzas en el coche), y b) la etiqueta arbitraria de bondad o de maldad que los demás pueden pegar a las verdades acerca de nuestro comportamiento, sobreentendiendo o sugiriendo que obramos «mal» aun sin decirlo abiertamente (que está «mal» distraerse mucho).

2. El comportamiento adecuado nos enseñará a sentirnos cómodos cuando se nos dice una verdad acerca de nuestra conducta de manera crítica y la otra persona no expone abiertamente la calidad de «bondad o maldad» de nuestro comportamiento y se limita a dar a entender, por su tono de crítica, que

nos hemos comportado «mal» («en todo el fin de semana no has hecho más que divertirte con el coche»); al no sentirnos tan ansiosos frente a la crítica, no debemos reaccionar en absoluto ante las sugerencias o indirectas sobre un «mal comportamiento» y nos basta con ocuparnos de las verdades que nos dicen los demás acerca de nuestra conducta. («Es verdad, estuve trabajando muchas horas en el coche.»)

3. El comportamiento adecuado nos enseñará a sentirnos cómodos cuando una verdad acerca de nuestra conducta es interpretada abiertamente como un mal comportamiento dentro de la forma arbitraria en que la otra persona estructura su existencia (está mal hecho trabajar tantas horas en el coche durante el fin de semana); al no sentirnos tan ansiosos frente a la crítica, no tenemos por qué aceptar automáticamente la estructura «moral» arbitraria de la otra persona y podemos, en cambio, poner en tela de juicio esa estructura e inquirir qué hay de malo en nuestro comportamiento («No comprendo, ¿qué hay de malo en pasarse horas arreglando el coche?»); de esta manera se pone fin al empleo de la estructura manipulativa y se obliga a la otra persona a declarar qué es lo que desea: «Bueno, yo quiero que salgamos a visitar a los amigos en lugar de quedarnos en casa todo el fin de semana».

4. El comportamiento adecuado nos enseñará a distinguir entre: a) las verdades que los demás nos dicen acerca de nuestros errores y nuestras faltas (olvidamos cerrar de nuevo el tubo del dentífrico), b) la calificación moral arbitraria que los demás pueden incorporar a las verdades acerca de nuestros errores y nuestras faltas (está «mal» olvidarse de cerrar el tubo del dentífrico).

5. El comportamiento adecuado nos enseñará a sentirnos cómodos pese a nuestros errores, y aunque los errores y los defectos y las faltas son ineficaces, entrañan un derroche, son generalmente —pero no siempre— improductivos y estúpidos y suele valer la pena corregirse de ellos; en realidad, sin embargo, no tienen nada que ver con el bien y el mal, es decir, «Sí, es ver-

dad, es estúpido* por mi parte volver a dejar el dentífrico sin cerrar».

Las técnicas de reacción asertiva verbal sistemática —el BANCO DE NIEBLA, la INTERROGACIÓN NEGATIVA y la ASERCIÓN NEGATIVA— que he creado como resultado de mi experiencia en el arte de ayudar a las personas a enfrentarse con las críticas negativas suscitadas por la manera —nuestra o de los demás— de estructurar una relación, contienen, colectivamente, todos los elementos positivos descritos en los cinco párrafos anteriores. Pasemos ahora a examinar, una por una, estas distintas técnicas verbales, empezando por un estudio pormenorizado del BANCO DE NIEBLA.

Banco de niebla

Cuando enseño a mis alumnos a enfrentarse a las críticas manipulativas de otra personas, les doy instrucciones de *no* negar ninguna crítica (negarla es hacerle el juego) y de no contraatacar con otras críticas por su parte. En el Sepulveda V. A. Hospital, al dar originalmente a los pacientes un punto de partida para el aprendizaje del arte de reaccionar frente a las críticas de esta manera diferente, les indicaba que podían acelerar este aprendizaje reaccionando frente a la crítica manipulativa como si hubiesen sido un «BANCO DE NIEBLA». Un BANCO DE NIEBLA es algo muy notable en ciertos aspectos. Es muy persistente. No podemos ver con claridad a través de él. No ofrece resistencia a nuestra penetración. No contraataca. No tiene superficies duras, capaces de devolvernos, de rechazo, las piedras que le arrojemos, y no podemos, por consiguiente, volverlas a recoger y arrojarlas de nuevo. Podemos lanzar un objeto a través de nie-

* Otras posibilidades: ineficaz, improductivo, propio de un derrochador, etcétera.

bla sin que ello le afecte. Inevitablemente, acabamos por renunciar a tratar de alterar la persistente, independiente y no manipulable niebla, y la dejamos en paz. De manera parecida, cuando se nos hace objeto de críticas podemos reaccionar asertivamente absteniéndonos de ofrecer resistencia o superficies psicológicas duras a las declaraciones críticas que otros nos arrojan.

He empleado otras denominaciones tales como CONVENIR CON LA VERDAD, CONVENIR EN PRINCIPIO o CONVENIR EN LA POSIBILIDAD para describir esta técnica asertiva cuando se la emplea en situaciones cotidianas para reaccionar frente a las declaraciones lógicas manipulativas, o las que tratan de suscitar sentimientos de ira, de culpa o de ansiedad. Pero el término original del BANCO DE NIEBLA, pese a su carácter de «jerga», parece haber hecho fortuna, puesto que mis colegas, mis alumnos (y aun yo mismo) seguimos empleándolo pese a que resulta una descripción inadecuada de las muchas maneras en las que podemos afirmarnos verbalmente empleando esta técnica en diferentes situaciones.

Llamémosla de una manera o de otra, lo cierto es que nos cabe emplear esta poderosa técnica verbal asertiva de las siguientes maneras:

1) Podemos reconocer *cualquier verdad* contenida en las declaraciones que los demás emplean para criticarnos (CONVENIR CON LA VERDAD). Por ejemplo, si una madre excesivamente protectora sigue ejerciendo una severa vigilancia sobre una hija suya que ya no vive en el hogar, esta puede responder a las críticas de su madre que sugieren o presumen una mala conducta mediante el BANCO DE NIEBLA asertivo, como lo hizo Sally, una de mis pacientes:

MADRE: Anoche volviste muy tarde a tu casa, Sally. Te llamé a las doce y media y aún no estabas.

SALLY: Es verdad, mamá, anoche volví a casa tarde.

2) Podemos reconocer la *posibilidad de la verdad* de la mente: «Puede que tenga usted razón», suele acompañar (CONVENIR EN LA POSIBILIDAD). En el caso de Sally y su madre, si esta la criticara acusándola abiertamente de obrar mal, Sally podría responder con un BANCO DE NIEBLA asertivo.

MADRE: Sally, si pierdes tantas horas de sueño acabarás por enfermar otra vez.
SALLY: Es posible, mamá. (O bien: Puede que tengas razón. O: Tienes razón, mamá. Si no saliera tanto de noche, dormiría más.)

3) Podemos reconocer la *veracidad general* de las declaraciones *lógicas* que la gente emplea para manipularnos (CONVENIR EN PRINCIPIO). En el caso de la madre de Sally, si insistiera en tratar de imponer sus normas de vida a su hija, Sally podría seguir afirmándose mediante el BANCO DE NIEBLA verbal.

MADRE: Sally, sabes muy bien cuán importante es tener buen aspecto para una chica que desea conocer a un buen chico y casarse con él. Si sigues saliendo hasta tan tarde por las noches y no duermes bastante, acabarás por tener muy mal aspecto. Y supongo que no te gustará, ¿verdad?
SALLY: Tienes razón, mamá. Lo que dices no es ninguna tontería, de modo que cuando comprenda que me conviene, me acostaré temprano.

En los ejemplos de BANCO DE NIEBLA asertivo que acabamos de dar, esta hija, evidentemente muy popular, agregó declaraciones propias acerca de su intención de permanecer independiente de su madre, como por ejemplo: «... pero yo en tu lugar no me quedaría levantada hasta tan tarde sufriendo por mí». O bien: «... pero a mí esto no me preocupa». O bien: «... pero preveo que esta temporada voy a seguir acostándome muy tarde, con la cantidad de chicos que quieren salir conmigo».

Como primer ejercicio práctico para aprender la técnica asertiva del BANCO DE NIEBLA, formo parejas con mis alumnos, en cada una de las cuales uno interpreta el papel del que lanza la niebla y el otro el del «malo oficial», del criticón. El que lanza el BANCO DE NIEBLA tiene que convenir con todas las críticas que se le dirigen, aceptando la verdad, reconociéndola en principio o admitiendo su posibilidad. El «malo», por su parte, debe empezar sus críticas con comentarios negativos acerca de la manera de vestir del otro y de su actitud, y puede llegar hasta reprocharle su conducta moral, probablemente sus hábitos sexuales o cualquier otra cosa que se le ocurra. Una vez que han invertido sus papeles y ha terminado el ejercicio, paso revista a las distintas parejas, una después de otra, y trato de borrar la distinción entre el «ejercicio docente» y la crítica realista. Lo hago así con el fin de evitar que la posible reducción de su respuesta ansiosa ante las críticas se limite a la situación ficticia del ejercicio en clase. Sin informarles de mi propósito, obligo a los alumnos a repetir rápidamente un corto fragmento del ejercicio, e intercalo con la mayor seriedad comentarios ofensivos e injustos como por ejemplo: «Podrías hacerlo mejor; no has estado muy bien; aprendes muy despacio; tu compañero lo hace mejor que tú; tal vez necesitarías un análisis profundo de tu personalidad en lugar de una clase como esta», y así por el estilo. En los casos en que el alumno ha progresado ya lo bastante como para ser capaz de seguir respondiendo sistemáticamente: «Puede que tenga usted razón», suele acompañar su respuesta con una sonrisa reprimida o por lo menos un brillo jocoso en los ojos. En tales casos, también a mí me resulta difícil reprimir una sonora carcajada. Muchas veces, mi autodominio es inferior al de mis alumnos, y en consecuencia lo que empieza para ellos como un ejercicio más o menos angustioso se convierte en una experiencia sumamente divertida. ¡Qué paradoja! ¡Divertirse escuchando cómo alguien nos critica! Con este método se aprende tan rápidamente que a veces modifico el ejercicio y formo grupos de cuatro personas en lugar de parejas: el que levanta el BANCO DE NIEBLA, el crítico y dos observadores. En la primera parte de la sesión, los observadores ayudan al del BANCO DE NIEBLA. En la segunda parte, tienen que ayudar al crítico a inventar nuevas y demoledoras observaciones molestas contra el primero. Tres críticos frente a una sola persona asertiva no es ciertamente tarea fácil... ¡para los críticos!

DIÁLOGO 4

Un ejercicio práctico para principiantes
sobre el empleo del BANCO DE NIEBLA frente a las críticas

Escenario del diálogo: dos alumnos están practicando el empleo del BANCO DE NIEBLA en una clase. Las críticas y las respuestas tipo BANCO DE NIEBLA se han elegido entre los ejercicios prácticos de varios alumnos.

CRÍTICO: Veo que sigues vistiendo descuidadamente, como de costumbre.
ALUMNO: *Es verdad.* Sigo vistiendo como de costumbre. [BANCO DE NIEBLA.]
CRÍTICO: ¡Vaya pantalones! Parece que los hayas sacado del saco del trapero y te los hayas puesto sin ni siquiera plancharlos.
ALUMNO: *Están un poco arrugadillos, ¿verdad?* [BANCO DE NIEBLA.]
CRÍTICO: Eso de arrugadillos es casi un piropo, en realidad. Lo que están es horribles.
ALUMNO: *Probablemente tienes razón. Realmente, están como para tirarlos.* [BANCO DE NIEBLA.]
CRÍTICO: ¡Y esta camisa! ¡Qué mal gusto tienes, hijo!
ALUMNO: *Probablemente tienes razón. El buen gusto en materia de atuendo no es uno de mis puntos fuertes.* [BANCO DE NIEBLA.]
CRÍTICO: La persona capaz de vestir así no puede tener muchos puntos fuertes en nada.

ALUMNO: *Tienes razón. Tengo un montón de insuficiencias.* [BANCO DE NIEBLA.]

CRÍTICO: ¡Insuficiencias! ¿Eso les llamas? Yo diría que se trata más bien de verdaderos abismos de ignorancia.

ALUMNO: *Quizá tengas razón. Podría perfeccionarme en muchos aspectos.* [BANCO DE NIEBLA.]

CRÍTICO: Dudo de que seas capaz de hacer bien tu trabajo si ni siquiera sabes vestir como se debe.

ALUMNO: *Es verdad. También en mi trabajo podría perfeccionarme mucho.* [BANCO DE NIEBLA.]

CRÍTICO: Y sin embargo, probablemente cada fin de mes pasas por caja y le robas tu sueldo a tu pobre jefe sin sentir el menor remordimiento.

ALUMNO: *Es verdad. No siento el menor remordimiento, en absoluto.* [BANCO DE NIEBLA.]

CRÍTICO: ¡Qué cosas dices! ¡Pues deberías sentir remordimientos!

ALUMNO: *Seguramente tienes razón, debería sentir un poco de vergüenza.* [BANCO DE NIEBLA.]

CRÍTICO: Probablemente no sabes ni administrar el sueldo que estafas a otros, a otros que trabajan duramente, y que no son haraganes como tú.

ALUMNO: *Probablemente es verdad que podría administrarme mejor y también que soy muy haragán.* [BANCO DE NIEBLA.]

CRÍTICO: Si fueses más listo y tuvieses un poco de sensibilidad moral, podrías pedir a otra persona que te comprara ropa mejor para que no andes por ahí como un pordiosero.

ALUMNO: *Es verdad, podría pedir a alguien que me comprara ropa mejor, y sin duda podría ser más listo de lo que soy.* [BANCO DE NIEBLA.]

CRÍTICO: Se te nota que te pones nervioso cuando te digo cosas que no te gustan.

ALUMNO: *Sí, estoy seguro de que se me nota.* [BANCO DE NIEBLA.]

CRÍTICO: Pues no tienes motivo para ponerte nervioso. Bien sabes que soy tu amigo.

ALUMNO: *Es verdad, no debería ponerme tan nervioso.* [BANCO DE NIEBLA.]

CRÍTICO: Probablemente, soy la única persona en el mundo capaz de decirte esas verdades.

ALUMNO: *¡Qué duda cabe! ¡Qué duda cabe!* [BANCO DE NIEBLA con retintín sarcástico.]

CRÍTICO: Estás hablando con sarcasmo.

ALUMNO: *Es verdad, chico. Lo reconozco.* [BANCO DE NIEBLA.]

CRÍTICO: ¡Bien sabes que no has venido aquí a aprender a mostrarte sarcástico! Estás resistiéndote deliberadamente a aprender a reaccionar aplicando la técnica del BANCO DE NIEBLA.

ALUMNO: *Tienes razón, ya sé hablar con sarcasmo y probablemente me repugna aprender algo nuevo.* [BANCO DE NIEBLA.]

CRÍTICO: Así obran las personas estúpidas.

ALUMNO: *Seguramente tienes razón y ha sido una estupidez por mi parte.* [BANCO DE NIEBLA.]

CRÍTICO: Nunca aprenderás esta técnica.

ALUMNO: *Creo que tienes razón y que nunca llegaré a dominarla.* [BANCO DE NIEBLA.]

CRÍTICO: Ya vuelves a rascarte la oreja.

ALUMNO: *Es verdad.* [BANCO DE NIEBLA.]

CRÍTICO: Y te has apresurado a retirar la mano en cuanto te lo he dicho.

ALUMNO: *Sí, ¿verdad que sí?* [BANCO DE NIEBLA.]

CRÍTICO: Ante mi observación te has puesto nervioso.

ALUMNO: *Me temo que estás en lo cierto.* [BANCO DE NIEBLA.]

CRÍTICO: Eres un caso perdido.

ALUMNO: *Muy posible.* [BANCO DE NIEBLA.]

CRÍTICO: ¡Y hay que ver cómo llevas el pelo! ¡Pareces uno de esos piojosos hippies!

ALUMNO: *¿Verdad?* [BANCO DE NIEBLA.]

CRÍTICO: Y parece que lo lleves tan sucio como ellos.

ALUMNO: *Tienes razón. Podría llevarlo mucho más limpio.* [BANCO DE NIEBLA.]

CRÍTICO: Seguramente te gustaría vivir como ellos, sin tener que lavarse nunca y revolcándose en el sexo.

ALUMNO: *Quizá tengas razón.* Debería pensar en ello. [BANCO DE NIEBLA.]

CRÍTICO: Y probablemente gozarías con todas las perversiones sexuales en las que incurren.

ALUMNO: *¡Cierto! ¡Creo que has dado en el clavo!* [BANCO DE NIEBLA.]

CRÍTICO: Aunque, pensándolo bien, creo que eres la clase de individuo que no necesita unirse a una banda de hippies para aprender perversiones sexuales. Probablemente ya las conoces bien.

ALUMNO: *Es verdad.* Toda mi vida he estudiado el sexo. [BANCO DE NIEBLA.]

CRÍTICO: ¡Sí, sí, estudiar! Por tu expresión adivino que ya has practicado algunas de estas perversiones.

ALUMNO: (Esta vez sonriendo de oreja a oreja). *Tal vez tengas razón.* [BANCO DE NIEBLA.]

CRÍTICO: No deberías sonreír así cuando te hago observaciones que son por tu bien.

ALUMNO: *Tienes razón, no debería sonreír así.* [BANCO DE NIEBLA.]

CRÍTICO: No haces más que darme la razón.

ALUMNO: *Es verdad.* [BANCO DE NIEBLA.]

CRÍTICO: Pareces un tipo de esos que a todo dicen que sí, sin temple ni personalidad alguna.

ALUMNO: *¿Lo parezco, verdad?* [BANCO DE NIEBLA.]

CRÍTICO: No, *no lo pareces: lo eres.*

ALUMNO: *Puede que tengas razón.* [BANCO DE NIEBLA.]

CRÍTICO: ¿Lo estás viendo? Ya vuelves a las andadas.

ALUMNO: *Es verdad, chico.* [BANCO DE NIEBLA.]

CRÍTICO: No creo que seas capaz de decirle otra cosa que «sí» a nadie.

ALUMNO: *Comprendo que pienses así.* [BANCO DE NIEBLA.]

CRÍTICO: Vamos a ver, ¿es que no eres capaz de decir «no» cuando es eso lo que piensas?

ALUMNO: *Tal vez.* [BANCO DE NIEBLA.]

CRÍTICO: ¿No lo sabes?

ALUMNO: Habría que verlo, ¿no?

Como puede verse en este diálogo de adiestramiento, la práctica del BANCO DE NIEBLA obra varios efectos. En primer lugar, obliga al alumno a escuchar exactamente lo que dice el crítico. Si el crítico dice, por ejemplo: «Pareces...», el alumno contesta: «Tienes razón: parezco...». Si dice: «Creo que eres...», el alumno contesta: «Comprendo que creas eso...» o «Sé muy bien por qué crees eso...». El alumno aprende a responder únicamente a lo que el crítico dice realmente, y no a lo que sus críticas llevan implícito o cree el alumno que llevan implícito. La técnica enseña al alumno a ser un buen oyente, a escuchar lo que el crítico dice realmente —no a leer en la mente de los demás—, sin lanzarse a interpretaciones de lo que se dice, de conformidad con las dudas e incertidumbres del propio alumno, es decir, con todo aquello que sentimos o pensamos secretamente. Además, obliga al alumno a pensar, en términos de probabilidades, a qué estaría dispuesto a apostar, y no en términos absolutos, en sí o no, negros o blancos, ciento por ciento o cero. En realidad, es posible que el alumno sea un poco remolón en el trabajo, pero cumple su tarea. Es probable que lleve en el pelo alguna mota de polvo, a menos que entre en la clase saliendo de la ducha y sin haberse secado. Su comportamiento sexual (o la falta del mismo) probablemente sería descrito como perverso por los que se encuentran en los dos extremos del espectro erótico. En resumen, cada uno de los comentarios críticos contendrá por lo menos una pizca de verdad, según el punto de vista desde el cual se juzguen su comportamiento y su personalidad.

En el curso de los ejercicios sobre el BANCO DE NIEBLA o después de los mismos, siempre hay por lo menos un alumno sensible que pregunta: «¿Cómo puedo dar la razón a alguien que me dice algo que no es cierto? ¿Por qué he de mentir acerca de mí mismo?». Las preguntas de esta clase, según mi experiencia me dice, o bien son dictadas por profundos sentimientos de inseguridad acerca justamente de esta misma crítica que se juzga «falsa», o sea que la crítica se acerca demasiado a la verdad para la tranquilidad del alumno en cuestión, o bien el alumno sufre de una falta general de confianza en sí mismo tan grande que necesita desesperadamente agarrarse a todos los puntos positivos que pueda acerca de sí mismo y no puede soportar ninguna desviación fuera de estos. Cuando trabajo con esta clase de estudiantes suelo decirles, por ejemplo: «¿Qué haría usted si alguien le dijera que está flotando en el aire a un metro del suelo?» Estando como está firmemente apoyado con los pies en el suelo y con esta evidencia física ante sus ojos, probablemente no diría usted nada y se limitaría a soltar una carcajada. Pero ¿qué ocurre con las cosas para las que no cuenta con una evidencia absoluta, garantizada e incontrovertible? Por ejemplo, si alguien le dice que es usted tonto, ¿qué dirá? Usted no es tonto, ¿verdad? (El alumno siempre mueve la cabeza negativamente.) ¡Bueno, muchas felicidades! Es usted una persona afortunada, porque yo sí que soy muy tonto. A veces cometo verdaderas estupideces. En otras ocasiones soy brillante, pero muchas veces estoy atontado. Además, ¿tonto en relación a qué? En comparación con Einstein y Oppenheimer, soy como el tonto del pueblo. En cambio, en comparación con muchas personas que conozco soy un verdadero genio. Así pues, cuando alguien me dice que soy tonto, puedo darle perfectamente la razón. «Probablemente tiene usted razón. En comparación con algunas personas soy realmente estúpido, y en comparación conmigo mismo, a veces soy un verdadero idiota». Así, pues, yo escucho lo que la gente me dice acerca de mí mismo, y les concedo el beneficio de la duda. Después de todo, *es posible* que tengan razón, pero de todos modos yo me permito juzgar por mi cuenta y hacer lo que yo decida.» Uno de mis alumnos insistió en su punto de vista y sostuvimos el siguiente diálogo, dirigido por él:

ALUMNO: ¿Conoce usted su coeficiente mental en números concretos?

Yo: Sí.

ALUMNO: ¿Está por encima del normal, por encima de 100?

Yo: Sí.

ALUMNO: Entonces, ¿cómo puede usted reaccionar mediante el BANCO DE NIEBLA si yo le digo: «Su coeficiente mental está tan por debajo del normal, que un retrasado mental podría sustituirle»?

Yo: Sencillamente, diría: «No me sorprende que piense así. A veces mi cerebro funciona tan lamentablemente que me pregunto si el psicólogo que midió mi coeficiente mental no cometió un error».

ALUMNO: Vamos a probar otra cosa. ¿Tiene usted tendencias homosexuales?

Yo: No lo creo.

ALUMNO: Quiero decir, ¿es usted homosexual en ejercicio?

Yo: No.

ALUMNO: Entonces, ¿cómo puede usted manifestarse de acuerdo conmigo si le digo: «Es usted el profesor más afeminado que he visto en mi vida. ¡Qué manera de andar haciendo monaditas!»?

Yo: Muy fácil. Puedo decir: «Tal vez tenga usted razón. Me pregunto si no será porque ya no tengo la potencia sexual de otros tiempos. A los diecisiete años pensaba constantemente en el sexo. Ahora solo pienso en él la mitad del tiempo». No soy perfecto en nada. ¿Quiere probar otro camino?

Otro comentario que suelen hacer mis alumnos, después de haberles hecho personalmente una demostración del empleo de la técnica del BANCO DE NIEBLA instándoles a criticar mi manera de enseñar, es el siguiente: «Pero ¿ha sido usted *sincero* cuando ha reconocido el acierto de mis críticas empleando el BANCO DE NIEBLA?». Suelo responder a esta pregunta con una o dos preguntas por mi parte, con las que espero incitarles a pensar, o bien: «¿Hasta qué punto es sincera una probabilidad?», o bien, como mi colega Fred Sherman dice a menudo en respuesta a esta misma pregunta en sus clases de la zona de San Diego: «En realidad, ¿qué importancia tiene?». Una interpretación de este tipo de pregunta es que el alumno (o quien sea) que la formula está muy apegado a la lógica y a todos los demás sistemas externos que pueden ser empleados para manipularnos e impedirnos ser nuestros propios jueces. Al pensar en una persona determinada que le había dirigido esa pregunta, Fred señaló que para que su alumna lo aceptara del todo como maestro, debía ser «completamente sincero» o «completamente insincero». La alumna en cuestión no quería, o, más caritativamente, no podía permitirle un punto medio entre estos dos extremos. Alguien que no fuese sincero ni insincero no podía ser manipulado mediante su lógica. Según pudo verse, el empleo de las probabilidades para describir lo que es realidad y lo que es verdad no le agradaba porque a su través percibía claramente el siguiente mensaje: «Ya ve usted. No se me puede manipular. No encajo en su plan de acción. ¿No le gusta? Perfectamente. Búsquese a otro con quien se sienta más a gusto».

Está demostrado, o al menos así me lo ha revelado la experiencia después de haber enseñado a centenares de personas a ser más asertivas, que el BANCO DE NIEBLA es la técnica verbal que goza de más popularidad. Recientemente, después de una clase, encontré por casualidad a un antiguo alumno mío, un físico de los Laboratorios de Propulsión a Reacción, creados y administrados por el Instituto de Tecnología de California, quien me contó una divertida historia. La noche anterior al incidente que me relató, yo había hecho una demostración preliminar de técnicas verbales asertivas a un grupo de estudiantes del mencionado instituto. Al día siguiente, el físico en cuestión observó que uno de los alumnos que trabajaban como ayudantes de laboratorio se pasaba toda la mañana dando respuestas tipo BANCO DE NIEBLA a cualquier cosa que se le dijera. No cesaba de decir, con entusiasmo: «Tal vez tenga usted razón» a todo, hasta a frases como: «¿Quieres un café?». Al haberme oído describir esta fase típica del aprendizaje en clase como «el impulso que se adueña de nosotros, cuando acaban de regalarnos una reluciente caja de herramientas nuevas, de andar buscando tornillos flojos que apretar», y tras haber pasado personalmente por esa fase, el físico sabía que yo apreciaría el cariz humorístico de la situación. Así fue, y cuanto más me describía mi ex alumno la forma en que el ayudante de laboratorio provocaba críticas por parte de los demás miembros del personal con el fin de poder practicar el BANCO DE NIEBLA, con mayor fuerza se desarrollaba en mi mente una vana fantasía. Con todo el debido respeto a los Laboratorios de Propulsión a Reacción, a su soberbio claustro de profesores y a sus alumnos, no podía menos de imaginarme a aquel estudiante diciéndole a un profesor enfurecido: «Tiene usted razón. No debí atosigarle a usted cuando estaba mirando por el ciclotrón».

Con cierto brillo malicioso en la mirada, pero también con una gran simpatía y comprensión por el adicto novato al BANCO DE NIEBLA, el físico me explicó que había estado a punto de acercarse al desprevenido alumno y decirle: «Harry, he observado que esta mañana está usted empleando a troche y moche la técnica del BANCO DE NIEBLA. ¿No cree que debería reservársela para situaciones manipulativas?». El físico había reprimido su impulso porque no había podido menos de identificarse con la situación del estudiante. Recordaba su entusiasmo de las primeras veces en que había ejercido su recién adquirida asertividad en sus relaciones con los demás. Pese a su altruismo, todavía soñaba en lo que habría gozado al oír la probable respuesta del estudiante, que, según él, habría dicho: «Pero ¿es que ya conoce usted esa técnica?», y viéndole quedarse boquiabierto y pasmado cuando él le hubiera respondido: «Por supuesto, ¿quién no la conoce? Pero ¿de dónde sale usted, amigo?». Aun apreciando el humor de la situación fallida, tuve que decirle al físico:

—¿Qué le hace a usted pensar que no se habría limitado a contestar: «Puede que tenga usted razón. Probablemente estoy exagerando la nota»?

El físico me miró entonces y dijo:

—Debí pensarlo. ¡Probablemente esta habría sido su respuesta!

Y ambos sonreímos.

El examen de este debate desarrollado entre bromas y veras acerca de la técnica del BANCO DE NIEBLA aspira a poner de relieve su objetivo terapéutico, que consiste en permitir al aprendiz considerar sus propias cualidades personales acerca de las cuales albergaba ciertas dudas, sin sentirse inseguro, y decirse con toda convicción: «¿Y qué? Aun así puedo perfectamente habérmelas con los demás con lo que tengo, y ser eficaz y feliz». Pero no basta con comprender este concepto. La práctica sistemática del BANCO DE NIEBLA facilita lo que la comprensión cognoscitiva —saber que podemos aceptar las críticas— no nos da, a saber, la reducción de la ansiedad condicionada y dolorosa frente al estímulo de las críticas personales.

Aserción negativa

Al mismo tiempo que trabajaba en el problema de enseñar a mis pacientes a enfrentarse con las críticas manipulativas contra su comportamiento mediante el BANCO DE NIEBLA, se me hizo patente que estas personas también cometían errores a causa de su reducida capacidad para enfrentarse con las cosas en general. Con el fin de capacitarles para ser más asertivas, para empezar de nuevo a vivir con otras personas, debían aprender también a enfrentarse con sus propios errores sin amilanarse frente a las críticas hostiles provocadas por ellas mismas. Cuando empecé a dar clases a personas no asertivas fuera del ámbito clínico para enseñarlas a reaccionar, a estar a la altura, advertí con claridad deslumbrante que somos *muchos los que tropezamos con las mismas dificultades* para enfrentarnos a nuestros propios errores en la vida cotidiana. «¿Cómo puedo reaccionar de otra manera y mantener mi dignidad y el respeto de mí mismo cuando alguien me critica por cometer una falta que, sin duda, es un auténtico error, en un ciento por ciento, y del que soy realmente culpable?» Esta es la pregunta que me hizo un alumno novato. Si somos como él —y lo somos la mayoría—, para poder enfrentarnos de manera más realista con nuestros errores en la vida, debemos aprender a modificar nuestro comportamiento verbal cuando nos enfrentamos a nuestro error y a corregir nuestra creencia adquirida de que la *culpa* está automáticamente asociada a la comisión de un error.

Si no nos comportamos asertivamente en relación con nuestros errores, podremos ser manipulados por otras personas no asertivas a través de nuestros sentimientos de culpabilidad y de ansiedad y ser inducidos así a 1) pedir perdón por nuestro error y buscar la manera de compensarlo en cierto modo, o bien a 2) negar nuestro error adoptando una actitud defensiva y contra-crítica que proporciona a nuestro crítico hostil un saco de arena contra el que desahogar agresivamente sus propios sentimientos de frustración. En ambos casos reaccionamos lamentablemente y nos sentimos peor.

Una vez más, como ocurre con la mayoría de las creencias aprendidas durante la niñez, pocos de nosotros somos capaces de modificar nuestra creencia de que los errores son *malos (somos culpables)* por el simple procedimiento de pensar en ello. La mayoría de nosotros debemos modificar primero nuestra manera de reaccionar verbalmente cuando nos enfrentamos con un error, para podernos desensibilizar emocionalmente frente a las posibles críticas de los demás (o propias). Una vez realizada esta modificación emotiva por medio de una modificación de la conducta, la creencia infantil en la carga de culpa que lleva el error se modificará automáticamente. Es difícil mantener una creencia negativa acerca de nosotros cuando ya no la apoya el sentimiento de inferioridad que provoca como resultado.

¿Cómo reaccionar, pues, de manera asertiva, ante nuestros errores? Simplemente, obrando como si nuestros errores fuesen exactamente lo que son, ni más ni menos, es decir, errores y nada más que errores. En la terminología de la aserción sistemática, *aceptamos asertivamente* las cosas que son negativas acerca de nosotros mismos. En la primavera de 1970, durante mi período de trabajo en el Hospital de Veteranos, empleé esa técnica verbal que llamo ASERCIÓN NEGATIVA para ayudar a las personas a aprender con mayor rapidez a reaccionar frente a sus propios errores o defectos. Por ejemplo, cuando nos enfrentamos de manera crítica, posiblemente hostil, a un error que hemos cometido, nos cabe aceptar asertivamente el hecho del error de la manera siguiente. Supongamos que hemos quedado en que dejaremos encima de la mesa de nuestro despacho un archivo de información para que un colega nuestro pueda emplearlo durante el fin de semana. El lunes por la mañana nuestro amigo nos interpela y nos pregunta dónde estaba el archivo el sábado. Recordamos entonces que el archivo fue guardado bajo llave el viernes en lugar de dejarlo encima de la mesa. ¿Qué podemos decir? Reaccionando mediante la ASERCIÓN NEGATIVA diremos seguramente algo por este estilo: «¡Válgame Dios! ¡Olvidé dejarlo encima de mi mesa! ¡Qué increíble estupidez por mi parte! ¡Apuesto a que sufro reblandecimiento cerebral! ¿Y qué vas a hacer ahora?». Según la forma en que nuestro colega reciba esta información, la repetiremos hasta que comprenda que sería inútil criticar nuestro error, ya que ninguna crítica podría hacer retroceder el reloj y facilitarle el acceso al archivo en el momento en que lo necesitaba.

En otros sectores, la ASERCIÓN NEGATIVA puede emplearse para reaccionar de manera diferente frente a una crítica válida sobre nuestra actuación en el aprendizaje de un concepto, de una nueva técnica, de una nueva lengua, de una nueva función en nuestro trabajo habitual o en una situación social. En cualquiera de estas situaciones, cuando se nos hace observar nuestro rendimiento insuficiente, podemos emplear la ASERCIÓN NEGATIVA de la manera siguiente:

«No obtuvo usted muy buenos resultados en... (crítica).»*
«Es *cierto. No estuve muy acertado, ¿verdad?»* [ASERCIÓN NEGATIVA.]

Podemos emplear la aserción negativa cuando se aprecian de manera crítica nuestra competencia personal, nuestros hábitos o nuestra apariencia física: «Para ser una muchacha de buena figura, la verdad es que andas como un futbolista». «*Ya me he dado cuenta. Tengo una manera de andar cómica, ¿verdad?»* [ASERCIÓN NEGATIVA.]

O bien:

«Linda, no debiste cortarte el pelo. No te está nada bien.»
«*Fue una estupidez por mi parte, mamá. Yo tampoco me gusto nada.»* [ASERCIÓN NEGATIVA.]

O bien:

«¡Santo Dios, Connie! ¡Este vestido nuevo te sienta como un tiro, hija!»
«*Me lo temía. Estas modas nuevas no me van, ¿verdad?»* [ASERCIÓN NEGATIVA.]

Importa recordar que estas técnicas verbales se han establecido para ayudarnos a reaccionar frente a conflictos sociales, no físicos ni jurídicos o legales. Si alguien nos dice críticamente: «Al hacer marcha atrás con su coche, acaba de pisarme en un pie», la respuesta adecuada no será: «¡Qué estupidez por mi

---

* Ejemplos: Sus cálculos..., su dominio de la cuestión..., su traducción de esta frase..., su manera de emplear la herramienta..., este trabajo..., sus intentos por impresionar a Nancy..., etc.

parte!», sino: «Aquí tiene el número de mi compañía de seguros (o de mi abogado)».

Cuando empleamos la ASERCIÓN NEGATIVA para enfrentarnos con una crítica de nuestros errores, la persistencia de esta crítica nos indicará si necesitamos afirmarnos además de otras maneras, es decir, empleando el BANCO DE NIEBLA o la INTERROGACIÓN NEGATIVA. En los capítulos 9, 10 y 11 figuran ejemplos de esta clase de diálogos mixtos en respuesta a una crítica.

Aunque a primera vista pueda parecer una paradoja, las personas incapaces de reaccionar asertivamente frente a las críticas lo son igualmente, al parecer, de reaccionar asertivamente frente a los cumplidos o los elogios. Si se nos hace difícil soportar las críticas, parecería lógico que aceptáramos los elogios como una contrapartida deseable. Desgraciadamente, no es así para la mayoría de nosotros. Cuando se nos dirigen elogios o cumplidos, tartajeamos, murmuramos palabras inaudibles, adoptamos un aspecto turbado, empezamos metafóricamente a dar vueltas al sombrero entre nuestras manos y tratamos de cambiar cuanto antes de tema de conversación. Esta incapacidad para reaccionar asertivamente no es una cuestión de modestia. Tiene sus raíces en nuestra creencia infantil de que los demás son los verdaderos jueces de nuestras acciones. Si, en cambio, somos independientemente asertivos en nuestros pensamientos y sentimientos y en nuestro comportamiento, nos reservaremos el juicio decisivo de nuestras acciones, aun de las positivas. Esta actitud asertiva no nos hace sentir incómodos ante los elogios y los cumplidos, pero sí nos permite juzgar del acierto de los mismos. Por ejemplo, cuando alguien nos felicita sinceramente por el traje que estrenamos y consideramos por nuestra parte que, efectivamente, nos sienta bien, podemos contestar: «*Gracias. A mí también me gusta mucho*». (RECONOCIMIENTO DE UNA VERDAD.) En cambio, cuando sospechamos que tratan de adularnos, podemos responder: «Realmente, no lo entiendo. ¿Qué tiene este traje para que te guste tanto?». (INTERROGA-

CIÓN POSITIVA, véase el capítulo 7.) Si nuestros sentimientos acerca de la cosa en sí, del comportamiento o de la realización por nuestra parte de algo son contradictorios, es decir, poco definidos todavía, podemos revelar francamente lo que sentimos: «Agradezco mucho su cumplido, pero por mi parte aún no sé qué pensar».

Cuando reaccionamos asertivamente con unos comentarios positivos, podemos emplear palabras diferentes de las que utilizamos en nuestros comentarios negativos, pero el comportamiento y la actitud de aserción básica son los mismos: somos nuestros propios jueces.

7

Debemos tratar de conseguir que las personas que amamos se comporten más asertivamente y de manera menos manipulativa con nosotros

El BANCO DE NIEBLA funciona perfectamente en nuestros tratos con las críticas manipulativas de las personas con las que sostenemos relaciones de carácter puramente oficial o comercial, pero que no están muy cerca de nosotros, que no forman parte de nuestro círculo de íntimos.

El BANCO DE NIEBLA es una técnica muy eficaz para desensibilizarnos frente a las críticas y para reducir en la práctica la frecuencia con la que se nos formulan esas críticas. Establece rápidamente una distancia psicológica, una frontera entre nosotros y la persona frente a la cual empleamos esa técnica. Sin embargo, es una técnica pasiva, y no induce a nuestro interlocutor a comportarse a su vez asertivamente —que es lo que en realidad queremos— en lugar de tratar de manipularnos, resultado que es altamente deseable cuando se da la circunstancia de que mantenemos un contacto muy frecuente con esta persona, que puede ser nuestro marido, por ejemplo, o nuestra esposa, o uno de nuestros padres, o un familiar cualquiera, o un amigo íntimo. Tendremos muchas más probabilidades de conseguir que también nuestro interlocutor adquiera la deseada asertividad si empleamos la técnica verbal que yo llamo la INTERROGACIÓN NEGATIVA. Al igual que en el aprendizaje del BANCO DE NIEBLA, cuando empleamos la INTERROGACIÓN NEGATIVA no respondemos a las declaraciones de nuestro crítico negando nuestros errores, en plan defensivo, o mediante una contramanipulación bajo la forma de otras críticas formuladas por nosotros en respuesta a las suyas. Mediante la técnica de la INTERROGACIÓN NEGATIVA, al contrario, rompemos el ciclo manipulativo suscitando *activamente* nuevas críticas acerca de nosotros mismos o más información por parte de nuestro crítico acerca de nuestro comportamiento, y todo ello de manera serena, sin inmutarnos. Como indica el propio nombre de la técnica, pedimos que se nos digan más cosas acerca de nosotros mismos o de nuestro comportamiento que puedan ser negativas.

La interrogación negativa

Para comprender el concepto de la INTERROGACIÓN NEGATIVA veamos las diferencias que existen entre dos declaraciones similares en respuesta a una crítica. Supongamos, por ejemplo, que dichas frases constituyen sendas respuestas a una crítica formulada por nuestra esposa (o nuestro marido, según el caso): 1) «No comprendo. ¿Qué hay de malo en que vaya a pescar?» 2) «¿Por qué te parece mal ir de pesca?». La primera declaración es una respuesta tipo INTERROGACIÓN NEGATIVA asertiva y no defensiva, que no entraña crítica alguna contra nuestro interlocutor y le incita a formular nuevas declaraciones críticas y a examinar su propia estructura del bien y del mal, la que está empleando en esta situación conflictiva particular. La segunda declaración es completamente defensiva y trata de desviar la atención de nosotros y de dirigirla hacia nuestro interlocutor. La segunda declaración puede interpretarse fácilmente —y en la mayoría de los casos acertadamente— como un sarcasmo despectivo. La diferencia entre estas dos declaraciones, que pueden parecer idénticas, es enorme. Con la primera declaración en respuesta a la crítica, señalamos con el índice hacia nosotros mismos y venimos a decir: «Vamos a echar una ojeada a lo que estoy haciendo y que puede estar mal o que no te gusta». *Y al mismo tiempo nos comportamos como si las críticas no fuesen nada como para sentirse trastornado.* Con la segunda declaración, en cambio, dirigimos nuestro dedo índice hacia nuestro interlocutor y venimos a decirle: «¿Quién demonios eres tú para decirme nada?».

Si en respuesta a nuestra declaración de: «¿Qué hay de malo en que vaya a pescar?» nuestra esposa, o quien sea que nos esté criticando, aporta razones «lógicas» o «buenas» por las que ir de pesca es algo malo, tales como: «Luego te entra jaqueca...», o bien: «Vuelves que apestas...», o bien: «Vuelves derrengado», aún podemos preguntar (negativamente): «No comprendo, ¿y qué hay de malo en que vaya a pescar y me entre la jaqueca (o apeste, o quede derrengado)?». Si persistimos en emplear la INTERROGACIÓN NEGATIVA para pedir más información acerca de ciertas afirmaciones críticas tales como «vuelves derrengado», pondremos fin al empleo de esas declaraciones de estructura manipulativa y es muy probable que nuestra esposa se afirme asertivamente acerca de la cuestión que más la preocupa en el hecho de que vayamos de pesca, por ejemplo: «Cuando llegas tan cansado no salimos por la noche (o no hacemos el amor, o no nos divertimos, o lo que sea)». La cuestión crítica del conflicto en el comportamiento se manifiesta entonces abiertamente y nuestra esposa y nosotros, los dos, podemos tratarla de manera asertiva y llegar a un compromiso en virtud del cual consigamos ir de pesca sin privarla a ella de sus deseos (a menos que, presa de pánico, volvamos a recurrir a nuestras antiguas reacciones de negativa, defensiva y contracrítica para no tener que tratar asertivamente los deseos de nuestra esposa).

El resultado final de la primera interacción tipo INTERROGACIÓN NEGATIVA será, en el mejor de los casos, un examen por parte de nuestra esposa de su propia estructura del bien y del mal, es decir, la jaqueca es mala, estar cansado es malo, apestar es malo, etc., la estructura que trata de imponer para manipularnos en lugar de declarar asertivamente que desea hacer algo más que pescar o quedarse en casa por la noche. El resultado final óptimo es que nuestra esposa abandone su intento de manipularnos mediante su estructura «moral» y comience a exponernos asertivamente sus deseos. Si no reacciona asertivamente diciendo qué desea, el resultado final de la primera interacción verbal tipo INTERROGACIÓN NEGATIVA será, en el peor de los casos, un punto muerto en el que su crítica manipulativa habrá cesado. Si no llega a producirse el resultado óptimo de la aserción tipo INTERROGACIÓN NEGATIVA, y la interacción se traduce tan solo en un empate, con desaparición de sus declaraciones críticas, todavía podemos tratar de romper el empate incitando a nuestra esposa a mostrarse asertiva, mediante el empleo, nuevamente, de la INTERROGACIÓN NEGATIVA. Por ejemplo, podemos preguntarle (negativamente): «Realmente, no lo entiendo. Debe de haber otras razones para que yo no vaya a pescar, además de la jaqueca, el mal olor y el cansancio. ¿Qué otro inconveniente le encuentras, qué es lo que te disgusta de mi afición a la pesca?». Ante esta incitación acrítica, es más que probable que nuestra esposa responda asertivamente, confesándonos qué es lo que *desea* hacer ella los fines de semana, y que así podamos llegar a un compromiso satisfactorio para los dos.

Por desgracia, el conocimiento habitual en las discusiones suele obedecer al empleo de esta clase tan corriente de estructuras sobre «el bien y el mal». Entre otros ejemplos de comportamiento acerca de los cuales surgen conflictos entre maridos y mujeres, mediante la manipulación de los estilos del otro cónyuge, podemos citar las cuestiones de vestuario, la limpieza, la falta de puntualidad, el llevar las cuentas domésticas sin errores, el pagar puntualmente las facturas, los flirteos sociales, la división de los trabajos domésticos, la responsabilidad por los hijos, etc. La manipulación «moral» en estos sectores del comportamiento puede impedirse mediante la INTERROGACIÓN NEGATIVA, con lo que se facilitará la negociación de los gustos y las aversiones personales y se llegará finalmente a un compromiso viable.

Para enseñar a mis alumnos a asimilar el concepto no defensivo que entraña la INTERROGACIÓN NEGATIVA, suelo emplear como primer ejercicio el siguiente diálogo de adiestramiento general. En este ejercicio, yo o uno de mis alumnos dirige críticas no situacionales a otro alumno, el cual debe reaccionar y responder a ellas mediante la INTERROGACIÓN NEGATIVA. Lo mismo que en el ejercicio del BANCO DE NIEBLA, el crítico empieza por formular observaciones despectivas acerca de la manera de vestir del alumno, tema que la mayoría de nosotros podemos tolerar con un mínimo de disgusto. Una vez que el alumno ha aprendido a reaccionar frente a esta crítica mediante la INTERROGACIÓN NEGATIVA sin negar las acusaciones, sin adoptar una actitud defensiva o sin esgrimir una contracrítica agresiva, el crítico lleva gradualmente su crítica hacia la zona, más personal, de la apariencia física, y después hacia la de los rasgos de la personalidad y el carácter «moral» del alumno. Este diálogo de adiestramiento típico lleva de diez a quince minutos y se repite semanalmente en clase, en las sesiones de terapia de grupo, y en los «deberes» caseros, en los que el alumno practicará con algún amigo, hasta que aprenda a no responder automáticamente de manera defensiva durante el diálogo. Se indica al alumno, como en el caso del empleo del BANCO DE NIEBLA, que no debe recargar la técnica verbal de la INTERROGACIÓN NEGATIVA con el sarcasmo, defecto común entre los novatos. El empleo del sarcasmo —agresión verbal finamente velada— en la ejecución de la INTERROGACIÓN NEGATIVA provocará reacciones agresivas en lugar de críticas repetitivas por parte de la persona crítica, y muy probablemente pondrá fin a la interacción y posiblemente a la relación. Una de mis clientes, Sharon, compareció un día en clase con un ojo a la funerala y explicó: «Debí haberle hecho caso. He tenido que aprender a mi costa que no se debe emplear *sarcásticamente* BANCO DE NIEBLA ni la INTERROGACIÓN NEGATIVA con el amigo con quien sales».

Ejercicio práctico
para principiantes
sobre el empleo de la 24
INTERROGACIÓN NEGATIVA
frente a las críticas

PAUL: Beth, no tienes muy buen aspecto, hoy.

BETH: ¿Qué quieres decir, Paul?

PAUL: Nada, que me ha llamado la atención tu aspecto. No estás muy bien que digamos.

BETH: *¿Te refieres a mi cara o a mi manera de vestir?* [INTERROGACIÓN NEGATIVA.]

PAUL: Bueno, esa blusa no es muy bonita, la verdad.

BETH: *¿Qué tiene de malo esta blusa?* [Respuesta tipo INTERROGACIÓN NEGATIVA.]

PAUL: Pues..., que no te sienta nada bien, diría yo.

BETH: *¿Quieres decir que la encuentras demasiado holgada?* [Incitación tipo INTERROGACIÓN NEGATIVA.]

PAUL: Puede que sea eso.

BETH: ¿Y qué me dices del color? *¿Crees que me sienta mal?* [Incitación tipo INTERROGACIÓN NEGATIVA.]

PAUL: La verdad es que el color no te queda nada bien.

BETH: *¿Algún otro defecto, además del color?* [Incitación tipo INTERROGACIÓN NEGATIVA.]

PAUL: No, no. Eso es todo.

BETH: ¿Y qué me dices de mis pantalones? *¿Te gustan?* [Incitación tipo INTERROGACIÓN NEGATIVA.]

PAUL: No mucho.

BETH: *¿Qué defecto les encuentras?* [Incitación tipo INTERROGACIÓN NEGATIVA.]

PAUL: No sé, no te sientan bien.

BETH: *¿Es el* color? [Incitación tipo INTERROGACIÓN NEGATIVA.]

PAUL: No, no es el color.

BETH: *¿El corte, entonces?* [Incitación tipo INTERROGACIÓN NEGATIVA.]

PAUL: Tal vez sea eso, sí.

BETH: *¿Me encuentras algún otro defecto, además?* [Incitación tipo INTERROGACIÓN NEGATIVA.]

PAUL: Bueno, creo que hablas demasiado.

BETH: A ver si te entiendo. *¿Hablo demasiado?* [Incitación tipo INTERROGACIÓN NEGATIVA.]

PAUL: Tienes cierta tendencia a prolongar las conversaciones, dale que dale, siempre en torno a lo mismo.

BETH: *¿Quieres decir que, simplemente, nunca cedo?* [Incitación tipo INTERROGACIÓN NEGATIVA.]

PAUL: Eso es; no callas, y no aceptas lo que yo te digo.

BETH: Bueno, sin tapujos. *¿Quieres decir que no te hago ningún caso?* [Incitación tipo INTERROGACIÓN NEGATIVA.]

PAUL: Sencillamente, das la impresión de que te da lo mismo que yo te diga algo como que no te lo diga.

BETH: *Cualquiera diría que me estás acusando de ser insensible. ¿Es así?* [Incitación tipo INTERROGACIÓN NEGATIVA.]

PAUL: Eso es. Eres una persona insensible.

BETH: *¿Y qué otro defecto me encuentras además de ser insensible?* [Incitación tipo INTERROGACIÓN NEGATIVA.]

PAUL: Pues... que en cierto modo pareces... diferente.

BETH: *¿En qué cosas de las que hago me muestro diferente?* [Reacción tipo INTERROGACIÓN NEGATIVA.]

PAUL: Ahora mismo, por ejemplo, estás haciendo algo completamente diferente.

BETH: *¿Quieres explicármelo mejor?* [Incitación tipo INTERROGACIÓN NEGATIVA.]

PAUL: No, creo que no.

BETH: Bueno, la próxima vez que nos veamos tal vez tengas ganas de seguir hablando de mí, ¿de acuerdo?

PAUL: De acuerdo.

Aunque la INTERROGACIÓN NEGATIVA puede ser útil ocasionalmente en los casos de conflicto que se producen en el seno de relaciones formales o parcialmente estructuradas (especialmente en conjunción con otras técnicas verbales asertivas), resulta especialmente útil en nuestro trato asertivo con personas de nuestro círculo íntimo, en el seno de relaciones no estructuradas, en un plano de igualdad. En esta clase de relaciones la INTERROGACIÓN NEGATIVA nos ayuda: 1) al desensibilizarnos de las críticas que proceden de las personas a las que apreciamos, permitiéndonos así escuchar lo que nos dicen; 2) al poner fin a las críticas manipulativas y repetitivas por parte de esas mismas personas, con lo que evitamos sentirnos acorralados, y 3) al reducir el empleo de estructuras «morales» por parte de esas personas en su trato con nosotros, induciéndolas a decir *asertivamente* lo que desean, con lo que se hace posible llegar a un compromiso de satisfacción de ambas partes.

DIÁLOGO 6

Bobbie emplea la
INTERROGACIÓN NEGATIVA
para atajar la manipulación que intenta
ejercer sobre él un vecino

Bobbie, un ama de casa que estaba siguiendo un curso de asertividad, aportó un excelente ejemplo en el que se empleó exclusivamente la INTERROGACIÓN NEGATIVA en un conflicto entre vecinos. Bobbie, por falta de asertividad, y porque no tenía hijos, y en parte también para no volverse loca de aburrimiento, había asumido la responsabilidad exclusiva del cuidado de su casita y su jardín, mientras su marido se consagraba a su floreciente empresa de contabilidad. Después de aprender el DISCO RAYADO, el BANCO DE NIEBLA y la ASERCIÓN NEGATIVA, Bobbie se sintió particularmente fascinada cuando se le dio a conocer el abecé de la INTERROGACIÓN NE-GATIVA. La semana siguiente a su primer ejercicio práctico en esta técnica verbal, nos comunicó el siguiente breve diálogo que había sostenido con George, el vecino de la casa contigua a la suya. Desde hacía varios meses, George hablaba de su proyecto de construir una piscina en el patio trasero, donde poder tomar baños de sol desnudo. Cada vez que le hablaba de ello a Bobbie, esta le decía: «Estupendo. Así podrá usted hacer salud y tostarse a gusto». A juzgar por la reacción de George, Bobbie intuía que, por alguna razón, no era eso lo que su vecino quería oírle decir.

Escenario del diálogo: Bobbie está podando unos rosales a lo largo de la valla de tela metálica que separa los dos jardines (cuyo costo sufragaron a medias los dos propietarios); George se le acerca desde su lado de la valla.

GEORGE: Un día de estos voy a tener que arrancar todos esos rosales. Esta valla que hicimos construir hace cinco años está hecha papilla. Tendré que levantar aquí un muro de ladrillo hueco.

BOBBIE: No comprendo. ¿Por qué dice que está hecha papilla la valla?

GEORGE: Cualquier día se va a caer.

BOBBIE: ¿Y por qué se ha de caer cualquier día?

GEORGE: A causa de esos árboles que plantó usted ahí.

(Bobbie plantó varios plátanos japoneses de dos metros y medio de altura a lo largo de la valla, y algunas ramas asoman entre la tela metálica.)

BOBBIE: ¿Por qué habrían de derribar la valla esos árboles?

GEORGE: Por culpa de estas ramas que pasan a través. Acabarán por derribar la valla.

BOBBIE: No comprendo. ¿Cómo van a derribarla?

GEORGE: (Después de una breve pausa, cambia de tema.) ¿Entiende usted algo en materia de albaricoqueros? ¿Qué le parece este? ¿Cree que lo podé bien?

Bobbie se dio cuenta, durante esta interacción, de que George estaba intentando manipularla para inducirla a costear la mitad de una valla de separación entre sus casas, a través de la cual fuese imposible ver lo que hacían los vecinos. En su relación con George, a Bobbie en realidad le importaba un comino que George fuese o no asertivo con ella. Le bastó con poder atajar sus razones manipulativas encaminadas a justificar que ella participara en el costo de la nueva pared medianera. No se sintió obligada a inducir terapéuticamente a George a sincerarse y decirle qué era lo que deseaba en realidad: una pantalla a mitad de precio para poder pasear desnudo por su jardín. Al fin y al cabo, se habría limitado a decir «No» a la petición de George, aunque se hubiese tomado la molestia de inducir a mostrarse más asertiva a una persona que no le interesaba en absoluto. Por cierto que George, según las últimas informaciones, no ha vuelto a tocar el tema.

Hasta aquí he insistido en el aprendizaje de la asertividad mediante la práctica de las técnicas verbales llamadas el DISCO RAYADO, el BANCO DE NIEBLA, la ASERCIÓN NEGATIVA y la INTERRÓGACIÓN NEGATIVA, en respuesta a todo intento, aun benigno, de controlar manipulativamente nuestro comportamiento.

La práctica de estas técnicas tiene un segundo objetivo que sería estúpido olvidar o minimizar siquiera: *la ruptura de nuestros propios hábitos de adoptar una actitud defensiva y ansiosa cuando alguien nos dice algo que no nos gusta.* La verdad es que nuestros críticos no siempre se comportan con fines de manipulación ni obran a impulsos de un sentimiento personal de inseguridad. En este mundo frenético, no faltan quienes formulan observaciones a los demás acerca de su comportamiento y de sus realizaciones sin otra motivación que la más noble, a saber, la de ayudarles. Un superior, por más manipulativo que pueda mostrarse con su mujer, a menudo deniega un aumento de sueldo simplemente porque el empleado no da el rendimiento que podría dar. Al reaccionar asertivamente frente a esta situación, por ejemplo, podemos provocar nuevas críticas por parte de nuestro jefe empleando todas las técnicas asertivas, haciendo especial hincapié en la INTERROGACIÓN NEGATIVA, para mejorar la comunicación entre los dos. Mediante el empleo de esas técnicas podemos hacerle llegar varios mensajes inconfundibles: primero, que nos interesa mejorar nuestro comportamiento o nuestro rendimiento hasta el nivel que se considere merecedor de un aumento de sueldo; segundo, que no nos derrumbamos cuando se nos critica, sino que provocamos las críticas y sacamos provecho de ellas; y tercero, que si en el futuro nos formula sus críticas de manera más regular, puede ayudarnos a alcanzar nuestro objetivo de un rendimiento óptimo en todos los sentidos. Una ventaja adicional que se consigue al reaccionar frente a esta clase de situaciones difíciles con una actitud no defensiva, asertiva y confiada, es el mejoramiento de las relaciones, de trabajo y personales, entre nuestro crítico y nosotros. En mis experiencias personales (y clínicas) de estas situaciones he podido observar que, cuando respondemos no defensivamente a nuestro crítico, le ayudamos a desempeñar su función, a veces sumamente difícil, de formular observaciones negativas, y se la hacemos mucho más fácil al demostrar interés por su opinión.

DIÁLOGO 7

El arte de suscitar críticas sobre nuestro trabajo
con el fin de conseguir un aumento de sueldo

YO: Harry, hace tiempo que deseo preguntarle por qué no me recomienda usted para un aumento de sueldo.

ALUMNO: Por supuesto, Pete. Es muy fácil; porque no lo merece.

Yo: No comprendo, Harry. *¿Por qué no lo merezco?* [Reacción tipo INTERROGACIÓN NEGATIVA.]

Alumno: Bueno, para empezar, lleva muy poco tiempo en su empleo. Menos de seis meses, ¿no es verdad?

Yo: Cierto.

Alumno: Aún no ha tenido tiempo de dominar a fondo todos los resortes. No puedo decir que trabaje mal. Yo diría que es usted el tipo medio, simplemente.

Yo: *¿En qué se basa para juzgarme como un tipo medio, simplemente?* [Reacción tipo INTERROGACIÓN NEGATIVA.]

Alumno: Comete usted todos los errores típicos en que suele incurrir el novato.

Yo: *¿Puede decirme concretamente qué errores he cometido?* [Reacción tipo INTERROGACIÓN NEGATIVA.]

Alumno: Le diré dos. Por ejemplo, sus cálculos sobre el costo de las conducciones de aire del edificio de apartamentos El Rincón.

Yo: *¿En qué me equivoqué?* [Reacción tipo INTERROGACIÓN NEGATIVA.]

Alumno: Calculó usted trescientos dólares de menos. Y los perdimos por su culpa.

Yo: *Sospecho que fue una estupidez por mi parte no consultar mis cifras con los colegas de más edad o con usted mismo.* [ASERCIÓN NEGATIVA.]

Alumno: No lo tome demasiado a pecho. Todos cometemos errores y usted no va a ser una excepción.

Yo: *¿Puede decirme en qué otras cosas obtengo resultados mediocres que podría* mejorar? [Incitación tipo INTERROGACIÓN NEGATIVA.]

Alumno: Hay un par de cosas más.

Yo: Veamos de qué se trata.

Alumno: Es usted un poco lento en su trabajo.

Yo: *¿Quiere decir que trabajo demasiado despacio?* [Reacción tipo INTERROGACIÓN NEGATIVA.]

Alumno: No. No demasiado. Lo corriente en una persona de su experiencia.

Yo: *¿Algo* más? [Incitación tipo INTERROGACIÓN NEGATIVA.]

Alumno: Otro detalle. En sus planos, procure hacer más clara la letra pequeña. En las copias resulta difícil leerla.

Yo: *¿Es eso todo lo que puede decirme por el momento acerca de la mediocridad de mi rendimiento?* [Incitación tipo INTERROGACIÓN NEGATIVA.]

Alumno: Más o menos.

Yo: Bueno, vamos a ver entonces: *podríamos decir que lo que pasa es que no compruebo con bastante cuidado mi trabajo, ¿no es así?* [Incitación tipo INTERROGACIÓN NEGATIVA.]

Alumno: Eso es.

Yo: *¿Y que podría trabajar más deprisa sin incurrir en nuevos errores de esta clase que cuestan dinero?* [Incitación tipo INTERROGACIÓN NEGATIVA.]

Alumno: Exacto.

Yo: *¿Y que debería cuidar más la presentación de mis trabajos?* [Incitación tipo INTERROGACIÓN NEGATIVA.]

Alumno: Eso parece.

Yo: Bueno, pues la próxima vez quiero figurar en el cuadro de honor. Me gustaría consultarle unos cuantos puntos acerca de los cuales albergo ciertas dudas. *Puesto que debo mejorar, cuanto antes lo haga mejor.* [ASERCIÓN NEGATIVA.]

Alumno: Por supuesto.

Para la preparación de otro ejemplo destinado a ilustrar este punto me basé en mi propia experiencia como interno de hospital. En mis tiempos de terapeuta novato, lo mismo que el resto de mis compañeros, celebraba una conferencia semanal con un clínico experto para revisar mi actuación, buena o mala, acerca de los enfermos. Esto ocurría antes de que yo iniciara mis propios trabajos sobre las técnicas verbales asertivas como medio terapéutico para enfrentarse con toda clase de conflictos.

Como la mayor parte de mis estudios de perfeccionamiento habían consistido en teoría del aprendizaje experimental y en psicofisiología, mis superiores clínicos consideraron que me convendría muchísimo tener por supervisor a un analista (neofreudiano). De momento me alarmé al pensar que tendría que aprender algo acerca de lo cual no sabía nada, y acudí muy asustado y en actitud defensiva a la primera reunión con mi supervisor acerca de mi actuación y de mi manera de emplear el método analítico en el enfoque del problema del enfermo. Pero, aproximadamente hacia la mitad de aquella primera sesión, según recuerdo, algo de lo que mi supervisor criticaba de mi comportamiento empezó de pronto a cobrar sentido cuando comencé a traducir lo que me estaba diciendo en términos freudianos en lo que yo conocía ya, es decir, la teoría del aprendizaje y la terapia de la conducta.

En aquel punto quedé fascinado ante su análisis del problema del enfermo y de mi actuación. Empecé a incitarle a explicarme mejor el «por qué» de lo que hacía mediocremente y a preguntarle si se le ocurrían otros posibles errores por mi parte que contribuyeran a hacer más difícil la sesión para el enfermo. Obré así con el fin de ver si sus predicciones clínicas coincidían con las que yo había extraído por mi parte basándome en la teoría del aprendizaje. De una manera un tanto burda, estaba procediendo a emplear una INTERROGACIÓN NEGATIVA a propósito de mi actuación profesional para ver cómo podía mejorarla y tratar de relacionar lo que mi supervisor me estaba enseñando, con lo que yo ya sabía acerca del comportamiento. Huelga decir que durante aquel año de internado aprendí más acerca de la técnica clínica neofreudiana que ninguno de los demás alumnos de aquel profesor. Durante nuestras sesiones de revisión le dejaba literalmente exhausto. Pero a él le encantaba y una vez me dijo: «Pete, es usted uno de los estudiantes que conozco con quienes es más fácil trabajar. No adopta usted una actitud defensiva frente a las materias que debe aprender o a la forma de mejorar su propio estilo terapéutico de andar por casa, populachero, sentimentaloide y seductor. Hasta creo que me ha enseñado algo a mí sobre psicofisiología». ¿Qué lección extraje de la experiencia de mostrarme no defensivo en una situación autoritaria? Si *no nos hallamos frente a una persona manipuladora, incitar a la crítica puede traducirse eventualmente en provocar elogios, y,* como ocurrió en este caso, en crear una amistad para toda la vida.

La idea de incitar a los demás a formular críticas acerca de nosotros puede también contribuir a mejorar las comunicaciones en las relaciones entre iguales lo mismo que entre las relaciones de autoridad. Puede darse el caso de que una persona de nuestra intimidad —o a la que quisiéramos incluir en esta— no se muestre primordialmente manipulativa en su estilo de interacción con nosotros; esta persona, al contrario, puede tener simplemente un estilo pasivo de interacción que le haga sumamente difícil quejarse de manera asertiva o exponer de manera asertiva qué modificaciones espera de nosotros en la relación. Y *sin una salida o válvula que permita resolver las diferencias, una relación entre iguales está destinada a fracasar.* También podemos considerar la posibilidad de que nuestro comportamiento pasado —tanto si ha sido manipulativo como si nos ha revelado como personas fáciles a la ira ante las críticas o incluso a veces con tendencia al miedo y a la huida— haya sido uno de los factores que haya conducido a nuestro interlocutor a esa actitud pasiva. La práctica y el empleo repetido de algunas técnicas verbales, tales como el BANCO DE NIEBLA, la ASERCIÓN NEGATIVA y la INTERROGACIÓN NEGATIVA, pueden contribuir a dar obertura a una comunicación que estaba cerrada, ofreciéndonos, como aprendices, una posibilidad de incitar a nuestro interlocutor a expresarse. Estas técnicas verbales, a fuerza de práctica, pueden también capacitarnos para hacer frente y examinar con objetividad todos los agravios que incitamos a nuestro interlocutor a formular y que se nos atribuyen a nosotros personalmente. Su empleo *desde el primer momento* en otras situaciones reduce nuestra reacción automática, condicionada, consistente en sentirnos ansiosos y situarnos a la defensiva frente a las críticas, y nos ayuda a vencer nuestro viejo hábito de responder a las críticas de nuestro interlocutor con exabruptos como: «¿Qué quieres decir con eso de que no te dejo en paz? Si entraras en razón (es decir, si hicieras lo que yo quiero que hagas) no me obligarías a ponerme así». Con esta reacción manipulativa, que tiende a suscitar sentimientos de culpabilidad, frente a las críticas de nuestro interlocutor y a sus peticiones de que cambiemos, ¿qué tiene de extraño que la persona en cuestión decida adoptar la actitud pasiva y alejarse de la intimidad que deseábamos alcanzar con ella? Como veremos, en algunos de los últimos diálogos de este libro se examina detalladamente esta nueva manera enfática de reaccionar frente a un interlocutor pasivo por parte de una persona inicialmente defensiva y/o manipulativa.

Pasemos ahora al objetivo propiamente dicho de toda la primera parte de este libro: a saber, la manera de reaccionar asertivamente frente a los problemas comunes que los demás pueden plantearnos en cantidad generosa en el curso de nuestra existencia cotidiana.

8

Situaciones de la vida comercial cotidiana. La reacción asertiva cuando está en juego el dinero

En los capítulos precedentes he expuesto sucesivamente la manera de practicar sistemáticamente las diferentes técnicas verbales asertivas. Aunque en los diversos diálogos reproducidos para explicar cada técnica se empleaban también otras técnicas verbales, en cada diálogo se hacía especial hincapié en el empleo de una de las técnicas asertivas con preferencia a las demás. En las situaciones de la vida real y corriente que exigen la adopción de una actitud asertiva, nos resultará más fácil reaccionar frente a los intentos de manipulación si recordamos que las distintas técnicas verbales se entrelazan perfectamente en una secuencia verbal asertiva. En una situación determinada podemos juzgar eficaz emplear una sola técnica o todas ellas, según los casos, para impedir que otras personas nos manipulen y para alcanzar nuestros objetivos o llegar por lo menos a un compromiso viable.

Salvo en el caso de los diálogos escritos especialmente con fines didácticos, todas las interacciones que se reproducen en los capítulos siguientes corresponden a informaciones sobre situaciones reales, recibidas de alumnos que emplearon las técnicas asertivas sistemáticas en la vida práctica. Dichas interacciones se han transcrito a partir de notas, recuerdos, grabaciones e informaciones literales de alumnos, enfermos, colegas, conocidos y amigos, y solo se han modificado y ordenado en la medida en que ha sido necesario para no violar secretos personales y en aras a la brevedad, la claridad y el valor didáctico. Algunos de los diálogos son particularmente cortos y, como verá el lector, constituyen ejemplos de diversas maneras de atajar rápidamente los intentos de manipulación. Otros, por el contrario, son muy largos y no se han abreviado precisamente para poner de manifiesto la necesidad de mostrarse persistente en ciertas situaciones. Estos diálogos se presentan como ejemplos del empleo de todas las técnicas verbales sistemáticas en diversas situaciones. Aunque las situaciones dadas no abarcan todos los posibles ejemplos en los que podemos considerar útil reaccionar asertivamente, nos indican ciertamente cómo podemos reaccionar en situaciones similares, aunque no se presenten diálogos que se apliquen específicamente a todos los posibles ejemplos. La manipulación basada en el sentimiento de culpabilidad, de ansiedad o de ignorancia inducido por nuestro interlocutor sigue siendo manipulación, ya proceda de un vendedor de coches de ocasión, de nuestro médico, de nuestro abogado, de nuestros amigos o de nuestra suegra. Las técnicas básicas para luchar contra la manipulación son las mismas, aunque se empleen en ellas diferentes palabras, cualquiera que sea el origen de esa manipulación. Aunque podemos hacer especial hincapié en una técnica determinada con preferencia a otra, según el conflicto en que nos encontremos, las técnicas asertivas sistemáticas del DISCO RAYADO, el BANCO DE NIEBLA, la INTERROGACIÓN NEGATIVA y la ASERCIÓN NEGATIVA son técnicas de carácter general cuyo empleo no está limitado ni a determinadas situaciones ni personas.

Diálogo 8

Con un vendedor a domicilio

Este primer diálogo mixto es un ejercicio didáctico que suelo emplear en clase o en sesiones terapéuticas, y que quiero esperar que los alumnos tendrán la suerte de poder practicar en la realidad y en la puerta de su apartamento. En este ejercicio, un desconocido llama a nuestra puerta y se presenta como cualquiera de las personas siguientes: 1) un excombatiente mutilado de la guerra hispano-americana, de la Primera Guerra Mundial, de la Segunda Guerra Mundial, del conflicto coreano o del Vietnam, según su edad aparente; 2) un representante de la sociedad protectora de los niños inválidos de todo el mundo; 3) un representante de un grupo minoritario víctima de alguna opresión; 4) un estudiante universitario que anda en busca de ganar una beca; 5) simplemente un vecino del barrio (con quien no hemos llegado a tropezar jamás en el breve período de catorce años que llevamos viviendo en la misma casa o apartamento), que está trabajando en un proyecto para enviar a los chiquillos del barrio a un campamento de verano en la montaña, lejos de la congestión urbana, suburbial (o incluso rural), de la niebla y de las restantes influencias insanas. Después de presentarse bajo cualquiera de esas caracterizaciones, el desconocido explica que busca suscriptores para una serie de interesantes revistas y que un determinado tanto por ciento de los beneficios que produzca nuestra aportación será objeto de donación por parte de su compañía en favor de la noble causa que él tiene el honor de representar (cualquiera de las cinco que hemos enumerado).

Escena del diálogo: el vendedor a domicilio acaba de presentarse personalmente y de exponer el artículo que intenta colocar, y comienza con una declaración:

VENDEDOR: Estoy seguro de que le gustaría a usted recibir en casa, regularmente, estas revistas que le permitirán aprender deleitándose.

ALUMNO: Comprendo que piense usted así, pero no me interesa.

VENDEDOR: Debería usted pensar en el bien que puede usted hacer a esos niños inválidos si compra estas revistas.

ALUMNO: Sí, *es cierto,* pero *no me interesa.* [BANCO DE NIEBLA y DISCO RAYADO.]

VENDEDOR: Si conseguimos un número de suscriptores suficiente, podremos subvencionar generosamente las investigaciones científicas y perfeccionar en consecuencia el tratamiento de esos niños.

ALUMNO: *Probablemente tiene usted razón,* pero *no me interesa.* [BANCO DE NIEBLA y DISCO RAYADO.]

VENDEDOR: No puedo creer que quiera usted permitir que esos niños sigan sufriendo sin ser atendidos.

ALUMNO: *Comprendo que se niegue usted a creerlo,* pero *no me interesa.* [BANCO DE NIEBLA y DISCO RAYADO.]

VENDEDOR: Todos sus vecinos se han suscrito.

ALUMNO: *No lo dudo,* pero *no me interesa.* [BANCO DE NIEBLA y DISCO RAYADO.]

VENDEDOR: ¿Quién es capaz de no interesarse por los niños, y más aún por los pequeños inválidos?

ALUMNO: *No lo sé.* [AUTORREVELACIÓN.]

VENDEDOR: (Intentando un nuevo enfoque.) ¿Quiere usted suscribirse a alguna otra revista?

ALUMNO: *No, no me interesa suscribirme a ninguna, realmente.* [DISCO RAYADO.]

VENDEDOR: Tenga presente que no son esas las únicas revistas que figuran en nuestro programa. Si está usted ya suscrito a alguna, yo podré renovar su suscripción, con el consiguiente beneficio para esos pequeños inválidos.

ALUMNO: Gracias, pero *no me interesa.* [DISCO RAYADO.]

VENDEDOR: ¿Está su marido (o su esposa)? Estoy seguro de que le interesaría esta revista de bricolaje (o de costura).

ALUMNO: *Probablemente,* pero *no me suscribiré.* [BANCO DE NIEBLA y DISCO RAYADO.]

VENDEDOR: ¿Puedo hablar con él (o con ella)?

ALUMNO: *No me interesa.* [DISCO RAYADO.]

VENDEDOR: ¿Y para sus hijos? Tenemos, un juego de revistas didácticas excelentes para ellos. Supongo que desea usted que aprendan deprisa y consigan buenas notas, ¿no?

ALUMNO: Sí, *es verdad,* pero *no me interesa comprar ninguna revista.* [BANCO DE NIEBLA y DISCO RAYADO.]

VENDEDOR: No piensa usted ceder ni un ápice, ni siquiera por sus hijos, ¿verdad?

ALUMNO: *Eso es.* No pienso ceder. [BANCO DE NIEBLA.]

VENDEDOR: Bueno, me alegro de que los demás vecinos no sean como usted.

ALUMNO: *Estoy seguro de que se alegra, en efecto.* [BANCO DE NIEBLA.]

Cuando enseño a mis alumnos a enfrentarse con situaciones comerciales de esta clase, muchos de ellos me dicen que por su parte se limitan a cerrar la puerta en las mismas narices del vendedor, porque no están dispuestos a perder tiempo con él, escuchando sus tonterías. En cuanto a mí, suelo advertir a esos alumnos que enfrentarse asertivamente con esta clase de situaciones sin importancia es un método seguro, sin riesgos y excelente para practicar la aserción sistemática en previsión de otros conflictos, más importantes, con otras personas. Es como correr dando vueltas por la pista de atletismo para mantenerse en forma, antes de participar en la carrera propiamente dicha. Les aconsejo que no eviten esta clase de confrontaciones mientras se encuentran en período de aprendizaje, y que cuando se hayan perfeccionado y no les resulte ya violento afirmarse asertivamente mediante el uso de esas técnicas, podrán cerrarle las puertas en las narices al primer vendedor que se les presente, si así lo desean.

Echemos ahora una ojeada a un diálogo tomado de la vida real, en el que una clienta se impone asertivamente frente al encargado de una tienda para conseguir que le devuelvan el dinero que pagó por una mercancía defectuosa.

Anne devuelve un par
de botas defectuosas
en el departamento de zapatería
de unos grandes almacenes

Anne, mujer joven y atractiva, se compró su primer par de botas altas con el propósito concreto de lucirlas en varias fiestas durante la estación de las vacaciones. En plena cena social, en la primera ocasión, se le desprendió el tacón de la bota izquierda. Enfurecida, juró que iba a conseguir que le devolvieran el dinero que había pagado por aquella mercancía defectuosa.

Escenario del diálogo: dos días más tarde, Anne, con paso decidido, se dirige a una dependienta del departamento de zapatería.

DEPENDIENTA: ¿Puedo serle útil en algo?

ANNE: *Es posible,* pero preferiría hablar con el encargado de la sección. [BANCO DE NIEBLA.]

DEPENDIENTA: En este momento está muy ocupado. ¿Tiene usted alguna queja, alguna reclamación que hacer?

ANNE: *No dudo de que estará muy ocupado,* pero *sigo deseando hablar con él.* [BANCO DE NIEBLA y DISCO RAYADO.]

DEPENDIENTA: (Después de un breve silencio.) Voy a ver si puedo conseguir que la atienda.

ANNE: Bien, *me gustaría verle.* [DISCO RAYADO.] (La dependienta desaparece por una puerta trasera y vuelve a los pocos minutos.)

DEPENDIENTA: Enseguida estará con usted.

ANNE: (Echando una ojeada a su reloj.) Gracias. (Pasan cinco minutos. Anne vuelve a acercarse a la dependienta y le dirige la palabra.)

ANNE: ¿Cómo se llama el jefe de la sección?

DEPENDIENTA: (Apurada.) ¡Oh! Se llama señor Simon.

ANNE: Pues le agradeceré mucho que le diga al señor Simon que *sigo deseando hablar con él. Si no quiere verme ahora, quiero saber cuándo me recibirá o cuándo puedo ver a su jefe.* [DISCO RAYADO y COMPROMISO VIABLE.]

DEPENDIENTA: (Desaparece rápidamente por la misma puerta de antes, y vuelve a los pocos instantes seguida del señor Simon. Este se acerca a Anne y le habla.)

JEFE: (Sonriendo.) ¿En qué puedo servirla?

ANNE: (Enseñando al jefe las botas defectuosas.) Quiero que me devuelvan el dinero que pagué por estas botas la semana pasada. Son defectuosas. El tacón se desprendió el primer día que las estrené.

JEFE: (Examinando las botas.) Humm... Es la primera vez que ocurre tal cosa con esta clase de botas. (Como sugiriendo: «¿Pero, qué hizo usted con ellas?».)

ANNE: *Estoy segura de que es la primera vez que ocurre tal cosa,* pero me ha ocurrido a mí, *de manera que, realmente, no me interesa cargar con otro par de botas de las que tienen en existencia.* A mí solo me interesa este par, y *quiero que me devuelvan el dinero.* [BANCO DE NIEBLA, AUTORREVELACIÓN y DISCO RAYADO.]

JEFE: (Volviendo a guardar las botas en la bolsa.) Bueno, antes de hacer una devolución siempre tratamos de ver si se puede reparar el defecto. Enviaré estas botas a nuestro operario y veremos qué es lo que puede hacer.

ANNE: *No me cabe ninguna duda de que prefieren ver si pueden repararlas antes de devolver el dinero,* pero *no me interesa que me las reparen. Quiero recuperar mi dinero.* [BANCO DE NIEBLA, AUTORREVELACIÓN y DISCO RAYADO.]

JEFE: No entra en nuestra política aceptar la devolución de género en mal estado.

ANNE: *No dudo de que esta sea su política,* pero estas botas son inaceptables y *quiero que me devuelvan el dinero.* [BANCO DE NIEBLA y DISCO RAYADO.]

JEFE: (Mirando a Anne con curiosidad.) ¿Y dice usted que solo las ha llevado una vez?

ANNE: Sí, y *quiero que me devuelvan el dinero.* [DISCO RAYADO.]

JEFE: ¿Estaba bailando cuando se le desprendió el tacón?

ANNE: No comprendo. *¿Acaso hay algo malo en bailar con estas botas?* [INTERROGACIÓN NEGATIVA.]

JEFE: Bueno, hay personas que destrozan las botas bailando.

ANNE: *No lo dudo,* pero *¿tan malas son estas botas que no se debe bailar con ellas?* [BANCO DE NIEBLA e INTERROGACIÓN NEGATIVA.]

JEFE: No, no... Habría que poder bailar con ellas.

ANNE: *Celebro que lo diga. Esto me acaba de convencer de que es una mercancía inaceptable. Quiero mi dinero.* [AUTORREVELACIÓN y DISCO RAYADO.]

JEFE: Estoy seguro de que puedo hacer que se las reparen a la perfección.

ANNE: *Comprendo que lo piense así* pero cuando pago tanto dinero por un artículo que luego resulta defectuoso, *no puedo aceptarlo en ningún caso. Quiero que me devuelvan todo lo que pagué por estas botas, íntegramente.* [BANCO DE NIEBLA, AUTORREVELACIÓN y DISCO RAYADO.]

JEFE: No podemos hacer lo que nos pide.

ANNE: *Comprendo que diga eso,* pero *quiero mi dinero* y no que me reparen las botas. [BANCO DE NIEBLA y DISCO RAYADO.]

JEFE: Bueno, voy a ver lo que se puede hacer. (Se aleja.)

Anne consulta su reloj y después mira a su alrededor. Detrás de ella se encuentra otra mujer que lleva en las manos un par de botas con una de las costuras descosidas, y un poco más allá una señora de edad con un abrigo de marta cebellina. Al darse cuenta de que las dos mujeres han seguido con interés su discusión con el jefe de la sección, Anne empieza a sentirse turbada. Este sentimiento se desvanece rápidamente en ella cuando la anciana del abrigo de pieles se inclina hacia ella y le dice, en voz baja:

«Duro con él, señora. No se deje amilanar». Pocos minutos después reaparece el jefe y se dirige a Anne.

JEFE: Comprendo que representa una incomodidad para usted, pero acabo de hablar con el encargado de los remiendos. Tiene su taller en el distrito Wilshire. Si le lleva las botas ahora se las reparará en el acto. En cambio, si se las enviamos nosotros tardará una semana en tenerlas.

ANNE: *Comprendo,* pero *no me interesa en absoluto que me reparen las botas. No estoy dispuesta a aceptar más que la devolución íntegra de mi dinero.* [BANCO DE NIEBLA, AUTORREVELACIÓN y DISCO RAYADO.]

JEFE: ¡Pero no podemos devolverle el dinero! El fabricante no va a permitirnos que devolvamos el dinero de este modo.

ANNE: *No dudo de que el fabricante no va a permitírselo.* Pero a mí *no me importa en absoluto saber si el fabricante va a devolverles el dinero a ustedes. Lo que yo quiero es que ustedes me devuelvan el dinero a mí.* [BANCO DE NIEBLA, AUTORREVELACIÓN y DISCO RAYADO.]

JEFE: Pero aquí está el problema. Si el fabricante no nos devuelve el dinero, no podemos devolvérselo nosotros a usted.

ANNE: *No dudo de sus problemas con el fabricante.* Pero son problemas suyos, no míos. *Me importan un pepino sus problemas con el fabricante. Lo único que me importa es que me devuelvan el dinero.* [BANCO DE NIEBLA, AUTORREVELACIÓN y DISCO RAYADO.]

JEFE: ¡Pero si se lo devolvemos lo perdemos nosotros!

ANNE: *No dudo de que van a perderlo,* pero *esto a mí no me interesa en absoluto. A mí solo me interesa recuperar el importe íntegro de mi compra.* [BANCO DE NIEBLA, AUTORREVELACIÓN y DISCO RAYADO.]

JEFE: No tengo poderes para devolverle el dinero.

ANNE: *Lo creo, de modo que le agradeceré que me diga cómo se llama su superior que esté capacitado para hacer esta operación.* [BANCO DE NIEBLA y COMPROMISO VIABLE.]

JEFE: (Guarda silencio.)

ANNE: ¿Me da usted su nombre o se lo pregunto a otra persona? [COMPROMISO VIABLE.]

JEFE: Voy a ver qué puedo hacer. (El jefe desaparece en la trastienda y vuelve a los pocos instantes.)

JEFE: Como excepción y sin que sirva de precedente, si me presenta usted el talón de compra, le haré un vale para la caja.

ANNE: Gracias. (Se vuelve y sonríe a la mujer que está detrás de ella con otro par de botas en las manos.)

Anne no era una alumna matriculada normalmente en mis clases de asertividad, ni tampoco una de mis pacientes cuando aprendió a mostrarse asertiva. Era, en realidad, una de mis colegas, desprovista de asertividad, que aprendió estas técnicas y actitudes a salto de mata, de mis labios, en el curso de conversaciones y debates de sobremesa o en reuniones sociales, y las puso en práctica durante un período de varios meses. Cosa ciertamente curiosa, Anne llegó a alcanzar un verdadero virtuosismo en la aplicación de todas las técnicas verbales, trabajando por su cuenta y sin beneficiarse de los ejercicios prácticos organizados en clase, que tanto ayudan a la mayoría de los alumnos novatos. Esta interacción concreta con el jefe del departamento de zapatería fue la primera de numerosas experiencias eficaces que Anne fue comunicándonos a medida que aprendía gradualmente a mostrarse más asertiva con otras personas. Como otros muchos «conversos», Anne ha experimentado un importante cambio en su personalidad; se ha vuelto más persistente y mucho menos sensible a las críticas, ha aprendido a aceptar mejor sus propios errores, se preocupa menos frente a los problemas y los conflictos con otras personas (ya no tiende a reaccionar huyendo), y se muestra mucho menos propensa a la irritación y la agresividad (ya no tiende a reaccionar peleándose) contra las personas que la rodean. Recientemente, cuando le pedí que me dijera qué era lo que más apreciaba de sus experiencias en el aprendizaje de la asertividad, apenas aludió a esas modificaciones emotivas de signo positivo que se habían producido en su fuero íntimo y puso de relieve, en cambio, su nueva actitud hacia sí misma y hacia los demás y la mayor confianza general que sentía en sí misma, producto de su nueva capacidad para identificar los intentos de manipulación de que se la hacía objeto y para contrarrestarlos.

Echemos ahora una ojeada a la otra cara de la moneda, es decir, al caso de un empleado que se enfrenta de manera asertiva con un cliente que acude con una reclamación legítima.

DIÁLOGO 10

Andy se enfrenta con una clienta irritada
que reclama por la entrega de una
mercancía defectuosa

Andy trabaja en la oficina de servicios de unos grandes almacenes. A menudo trabaja solo en su despacho, a última hora de la tarde, mientras los repartidores andan de reparto y su jefe se encuentra en otra parte. Como les ocurre a muchas personas, a Andy le resulta difícil enfrentarse con las quejas de los clientes irritados, y se pone tan nervioso que llega en ocasiones a ignorar los mensajes telefónicos e incluso a no contestar siquiera al teléfono. El diálogo que reproducimos a continuación nos fue explicado por Andy y es la fiel reproducción de una escena real en la que estuvo practicando la asertividad sistemática por teléfono, en su trabajo.

Escenario del diálogo: Andy está en su escritorio; suena el teléfono, y Andy contesta. La llamada es de una clienta que formula una reclamación.

ANDY: Aquí el departamento de servicios.
CLIENTA: Soy la señora Grandiose. Esta tarde me han enviado ustedes la nevera que compré y no funciona. Quiero que me

envíen inmediatamente a alguien que la repare o que me la cambien por otra.

Andy: *Me gustaría poder serle útil,* pero en este momento todos nuestros operarios están fuera y probablemente no podremos ocuparnos de su nevera hasta mañana. [AUTORREVELACIÓN.]

Clienta: ¡No fastidie! ¡Es para volverse loca! Cuando les compré a ustedes la nevera, el dependiente me prometió que me la entregarían esta mañana porque la necesitaba para una cena que doy esta noche. Para empezar, me la han enviado a las tres de la tarde, y, encima, no funciona.

Andy: *Realmente, es muy molesto. Yo en su lugar también estaría furioso.* [BANCO DE NIEBLA y AUTORREVELACIÓN.]

Clienta: Tiene que enviarme a alguien. Me prometieron que me la enviarían con tiempo suficiente, y que podría emplearla ya para la fiesta de esta noche.

Andy: No cumplir lo que le prometimos *ha sido un grave error por nuestra parte.* [ASERCIÓN NEGATIVA.]

Clienta: Bueno, lo que tiene que hacer es enviarme a alguien que la ponga en marcha.

Andy: *De buena gana lo haría,* señora, pero *a esta hora del día estoy completamente solo aquí* [AUTORREVELACIÓN y DISCO RAYADO.]

Clienta: ¿Y no puede venir usted?

Andy: Yo no soy técnico y *no sabría repararla.* ¿Está segura de que la ha enchufado como debía? [AUTORREVELACIÓN.]

Clienta: Sí, ya lo he comprobado.

Andy: ¿Y no funciona en absoluto? ¿Ni siquiera hace ningún ruido?

Clienta: Nada en absoluto.

Andy: *Pues no sé qué decirle.* ¿El hombre que se la ha llevado no la ha puesto en marcha? [AUTORREVELACIÓN.]

Clienta: No sé qué han hecho en ella cuando la han arrimado a la pared. Pero ahora quería guardar comida en la nevera y me he dado cuenta de que no funciona.

ANDY: *Quisiera poder hacer algo por usted,* pero *me temo que tendrá usted que esperar hasta mañana.* [AUTORREVELACIÓN y DISCO RAYADO.]

CLIENTA: Vamos, esa no es manera de tratar a los clientes. No se puede confiar en ustedes.

ANDY: *Tiene usted razón. Esta vez hemos fallado lamentablemente.* Le diré lo que puedo hacer. Yo *me comprometo personalmente a conseguir que el encargado de las reparaciones la llame a usted a primera hora de la mañana.* [BANCO DE NIEBLA, ASERCIÓN NEGATIVA y COMPROMISO VIABLE.]

CLIENTA: ¿Y no puede enviarme a nadie esta noche?

ANDY: *Quisiera poder sacarla de apuros,* pero *a esta hora de la tarde no puedo hacer nada en absoluto. Mañana por la mañana lo primero que haré será ocuparme de este asunto.* [AUTORREVELACIÓN, DISCO RAYADO y COMPROMISO VIABLE.]

CLIENTA: Creo que será mejor que hable con su jefe.

ANDY: *Buena idea,* pero en este momento no está aquí. [BANCO DE NIEBLA.]

CLIENTA: ¿Dónde puedo encontrarle?

ANDY: *No lo sé.* [AUTORREVELACIÓN.]

CLIENTA: ¿Me llamará usted para decirme a qué hora vendrá el mecánico mañana?

ANDY: Yo *la llamaré personalmente, y en cualquier caso puede usted llamarme antes de las nueve de la mañana.* [COMPROMISO VIABLE.]

CLIENTA: ¿Por quién tengo que preguntar?

ANDY: Basta que pregunte por Andy, del departamento de servicios.

Después de haber logrado enfrentarse con éxito con una clienta irritada sin quedar hecho papilla como le ocurría anteriormente, Andy llegó a la conclusión de que apenas necesitaba más terapia asertiva y yo me mostré de acuerdo con él. En la ocasión en que sostuvo esta interacción con la clienta, Andy nos comunicó que había estado un poco nervioso durante todo el diálogo, y que llegó a preguntarse si algún día conseguiría enfrentarse tranquilamente con situaciones de aquella clase. Yo le aseguré que la mayoría de los alumnos se sienten todavía un poco nerviosos en ocasión de su primer éxito asertivo porque hasta entonces habían sufrido numerosos fracasos y preveían que no les faltarían problemas en el futuro, por más que practicaran fuera de la vida real. A fuerza de exponerse una y otra vez con éxito a situaciones conflictivas con otras personas se acaba por perder la aprensión al desastre y desaparece por consiguiente el sentimiento de ansiedad. Según lo previsto, más adelante Andy se mostró perfectamente capaz de conservar la calma más absoluta en su trato con los clientes.

Veamos ahora otra situación en la que el cliente debe reaccionar asertivamente por teléfono, frente a unos empleados primero y después frente al dueño de la tienda, para conseguir lo que desea.

DIÁLOGO 11

El señor y la señora Heath se muestran asertivos
frente a la actitud evasiva del dueño
de una tienda de muebles

Edith, la esposa de Mark Heath, adquirió recientemente un diván después de haber buscado exhaustivamente uno que le gustara durante más de seis meses. Encantada al principio con su compra, sufrió una grave decepción al descubrir que las costuras de los cojines cedían al cabo de solo ocho meses de uso moderado. Presentó inmediatamente la correspondiente reclamación a la tienda donde había comprado el diván. Pasaron a recoger los cojines, los recosieron y se los devolvieron. A los seis meses, las mismas costuras empezaron de nuevo a ceder. Edith volvió a telefonear a la tienda de muebles y dijo a la secretaria del dueño que quería que tapizaran de nuevo los cojines y que no estaba dispuesta a aceptar un remiendo cualquiera. Por toda respuesta se le dijo que, aunque el dueño se encontraba fuera, en viaje de negocios, el encargado del taller pasaría a recoger los cojines y haría lo necesario. Después de hablar con el jefe del taller y de dejar bien sentado que solo estaba dispuesta a aceptar una renovación total de la tapicería, Edith recibió con asombro una llamada de la secretaria de la tienda, dos semanas después, comunicándole que ya habían «arreglado» sus cojines. Cuando Edith repitió a la secretaria que solo se daría por satisfecha si renovaban la tela de los cojines, la secretaria le respondió que nada podía hacerse. El taller se limitaba a reparar los cojines porque el fabricante no podía garantizar la tela original. Edith respondió que los problemas del taller no le interesaban en absoluto, y que lo único que le interesaba era saber qué pensaba hacer la tienda de muebles; la tienda podía quedarse con los cojines remendados, y Edith exigía que a su regreso de su viaje de negocios, el dueño la telefoneara a ella o a su marido.

Escenario del primer diálogo: el dueño, señor Grimson, llama por teléfono a Mark, en su despacho.

MARK: Ah, señor Grimson. ¿Le han informado de la situación acerca de mi diván?

DUEÑO: Sí. Solo le llamo para comunicarle que los cojines están aquí, en mi despacho, esperando a que pase usted por aquí para recogerlos.

MARK: Entonces, ¿los han tapizado de nuevo?

DUEÑO: No, no ha sido necesario. Los técnicos del taller estudiaron el problema y llegaron a la conclusión de que un refuerzo de nailon y látex en las esquinas, puesto por debajo, resultaría perfectamente eficaz. Y ciertamente, han quedado como nuevos.

MARK: *No dudo de que este sea el parecer de los técnicos del taller,* pero *no lo comparto.* Hace seis meses ustedes nos aseguraron que la reparación de los cojines había sido perfecta, y no fue así. *No supieron qué hacer cuando volvieron a abrirse las costuras pasados seis meses.* Ahora apenas queda ya tela en los ángulos. *Quiero que tapicen de nuevo esos cojines.* [BANCO DE NIEBLA, AUTORREVELACIÓN y DISCO RAYADO.]

Dueño: Señor Heath, le doy mi palabra de que esos cojines han quedado perfectos.

Mark: *No dudo de que lo cree usted así, señor Grimson,* pero yo *no.* [BANCO DE NIEBLA y AUTORREVELACIÓN.]

Dueño: Es que el problema está en la fábrica. No aceptarán la idea de volver a tapizarlos.

Mark: Mire usted, señor Grimson, yo *no tengo ningún problema con la fábrica. Yo solo tengo un problema con usted. Y su problema con la fábrica me tiene sin cuidado. Yo solo quiero que tapicen mis cojines de nuevo.* [AUTORREVELACIÓN y DISCO RAYADO.]

Dueño: Deje que piense un poco en la manera de resolver el problema, y volveré a llamarle.

Mark: ¿Cuándo me llamará?

Dueño: El viernes voy a comer con la gente de la fábrica. Le llamaré esa misma tarde o el lunes.

Mark: Muy bien, espero su llamada.

Escenario del segundo diálogo: el miércoles de la semana siguiente, Mark llama al dueño, en vista de que no ha tenido noticias suyas.

Mark: ¿Señor Grimson? *¿Ha ordenado ya que tapicen de nuevo mis cojines?* [DISCO RAYADO.]

Dueño: El viernes pasado no conseguí ponerme en contacto con la gente de la fábrica.

Mark: *No comprendo.* ¿Qué tiene que ver la fábrica con el asunto del que le hablo? [AUTORREVELACIÓN.]

Dueño: Estoy tratando de llegar a un acuerdo favorable para usted con la fábrica, y me propongo hacer todo lo que pueda en su favor.

Mark: Señor Grimson, *le aseguro que no siento el menor interés por ese acuerdo con la fábrica del que me habla usted.* El diván se lo compré a usted y no a la fábrica. Usted puede tomar las disposiciones que quiera para que se tapicen de nuevo mis cojines. *Porque quiero que los tapicen de nuevo, no que los reparen.* [AUTORREVELACIÓN y DISCO RAYADO.]

Dueño: He concertado otra vez una entrevista con el gerente de la fábrica, para ese viernes, y necesitaré algún tiempo para solucionar el problema.

Mark: ¿Hará que tapicen de nuevo mis cojines? [DISCO RAYADO.]

Dueño: Trataré de conseguir para usted un diván nuevo.

Mark: *Muy amable de su parte, señor Grimson,* pero, realmente, no necesito para nada un diván nuevo. Yo *solo quiero que tapicen de nuevo mis cojines.* [AUTORREVELACIÓN y DISCO RAYADO.]

Dueño: Primero déjeme que lo intente. Estoy seguro de que quedará satisfecho. Entretanto, ¿por qué no pasa por aquí a recoger sus cojines y así podrá usar el diván?

Mark: *Estoy seguro de que quedaré satisfecho,* pero entretanto dejaré los cojines en su oficina *hasta que estén tapizados de nuevo.* [BANCO DE NIEBLA y DISCO RAYADO.]

Dueño: Deme una o dos semanas más de tiempo y veremos lo que se puede hacer.

Mark: *De acuerdo. Si no tengo noticias de usted dentro de dos semanas volveré a llamarle.* [COMPROMISO VIABLE.]

Dueño: No tema, que yo mismo le llamaré.

Mark: *Si no pudiera hacerlo por alguna razón, yo le llamaría para ver cómo resolvemos la cuestión.* [COMPROMISO VIABLE.]

Dueño: Estupendo. No se preocupe; haré todo lo que esté en mi mano.

Mark: *No lo dudo.* [BANCO DE NIEBLA.]

Tercer diálogo: Mark llama al señor Grimson dos semanas más tarde.

Mark: ¿Señor Grimson? No he tenido noticias suyas desde hace dos semanas. *¿Ya están tapizados de nuevo los cojines?* [DISCO RAYADO.]

Dueño: Tuve una entrevista con el gerente de la fábrica y resulta que no están dispuestos a hacer nada. Conste que por mi parte hice todo lo posible.

Mark: Señor Grimson, *estoy seguro de que usted hizo todo lo posible,* pero *en realidad no me importa en absoluto saber qué están dispuestos a hacer en la fábrica o qué se niegan a hacer. A mí solo me importa lo que va a hacer usted. Quiero que tapicen de nuevo esos cojines.* [BANCO DE NIEBLA, AUTORREVELACIÓN y DISCO RAYADO.]

Dueño: (Guarda silencio unos instantes.)

Mark: Señor Grimson. ¿Está usted ahí? ¿Han cortado la comunicación?

Dueño: No, solo estaba pensando. Es posible que haya otra solución. Déme unos pocos días para ver qué puedo hacer.

Mark: *Es posible que haya otra solución, en efecto,* pero si no da usted con ella, *sigo queriendo que tapicen de nuevo mis cojines.* [BANCO DE NIEBLA y DISCO RAYADO.]

Dueño: (Con cierta irritación en el tono de su voz.) Señor Heath, voy a tratar de hacer todo lo posible por usted. Tenga paciencia unos días más, por favor.

Mark: *¿Cuándo puedo esperar su llamada?* [COMPROMISO VIABLE.]

Dueño: Le prometo que me pondré en contacto con usted el viernes.

Mark: Bien, hasta el viernes, entonces.

Cuarto diálogo: Mark ha llamado al despacho del señor Grimson a las tres de la tarde del viernes, y la secretaria le ha dicho que Grimson no estaba. Mark ha dicho a la secretaria que quiere hablar con Grimson esta tarde, y que, en el peor de los casos, Grimson puede llamarle a su casa por la noche. A las cinco menos cuarto Grimson le llama.

Dueño: (En tono jovial.) ¿Señor Heath? Hay días que deberían tener treinta y seis horas y aun así no bastarían.

Mark: *No comprendo lo que me dice,* señor Grimson. [AUTORREVELACION.]

Dueño: (Ligeramente turbado.) Quiero decir que hay días en que no tengo bastantes horas para hacer todo lo que quisiera.

Mark: *Es verdad. Si me sobrara algún día, por mi parte, se lo regalaría a usted de buena gana, señor Grimson, pero no me sobra ninguno.* [BANCO DE NIEBLA y AUTORREVELACIÓN.]

Dueño: (Vuelto a la realidad.) Bueno, pues voy a decirle lo que voy a hacer con su diván. He encargado otro que me será entregado el día uno del mes que viene. Entonces enviaré un camión a su casa y cambiaremos el nuevo diván por el suyo.

Mark: *Muy amable de su parte, señor Grimson,* pero, realmente, no es necesario. Yo *solo quiero que tapicen de nuevo mis cojines.* [AUTORREVELACIÓN y DISCO RAYADO.]

Dueño: Nada, nada, se hará como le digo. Ya ha tenido usted bastantes disgustos con ese diván, y la fábrica reconoce que es defectuoso. Nosotros absorberemos el costo, porque nuestro negocio depende de la satisfacción de nuestros clientes.

Mark: *¿Y por qué no nos limitamos a cambiar los cojines? Por mi parte me bastaría.* [COMPROMISO VIABLE.]

Dueño: Imposible. Los tonos de la tapicería nunca son exactamente iguales.

Mark: Bien, espero que me llame unos días antes de primero de mes para que alguien esté en casa cuando traigan el nuevo diván.

Dueño: Le llamará personalmente el gerente para concretar la fecha. A propósito, ¿en qué estado se encuentra el diván? Los cojines parecen nuevos. ¿Está igual el resto del diván?

Mark: Sí, salvo las costuras de los cojines, el diván está como nuevo.

Dueño: Bueno, pues lo tendremos en la tienda como modelo, y así no se habrá perdido todo.

MARK: Gracias, señor Grimson. Le agradezco mucho que haya resuelto este problema.

DUEÑO: Nada, nada, siento lo ocurrido. Le ruego que diga a su esposa que pase a ver los nuevos modelos de muebles. Estoy seguro de que le encantarán.

MARK: Se lo diré sin falta.

Para Mark resultó extremadamente difícil, desde el punto de vista emocional, enfrentarse con la astuta argucia del dueño, que implicaba que Mark tenía un problema con el fabricante y no con él, y que él, Grimson, estaba a favor de Mark en un ciento por ciento y dispuesto a remover cielos y tierra en su beneficio, contra un oponente realmente difícil, el testarudo gerente de la fábrica. No le fue fácil a Mark decir simplemente que la fábrica le importaba un comino y que lo único que le interesaba era lo que el dueño de la tienda iba a hacer para resolver el problema. Es decir, no le fue fácil decirlo la primera vez. Pero después dejó de costarle.

Después de haber triunfado en el empeño con el dueño y de haber resuelto satisfactoriamente su problema, Mark se dio cuenta de que durante el conflicto no había tenido nada a qué agarrarse, aparte su propia asertividad y su simple persistencia en decir una y otra vez al dueño de la tienda qué era lo que quería. Mark no contaba con ningún recurso jurídico, ni podía hacer presión alguna de tipo social o comercial sobre Grimson para obligarle a satisfacer su legítima reclamación. Si hubiese intentado suscitar en el dueño sentimientos de culpabilidad por lo ocurrido, Mark probablemente no habría conseguido gran cosa con aquel maestro de la manipulación. Mark solo podía exigir asertivamente que el dueño corrigiera un defecto de la mercancía que le había vendido. Si el dueño persistía en negarse a hacerlo, Mark no podía hacer más. Comportarse asertivamente con persistencia no garantiza el éxito, ciertamente, pero, como Mark y otros alumnos han descubierto, la mayoría de las personas, en el mundo del comercio, solo tienen un número limitado de «noes», de negativas, en su arsenal. Una vez tratados asertivamente esos «noes», no tarda en llegar el compromiso.

Volviendo a cambiar de perspectiva, en el diálogo siguiente un empleado tiene que enfrentarse cara a cara con personas furiosas o manipulativas, como parte de sus funciones.

DIÁLOGO 12

Dorothy se enfrenta con
el público como funcionaria de la administración

Dorothy es mecanógrafa en una oficina del Estado donde se despachan determinados trámites legales para el público. En el puesto que ocupa, Dorothy tiene que alternar con otras empleadas en la ejecución de los trabajos propios de la oficina y en atender al público que acude con sus problemas. Antes de haberse decidido a someterse a la terapia asertiva, Dorothy procuraba evitar el trato con el público siempre que podía. Dice ella misma: «Tenía mucho miedo, y nunca sabía qué decir cuando no podía dar a la gente lo que deseaban». Durante un período de varias semanas, Dorothy se ejercitó en mostrarse sistemáticamente asertiva frente a peticiones que no podía atender. El diálogo siguiente reproduce su enfrentamiento con varias peticiones y reclamaciones que se le formularon durante ese período.

Escenario del diálogo: Dorothy se encuentra de pie detrás del mostrador de recepción cuando se le acercan dos parejas.

DOROTHY: (A la primera pareja, un hombre y una mujer de menos de cuarenta años.) Buenos días, ¿en qué puedo servirles?

HOMBRE I: Quisiera que me tomaran las huellas digitales y que me legalizaran esta declaración.

DOROTHY: El notario está en la cuarta planta, ahora. Despacho 407. En cuanto a las huellas digitales, no es cosa nuestra. Tendrá que ir a la oficina del sheriff, de la calle Tres, o a la comisaría de policía del otro lado del aparcamiento.

HOMBRE I: En la guía del vestíbulo dice que hay que venir a este despacho.

DOROTHY: *Tiene usted razón. Parece mentira, ¿no? El notario se mudó hace cuatro meses y todavía no ha modificado la guía. A estas alturas ya podían haberlo hecho, ¿verdad?* [BANCO DE NIEBLA y ASERCIÓN NEGATIVA.]

MUJER I: Pero ¿por qué no hacen algo por remediarlo?

DOROTHY: *¡Qué más quisiéramos!* Ya hemos enviado no sé cuántos avisos, pero las placas siguen ahí. *Ya no sabemos qué hacer.* [AUTORREVELACIÓN.]

MUJER I: Esto es ridículo. Algo debe poderse hacer.

DOROTHY: *Algo debería poderse hacer,* en efecto, pero *por mi parte no sé qué.* [BANCO DE NIEBLA y AUTORREVELACIÓN.]

MUJER I: Con los impuestos que pagamos del ayuntamiento podría por lo menos darnos las indicaciones que necesitamos.

DOROTHY: *Tiene usted razón y le sobra. Estamos dando un triste espectáculo.* [BANCO DE NIEBLA y ASERCIÓN NEGATIVA.]

HOMBRE I: Pues a mí me dijeron que aquí me tomarían las huellas digitales.

DOROTHY: *No dudo de que se lo dijeran,* pero repito que aquí no tomamos huellas digitales ni las hemos tomado nunca. [BANCO DE NIEBLA.]

HOMBRE I: Antes llamé a esta oficina por teléfono y me contestaron que sí, que me tomarían las huellas digitales.

DOROTHY: ¿Con quién habló usted? Si quiere, buscaré al que le informó.

HOMBRE I: No sé con quién hablé, pero era de esta oficina.

DOROTHY: Si es así, la persona en cuestión *se confundió. Cuando me ocurren cosas así, yo me enfurezco.* [ASERCIÓN NEGATIVA y AUTORREVELACIÓN.]

MUJER I: En las oficinas del Estado solo se proponen fastidiar al público, eso es lo que pasa.

DOROTHY: *Comprendo muy bien lo que siente. La verdad es que a veces esta es la impresión que dan, ¿no es* cierto? [AUTORREVELACIÓN y ASERCIÓN NEGATIVA.]

(La primera pareja se retira y Dorothy se dirige a la segunda pareja, un hombre y una mujer de edad avanzada.)

DOROTHY: Y a ustedes, ¿en qué puedo servirles?

MUJER II: Queríamos formularios para testamento.

DOROTHY: Pues la verdad es que *no tengo idea de qué se trata.* Nadie nos había pedido jamás eso. Voy a preguntar. (Llama por teléfono a su jefe, le explica la situación, escucha su respuesta y se dirige de nuevo a la pareja de ancianos.) Tal como me temía, no tenemos nada que ver con esos formularios. Tendrán que ir a las oficinas del centro de Los Ángeles. Les daré la dirección y el teléfono. [AUTORREVELACIÓN.]

HOMBRE II: El guardia del vestíbulo nos ha dicho que en este despacho nos darían formularios para testamento.

DOROTHY: *Sin duda creía que aquí se los podríamos facilitar.* [BANCO DE NIEBLA.]

HOMBRE II: Deberían cuidar un poco más el sistema de información.

DOROTHY: *Cierto. ¡Que más quisiéramos!* [BANCO DE NIEBLA y AUTORREVELACIÓN.]

MUJER II: Alguien debería decirle a este guardia que no está bien hacer perder tiempo a la gente.

DOROTHY: *Hoy mismo, a la hora de comer, le diré que aquí no facilitamos formularios para testamento.* [COMPROMISO VIABLE.]

MUJER II: ¿Sabe usted cuánto dinero vamos a perder si no conseguimos esos formularios?

DOROTHY: *No, no lo sé.* [AUTORREVELACIÓN.]

MUJER II: Pues muchísimo, para que lo sepa.

DOROTHY: *No lo dudo.* [BANCO DE NIEBLA.]

MUJER II: No sé por qué no han de tener ustedes los formularios que necesitamos, en lugar de enviarnos cada vez al centro de la ciudad.

DOROTHY: *No sé.* Supongo que se trata de asuntos de otro departamento, ¿comprende? [AUTORREVELACIÓN.]

MUJER II: Lo más natural sería que se pudieran obtener en cualquier oficina del Estado, siendo una cosa tan importante.

DOROTHY: *Comprendo lo que siente...* ¡Tener que ir al centro, a estas horas! [AUTORREVELACIÓN.]

MUJER II: Usted es demasiado joven para comprender todos los problemas que pasamos. Cuando tenga nuestra edad se dará cuenta.

DOROTHY: *Posiblemente. Por supuesto, ahora no puedo saber lo que pensaré dentro de unos años.* ¿Puedo serles útil en algo más? [BANCO DE NIEBLA y AUTORREVELACIÓN.]

HOMBRE II: No, gracias. Eso es todo.

La asertividad de Dorothy frente a unas peticiones que no puede satisfacer no necesita comentarios. Habla por sí misma.

Examinemos ahora una de las situaciones más fáciles en las que se trata de obtener por métodos asertivos aquello por lo que se ha pagado, a saber, la reparación de nuestro automóvil por un mecánico.

DIÁLOGO 13

*Arnold consigue
que le reparen los frenos*

Arnold adquirió un pequeño utilitario extranjero, y antes de haber recorrido con él dos mil kilómetros observó evidentes fugas de aceite en las cuatro llantas. Llevó el coche a la agencia que se lo había vendido, habló con el representante del servicio de reparaciones, y le dijeron que las fugas procedían de los cilindros de los frenos y que se lo arreglarían inmediatamente. Una vez hecha la reparación, Arnold comprobó con disgusto que los frenos chirriaban escandalosamente cada vez que necesitaba utilizarlos.

Escenario del diálogo: Arnold vuelve a la agencia y habla con el encargado de las reparaciones.

ARNOLD: Hace unos días me repararon ustedes los frenos, reparación que entró todavía en la garantía, y ahora resulta que los frenos chirrían escandalosamente. Quiero que me solucionen este problema.

ENCARGADO: Pues no se puede hacer nada. Son los frenos estándar, y todos chirrían de esta manera.

ARNOLD: *No dudo de que todos los frenos estándar chirríen así* pero cuando compré este coche los frenos no chirriaban y *no quiero que chirríen ahora.* [BANCO DE NIEBLA y DISCO RAYADO.]

ENCARGADO: Pues no podemos hacer nada.

ARNOLD: ¿Cómo se llama el gerente de la agencia y dónde puedo verle?

ENCARGADO: Está en este despacho.

ARNOLD: *¿Cómo se llama?* [DISCO RAYADO.]

ENCARGADO: Gerhard Braun.

(Arnold entra en el despacho del señor Braun, le encuentra discutiendo la reclamación de otro cliente y espera, de pie y en silencio, hasta que el otro cliente se retira.)

GERENTE: Siéntese, por favor. ¿En qué puedo servirle?

ARNOLD: (Sin sentarse, mira al gerente de arriba abajo y le habla con calma.) ¿Qué historia es esa que intentan endilgarme en el taller, según la cual no pueden ustedes arreglar mis frenos? Cuando compré el coche no chirriaban y ahora chirrían escandalosamente.

GERENTE: ¿Tiene usted la factura con el detalle de la reparación?

ARNOLD: (Enseñándosela.) Sí, y *quiero que los frenos no chirríen.* [DISCO RAYADO.]

GERENTE: Aquí dice que los cilindros de los frenos de las cuatro ruedas perdían aceite. Se hizo la reparación pertinente, y he aquí lo que ocurrió. El mecánico probablemente encontró un poco de líquido de los frenos en las suelas y decidió cambiarlas para mejorar la efectividad de los frenos. En realidad, no tenía ninguna necesidad de cambiarlas, pero siempre preferimos asegurarnos de que la reparación satisfará a nuestro cliente. Ya vio que no le cobramos nada, de modo que consiguió frenos nuevos completamente gratis.

ARNOLD: *No dudo de lo que me dice,* pero cuando compré el coche los frenos no chirriaban y después de la reparación chirrían escandalosamente. *Quiero que mis frenos no chirríen.* [BANCO DE NIEBLA y DISCO RAYADO.]

GERENTE: Bueno, pues esos son los frenos de recambio que nos mandan de fábrica. Son mucho mejores que los originales. Son más duros y duran más, y por eso chirrían un poco.

ARNOLD: Francamente, *no me interesan los problemas que pueda usted tener con los recambios de fábrica. Es posible que esos frenos sean mejores,* pero yo *quiero unos frenos que no chirríen.* [AUTORREVELACIÓN, BANCO DE NIEBLA y DISCO RAYADO.]

GERENTE: Pero esos frenos son nuevos y se los instalamos gratis. Sin estar obligados a hacerlo. Lo hicimos por cortesía con usted. Porque queremos tener la seguridad de que nuestros clientes quedarán satisfechos.

ARNOLD: *Fue muy amable por su parte,* pero *no quiero unos frenos que chirríen.* [BANCO DE NIEBLA y DISCO RAYADO.]

GERENTE: Le advierto que si le ponemos otra vez los frenos originales no le van a durar ni la mitad de lo que le durarán estos.

ARNOLD: *Probablemente estos durarán más,* pero, *francamente, me da lo mismo la clase de frenos que utilicen en la reparación con tal de que los frenos no chirríen.* [BANCO DE NIEBLA y AUTORREVELACIÓN.]

GERENTE: (Guarda silencio unos instantes, y se muerde el labio inferior, con expresión meditabunda y preocupada.) ¿Puede dejarnos el coche esta tarde y pasar a recogerlo hacia las cinco?

ARNOLD: *¿Van ustedes a reparar los frenos de modo que no chirríen?* [DISCO RAYADO.]

GERENTE: Si nos deja el coche esta tarde, se lo repararemos como usted desea.

ARNOLD: Se lo agradeceré mucho, muchas gracias.

En esta interacción, Arnold descubrió que la tan cacareada obstinación de los mecánicos y de los jefes de taller de reparación es un mito (probablemente cultivado y fomentado de manera artificial por la falta de asertividad de muchos de sus clientes). Descubrió que el encargado de las reparaciones solo tenía en existencia un número limitado de respuestas manipulativas para rechazar las reclamaciones, y que el número de las que tenía el gerente era más limitado aún. Este diálogo puede parecerle al lector excesivamente fácil y de escasa utilidad práctica en el trato con los talleres de reparaciones. En mis cursos de asertividad, considero una fortuna que el fabricante o el mecanico provoque algun conflicto con mis alumnos. Enviar a un alumno a afirmarse asertivamente frente a esta clase de conflictos es uno de los «deberes caseros» más fáciles y eficaces que puedo imponerles. Ninguno de mis alumnos ha fracasado jamás en ese sector comercial, aunque algunos han tenido que mostrarse persistentes a lo largo de varias semanas. En el fondo, considero que debería estar agradecido a los gigantes de Detroit que persisten en aportar grano al molino de la asertividad.

En el diálogo siguiente veremos un ejemplo de situación comercial en la que mostrarse asertivo exige un poco más de persistencia y de capacidad para enfrentarse con una burda manipulación de nuestro comportamiento durante un período de semanas o, al menos, de varios días.

Jack consigue de un vendedor de coches usados que le devuelvan 1.800 dólares

Jack es un estudiante a tiempo parcial que se gana la vida trabajando como fisioterapeuta. Su trabajo no le gusta y estudia con el propósito de conseguir un título y aprender las técnicas de otra profesión. El viejo coche de Jack acabó por estropearse y hubo que remolcarlo hasta un cementerio de automóviles. Jack había previsto esta eventualidad y durante dos años había reunido algunos ahorros para poder comprarse otro coche cuando llegara la hora. Así pues, al día siguiente compró ya otro coche, uno de segunda mano. Como tenía el dinero en el banco, pagó el total de 1.800 dólares mediante un cheque. Al día siguiente de haber comprado el «nuevo» coche, la transmisión automática empezó a perder aceite en cantidad. Jack llevó el coche al vendedor, y este le prometió hacérselo reparar. Dos días después de reparado, la transmisión empezó a perder nuevamente. Jack consultó conmigo y estudiamos juntos sus diversas posibilidades: que volvieran a repararle el coche, que le entregaran otro, o que le devolvieran el dinero. También estudiamos la manera en que podía enfrentarse asertivamente con el problema. Camino de la agencia de coches usados, al día siguiente, el coche se caló varias veces, y cada vez costó más ponerlo de nuevo en marcha, hasta que hubo que empujarlo. Al entrar en el aparcamiento de la agencia, Jack ya había decidido, en consecuencia, que no quería tener nuevos tratos con el vendedor de coches usados y que exigiría la devolución íntegra de su dinero.

Día 1: Escenario del diálogo: Jack entra en la oficina y se dirige al vendedor que le vendió el coche.

Jack: Señor Kirtz, este coche que me vendió usted es pura chatarra y quiero que me devuelva el dinero.

Vendedor: ¿Y pues? ¿Qué pasa ahora? Creí que el viernes pasado se lo habían arreglado.

Jack: *Sí, también yo lo creía,* pero la transmisión empezó a perder otra vez ayer y en realidad ese coche está peor que el viejo que tiré. *Quiero que me devuelvan mi dinero.* [BANCO DE NIEBLA, AUTORREVELACIÓN y DISCO RAYADO.]

Vendedor: Bueno, tenga en cuenta que nosotros no tenemos nada que ver con el taller. Deberá usted dirigir su reclamación a ellos.

Jack: *Comprendo que piense usted así;* pero yo le pagué mi dinero a usted, y no al taller. No tengo nada que ver con esa gente, y *quiero recuperar mi dinero.* [BANCO DE NIEBLA y DISCO RAYADO.]

Vendedor: ¡Qué tontería! Claro que debe usted tratar con ellos. Usted les llevó su coche, ¿no?

Jack: Sí, *es cierto.* Pero *fue una estupidez por mi parte llevárselo yo personalmente en lugar de insistir en que se ocupara usted mismo del problema, ¿no es verdad?* [ASERCIÓN NEGATIVA.]

Vendedor: No, no, así era como había que hacerlo. Le voy a explicar cómo funcionan estas cosas. Sepa que nosotros cumplimos nuestra obligación. Usted no tiene ningún problema con nosotros. No tenemos nada que ver con ese taller. Su problema es el taller. Vaya a verles a propósito de esa transmisión. Aquí no podemos hacer nada. No tenemos las instalaciones precisas. Por eso le enviamos allá.

Jack: *Comprendo perfectamente que quiera usted enviarme otra vez a ese taller,* pero no pienso hacerlo. No tengo ningún problema con esa gente. Es con ustedes con quienes tengo problema, y *quiero que me devuelvan el dinero.* [BANCO DE NIEBLA y DISCO RAYADO.]

Vendedor: Puesto que lo toma usted así, no tengo inconveniente en llamarles ahora mismo y exponerles su reclamación.

Jack: Señor Kirtz, si usted quiere llamar al taller, yo no se lo impediré, pero conste que les llama por usted, no por *mí. Reconozco que dejé allá mi coche y que fui a recogerlo luego,* pero *no tengo nada que ver con ellos.* No me importa lo que haga usted con el coche. Yo *solo quiero que me devuelva el dinero.* [BANCO DE NIEBLA y DISCO RAYADO.]

VENDEDOR: (Mirando fríamente a Jack.) Si cree usted que no respondemos de los coches que vendemos, quítese esta idea de la cabeza. ¡Haremos que le reparen la transmisión, por supuesto!

JACK: *Señor Kirtz, no dudo de que lo cree usted así,* pero lo mismo dijo la primera vez y nada ocurrió. Francamente, en vista de ello, *no puedo creerle a usted cuando me repite tal cosa.* [BANCO DE NIEBLA y AUTORREVELACIÓN.]

VENDEDOR: No sea usted así, amigo. ¡Con todo lo que hice para que le repararan el coche en el acto! Yo no tengo la culpa de que el taller no cumpliera. No tiene usted ninguna razón para hablarme así. Le aseguro que haré que le reparen el coche.

JACK: *No dudo de que lo cree usted así señor Kirtz,* pero *por mi parte no puedo creerlo, y solo exijo que me devuelva el dinero.* [BANCO DE NIEBLA, AUTORREVELACIÓN y DISCO RAYADO.]

VENDEDOR: Bueno, si eso es lo que piensa, yo no puedo evitarlo.

JACK: *Seguramente,* pero *insisto en que quiero mi dinero.* [BANCO DE NIEBLA y DISCO RAYADO.]

VENDEDOR: No puedo devolverle el dinero. Los documentos se han registrado en Sacramento. No podemos modificarlos. El coche es suyo. Está registrado a su nombre. No hay nada que podamos hacer.

JACK: *No dudo de que así lo cree usted,* de modo que vamos a hacer una cosa. *Usted y yo vamos a hablar con el jefe, que será quien podrá devolverme el dinero, sin duda.* [BANCO DE NIEBLA y COMPROMISO VIABLE.]

VENDEDOR: Bueno, es que no sé si Smitty está, hoy.

JACK: *Es posible,* pero si no pone usted en marcha el meca-

206

nismo para devolverme el dinero, *sigo empeñado en verle.* [BANCO DE NIEBLA y DISCO RAYADO.]

VENDEDOR: Voy a llamarle, a ver. (Descuelga el teléfono, marca, habla con alguien y se vuelve de nuevo hacia Jack.) No estará hasta mañana.

JACK: ¿A qué hora podré verle mañana?

VENDEDOR: Suele llegar hacia las nueve.

JACK: ¿Estará usted aquí a las nueve y media?

VENDEDOR: Claro; estoy todo el día.

JACK: Estupendo; pues entonces, quiero que hable usted con Smitty en cuanto este llegue. Dígale que quiero que nos reunamos los tres a las nueve y media. ¿Conforme?

VENDEDOR: Por mi parte, estupendo.

JACK: Bien. Y a propósito, aquí están las llaves del coche.

VENDEDOR: ¡Pero si no las necesitamos!

JACK: *Eso cree usted, sin duda,* pero he dejado el coche ahí fuera, cerrando la salida, y probablemente querrán apartarlo. [AUTORREVELACIÓN.]

VENDEDOR: ¡Pero llévese usted el coche, hombre de Dios! No va a ir a pie. Mañana resolveremos el problema.

JACK: Es verdad, pero *prefiero dejar el coche aquí.* [BANCO DE NIEBLA y DISCO RAYADO.]

VENDEDOR: Como quiera, pero apárquelo en la calle.

JACK: Les he devuelto el coche, *y por mí pueden ustedes aparcarlo donde quieran.* [AUTORREVELACIÓN.]

VENDEDOR: (No responde; en silencio, dirige una mirada severa a Jack, y mira luego las llaves que han quedado encima de la mesa, hasta que se decide a recogerlas con un solo dedo.)

JACK: Hasta mañana a las diez y media. (Sale.)

Esa misma tarde, poco después de haber salido de la agencia de venta de coches usados, Jack llamó a su banco y dio orden de no pagar su cheque. El banco le comunicó que ya había cargado los 1.800 dólares en su cuenta y que no podía atender su orden. Sin embargo, Jack estaba decidido a afirmarse asertivamente y conseguir que le devolvieran el dinero.

Día 2. Escenario del diálogo: Jack y Kirtz entran en el despacho del gerente.

GERENTE: Siéntese. Tengo entendido que tiene algún problema con su coche.

JACK: Sí, y quiero que me devuelvan el dinero que les pagué por ese coche.

GERENTE: ¿Por qué no quiere el coche?

JACK: El señor Kirtz y yo ya hablamos de eso ayer. ¿No se lo ha contado?

GERENTE: Sí, pero parece ser que el coche quedará en perfecto estado una vez reparada la transmisión.

JACK: *No dudo de que así lo piense usted,* pero yo *no lo creo, y quiero recuperar mi dinero.* [BANCO DE NIEBLA, AUTORREVELACIÓN y DISCO RAYADO.]

GERENTE: ¿Me está tratando usted de embustero?

JACK: Señor Smith, yo *no dudo de que usted cree realmente lo que me dice.* Pero el hecho es que yo no lo creo. Ya discutimos antes esta cuestión de la reparación, y *no paso por ahí. Quiero mi dinero.* [BANCO DE NIEBLA, AUTORREVELACIÓN y DISCO RAYADO.]

GERENTE: (Después de un breve silencio.) El coche no le gusta, ya veo. No hay nada malo en ello. A mí tampoco me gustan muchos coches. Le diré lo que vamos a hacer. Vaya usted al solar con Bob, elija el coche que quiera, y nosotros nos quedaremos su coche y arreglaremos la diferencia. No me dirá que no es un ofrecimiento razonable.

JACK: *Parece un ofrecimiento razonable,* en efecto, pero se da el caso de que no quiero ninguno de sus otros coches. *Solo quiero mi dinero.* [BANCO DE NIEBLA y DISCO RAYADO.]

GERENTE: Eso que pide es imposible. Ya hemos enviado la

documentación oficial a Sacramento. El coche es suyo y está registrado a su nombre.

JACK: *No comprendo. ¿Por qué ha de ser imposible devolver el coche y recuperar el dinero, si es posible devolver el coche y quedarse otro a cambio?* [AUTORREVELACIÓN.]

GERENTE: Para eso no hay problema. Basta enviar una enmienda para que corrijan un error en el registro y la matriculación del coche.

JACK: *Sigo sin comprender. ¿Por qué no se puede enviar una rectificación en el sentido de que se devuelve el dinero en lugar de hacer un cambio de coche?* [AUTORREVELACIÓN.]

GERENTE: ¡Ah, no, esto es imposible!

JACK: *No dudo de que así lo cree usted,* señor Smith, pero *sigo insistiendo en que me devuelvan el dinero.* [BANCO DE NIEBLA y DISCO RAYADO.]

GERENTE: ¿Por qué no se queda otro coche? Quedaría resuelto el problema. Son coches excelentes.

JACK: *Es posible,* pero *no quiero correr más riesgos. Solo quiero que me devuelvan el dinero.* [BANCO DE NIEBLA, AUTORREVELACIÓN y DISCO RAYADO.]

GERENTE: (A Kirtz.) Bob, yo me ocuparé de esto. Vuelva usted al solar. (Kirtz se retira.) (A Jack.) Comprendo que se enojara usted con él por su manera de llevar la cuestión de sus reparaciones. No se lo reprocho. Ese imbécil a menudo me acaba la paciencia también a mí. Vamos a estudiar el asunto usted y yo como buenos amigos. Yo me ocuparé personalmente de que le arreglen el coche o le ayudaré a elegir otro. Se lo garantizo yo personalmente. ¿No le parece una buena proposición?

JACK: Como dije antes, *lo parece realmente,* solo que yo no quiero que me reparen el coche, ni quiero cambiarlo por otro. *Lo único que quiero es mi dinero.* [BANCO DE NIEBLA y DISCO RAYADO.]

GERENTE: Me pide usted lo imposible. Yo no puedo hacer eso.

JACK: *Estoy seguro de que así debe ser,* de modo que, dígame, por favor, *¿hay alguien que esté por encima de usted y que tenga* *autoridad para hacer lo que pido?* [BANCO DE NIEBLA y COMPROMISO VIABLE.]

GERENTE: Tendría usted que hablar con el dueño.

JACK: ¿A qué hora puedo verle?

GERENTE: A veces viene después de comer.

JACK: ¿Qué le parece hacia las dos de la tarde?

GERENTE: Por mi parte, de acuerdo.

JACK: (Levantándose para retirarse.) Espero que lo disponga usted todo para la cita de las dos.

Día 3. Escenario del diálogo: Smith acompaña a Jack al despacho del dueño, le presenta a Jack y se retira.

DUEÑO: Siéntese y póngase cómodo. ¿Qué diablos pasa con su coche?

JACK: Supongo que el señor Smith le habrá puesto al corriente de la situación.

DUEÑO: Sí, pero ¿por qué se empeña usted en que le devolvamos el dinero?

JACK: El coche no ha resultado satisfactorio y quiero recuperar mi dinero.

DUEÑO: ¿Qué tiene de malo este coche?

JACK: Si el señor Smith le ha puesto al corriente de la situación, ya lo sabe usted.

DUEÑO: Al parecer, estamos dispuestos a ceder en todo para satisfacerle. Le hemos ofrecido arreglarle el coche o cambiárselo por otro. ¿No es una buena propuesta? A mí me parece un trato excelente. No se lo ofreceríamos a cualquiera, ¿sabe usted?

JACK: *Estoy seguro de ello,* pero *no me interesa este coche ni ningún otro. Solo quiero que me devuelvan mi dinero.* [BANCO DE NIEBLA, AUTORREVELACIÓN y DISCO RAYADO.]

DUEÑO: Pues, lo siento, pero es imposible.

JACK: Ya *supongo que es difícil devolver el importe de una compra,* pero *quiero recuperar mi dinero.* [BANCO DE NIEBLA y DISCO RAYADO.]

Dueño: Nosotros solo queremos cumplir como se debe. Debería usted ser más razonable.

Jack: *No dudo de que ustedes quieren cumplir,* pero yo quiero mi dinero. [BANCO DE NIEBLA y DISCO RAYADO.]

Dueño: ¿Qué cree usted que ocurriría en nuestro negocio si cualquiera pudiera venir a pedirnos que le devolviéramos el dinero, solo porque ha cambiado de idea? Si accediéramos a esas peticiones, ¿cuánto tiempo cree usted que podríamos seguir sosteniendo el negocio?

Jack: *No lo sé.* [AUTORREVELACIÓN.]

Dueño: Simplemente, no podemos hacerlo.

Jack: *Comprendo que esta sea su opinión,* pero el coche está aquí, y las llaves encima de su mesa. *No pienso llevármelo y quiero que me reintegre su importe.* [BANCO DE NIEBLA y DISCO RAYADO.]

Dueño: Su actitud no es nada razonable.

Jack: *Es posible,* pero *insisto en que me devuelva mi dinero.* [BANCO DE NIEBLA y DISCO RAYADO.]

Dueño: Si va usted por el mundo en ese plan, no llegará muy lejos, se lo aseguro.

Jack: *Puede que tenga usted razón,* pero *quiero mi dinero.* [BANCO DE NIEBLA y DISCO RAYADO.]

Dueño: (Perdiendo los estribos, se levanta, coge las llaves del coche, las vuelve a arrojar sobre la mesa y chilla.) Eso es lo que pasa con ustedes, los jóvenes de hoy, ¡malditos sean!, que creen que pueden salirse siempre con la suya, y se consideran más listos que nadie. ¡Solo una persona informal como usted osaría quebrantar la palabra dada y romper un trato hecho! ¡Qué desfachatez!

Jack: (Con calma, fríamente.) *Comprendo que se ponga así,* pero *quisiera que me devolviera el dinero cuanto antes. Tengo otras cosas que hacer, hoy, además de esto.* [BANCO DE NIEBLA, DISCO RAYADO y AUTORREVELACIÓN.]

Dueño: (Se queda mirando a Jack boquiabierto, mudo de estupor unos instantes. Después recobra su compostura, sonríe a Jack, se acerca a él y muestra un cambio de actitud absolutamente increíble.) Celebro que haya venido a verme para que podamos arreglar esto. En nuestro negocio, lo más importante es el aprecio de nuestra clientela. Ahora bajaremos a caja y le entregarán un cheque. Y si algún día necesita otro coche, no vacile en acudir a verme personalmente a mí. Puedo proporcionarle verdaderas gangas. Tenemos la mejor selección de la ciudad. (Abre la puerta, cede el paso a Jack, y cruza el vestíbulo con él, pasándole un brazo por los hombros, sonriendo y hablándole automáticamente en el tono del típico vendedor en funciones.)

Después de cada diálogo con la gente de la agencia de coches usados, Jack se ponía en contacto conmigo para contarme la marcha del asunto y recibir instrucciones que le reafirmaran en su actitud asertiva. Juntos discutíamos el posible comportamiento manipulativo, o de huida o de lucha, que el personal de ventas acaso adoptaría, y yo instruía a Jack acerca de cómo debía reaccionar en cada supuesto. Aunque parezca increíble, los comportamientos precisos para los cuales nos preparamos fueron exactamente los que se produjeron en la realidad, hasta el extremo de que previmos que el dueño cogería las llaves, las arrojaría con fuerza sobre la mesa e insultaría a Jack inmediatamente antes de devolverle el dinero. La reacción de Jack frente a aquella exhibición de furia prevista fue la fría respuesta que ensayó conmigo previamente: «Comprendo que se ponga así, pero quisiera que me devolviera el dinero cuanto antes. (No "¿Puedo recuperar mi dinero?".) Tengo otras cosas que hacer, hoy, además de esto».

Como es fácil suponer, Jack quedó sumamente complacido con los resultados de nuestros detallados preparativos para este ejercicio de aprendizaje y de su puesta en práctica en la situación real. Hasta habíamos previsto la posibilidad de que el primer vendedor se enojara o perdiera la paciencia y se marchara, en cuyo caso Jack le habría llamado para que volviera o le habría seguido, pegándose a él como una lapa, posibilidad muy improbable, puesto que 1) la función del vendedor consistía en enfrentarse con clientes insatisfechos y probablemente tenía una gran experiencia en el arte de quitárselos de encima, y 2) Jack estaba muy entrenado para no perder los estribos por su parte, y para limitarse a reconocer el punto de vista del vendedor sin dejar de insistir en lo que quería.

Cuando Jack vino a verme después de su entrevista con el dueño, no esperó a que yo le preguntara cómo habían ido las cosas y se limitó a enseñarme el cheque y a comentar con una sonrisa: «Fue coser y cantar». Aunque el diálogo o la discusión de Jack con el vendedor de coches usados constituye un excelente ejemplo para animar a otros alumnos a practicar seriamente la terapia asertiva sistemática, para situar el éxito de Jack en su verdadera perspectiva es preciso tener muy en cuenta dos puntos importantes. En primer lugar, la pregunta inmediata que requiere una respuesta me fue formulada por uno de mis colegas cuando Jack le contó su éxito: «¿Cómo supo usted qué debía decirle a Jack? ¿Cómo pudo usted prever tan exactamente lo que harían el vendedor y el dueño?». Muy fácil. No hay misterio alguno. Partí de un supuesto —que resultó acertado— basado en mi propia experiencia, en la que también triunfé en una discusión parecida con un vendedor de coches usados, unos veinte años atrás, cuando yo era estudiante. Supuse que las reacciones de lucha y de huida no habrían cambiado mucho desde entonces, y, al menos en el caso de aquel vendedor de coches usados, estuve en lo cierto. Sin embargo, los consejos que di a Jack acerca de lo que podía ocurrir, preparándole y entrenándole asertivamente en consecuencia, no fueron más que el adorno del pastel básico de su asertividad. El hecho de contar con cierta información acerca de cómo y cuándo otras personas podían emplear comportamientos de lucha o de huida en su trato con él cuando vieran que no se doblegaba a su manipulación fue relativamente poco importante en comparación con la capacidad general de Jack para reaccionar asertivamente; este es el segundo punto que hay que tener presente para situar el éxito de Jack en su verdadera perspectiva. Jack aprendió a mostrarse más asertivo con el fin de recobrar el respeto de sí mismo y de poner coto a la manipulación de su comportamiento por parte de otras personas. No se esforzó por aprender a ser asertivo únicamente para conseguir que le devolvieran el dinero que había pagado por un coche usado, aunque este fue un resultado positivo adicional que obtuvo gracias a su nueva habilidad. Si Jack no se hubiese empeñado en conseguir la devolución del dinero o si el dueño se hubiese negado finalmente a devolvérselo, no por eso Jack habría dejado de alcanzar su principal objetivo: ser capaz de enfrentarse con otra persona y de decir lo que quería, sin dejarse intimidar ni manipular, resolver un problema en conflicto, y, por ende, sentirse más satisfecho de sí mismo. Y todo eso fue lo que consiguió.

En el siguiente conjunto de diálogos, veremos cómo dos personas se comportan asertivamente en la clase de conflictos que a menudo se plantean en otro tipo de interacción comercial: la administración de tratamiento médico y la obtención de ese mismo tratamiento.

Diálogo 15

Mary y Abel
reaccionan asertivamente
en las dificultades surgidas en las
relaciones médico-cliente

En este conjunto de breves diálogos, una mujer que está aprendiendo a ser más asertiva entra en discusión con su médico a propósito de ciertas cosas que le preocupan, y el segundo personaje, un psiquiatra, se enfrenta con el padre exigente y poco realista de un cliente. La primera, Mary, es una mujer de edad que ha sufrido un ataque cerebral leve a causa del cual ha pasado seis semanas temporalmente inválida. Mary me confió el problema con el que tropezaba en su deseo de comunicar lo que deseaba a su médico acerca de varios puntos; sobre todo, quería volver a tomar las hormonas femeninas por vía oral, una vez recobrada de su ataque, pero el médico siempre se las administraba en inyecciones, y luego el trasero le quedaba dolorido días enteros. Como decía la propia Mary, su problema era el siguiente: «¿Cómo puedo decirle yo a una persona como él, que sabe muchísimo más de lo que yo llegaré a saber jamás, cómo debe practicar la medicina?». Como muchas personas (incluidos algunos médicos con megalomanía), confundía un tipo de relación supervisor-autoridad con un tipo de relación comercial. Su médico no es ni ha sido nunca el juez último de Mary acerca de lo que esta «debería» o «no debería» hacer, ni en el sector médico ni en ningún otro. Para recibir el tipo de tratamiento médico que desea, Mary, como otros pacientes no asertivos, debe aceptar la dura realidad de que los médicos no son más que consultores técnicos cuya función estriba en recomendar procedimientos médicos determinados que se espera han de resolver determinados problemas. Mary, como paciente, sigue siendo su propio juez acerca de lo que debe o no debe hacer y es a fin de cuentas responsable de seguir o no el consejo de su médico. Por otra parte, como veremos en la segunda situación, el médico es responsable de administrar o no un tratamiento determinado. La dura realidad le impone también límites determinados asertivamente acerca de la clase de tratamiento que ofrecerá. La relación básica entre paciente y médico, pues, requiere la negociación de los detalles del procedimiento terapéutico. Se trata, en realidad, de una relación comercial y no de una relación de autoridad en la que uno de los dos miembros de la relación ordena al otro lo que debe hacer y este no tiene más alternativa que la de obedecer. Mary, sin embargo, temía que si se manifestaba asertivamente frente a su médico, este pudiera dejar de interesarse por su salud o acaso le dijera que podía buscarse otro médico. Aunque las dos cosas cabían en lo posible, ninguna de las dos era probable. Mary se hacía visitar por su médico de medicina general desde hacía veinte años, le consideraba como su médico de cabecera y confiaba en él. No era probable que su médico eligiera ninguna de aquellas dos opciones tan radicales como reacción frente a la asertividad de una antigua cliente. Y en el supuesto improbable de que su médico la hubiese enviado al cuerno en su jerga profesional, Mary habría hecho santamente buscando consejo profesional de otra procedencia y abandonando a su antiguo médico como quien renuncia a un vicio perjudicial. Si un profesional de la salud está tan poco seguro de sí mismo y de su capacidad que se resiste a revisar procedimientos concretos que un cliente le discute, yo, personalmente, no le confiaría ni siquiera el tratamiento de la dermatitis nerviosa de mi perro, y menos aún el cuidado de mi salud personal. Como se puede observar en el diálogo siguiente, el médico de Mary fue capaz de enfrentarse con la asertividad de esta y de darle satisfacción.

Escenario del diálogo: Mary entra en el despacho del doctor Beck y se sienta.

MÉDICO: Bien, Mary, me dice la enfermera que su presión arterial es de catorce y ocho. Es una gran mejoría con respecto a su estado de tres semanas atrás.

MARY: He estado haciendo todos los ejercicios que me ordenó y tomándolo con calma como me aconseja siempre.

MÉDICO: Bien, bien... Veamos ese brazo. ¿Ya puede mover la muñeca?

MARY: Esta semana está un poco mejor. Pero los dedos todavía fallan. No puedo coger las cosas.

MÉDICO: Pronto va a mejorar eso también si insiste en sus ejercicios.

MARY: Ahora ya puedo levantar el brazo del todo y girarlo a un lado y a otro. La semana pasada aún no podía. Es un alivio, la verdad.

MÉDICO: Y seguirá mejorando. Quiero que siga tomando los

medicamentos, e iremos rebajando las dosis a medida que su presión vuelva a la normalidad. Recuerde que deberá tomar esas medicinas el resto de su vida. No quiero que deje de tomarlas cuando se sienta mejor.

MARY: No tema. No tengo el menor deseo de volver a pasar por ese infierno.

MÉDICO: Excelente. Tiene usted muy buen aspecto. Quiero volver a verla dentro de dos semanas. Le diré a la enfermera que le reserve hora.

MARY: Doctor, quería hablarle de esas hormonas que me daba antes. Quisiera volver a tomarlas. Me hacen sentir mucho mejor. Cuando las tomaba, me sentía mucho más fuerte y ágil. [AUTORREVELACIÓN.]

MÉDICO: No lo dudo. Creo que le harán bien. Voy a extenderle una receta para que le pongan una inyección inmediatamente.

MARY: *De eso quería hablarle justamente. Quiero las hormonas,* pero *no en inyección.* Cuando la enfermera me clavaba aquella aguja de caballo, pasaba días enteros sin poder sentarme. *Prefiero tomar una píldora.* [DISCO RAYADO y AUTORREVELACIÓN.]

MÉDICO: (Mirando a Mary dubitativamente.) Es mucho mejor tomar las hormonas en inyectables. Un pinchazo, y listos hasta la próxima vez.

MARY: *Es verdad, pero prefiero las píldoras.* [BANCO DE NIEBLA y DISCO RAYADO.]

MÉDICO: Si le receto píldoras, tendrá que acordarse de tomarlas todos los días.

MARY: *Es cierto,* pero aun así *prefiero las píldoras.* [BANCO DE NIEBLA y DISCO RAYADO.]

MÉDICO: Mary, el problema con las píldoras es que muchas mujeres como usted abusan de ellas. Creen que si dos les hacen bien, cuatro les harán el doble de bien y pueden llegar a tomar demasiadas y crearse problemas.

MARY: *No dudo de que así debe de ser,* pero *sigo prefiriendo las píldoras a esas malditas inyecciones.* [BANCO DE NIEBLA y DISCO RAYADO.]

MÉDICO: Mary, ya ha tenido usted bastantes problemas con ese ataque. ¿Por qué no deja ahora que le pongan esa inyección y hablaremos de las píldoras la próxima vez que venga a verme?

MARY: *¿Y me recetará las píldoras entonces?* [COMPROMISO VIABLE.]

MÉDICO: Preferiría que antes habláramos un poco más de la cuestión.

MARY: *Lo comprendo,* pero *quiero las píldoras y no estoy dispuesta a dejar que me pongan ni una sola más de esas inyecciones.* [AUTORREVELACIÓN y DISCO RAYADO.]

MÉDICO: (Mirando a Mary unos instantes.) Le diré lo que vamos a hacer. Voy a recetarle todas las píldoras que necesita hasta la próxima visita, y no más, y entonces veremos qué tal van las cosas. ¿Conforme?

MARY: *Conforme. Completamente de acuerdo.* [COMPROMISO VIABLE.]

Mary me explicó que había quedado encantada ante la reacción del doctor frente a sus fuertes deseos, y que tenía la sensación de que algo había cambiado entre ellos, en sentido positivo, como resultado de la adopción de una actitud asertiva por su parte. Pese a que hacía veinte años que conocía al doctor Beck, siempre se había sentido nerviosa en su presencia y un poco asustada de lo que pudiera pensar de ella. Después de haberse enfrentado con la resistencia de su médico a hacer las cosas como ella quería, Mary explicó más tarde, reprimiendo una carcajada y sonriendo, que se sentía más dueña de sí misma cuando iba a ver a su médico, y, en consecuencia, le tenía menos miedo y era más capaz de hablarle de los verdaderos problemas que se le planteaban en sus esfuerzos por superar su invalidez.

Una de las causas del deterioro de las relaciones amistosas entre pacientes y médicos es la incapacidad del doctor para responder a la ansiedad y a las preguntas de los enfermos que desean obtener una información concreta que este no puede proporcionarles. A algunos médicos les resulta verdaderamente difícil responder a ciertas preguntas o demandas de sus clientes sin ponerles en ridículo, sin perder la paciencia o sin despedirlos a cajas destempladas diciéndoles que no vuelvan hasta que un psicoterapeuta les haya puesto un buen remiendo. Esta manera de reaccionar frente a clientes ansiosos y aun histéricos deja mucho que desear y contrasta vivamente con el de uno de mis colegas, Abel, que es psiquiatra. Abel considera mucho más eficaz para sí mismo y para el bien de sus clientes poner límites, de manera asertiva, a lo que está dispuesto a hacer, hablando al enfermo o a la familia de este y explicando que esos límites (generalmente la negativa a una petición del cliente) son establecidos por Abel y no forman parte de ningún código profesional donde se fije la manera de tratar a los pacientes «histéricos» o «estúpidos». Sin querer restar méritos en absoluto a la decisión y la competencia de Abel, de enfrentarse con sus pacientes de esta manera más realista, él mismo reconoce que, a diferencia del médico general, no puede cargarle el mochuelo a otro diciéndole al cliente que es histérico e irrazonable y que debería consultar a un psiquiatra. La técnica que emplea Abel para enfrentarse con exigencias que, en buena conciencia profesional, no puede admitir, constituye un excelente modo para encontrar asertivamente el equilibrio práctico entre lo que el paciente quiere y lo que el profesional puede dar. Recientemente, consulté con él el problema del trato con los padres de los pacientes de psiquiatría internados en una institución. Abel me invitó, con el consentimiento del padre de un esquizofrénico de dieciséis años, a asistir a una entrevista entre él y el padre del enfermo.

Escenario del diálogo: El padre, señor Genic, ha observado un cambio notable en el comportamiento de su hijo desde que este fue hospitalizado, cinco días atrás, y quiere llevárselo a pasar el fin de semana en casa.

GENIC: Ya vuelve a hablarme, y no se limita a quedarse callado con la cabeza gacha. Se nota que está muchísimo mejor.

ABEL: *Está mejor,* pero *no quiero que se haga usted demasiadas ilusiones tan pronto.* [BANCO DE NIEBLA y AUTORREVELACIÓN.]

GENIC: Después de haberle visto anoche, mi mujer dijo que le gustaría que este fin de semana lo pasara con nosotros, en casa.

ABEL: *Aunque Larry ha mejorado, todavía no considero prudente que vuelva a casa.* [BANCO DE NIEBLA y AUTORREVELACIÓN.]

GENIC: Su hermana viene de vacaciones del colegio. Mi mujer quiere tener a Larry en casa para que la vea. La niña no ha visto a su hermano desde hace tiempo.

ABEL: *No dudo de que su hija se alegraría de verle,* pero *Larry aún no está en condiciones de volver a su casa, ni siquiera para el fin de semana. ¿Por qué no la trae usted a ella aquí, este fin de semana, para que vea a Larry?* [BANCO DE NIEBLA, DISCO RAYADO y COMPROMISO VIABLE.]

GENIC: Quisiera ahorrarle el disgusto de ver a Larry en un hospital psiquiátrico.

ABEL: *Lo comprendo,* pero *su hija ya es una mujercita hecha y derecha y creo que debe enfrentarse con el hecho de que su hermano tuvo un trastorno psicótico.* [BANCO DE NIEBLA y AUTORREVELACIÓN.]

GENIC: Yo solo quiero que Larry la vea en casa. ¿No puede administrarle algún medicamento que le mantenga en forma durante el fin de semana?

ABEL: *Eso es lo que hago a los enfermos que ya están autorizados para pasar los fines de semana en su hogar,* pero *en el punto en que Larry se encuentra en su proceso de recuperación, no existe ningún medicamento que pueda permitirle soportar la tensión de una vuelta al hogar. ¡Ojalá existiera!* [BANCO DE NIEBLA y ASERCIÓN NEGATIVA.]

GENIC: Creo que voy a correr ese riesgo. Quiero que pase este fin de semana en casa, con nosotros.

ABEL: *No lo dudo, señor Genic,* pero *me opongo a que Larry salga este fin de semana.* [BANCO DE NIEBLA y DISCO RAYADO.]

GENIC: ¡Usted no puede impedir que me lleve a mi hijo a mi casa!

ABEL: *Tiene usted razón, yo no puedo impedírselo y no quiero hacerlo. Pero si se niega usted a seguir mi plan de tratamiento, deberá usted hacerse responsable de su cuidado. Puede usted llevárselo firmando un C.C.F.* [Contra el consejo facultativo.] *Será por decisión suya.* [BANCO DE NIEBLA, AUTORREVELACIÓN y COMPROMISO VIABLE.]

GENIC: ¿No cree usted que eso es extremar las cosas? Yo solo pretendo llevarme a Larry a casa para este fin de semana.

ABEL: *Comprendo que le parezca a usted exagerada mi actitud, señor Genic,* pero *considero que Larry todavía no está en condiciones de alternar con su familia, y no tengo otra opción conforme con mi ética profesional. Ojalá la tuviera, pero...* [BANCO DE NIEBLA, DISCO RAYADO y ASERCIÓN NEGATIVA.]

GENIC: ¿Es usted el jefe de este hospital? ¡Pues quiero hablar con su superior!

ABEL: Puede usted hablar con la administración si lo desea, pero, *francamente, creo que no va a conseguir nada positivo.* Ellos no me dicen lo que debo hacer médicamente, y yo no les digo lo que deben hacer ellos administrativamente. *Sin embargo, le concertaré una cita con el administrador si se empeña usted.* (Haciendo ademán de tomar el teléfono.) [AUTORREVELACIÓN y COMPROMISO VIABLE.]

GENIC: ¡No! No se moleste. Me limitaré a venir a buscar a mi hijo el viernes por la tarde.

ABEL: Diré a la enfermera de la sala que cumplimente los documentos C.C.F. y los tenga a punto. *También hablaré con Larry y procuraré ayudarle a prepararse para la salida y la baja, y le recetaré tranquilizantes para treinta días. ¿Conforme?* [COMPROMISO VIABLE.]

El padre de Larry se lo llevó el viernes por la tarde, y estaba de nuevo en el despacho de Abel el lunes a las nueve de la mañana, con una opinión muy diferente acerca del valor del consejo de Abel. Pese a que la medicación no se interrumpió durante el fin de semana, el comportamiento de Larry y su estado de espíritu en el ambiente familiar cambiaron drásticamente, tal como Abel había previsto que podía suceder. Aunque el enfrentamiento de Abel con el padre del paciente puede parecer a primera vista un desastre desde el punto de vista del tratamiento, fue sumamente beneficioso después, porque, por recomendación de Abel, el padre y la madre de Larry participaron en la terapia familiar con su hijo mientras este seguía aún internado y más tarde cuando lo tuvieron en el hogar. Los progresos de Larry fueron continuos y siguió mejorando a medida que se modificaba la actitud entre los dos cónyuges y respecto de su hijo. Un aspecto importante de esta terapia era que, cuando Abel decía algo a aquella familia, sabían que lo creía realmente, es decir, Abel no les transmitía mensajes dobles y confusos ni les dirigía ningún reproche por no seguir al pie de la letra su consejo profesional. Se limitaba a exponer lo que a su juicio no era el comportamiento correcto, y les dejaba que decidieran por su parte lo que debían hacer. Y marido y mujer aprendieron de Abel que también ellos podían obrar así con los demás, y lo hicieron.

9

Situaciones cotidianas de autoridad.
Reacciones frente al supervisor o el experto

Los alumnos suelen expresar mayores dudas acerca de sí mismos cuando deben reaccionar frente a situaciones en las que existen pocas normas que determinen a priori cómo debe obrarse, es decir, en relaciones menos estructuradas que las transacciones formales, comerciales, de que hemos tratado en el capítulo anterior. En las situaciones comerciales, todas las normas están formuladas, a veces en forma de un contrato legal e incluso por disposiciones del derecho común, y la mayoría de los alumnos se apoyan marcadamente en esta estructura para guiarse acerca de lo que «pueden» o «no pueden» hacer. Se sienten más seguros y tranquilos al afirmarse asertivamente cuando existe gran número de maneras admitidas de hacer las cosas, reconocidas también por los demás como tales. Cuando hay menos normas, menos estructuras aceptadas que expresen cómo «deben» hacerse las cosas, el alumno novato se siente más ansioso en el momento de afirmarse asertivamente. Todos hemos podido observar en nosotros mismos esta modalidad emocional y de comportamiento. Podemos «calentarnos» previamente para resolver el problema de la reparación defectuosa de nuestro coche, ensayando nuestros sentimientos de ira la noche de la víspera del día en que debemos ir a hablar con nuestro mecánico, pero ¿podemos hacer lo mismo con nuestro jefe, con el que nos une un tipo de relación diferente? En nuestra relación con nuestro superior jerárquico hay una estructura menos definida

223

que en la que nos une con el mecánico del garaje; quedan en ella más cabos sueltos. Si a nuestro mecánico no le gusta lo que le decimos, ¿qué puede hacer? ¡Nada! En cambio, ¿qué puede hacer nuestro jefe si no le gusta lo que le decimos? ¿Puede despedirnos? ¿Puede oponerse a nuestro ascenso? ¿Puede encargarnos los trabajos más pesados? Estos posibles resultados, ¿vienen formulados en la estructura del empleo en que trabajamos? Una de las respuestas a estas preguntas será probablemente «No», si trabajamos mediante un contrato legal firmado y preparado por nuestro abogado o por el abogado de un sindicato. Otra respuesta, probablemente más realista, es la de que esos resultados dependen de los compromisos que seamos capaces de establecer asertivamente entre nuestro superior y nosotros. Este capítulo trata, precisamente, de la manera de establecer asertivamente compromisos con personas que ostentan autoridad sobre nosotros.

Empleo la palabra «autoridad» para describir esta modalidad parcialmente estructurada de interactuar con alguien en su sentido más nato. Uno de los significados corrientes de la palabra autoridad es el de que una persona tiene el poder de decirnos qué debemos hacer, o a la inversa; ejemplos de esta clase de relación autoritaria es la que existe entre padres e hijos o entre jefe y empleado. Otro significado del vocablo autoridad guarda relación con la condición de *experto* de uno de los dos miembros de la relación, como ocurre en las interacciones entre maestro y alumno o entre orador y público oyente. En estos casos, la estructura apriorística establecida de antemano es que el alumno aprende del maestro, y el maestro evalúa los progresos del alumno. Cuanto más joven es el estudiante, más asume el maestro la autoridad de un supervisor, o, como decimos en la jerga del oficio, *in loco parentis*, como sustituto del padre. Tal vez el lector sienta curiosidad por saber por qué he hecho hincapié en los aspectos comerciales de la relación médico-paciente más que en sus restantes cualidades. Después de todo, el significado original del título de doctor es *maestro*. ¿Por qué no clasificar simplemente la relación médico-paciente como uno de los tipos de interacción autoritaria, habida cuenta de la calidad de experto en medicina que le corresponde al médico? Inicialmente, doy por sentado que cualquier médico al que yo acuda me enseñará tanto acerca de mi salud como el mecánico de mi taller acerca de mi coche. A menos que un médico me haya sido recomendado por otro médico en cuyo criterio tenga confianza, parto del supuesto de que me encuentro en una relación comercial y pido asertivamente que se me explique todo cuanto hace referencia a la medicación, el tratamiento ulterior, las posibles complicaciones, los honorarios, etc. Pensemos, por ejemplo, si confiaríamos a un mecánico desconocido el repaso del Mercedes-Benz con el que vamos a participar en el Gran Premio de Montecarlo...

Por fortuna, la mayoría de las interacciones autoritarias en las que interviene un experto en algo no tienen consecuencias de tanta gravedad posible para nuestro bienestar como las que puede tener un tratamiento médico. Una interacción autoritaria en la que interviene un experto puede llegar a ser hasta divertida, como, por ejemplo, en el caso de la relación entre un orador y sus oyentes. Esta situación tiene, además, una estructura prevista en parte de antemano. El orador conviene en tomar la palabra, y los oyentes convienen en escucharle; existe, pues, un acuerdo acerca de los correspondientes papeles iniciales. El experto expone nuevas informaciones ante sus oyentes —otros profesionales, estudiantes, el público general, colegas de trabajo, otros miembros de su club, etc.— y el público responde con peticiones de más información o de aclaraciones y con aplausos (¡es de esperar!). El resto de la interacción entre las dos partes es susceptible de negociación. La forma en que el orador organiza su discurso, las condiciones en que habla, el material que abarcará o no abarcará, por ejemplo, dependen sobre todo de la forma en que se afirme asertivamente frente a sus oyentes. Reaccionar asertivamente como el líder o el orador frente a nutridos grupos de personas, como en algunos de los diálogos que siguen, puede ayudarnos en esta zona difícil en la que saber lo que queremos decir no basta para demostrar nuestra calidad de expertos; saber cómo decir lo que sabemos y cómo presentar asertivamente nuestro punto de vista frente a las críticas, e incluso frente a los posibles alborotadores, es igualmente importante para inspirar a nuestros oyentes cierta confianza en lo que estamos diciendo.

Mostrarse asertivo es particularmente importante en algunas relaciones de autoridad en las que la estructura previamente fijada es muy limitada, como por ejemplo en las entrevistas para obtener un empleo, en las que el solicitante a menudo se ve obligado a contestar cierto número de preguntas imbéciles y solo puede confiar en sí mismo para presentar una imagen «vendible» de sus conocimientos y sus capacidades a la persona encargada de contratarle.

En los diálogos siguientes, la importancia de mostrarse asertivo consiste en establecer compromisos mutuos sobre la base de la estructura ya existente en la relación, y al mismo tiempo reducir toda estructura manipulativa que pueda haber sido impuesta unilateralmente por una de las personas en conflicto. Este intento de reaccionar más adecuadamente en el seno de las interacciones de autoridad es válido tanto desde el punto de vista del subordinado como del de la persona que ostenta la autoridad. El empleado, por ejemplo, puede afirmarse asertivamente para enfrentarse con la manipulación ejercida por su jefe, y el jefe puede afirmarse asertivamente frente al empleado, tanto en el seno de las normas ya establecidas y convenidas del empleo como en la zona gris de comportamiento entre los dos en la que no existen todavía procedimientos establecidos.

Después de esta breve introducción, echemos una ojeada al primer diálogo de una serie que versa sobre los posibles conflictos en las interacciones de autoridad. Se trata de un diálogo en el que un empleado reacciona asertivamente frente a las exigencias desmedidas de su jefe, que pretende disponer de su tiempo personal.

DIÁLOGO 16

Mike deja de ser
el comodín en un mal sistema
de sustituciones en el trabajo

Mike tiene dieciocho años, acaba de terminar sus estudios superiores y desempeña su primer empleo como dependiente de una tienda de ultramarinos abierta en una estación de ferrocarril. La tienda en la que trabaja tiene diez empleados que siguen un horario irregular con el fin de poder tener abierto catorce horas siete días por semana. Las ausencias de los empleados, en esta clase de negocios, plantean graves problemas, y el trabajo resulta muy exigente. Mike trabajaba ya a tiempo parcial cuando estudiaba, y al terminar sus estudios pasó a ocupar un puesto a tiempo completo. Es un trabajador concienzudo y, además de cumplir con su horario, a menudo sustituye a otros empleados cuando están «enfermos», a petición del gerente. Mike experimenta una mezcla de sentimientos respecto de su trabajo. Le gusta trabajar en el ramo de los comestibles y servir a un público variado, pero el sistema de horario irregular dificulta su vida social y este aspecto de su empleo le incomoda. Más molesta resulta todavía la costumbre de su jefe de recurrir a sus servicios cuando fallan los demás. Aunque le fastidia tener que hacer suplencias, no sabe cómo negarse a las peticiones del señor Teague, el gerente. Teme disgustarle y que le despida si se muestra asertivo y se niega a alguna de sus peticiones de suplencia. Después de entrenarse en un grupo asertivo, Mike informó acerca del siguiente diálogo entre él y el gerente.

Escenario del diálogo: Mike se encuentra en su casa, la noche del viernes, a última hora, cuando el gerente le llama por teléfono.

GERENTE: Mike, Greg está enfermo y necesito que le suplas mañana por la mañana.

MIKE: ¡Cuánto lo siento, señor Teague! Mañana tengo un compromiso y no estoy disponible.

GERENTE: Bueno, pues tendrás que cancelar ese compromiso porque te necesito.

MIKE: *No lo dudo,* pero, *simplemente, no estoy libre.* [BANCO DE NIEBLA y DISCO RAYADO.]

GERENTE: ¿De qué se trata? ¿Tienes hora con un médico?

MIKE: No, no es nada grave; simplemente, *que no estaré libre mañana.* [DISCO RAYADO.]

GERENTE: ¿Qué tienes que hacer?

MIKE: *Es algo personal, señor Teague. Algo que hacía tiempo deseaba tener el valor de hacer,* así que *no estaré libre mañana.* [AUTORREVELACIÓN y DISCO RAYADO.]

GERENTE: ¿No puedes aplazarlo? Me estás planteando un problema.

MIKE: *No lo dudo,* señor Teague, pero *si lo dejo para otra vez probablemente ya no lo haré nunca y me sentiré disgustado conmigo mismo,* así que *no estaré libre mañana.* [BANCO DE NIEBLA, ASERCIÓN NEGATIVA y DISCO RAYADO.]

GERENTE: Puedo arreglar las cosas de modo que tengas libre el domingo si vienes mañana.

MIKE: *No lo dudo,* señor Teague, pero *mañana no iré.* [BANCO DE NIEBLA y DISCO RAYADO.]

GERENTE: ¡Pues en buen apuro me encuentro! No sé a quién recurrir para que supla a Greg.

MIKE: *Es un problema,* desde luego, pero estoy seguro de que lo resolverá. [BANCO DE NIEBLA.]

GERENTE: Por supuesto, será difícil pero conseguiré algún suplente.

MIKE: *Seguro.* [BANCO DE NIEBLA.]

GERENTE: Probablemente Greg tampoco podrá trabajar el martes. Si así fuese, quisiera que lo suplieras tú.

MIKE: *Es muy probable que Greg siga enfermo,* pero *tampoco el martes estaré libre.* [BANCO DE NIEBLA y DISCO RAYADO.]

GERENTE: ¿A quién voy a recurrir para que le sustituya entonces?

MIKE: *No lo sé.* [AUTORREVELACIÓN.]

GERENTE: Es un poco fuerte, Mike. Hasta ahora nunca me habías fallado.

MIKE: *Comprendo,* señor Teague. *No sé cómo explicármelo, pero siempre estaba disponible cuando me necesitaba usted, ¿no es verdad?* [BANCO DE NIEBLA y ASERCIÓN NEGATIVA.]

GERENTE: Bueno, bueno, no tendré más remedio que buscar a otra persona en quien pueda confiar.

MIKE: *Es verdad,* pero *¿por qué no me llama usted la próxima vez que necesite un suplente* y veré si estoy libre? Es posible que esté disponible, o que no lo esté. Preguntar no cuesta nada. [BANCO DE NIEBLA y COMPROMISO VIABLE.]

GERENTE: De acuerdo. Ya veremos.

MIKE: Espero que encuentre a alguien para suplir a Greg.

GERENTE: Lo encontraré, no te preocupes.

MIKE: De acuerdo, hasta luego.

Mike nos comunicó que después de haber sostenido este diálogo con su jefe se sintió mucho más confiado en su capacidad para enfrentarse con él en las relaciones de trabajo. Parte importante del nuevo respeto que Mike sentía por sí mismo procedía, por supuesto, del hecho de haber sabido resistirse a las presiones a que le había sometido su superior para que supliera las ausencias de otros empleados. Pero lo que maravilló de veras a Mike fue el grado en que Teague aparecía dispuesto a llegar a un compromiso que fuese aceptable para Mike. Antes de que se entablara entre ellos aquel diálogo, Mike se había sentido siempre irremisiblemente obligado a hacer lo que Teague le pedía. Después de haber sostenido el diálogo en cuestión con su jefe, Mike «sentía» que Teague le respetaba más y prestaba más atención a sus deseos, y que en adelante, en caso de dificultad, Teague trataría de estudiar con él la posible solución en lugar de limitarse a darle órdenes.

Durante un período de varios meses, Mike trató al señor Teague sobre aquella nueva base de sinceridad, consistente en decirle siempre a Teague lo que quería y lo que no quería. Teague se adaptó a aquella modificación en el comportamiento de Mike y no dio en absoluto muestras de haberse incomodado. Por mi parte, sospecho que el señor Teague consideraba antes a Mike como un buen muchacho al que había que dirigir y orientar (y al que, por consiguiente, cabía «utilizar»). Y sospecho igualmente que ahora no considera a Mike como un buen muchacho al que no debe dirigirse como un joven rebelde en quien no puede confiarse, sino como un hombre adulto con el que colabora.

Dentro del mismo contexto patrón-empleado, veamos en el siguiente diálogo la otra cara de la moneda: un superior que reacciona asertivamente frente a un empleado manipulativo.

DIÁLOGO 17

Sam habla a su empleado
de la necesidad de aumentar
el rendimiento laboral

Sam tiene treinta y siete años y es jefe de catorce empleados que trabajan en un pequeño departamento de una gran empresa comercial. Algunos de sus catorce subordinados son amigos suyos y a Sam le preocupa la posibilidad de no saber conservar su amistad y seguir siendo un jefe eficaz y justo para todos. «Los negocios y la amistad no pueden mezclarse», suele decirse, y también: «Los jefes no están aquí para alcanzar premios a la popularidad». Sam cree a pies juntillas en esos dos eslóganes, pero también está persuadido de que, para ser un jefe eficiente, no es imprescindible mostrarse frío, altanero y poco amistoso, ni dejar de preocuparse por sus subordinados. En la época de este diálogo, Sam se encontraba en una posición sumamente incómoda. Durante la semana anterior, el gerente de la compañía decidió, en conferencia con los jefes de departamento, que debía llevarse a cabo cuanto antes una política de restricciones económicas. En la conferencia en cuestión, Sam expuso los problemas de su departamento y expresó sus dudas en cuanto a las posibilidades de ahorrar sumas considerables en su sector. Aunque los asistentes escucharon sus razonamientos, la conferencia insistió en sus conclusiones, según las cuales debían efectuarse reducciones en el presupuesto de todos los departamentos, con el consiguiente aumento en el trabajo de los empleados. Esta clase de aumentos de trabajo más o menos temporales se habían producido ya dos veces en el pasado, desde que Sam trabajaba para la empresa, y Sam se sentía angustiado cuando tenía que explicar a sus subordinados que deberían aumentar su productividad. Consideraba al mismo tiempo que, en el pasado, se había enfrentado de manera muy poco satisfactoria con la situación, adoptando la postura del jefe «duro», inaccesible, que no se preocupa por los demás, con lo que, después, se sentía al mismo tiempo culpable y nervioso en compañía de sus amigos.

El siguiente diálogo fue un ejercicio pensado para ayudar a Sam a enfrentarse de manera adecuada con sus subordinados. Sam recibió instrucciones de no dar excusa alguna por el aumento de trabajo, de no defender la política adoptada a nivel de ejecutivos, limitarse a convenir con las posibles verdades acerca de sí mismo o de la política de restricciones que sus subordinados pudieran oponer al propuesto aumento en el rendimiento, aceptar cualquier declaración de posible derrumbamiento del sistema, y *sin embargo seguir insistiendo en pedir la colaboración de sus subordinados en la ejecución del aumento de rendimiento exigido.*

Escenario del diálogo: Sam se dirige a Harry, amigo suyo, para hablarle del aumento de rendimiento, durante la pausa del café.

SAM: (Viendo a Harry en la cafetería de la empresa y acercándose a él.) Hola, Harry. ¿Tienes un minuto?

Harry: Claro que sí, Sam. Siéntate. ¿Qué pasa?

Sam: ¿Has oído hablar de la reunión de jefes de departamento que se celebró la semana pasada?

Harry: Sé que se celebró, pero nada más.

Sam: En resumidas cuentas, se tomó la decisión de aprobar un programa de restricciones económicas. El resultado de ello, para nuestro departamento, es que en el curso de los siguientes tres a seis meses deberemos aumentar en un quince por ciento nuestra productividad, sin aumentar el número de empleados ni el presupuesto.

Harry: Esta idea es una solemne estupidez. ¡Por Dios, Sam! Ahora ya andamos sobrecargados de trabajo, y apenas si llegamos a atar cabos. ¿No se lo dijiste?

Sam: (Sonriendo.) No les dije que fuese una solemne estupidez, pero sí les expliqué que lo consideraba extremadamente difícil, por no decir imposible.

Harry: ¿Y qué contestaron?

Sam: Lo que te he dicho. Habrá que aumentar el rendimiento.

Harry: Sam, yo no puedo hablar por los demás, pero de mí te puedo decir que actualmente ya estoy abrumado. No puedo rendir un quince por ciento más. No puedo rendir ni una pizca más, y menos aún un quince por ciento.

Sam: *Estoy de acuerdo contigo, Harry. Probablemente la cosa sea así, y tú, y todos los que tengáis que aumentar la producción, acaso tropecéis con dificultades,* pero a pesar de todo *habrá que aumentar el rendimiento.* [BANCO DE NIEBLA y DISCO RAYADO.]

Harry: Pésima noticia. ¿Les dijiste ya que en nuestro departamento sería imposible?

Sam: *Cierto, es una pésima noticia.* No hicieron caso de mis advertencias. Les dije prácticamente lo mismo que tú me has dicho. Solo que más diplomáticamente. [BANCO DE NIEBLA.]

Harry: Si no fueses tan diplomático y se lo expusieras francamente tal como es, te harían más caso.

Sam: *Tal vez.* [BANCO DE NIEBLA.]

HARRY: ¿Tal vez? Puedes estar seguro. Si les hubieses expuesto la situación crudamente, no nos habrían largado este aumento del quince por ciento. Esta gente no sabe cuán sobrecargados estamos ya.

SAM: *Probablemente tienes razón,* pero de todos modos *tendremos que encajar el golpe.* [BANCO DE NIEBLA y DISCO RAYADO.]

HARRY: ¡Pero si apenas doy abasto actualmente! ¡Lo sabes muy bien!

SAM: *Es verdad, Harry,* así que *quiero que me comuniques inmediatamente si algo no marcha.* Pasado el primer mes, quiero que tú y todos los demás escribáis un memorándum dirigido a mí acerca de vuestros problemas concretos, para que yo disponga de municiones si tengo que volver arriba a informarles. [BANCO DE NIEBLA y COMPROMISO VIABLE.]

HARRY: Bueno, por mi parte creo que no podré rendir ese quince por ciento de más.

SAM: *Es muy probable que así sea,* de modo que empezaremos en pequeña escala y veremos cómo marchan las cosas. En tus libros tienes, actualmente, sesenta carpetas. *En el curso de las dos semanas próximas elige cuatro más entre las nuevas.* [BANCO DE NIEBLA y COMPROMISO VIABLE.]

HARRY: ¡Pero, Sam! Cuatro carpetas más me llevarán por lo menos ocho horas de preparación, para empezar. No puedo hacer eso sin trabajar horas extras.

SAM: *Es posible.* Si compruebas que no puedes restar tiempo del que dedicas a tu trabajo de ahora para ocuparte de las nuevas carpetas y que te ves obligado a trabajar hasta más tarde, *toma nota del tiempo extra y yo te lo anotaré a tu favor.* [BANCO DE NIEBLA y COMPROMISO VIABLE.]

HARRY: Por supuesto, no me divierte en absoluto.

SAM: *De acuerdo, Harry.* No te reprocho que te quejes. Pero la decisión no está en nuestras manos, así que *vamos a ver qué pasa.* ¿Conforme? [BANCO DE NIEBLA y COMPROMISO VIABLE.]

HARRY: Veremos.

SAM: ¿Conforme?

HARRY: Vale.

Este diálogo, en el que se critica el comportamiento de Sam y la política de la empresa, se repitió varias veces con variaciones en las amenazas manipulativas, que iban desde protestas sindicales hasta el aislamiento social de Sam por parte de sus amigos. Después de una práctica suficiente, Sam explicó que se sentía tranquilo y sereno durante los encuentros con sus subordinados, y que estos no se mostraron enojados con él y aceptaron los aumentos con muy pocas protestas, críticas o intentos de manipulación.

Volviendo a examinar la otra cara de la cuestión veremos en el siguiente diálogo cómo una empleada reacciona asertivamente frente a un patrón que pretende inmiscuirse en su vida privada.

DIÁLOGO 18

*Betty se enfrenta a un
jefe que pretende inmiscuirse
en su vida privada*

Betty es una joven secretaria muy atractiva y llena de vitalidad, recién divorciada. Inmediatamente después de su divorcio, su principal problema consistió en defenderse frente a las injerencias de su jefe. Este era un hombre casado, de más edad que ella, que asumió una actitud paternal con respecto a Betty cuando esta se encontraba en plena crisis emotiva y de comportamiento, al pasar de ser una mujer casada y reposada a ser una soltera, lógicamente más activa. Aunque Betty no deseaba confiar sus decisiones y sus problemas a su jefe, no se veía con fuerzas, ni emocional ni intelectualmente, para decirle que dejara de meter las narices donde no le importaba. En el curso de los últimos meses, su jefe estuvo interesándose por la forma en que Betty había organizado o pensaba organizar su vida a partir de la separación. Betty le habló del apartamento al que pensaba mudarse, y su jefe le dijo inmediatamente que aquel apartamento no le convenía y le especificó las condiciones que debía reunir el apartamento ideal para ella. Su jefe se preocupó también de averiguar detalles de su vida social, y cuando Betty le habló de los diversos amigos con quienes salía, le dijo enseguida que no eran de la clase de hombres que le convenía frecuentar. Hasta quiso saber a qué actividades se dedicaba Betty en sus ratos de ocio, y cuando esta le habló de sus clases nocturnas y de sus paseos en bicicleta, el hombre le dijo inmediatamente qué cursos debía seguir y qué clase de bicicleta debía comprarse. Betty identificaba fuertemente a su jefe con su padre (con quien más tarde se enfrentaría asertivamente con pleno éxito), y pensaba que, puesto que había cometido muchas torpezas en la oficina durante la crisis emocional de su separación, no tenía más remedio que permitirle a su jefe intervenir en sus asuntos privados para hacerse perdonar sus errores. Durante unas semanas, Betty se ejercitó con el fin de mostrarse más asertiva con su jefe. Su objetivo estribaba, por supuesto, en dejar de tenerle miedo, pero al mismo tiempo no perder los estribos y no alejarlo a cajas destempladas, destruyendo así su relación laboral y obligándole a él a despedirla, o a verse obligada a despedirse por su propia decisión. Los objetivos de Betty eran, pues, 1) *desensibilizarse* frente a las declaraciones críticas o hasta bienintencionadas pero no por eso menos impertinentes de su jefe, y 2) disuadirle de su tendencia a formular tales declaraciones. Betty deseaba que su jefe la tratara como a una mujer adulta y responsable que no necesitaba instrucciones ni consejos para gobernarse.

Escenario del diálogo: Betty está en su mesa de trabajo y su jefe sale de su despacho y va a su encuentro.

JEFE: ¿Cómo van las cosas, hoy?
BETTY: Estupendamente, gracias.

JEFE: ¿Está trabajando en las listas de títulos elegidos para este mes?

BETTY: Sí.

JEFE: ¿Algún problema?

BETTY: No.

JEFE: Espero que este mes le salgan mejor que las del mes pasado.

BETTY: *Quedaron hechas un lío, ¿verdad?* [ASERCIÓN NEGATIVA.]

JEFE: Ni más ni menos.

BETTY: *¡Y que lo diga! ¡Qué mal lo hice!* [ASERCIÓN NEGATIVA.]

JEFE: Espero que pronto se estabilice, y así olvidará esos problemas que no le permiten rendir en el trabajo como antes.

BETTY: *Tiene razón. También yo lo espero.* [BANCO DE NIEBLA y AUTORREVELACIÓN.]

JEFE: ¿Ya ha decidido qué cursos nocturnos va a seguir?

BETTY: Algunos sí.

JEFE: Supongo que habrá abandonado la idea de matricularse en aquel cursillo sobre literatura medieval, ¿no?

BETTY: *No lo he decidido aún.* [AUTORREVELACIÓN.]

JEFE: No le aconsejo que se matricule. Perderá el tiempo.

BETTY: Sí, *puede que sí* [BANCO DE NIEBLA.]

JEFE: En resumidas cuentas, ¿va a seguir ese cursillo o no?

BETTY: *Es posible, todavía no lo he decidido.* [DISCO RAYADO.]

JEFE: Debe seguir un curso sobre algo práctico, que más tarde le pueda ser útil.

BETTY: *Seguramente tiene usted razón.* Pronto lo veremos, cuando me decida. [BANCO DE NIEBLA.]

JEFE: Bueno, espero que tome una decisión juiciosa.

BETTY: *También yo lo espero.* [AUTORREVELACIÓN.]

Betty me refirió este diálogo al día siguiente. Todavía entonces se sentía eufórica, a ratos, durante la sesión de terapia, cuando pensaba en la forma en que era capaz de enfrentarse con las injerencias de su jefe con tan poco esfuerzo y sin sentirse apabullada por la ansiedad. Como otros novatos, sin embargo, estimaba que aquel solo diálogo asertivo, tan corto, era insuficiente para eliminar la manipulación ejercida por las personas con las que estaba diariamente en contacto. Hubo que repetir diálogos parecidos sobre otros temas, como por ejemplo la elección de vivienda o de amigos, varias veces, antes de que su jefe renunciara a su empeño de aconsejarla en todos los aspectos de su vida privada. Cosa nada sorprendente, una vez hubo adquirido una notable asertividad frente a su jefe, Betty se sintió más cómoda en su empleo, y el número de los errores que cometía en su trabajo descendió verticalmente. Como ella misma dice: «Ahora voy a trabajar a gusto. Me doy cuenta de que hago un trabajo útil». Tampoco debe sorprender a nadie que, al cabo de un tiempo, Betty empezara a buscar un empleo mejor, más interesante y que entrañara mayores responsabilidades. A los dos meses encontró un puesto de ayudante de jefe de oficina. Cosa sorprendente, en cambio, Betty explicó que el hecho de mostrarse más asertiva con sus amigos, sobre todo con Stan, que era al que más quería, produjo una modificación en sus relaciones sexuales que la había llenado de asombro. Betty empezó a experimentar regularmente el orgasmo en sus relaciones sexuales con Stan, cosa que antes, con otros hombres, incluso con su marido, solo se producía por azar, en el mejor de los casos.

Si es usted como muchos de nuestros lectores, acaso tropiece con las mismas dificultades para resolver situaciones que le sumen en un estado de ansiedad: una entrevista para conseguir un empleo o el examen de ingreso en un programa de adiestramiento de alguna clase. En el siguiente conjunto de diálogos veremos cómo dos alumnos aprendieron a reaccionar asertivamente frente a una situación de esta clase.

Milt y Dee se ejercitan
con vistas a comportarse asertivamente
en sendas entrevistas para el ingreso
en la escuela superior y para
obtener un empleo

En el primer diálogo, Milt se ejercita con vistas a una entrevista de la que ha de depender su ingreso en la escuela superior. Milt es un joven y brillante bachiller que apareció como por arte de magia, un buen día, en mi grupo asertivo. Me lo enviaba un colega que había visto a Milt como consejero de estudios antes de su ingreso en la facultad de medicina y estimaba que podía presentarse de manera más asertiva. Un tanto ansioso y jadeante, Milt explicó al grupo que tenía una cita para el día siguiente con un representante oficial de la facultad de medicina. Su consejero de estudios había hablado del asunto con él, le había formulado algunas de las preguntas que era probable que le hicieran en la facultad, había examinado la forma de contestar de Milt, y le había aconsejado que se diera prisa en acudir al cursillo de asertividad para ver qué podía hacerse por él. Milt aceptó el hecho de que mostráramos escasa confianza en sus posibilidades de adquirir una mayor asertividad en tan poco tiempo (en lo cual nos equivocamos de plano), pero a pesar de todo quería ver si podía llegar a sentirse más sereno y a presentarse mejor en la entrevista del día siguiente, si le ayudábamos trabajando con él una o dos horas. Lo sometimos por turno a una serie de entrevistas fingidas en las que cada uno de nosotros le formuló las mismas preguntas, pertinentes o no, que nos habían formulado a nosotros en la realidad, en circunstancias parecidas. Mientras uno de nosotros interpretaba el papel del representante de la facultad, los demás ayudábamos a Milt a hablar asertivamente de sí mismo y a explicar por qué deseaba ingresar en la facultad de medicina. En las dos horas de que disponíamos ensayamos así varios diálogos, el último de los cuales presentamos aquí, debidamente «arreglado».

Escenario del diálogo: el anciano doctor Tal invita a Milt a entrar en su despacho y se acomodan uno a cada lado del escritorio.

DOCTOR: (Examinando los documentos que tiene en la mano.) Al parecer ha preparado usted una solicitud bien escrita y muy completa.

MILT: Gracias. Estuve trabajando mucho tiempo en ella. [AUTORREVELACIÓN.]

DOCTOR: (Mirando ahora a Milt.) Dígame, ¿por qué quiere ser médico?

MILT: *La verdad es que no sé qué respuesta dar a esta pregunta. Comprendo que debería tenerla a punto, pero no es así.* Tengo un montón de razones diferentes. Siempre he deseado ser médico. Me han interesado muchas otras cosas, pero siempre acabo por volver a la medicina; es lo que más me fascina. Me gusta la gente... Me gusta trabajar con la gente y ayudarla. Me gusta resolver problemas y luchar por resolverlos. Me gusta trabajar con la cabeza y también con las manos. *¿Acaso divago demasiado?* [AUTORREVELACIÓN, ASERCIÓN NEGATIVA e INTERROGACIÓN NEGATIVA.]

DOCTOR: No, no, adelante.

MILT: *Bien, me limitaré a hablarle de lo que es importante para mí.* Me gusta trabajar en un laboratorio. La biología me fascina y me gusta trabajar con enfermos, como ayudante voluntario, en el UCLA Med Center. Me gusta la idea de ser un profesional. Estas son las cosas en las que pienso cuando sueño en llegar a ser médico. (Sonriendo). Y tengo entendido que, además, se gana bastante dinero. [COMPROMISO VIABLE.]

DOCTOR: (Sin sonreír.) Bueno, ¿y por qué desea usted ingresar precisamente en la Facultad de Medicina de la Universidad Tal?

MILT: *No poseo información de primera mano,* pero he hablado con muchos médicos de diferentes escuelas y me han dicho que esta universidad es excelente. Me gustaría licenciarme en medicina en una universidad que gozara de buena reputación. [ASERCIÓN NEGATIVA.]

DOCTOR: ¿Qué le gustaría hacer dentro de cinco años?

MILT: Espero que estaré ejerciendo la medicina en una forma u otra.

DOCTOR: ¿En qué forma?

MILT: (Por iniciativa propia, sin entrenamiento.) *Todavía no lo sé.* La medicina general me fascina por la variedad de los problemas que plantean los clientes. También me interesa la psiquiatría. [AUTORREVELACIÓN.]

DOCTOR: La psiquiatría y las demás especializaciones exigen por lo menos tres años de residencia, además de la carrera y del período de internado.

MILT: *Sí, lo sé,* pero *he comprobado que cuando uno hace lo que le gusta hacer, el tiempo pasa deprisa.* [BANCO DE NIEBLA y AUTORREVELACIÓN.]

DOCTOR: ¿Qué le gustaría hacer cinco años después de haberse licenciado?

MILT: *Realmente, en estos momentos no lo sé.* Depende en gran parte de cuál sea mi experiencia en la facultad. Creo que no me gustaría dedicarme directamente al ejercicio privado. Creo que preferiría trabajar primero en una institución hospitalaria hasta que supiera realmente lo que haría. [AUTORREVELACIÓN.]

DOCTOR: Parece sentirse inseguro de sí mismo, como si le faltara confianza para poder ejercer la medicina por su cuenta.

MILT: *Sé que esta es la impresión que producen mis palabras,* pero no es esto lo que quiero decir. *Creo que seré un médico excelente.* Soy lo bastante listo, la carrera me interesa, y no me importa trabajar de firme. No me da miedo ensuciarme las manos. [BANCO DE NIEBLA y AUTORREVELACIÓN.]

DOCTOR: (Un tanto sarcástico.) Bueno, trataremos de enseñarle a no ensuciárselas. He examinado su expediente escolar, y sus calificaciones son excelentes salvo en una materia. Sacó usted un mero aprobado en química orgánica. (Mirando a Milt en espera de una explicación.)

MILT: *Es verdad. La orgánica fue uno de mis puntos flacos.* He repetido el curso, con la ayuda de un consejero de estudios. La orgánica fue para mí como la trigonometría. *En trigonometría tardé tres semanas en averiguar de qué demonios estaban hablando y en comprender cómo encajaba todo.* Estoy en el segundo curso y espero un sobresaliente, o, por lo menos, un notable. [BANCO DE NIEBLA, ASERCIÓN NEGATIVA y AUTORREVELACIÓN.]

DOCTOR: La medicina es muy exigente. Sobre todo para el médico privado, de medicina general, como es mi caso. A veces he deseado no haberme metido en ese berenjenal. Los enfermos te atosigan. Las enfermeras te atosigan, los familiares te atosigan, los otros médicos te atosigan. Todos esperan de ti que tengas una respuesta para su problema y tienes que trabajar horas y horas, a veces por nada. ¿Cómo sabe usted que sería capaz de aguantar esta tensión?

MILT: *Tiene usted razón. Yo no puedo garantizarle que sea capaz de soportar todas las presiones,* pero *creo que sí seré capaz.* En el colegio he trabajado bajo fuertes presiones para sacar buenas notas. Me ha tocado pasar muchas noches en vela, pero siempre me he salido con la mía. Toda mi experiencia me dice que sí seré capaz. A *veces me digo: «Al cuerno todo este trabajo; ¿por qué trabajas de esta manera?».* Pero no aflojo. *No sé por qué. Tal vez sea puro masoquismo.* [BANCO DE NIEBLA, ASERCIÓN NEGATIVA y AUTORREVELACIÓN.]

DOCTOR: A veces también yo pienso lo mismo acerca de mí. Supongo que habrá solicitado al mismo tiempo el ingreso en otras universidades.

MILT: Sí, *me pareció mejor hacerlo así.* Aunque deseo ingresar en esta, todo el mundo me aconsejó que solicitara al mismo tiempo el ingreso en otras universidades, por si aquí me rechazaban. ¿Acaso hizo usted lo mismo cuando era estudiante? [AUTORREVELACIÓN.]

Doctor: Sí, es lo más prudente. (Silencio.)

Milt: *¿Desea preguntarme algo más? ¿Mis puntos flacos o mis puntos fuertes?* [INTERROGACIÓN NEGATIVA.]

Doctor: Dígame. ¿Cuál considera usted que es su peor defecto, su punto más flaco?

Milt: *Le diré lo que yo pienso. Tal vez otros tengan otra idea. Yo creo que mi peor defecto es la falta de experiencia. Soy joven. Soy ingenuo en mi trato con la gente. No soy todo lo asertivo que debería. Tiendo a ponerme nervioso en las entrevistas.* Cuando me senté frente a usted temí que mi mente iba a quedar en blanco, de puro miedo. Pero espero que experiencias como la de hoy me ayudarán a superar esos sentimientos. [AUTORREVELACIÓN, BANCO DE NIEBLA y ASERCIÓN NEGATIVA.]

Doctor: (Interrumpiéndole.) Pues hasta ahora se ha defendido usted muy bien. No ha parecido nada asustado.

Milt: *Es muy posible,* pero *por dentro aún estoy intranquilo.* [BANCO DE NIEBLA y AUTORREVELACIÓN.]

Doctor: Tal vez lo importante sea cómo se comporta usted exteriormente, más que lo que siente en el fondo.

Milt: *Estoy seguro de que tiene usted razón.* Veremos lo que resulta. [BANCO DE NIEBLA.]

Doctor: ¿Cuál es, a su parecer, su mejor cualidad?

Milt: Como he dicho antes, eso es solo lo que yo pienso. *Puedo estar equivocado,* pero creo *que mis principales cualidades son el hábito de estudiar, la perseverancia, la voluntad de trabajar de firme, y cierto grado de inteligencia. Pero, por encima de todo, me gusta la gente y me gusta la medicina.* [BANCO DE NIEBLA y AUTORREVELACIÓN.]

Doctor: ¿Hay algo que desee preguntarme?

Milt: Sí; quisiera hacerle algunas preguntas sobre la universidad y la facultad de medicina. *Cosas que conozco muy poco. Estoy seguro de que me encontrará ingenuo e ignorante,* pero de todos modos quisiera que me diera su opinión acerca de esos puntos. [AUTORREVELACIÓN y ASERCIÓN NEGATIVA.]

Doctor: Por supuesto, adelante.

Milt formuló a continuación las siguientes preguntas que le ayudamos a preparar en relación con las informaciones que deseaba obtener.

1. Me interesa la investigación. ¿Qué posibilidades hay de participar en actividades de esta clase en la universidad?

2. Durante el primer año, ¿hay alguna materia en la que el claustro quiera que uno esté fuerte y que conozca bien, aparte de las materias generales que todos debemos conocer?

3. ¿Puede darme usted alguna orientación bibliográfica para que durante el verano pueda prepararme con vistas a mi primer curso, en otoño?

4. ¿Qué clase de trabajos puede encontrar en verano, en la universidad, un estudiante de medicina, para ayudarse a pagar los gastos del curso académico? ¿Hay alguno que permita aprender además de ganar dinero?

Después de dos horas de ejercicios asertivos como preparación para una entrevista, pudimos advertir una diferencia manifiesta en la capacidad de Milt para intercalar preguntas que no habíamos ensayado. Pedimos a Milt que nos informara acerca del desarrollo de la entrevista en la realidad, pero no volvimos a tener noticias suyas directamente. De otras fuentes supe que la entrevista se desarrolló con excelentes resultados para él, lo mismo que otras que la siguieron. Milt fue aceptado en varias facultades de medicina, y se matriculó en una para la que no habíamos hecho ningún ensayo. El éxito de Milt me recuerda la antigua divisa de los batallones de ingenieros de la marina durante la Segunda Guerra Mundial: «Lo difícil lo resolvemos en el acto; para lo imposible tardamos un poco más». La falta de asertividad de Milt en las entrevistas era manifiestamente, según eso, tan solo una dificultad. La rápida superación de Milt llegó a sorprenderme a mí mismo, y conste que pocas cosas consiguen sorprenderme.

Como el lector ya habrá comprendido, los ejercicios de Milt en su preparación para la entrevista de ingreso en la facultad fueron, en realidad, un verdadero ensayo de su papel, del papel del aspirante a un puesto de trabajo o de estudio, experiencia que la mayoría de nosotros vemos acercarse con disgusto cuando no con verdadera ansiedad. Son muchos los alumnos matriculados en cursillos de asertividad que piden que se les ejercite con vistas a esta clase de entrevistas de solicitud de trabajo, y la mayoría de los que se ejercitan asertivamente con este fin nos relatan después que se sintieron mucho más seguros y tranquilos durante la entrevista, *consiguieran o no el puesto que solicitaban.* El tipo de ensayo que practicamos para las entrevistas de demanda de empleo es idéntico al que Milt practicó, salvo en los detalles concretos, por supuesto. En las prácticas con personas no asertivas o con ex pacientes psiquiátricos lo bastante restablecidos como para poder volver a trabajar y a llevar una vida productiva, estos alumnos suelen plantear una y otra vez varias cuestiones que les han resultado especialmente difíciles de resolver en esta clase de entrevistas. Las entrevistas de demanda de empleo les ponen nerviosos y suelen tratar de disimular su nerviosismo en lugar de empezar la entrevista diciendo. «Cuando pido un empleo siempre me pongo un poco nervioso. ¿Acaso este nerviosismo me perjudicará?». (ASERCIÓN NEGATIVA e INTERROGACIÓN NEGATIVA.) La mayoría no saben cómo responder a comentarios negativos específicos sobre su currículo y su experiencia. Con frecuencia contagian a su interlocutor sus propias dudas acerca de su capacidad para ejecutar tareas incluso de poca importancia, y dan así, a la persona que les entrevista, la impresión de que son frágiles y serán unos empleados a quienes habrá que tratar con guantes de seda, perspectiva que la empresa no puede mirar con buenos ojos. Mis propias observaciones clínicas acerca de estas dificultades frecuentes en las entrevistas de demanda de empleo me fueron confirmadas por el personal asesor del departamento de rehabilitación del estado de California. En una reciente reunión de esos asesores, en California del Sur, en la cual fui invitado a hablar de terapia asertiva sistemática, el principal tema de debate se centró en la preparación de un cliente para un empleo. Los asesores en cuestión convinieron en que, para muchos de sus clientes, el principal problema consistía en capacitarles para meter un pie en la puerta en el curso de la entrevista para pedir empleo, y no en prepararles para desempeñar su trabajo con toda competencia. Esos clientes (lo mismo que muchas personas no asertivas de la población general) parecen tener una actitud respecto de sus entrevistadores que solo acierto a calificar como de «participación» irreal. En los momentos decisivos, estas personas infortunadas parecen no aceptar la responsabilidad que les incumbe por sus propias circunstancias. La respuesta clásica que considero como el mejor ejemplo de esta actitud de «participación» me fue referida por un paciente que «trató» de conseguir un empleo antes de haberse sometido a nuestro tratamiento. Cuando se le preguntó, en una entrevista de este tipo, si sabía conducir (porque la empresa tenía que distribuir a menudo documentación con urgencia) en lugar de decir simplemente «Sí» (cosa que era cierta) o, en el peor caso, «Sí, pero tendré que renovar mi permiso de conducir», contestó: «Antes conducía, sí, hasta que me encerraron seis meses en el manicomio. Cuando el Ministerio de Obras Públicas descubrió que me habían internado, me retiró el permiso». Como era de prever, la entrevista terminó en este punto. Aunque este ejemplo de «confesión de los propios pecados» constituye un burdo modelo de cómo demostrar la propia falta de asertividad y de confianza en uno mismo en una entrevista para obtener empleo, esta forma de comportamiento y esta actitud no son exclusivas de los ex pacientes de manicomio. Muchos de los alumnos a quienes enseño a capear debidamente las entrevistas en demanda de empleo chocan con la misma dificultad. Cuando un entrevistador toca una zona en la que el alumno experimenta dudas acerca de sí mismo, este, segun confesión propia, se pone nervioso y exagera sus supuestas deficiencias, confiesa su inseguridad y trata después de rectificar la impresión inicial que puede haber producido justificando sus limitaciones a los ojos del entrevistador.

Es posible que el lector se pregunte, lo mismo que los alumnos novatos preguntan en las clases de asertividad acerca de la manera de capear una entrevista de demanda de empleo: «¿Qué debo decir cuando el entrevistador objeta, diplomáticamente: "Es usted un poco más joven (o más viejo) que la persona que buscamos"?, o bien: "Parece que no tiene usted toda la experiencia necesaria para este puesto (o demasiada experiencia)", o bien: "Diríase que cambia usted de empleo con demasiada frecuencia (o que quedó atascado demasiado tiempo en un mismo empleo)", o cualquier otra de las observaciones encaminadas a provocar una explicación del solicitante?». En el diálogo siguiente, se entrena a Dee, una joven archivera que está aprendiendo a manifestarse asertivamente, a reaccionar frente a las declaraciones causantes de ansiedad que pueden formularle en una entrevista de demanda de empleo.

Dee explicó que en la última entrevista de este tipo a la que fue sometida antes de asistir a nuestros cursos de asertividad, cuando el entrevistador le preguntó: «¿Sabe usted escribir a máquina?», contestó: «No paso de las cuarenta palabras por minuto y cometo muchos errores». Después trató de justificar esta aparente falta de capacidad diciendo: «Nunca fui muy buena mecanógrafa; me suspendieron dos veces en mecanografía y tuve que repetir por tercera vez el curso para aprobar». El empleo al que aspiraba no requería la mecanografía como requisito previo. Dee y yo examinamos juntos su problema en materia de solicitud de empleo, mediante el diálogo siguiente:

Yo: Sospecho que el entrevistador le preguntó si sabía escribir a máquina para averiguar si podría usted pasar a máquina, excepcionalmente, alguna carta cuando las mecanógrafas y las secretarias estuviesen ocupadas.

DEE: No se me ocurrió.

YO: ¿Es usted capaz de escribir alguna que otra carta a máquina?

DEE: Por supuesto.

YO: Entonces, ¿por qué no se lo dijo usted así, o por qué no se limito a decir «Sí» cuando le hizo aquella pregunta, en lugar de soltar aquella embarullada historia acerca de sus escasos méritos como mecanógrafa?

DEE: Ahora que me lo pregunta, no sé qué decirle. Supongo que no quise cometer el error de prometer algo que no podría cumplir.

YO: ¿Le preguntó usted si la mecanografía era indispensable para el empleo?

DEE: No. En el anuncio no se citaba para nada la mecanografía.

YO: ¿No le llamó la atención el hecho de que le hablara de mecanografía cuando el anuncio no la mencionaba para nada?

DEE: En efecto, cuando empezó a hablar de mecanografía perdí el mundo de vista...

YO: ... y empezó a decir gansadas.

DEE: ... y empecé a decir gansadas.

YO: Vamos a probar ahora. Yo la entrevisto para un empleo, y Kathy la ayudará si es necesario.

DEE: De acuerdo. ¿De qué empleo se trata?

YO: Decídalo usted. De portera, de neurocirujana, de agente de la CIA, del mismo empleo que solicitó, poco importa. En todos los casos la situación es la misma.

DEE: Me gustaría ensayar el mismo punto en el que tropecé en mi última entrevista.

YO: Pero pienso dirigirle, además, otros ataques.

DEE: Conforme.

YO: (En mi nuevo papel.) ¿Sabe usted escribir a máquina?

DEE: Sí.

Yo: Bien; en ocasiones pasamos por períodos de mucho trabajo en la oficina, y nos gusta que todo el mundo pueda ayudar.

Dee: *Me parece muy bien,* pero *hay algo que me gustaría aclarar: ¿es necesaria la mecanografía para este empleo?* [BANCO DE NIEBLA y AUTORREVELACIÓN.]

Yo: No, pero, como ya le he dicho, preferiríamos una persona flexible.

Dee: *Se lo pregunto porque no quiero darle la impresión de que soy una experta mecanógrafa. No lo soy. Si ustedes necesitan una mecanógrafa superrápida, no les convengo.* Pero puedo aporrear el teclado y escribir alguna que otra carta cuando sea necesario. [ASERCIÓN NEGATIVA.]

Yo: No, su trabajo consistirá principalmente en permanecer en la oficina, en el despacho, quiero decir, y tener las cosas al día y en orden.

Dee: Estupendo.

Yo: Veo por su currículo que no tiene usted mucha experiencia en trabajos de oficina.

Dee: *Es cierto, si se mide en términos de tiempo,* pero en todas las empresas donde he trabajado hasta ahora he aprendido un montón de cosas sobre esta clase de trabajos. Hay que trabajar de firme y aprender deprisa para conservar el puesto. [BANCO DE NIEBLA.]

Yo: También observo que ha cambiado con frecuencia de empleo.

Dee: Sí, *es verdad.* Cuando se me ha ofrecido una posibilidad mejor, la he aprovechado. [BANCO DE NIEBLA.]

Yo: Más tarde le explicaré nuestros planes de ayuda a los empleados. Es usted un poco más joven de lo que suelen ser las personas que empleamos.

Dee: *Lo soy, en efecto, y no le reprocho que se muestre desconfiado al respecto.* Muchas chicas de mi edad no son muy maduras y suelen plantear conflictos con los demás. Pero en mi caso no hay problema. [BANCO DE NIEBLA.]

Yo: Veo que solo tiene experiencia como archivera.

Dee: *Es verdad;* hasta ahora no he tenido bastante experiencia para pensar siquiera en la posibilidad de ser jefe de sección, por ejemplo. [BANCO DE NIEBLA.]

Yo: ¿Qué le gustaría estar haciendo dentro de unos pocos años?

Dee: Seguir trabajando con ustedes, espero; pero esto depende de varias cosas, como los aumentos y los ascensos, por ejemplo. *En realidad, aún no conozco lo bastante la casa como para poder dar una respuesta realista a su pregunta.* [ASERCIÓN NEGATIVA.]

Yo: ¿Hay algo que desee preguntarme?

Dee: Sí, quisiera conocer mi sueldo, las condiciones de trabajo y las demás ventajas.

Yo: (Con gran énfasis, para reforzar la nueva manera de Dee de enfrentarse con una entrevista de demanda de empleo.) ¡Fantástico! ¡Queda usted contratada!

Dee: (Sonriendo, pero pensativa y grave después.) Bueno, pero ¿qué ocurriría si mi jefe quisiera que yo escribiera a máquina y yo no supiera?

Yo: ¿Se refiere al supuesto de que su futuro jefe hubiese cambiado de idea después de haber puesto el anuncio?

Dee: Eso. ¿Qué pasaría entonces?

Yo: ¿Por qué no interpretamos la escena, a ver qué pasa?

Dee: De acuerdo.

Yo: ¿Sabe usted escribir a máquina?

Dee: No.

Yo: Mmm... Nosotros habíamos pensado en una persona que supiese escribir un poco, para que ayudara a las demás chicas de la oficina.

Dee: (Sin ayuda.) ¿Quiere decir esto que no piensa contratarme?

Yo: Sí. Me temo que no satisface usted los requisitos necesarios.

Dee: ¿Qué debo decir ahora? He perdido el empleo. Por mi parte, me levantaría y me retiraría.

Kathy: (Interrumpiéndola.) Dee, aquí está en juego algo más que el hecho de conseguir o perder el empleo. ¿Qué siente usted cuando su entrevistador le dice que no reúne los requisitos indispensables?

Dee: Me pongo furiosa porque ha publicado un anuncio engañoso y me ha hecho perder miserablemente el tiempo con la entrevista

Kathy: Entonces, ¿por qué no le dice usted lo que piensa?

Dee: ¿Por qué no? ¡De acuerdo!

Yo: (Repitiendo.) Sí. Me temo que no reúne usted los requisitos necesarios.

Dee: Esto resulta muy irritante para mí. Me ha hecho usted perder toda una mañana por el hecho de haber dicho una cosa en el anuncio del periódico y decirme luego otra, una vez aquí. Si buscan alguien que sepa escribir a máquina, páguenle por ello. (Pasando a la realidad.) ¿Qué hago ahora?

Kathy: Nada. Limítese a quedarse sentada mirándole a los ojos.

Yo: Bueno, pero usted ya debía saber que entre los trabajos de oficina generales suele estar la mecanografía.

Dee: (Recogiendo el intento de manipulación por parte del entrevistador.) Comprendo por qué dice usted esto, pero su manera de llevar este asunto me resulta irritante.

Yo: Bueno, siento haberla incomodado.

Dee: No dudo de que lo siente, pero su manera de obrar sigue resultándome muy molesta.

Yo: ¿Qué puedo hacer yo? Le presento mis excusas por la molestia que le hemos causado.

Dee: Espero que en el futuro se muestren ustedes más precisos en la descripción de los puestos de trabajo que ofrezcan.

Yo: (Abandonando mi papel.) ¿Qué puedo decir yo, Dee? Me ha acorralado, literalmente.

Kathy: ¿Cómo se siente ahora, Dee?

Dee: Estupendamente bien. No tiene sentido. He perdido el empleo, y sin embargo estoy encantada.

KATHY: ¿No será porque le echó en cara a su entrevistador sus manipulaciones? ¡Piénselo!

Cuando enseño a personas no asertivas a reaccionar como se debe en una entrevista de demanda de empleo, hago hincapié en tres cosas: ante todo, les enseño a escuchar lo que el entrevistador pregunta o dice, y no lo que ellos piensan que este quiere decir con la pregunta o la declaración que hace. En segundo lugar, les enseño a no negar ninguna de sus posibles deficiencias que el entrevistador pueda señalar; y, tercero, pese a cualquier supuesta deficiencia suya, les enseño a explicar a su entrevistador que consideran que siguen siendo la persona ideal para el empleo en cuestión.

Sin la menor modestia, uso mi propia experiencia en entrevistas de demanda de empleo como modelo al cual pueden ajustar su manera de comportarse. Por ejemplo, explico a mis alumnos y pacientes: «Cuando me entrevistaron con vistas a mi puesto actual, una de las preguntas que me hicieron fue: "¿Puede usted enseñar intervención en caso de crisis?"». Y mi respuesta fue un inmediato: «Sí». Me contrataron en el acto. En realidad, no tuvo ninguna importancia el hecho de que tuviera que pasar toda la semana siguiente desempolvando mis conocimientos sobre los métodos de intervención en casos de crisis y arreglándomelas después para que todo el personal de la Clínica de Servicios Psiquiátricos de Los Ángeles fuese adiestrado en intervención en casos de crisis. A mí solo me preguntaron si podía enseñar intervención en casos de crisis, y la verdad era que podía hacerlo. Me limité a escuchar lo que el entrevistador me preguntaba, y no lo que yo creía que quería decir al hacerme aquella pregunta. En cambio, si el entrevistador me hubiese preguntado: «¿Qué experiencia tiene usted en materia de intervención en casos de crisis?» habría contestado: «Muy poca, aparte de las nociones que se nos imparten en la formación clínica general, pero es un tema que me interesa mucho y espero que aquí podré reunir una gran experiencia en la materia». Sí, entonces, el entrevistador hubiese dicho: «Quisiéramos contar con alguien que estuviese en condiciones de poder enseñar intervención en casos de crisis al resto de nuestro personal», habría contestado: «No hay problema. Llevo diez años enseñando psicología y si no me sintiera capacitado para enseñar intervención en casos de crisis, me pondría en contacto con un experto para consultarle, aquí en la clínica, o bien organizaría la asistencia del personal a una reunión práctica con expertos». Transmití al entrevistador un mensaje muy claro, dejando de lado la forma en que respondí y que no importa para el caso: que estaba seguro de poder resolver sus problemas y de que llevaría a cabo lo que él deseaba ver llevado a cabo. La capacidad para resolver los problemas de su organización y para que se haga el trabajo necesario es lo que un entrevistador busca en un aspirante, cualquiera que sea el empleo de que se trate: dependiente, gerente, tenedor de libros, vendedor, operario de reparaciones, conductor de un camión, portero o psicólogo.

En el diálogo que sigue veremos cómo el aspirante a un empleo se enfrenta con una situación en la que a muchos nos gustaría encontrarnos: no comprometerse, de manera asertiva, con un posible patrón, mientras uno elige la mejor de dos ofertas de empleo.

Diálogo 20

Carl se enfrenta con
un productor de cine
manipulativo

Carl es un joven actor de talento que ha interpretado tres papeles en el cine, con gran éxito de crítica. Habida cuenta de este éxito, él y su agente planean una campaña con vistas a su carrera cinematográfica, que comprende el examen y la selección cuidadosos de todos los papeles que se le ofrezcan en el porvenir, con el fin de obtener a través de ellos los máximos beneficios económicos y artísticos o de prestigio profesional.

Carl sabe que tiene talento y posibilidades para llegar a ser un actor muy cotizado. Por desgracia, Carl tiene la impresión de que debe hacer todo lo que deseen los productores con los que está en tratos con el fin de no perder sus simpatías, porque teme que de lo contrario lo dejarían de lado. La convicción de Carl de que debe mostrarse complaciente con los productores no resulta abonada por la realidad. El supuesto del que parte Carl, de que el talento por sí solo no basta para alcanzar el éxito, es completamente correcto. Su supuesto de que la buena voluntad de esos productores es indispensable para su éxito no es correcta. Carl y todos los que se encuentran en su caso disponen de pruebas que demuestran lo contrario, pero las interpretan erróneamente. Los tres actores de la industria cinematográfica que trabajan siempre que quieren y eligen sus papeles son George C. Scott, Marlon Brando y Peter Falk. Estos caballeros se comportan públicamente como si no considerasen indispensable la buena voluntad de los productores ni de ningún otro sector de la industria cinematográfica, y se les considera muy asertivos en sus tratos privados a la hora de discutir papeles y contratos por un igual. Aunque los tres no tienen el mismo talento como actores, sí comparten un elevado grado de asertividad. Para Carl y sus compañeros, estas tres personas aparecen como tipos excéntricos o extravagantes, por el hecho de que no son manipulables y les resulta fácil exigir asertivamente lo que quieren hasta conseguirlo. El propio Carl se siente asombrado al ver que siempre encuentran trabajo, pero no cuenta sus éxitos porque los considera algo peculiar de sus personalidades, y se sitúa a sí mismo en una relación infantil, o filial en el mejor caso, con respecto a sus posibles empleadores.

En la época en que tuvo lugar este diálogo, yo actuaba de consultor para un grupo de estudios teatrales del que formaban parte Carl, que anteriormente había sido estrella musical de Broadway, y otros jóvenes actores y actrices cuyas caras resultaban familiares por los anuncios de televisión en los que aparecían, pero que carecían por completo de renombre. Mi tarea consistía en enseñarles a reaccionar asertivamente frente a los directores escénicos, los comités de lectura, los directores y ayudantes de producción, los productores y todo el ejército de «colaboradores», «expertos», «críticos», etc., con los que debe enfrentarse un actor. Carl me planteó el problema de las presiones y la manipulación a que le estaba sometiendo el productor de una película cuya producción iba a empezar muy pronto. El agente de Carl tenía en negociación dos posibles papeles, uno de ellos con ese productor. Su agente podía recomendarle que aceptara uno con preferencia a otro, ninguno de los dos o hasta los dos si fuese posible coordinar las fechas. El productor, por otra parte, quería que Carl firmara un contrato de producción con él inmediatamente. Entretanto, el agente de Carl proseguía las negociaciones acerca del otro papel posible. Carl no quería confesar al productor que estaba considerando otro papel en lugar del que este le ofrecía, porque temía perder las simpatías del productor con vistas a futuras negociaciones, o que el productor utilizara aquella información para hacer fracasar las negociaciones que estaban en marcha para el otro papel. En resumidas cuentas, Carl tenía el problema de declarar que no deseaba adquirir un compromiso inmediatamente y de conseguir un plazo suficiente para poderse decidir por uno de los dos contratos. Carl había celebrado una entrevista con el productor poco antes de recurrir a mí, había implorado que le permitiera aplazar su decisión, pero le había prometido ir a verle en cuanto le fuese posible. En el grupo teatral ensayamos el siguiente diálogo, para que Carl se ejercitara en mostrarse sistemáticamente asertivo en su decisión de evitar un compromiso prematuro, sin comportarse con rudeza ni de modo demasiado servil, y procurando evitar que el productor se enojara con él o lo insultara. Aunque el ambiente de este diálogo de situación es el marco exótico de los negocios de producción cinematográfica, la aserción sistemática frente a un patrón, actual o futuro, para evitar un compromiso manipulador es igualmente aplicable en casi todas las demás situaciones de la vida.

Escenario del diálogo: Carl está sentado en el despacho del señor Mogul. El productor cruza con paso ágil la sala de espera, saluda a Carl y le invita a pasar a su despacho.

PRODUCTOR: Carl, este es tu papel. Si no te conviene, no te convendrá ningún otro. Arriba están todos entusiasmados pensando que vas a interpretar el papel de Marvin.

CARL: Me alegro. Y *estoy de acuerdo con ellos. También yo creo que podría conseguir una interpretación excelente.* [BANCO DE NIEBLA.]

PRODUCTOR: ¡Fabuloso! No hay más que firmar el contrato y celebrarlo con un trago.

CARL: ¡Estupendo! Lo celebraremos con un trago si firmo el contrato, pero *todavía quiero algún tiempo para pensarlo.* [AUTORREVELACIÓN.]

PRODUCTOR: ¿Para qué necesitas más tiempo para pensarlo? El papel es magnífico, y el trabajo está bien pagado. Hay es tu agente y fue él quien estipuló las condiciones.

CARL: *Cierto,* pero *no quiero comprometerme todavía.* [BANCO DE NIEBLA y DISCO RAYADO.]

PRODUCTOR: Carl, queremos de verdad que tomes parte en esta producción. He luchado de firme, arriba, para que los demás se entusiasmaran contigo. Ahora ya estamos todos contigo. No me dejes plantado ahora después de todo lo que he hecho por ti.

CARL: *No quisiera decepcionarle, Sol,* pero *insisto en que por el momento no quiero comprometerme.* [AUTORREVELACIÓN y DISCO RAYADO.]

PRODUCTOR: Vamos a alquilar el estudio dentro de dos semanas. Necesitamos un compromiso ahora mismo. No te pierdas este papel, Carl.

CARL: *Probablemente tiene usted razón, Sol,* así que, *¿cuánto* *puede esperar para tomar una decisión?* [BANCO DE NIEBLA y COMPROMISO VIABLE.]

Productor: Necesitaré tu firma mañana mismo.

Carl: *No dudo de que la necesite, Sol,* pero yo necesito más tiempo. *¿Qué le parece si le comunico mi decisión antes de que alquilen los estudios?* Son únicamente dos semanas. Me bastarán para decidirme. [BANCO DE NIEBLA y COMPROMISO VIABLE.]

Productor: ¡Imposible, Carl! Tendríamos que interrumpir el rodaje y volver aquí para buscarte un sustituto si no aceptaras, y todo nuestro calendario se iría por los suelos.

Carl: *No comprendo.* ¿No han elegido ningún sustituto por si acaso? [AUTORREVELACIÓN.]

Productor: Aún no. No hemos encontrado a nadie que pueda compararse contigo para este papel. Si no firmas, Carl, vas a perderte una gran oportunidad.

Carl: *Probablemente tiene usted razón, Sol,* pero *repito que necesito algún tiempo para decidir.* A ver ese calendario. Salen ustedes el veintiocho, ¿no es así? Yo *puedo comunicarle mi decisión el veintitrés.* Así, en el caso de que mi decisión fuese negativa, les quedarían cinco días para encontrar un sustituto. ¿Qué me dice? [BANCO DE NIEBLA, DISCO RAYADO y COMPROMISO VIABLE.]

Productor: Es muy justo para mí, Carl.

Carl: *Lo sé, Sol,* pero yo *necesito tiempo, y* usted también. *Así tenemos cierto margen los dos.* [BANCO DE NIEBLA, DISCO RAYADO y COMPROMISO VIABLE.]

Productor: No me das opción alguna. ¡Vaya manera de pagarme lo que he hecho por ti!

Carl: *Tiene usted razón, Sol, y siento mucho tener que obrar así. Ojalá pudiese decirle que firmaré,* pero *no quiero comprometerme todavía.* [BANCO DE NIEBLA, AUTORREVELACIÓN y DISCO RAYADO.]

Productor: Si te decidieras antes, ¿me lo harías saber en seguida?

CARL: Por supuesto, Sol. *En cuanto me decida.* [COMPRO-
MISO VIABLE:]

PRODUCTOR: Contamos contigo para este papel.

CARL: *Lo sé, Sol, y me gustaría interpretarlo,* pero, *simplemente, necesito más tiempo.* [AUTORREVELACIÓN y DISCO
RAYADO.]

Quedé asombrado ante la rapidez con la que Carl aprendió a
captar los elementos de las técnicas asertivas y a emplearlas con
solo unas pocas explicaciones y algunos ejercicios (menos de tres
horas y varias botellas de vino de California). Tal vez esa rapidez
se debiera a su excelente capacidad de actor, estaba familiarizado
con la interpretación de papeles. Para él solo se trataba de apren-
derse un nuevo guión. A fin de cuentas, puede decirse que Carl
aprendió perfectamente su nuevo papel, más asertivo. En su entrevista con el productor, Carl consiguió lo que quería: un apla-
zamiento del compromiso que debía resultar de gran importancia para él. Cuando su agente hubo terminado sus negociaciones
con la segunda productora, los dos decidieron que la segunda
oferta era la mejor, y la aceptaron. Como resultado de ello, Carl
pasó seis meses envidiables en una isla tropical perfeccionando
su arte, trabajando con una estrella importante y un actor consu-
mado y aprendiendo de ellos, sin dejar de cumplir su palabra de
dar su respuesta al primer productor en el plazo convenido.

Aunque la historia del éxito de Carl es interesante y atractiva, el lector puede preguntar, como lo hizo mi editor de Nueva
York (y el propio Carl en la época de la consulta), qué habría
podido decir Carl si Sol, el productor, le hubiese dicho algo por
el estilo: «¡Compromiso, compromiso! ¿Qué quieres decir con
eso, en realidad?». Carl, lo mismo que Carlo en el capítulo sobre el DISCO RAYADO, acabó por comprender que el hecho
de que Sol dijera o le preguntara algo no quería decir que Carl
tuviera que dar una respuesta o reaccionar en consonancia con
lo que el productor le dijera. El siguiente diálogo ilustra brevemente este punto.

Sol: Carl, ¿qué demonios es lo que te detiene? ¡Compromiso, compromiso! ¿Qué quieres decir con eso, en realidad?

Carl: Comprendo que quiera usted una respuesta en el acto, Sol, pero no quiero comprometerme hasta el veintitrés.

Sol: Tu agente está de acuerdo. ¿Acaso no lo estás tú?

Carl: Comprendo lo que siente, Sol. Usted quisiera que firmara ahora mismo, pero no pienso darle mi respuesta hasta el veintitrés.

Sol: ¿Estás pensando en otro papel, acaso? ¿Es esto lo que te detiene?

Carl: Comprendo que esta posibilidad le preocupe, Sol, pero no le daré mi respuesta hasta el veintitrés.

Como puede verse a través de este corto diálogo imaginario, lo único que Carl debe esgrimir frente a todo lo que Sol, el productor, pueda decirle, es una respuesta inflexible y persistente del tipo DISCO RAYADO.

En el siguiente conjunto de diálogos examinaremos un tipo de problemas relacionados con «el ramo del espectáculo», a saber, la manera de enfrentarse asertivamente con numerosos grupos de personas ante las cuales se debe tomar la palabra, pronunciar una conferencia, presentar un informe, etcétera.

DIÁLOGO 21

Susan muestra la forma
de enfrentarse con las críticas
acerca de su capacidad para hablar en público

Recientemente, mi buena amiga y colega Susan Levine fue invitada a dar una charla de dos horas en una reunión local de la Asociación Nacional de Asistentas Sociales. Aunque Sue fue invitada específicamente a hablar de la manera de enseñar a los clientes a ser más asertivos, el tema de charla —la terapia asertiva sistemática— no es el objeto de este diálogo. De lo que se trata aquí es del problema de presentar en público unas opiniones en la debida forma. Varios alumnos, de profesión maestros, gerentes de ventas, etc., que han hablado regularmente en público sobre varios temas, han relatado experiencias idénticas a la de Sue en el empleo de este método para superar la ansiedad frente al público oyente.

Sue no había dado jamás conferencia alguna y, como la mayoría de las personas, se sentía un tanto asustada y desconfiada. No me fue difícil comprender sus sentimientos; me bastó con recordar mi nerviosismo la primera vez que tuve que dirigir la palabra a un grupo de profesionales. Presumí que el problema de Sue consistía en que experimentaba lo mismo, ante la perspectiva de su primera charla en público, lo mismo exactamente que había sentido yo: pese a conocer bien el tema, no estaba segura de sí misma ni de su capacidad de oradora. Aun contando con su experiencia y su competencia, Sue era víctima de la misma aprensión que acomete a todos los que se encuentran en un caso parecido. Tal vez a causa de aquella ansiedad irracional, Susan me pidió que interpretara los papeles manipulativos en su demostración de las técnicas verbales asertivas, es decir, que colaborara con ella en el estrado. Acepté, y finalmente Susan superó su ansiedad, dio una magnífica conferencia en la asociación de asistentas sociales, me regalé en la espléndida cena que siguió a la conferencia, y los dos lo pasamos en grande. No pude menos de observar, sin embargo, y más tarde Susan me confirmó mi observación, que hasta el momento en que hubo explicado la técnica del BANCO DE NIEBLA estuvo un poco tensa. Una vez explicada la técnica mediante los ejercicios adecuados, Susan se mostró completamente tranquila y serena frente a su público y a sus comentarios y preguntas... ¡incluidos los más hostiles! Su actitud más serena fue un resultado de lo que hicimos en los ejercicios de BANCO DE NIEBLA. Sue me pidió, en presencia del público, que criticara su manera de presentar la conferencia, inventando críticas, si era necesario o si no encontraba defectos específicos que achacarle. Como se verá en el diálogo siguiente, mi crítica contra Sue fue peor que todo lo que hubiese podido temer racionalmente de su público. Mi crítica, sin embargo, fue derecha al corazón de la ansiedad irracional que nos inspira a muchos la perspectiva de hablar en público, y Sue supo enfrentarse con mi crítica mediante el BANCO DE NIEBLA y logró eliminar por completo su ansiedad en una situación real, a lo vivo. Una vez que Susan hubo extinguido mi entusiasmo crítico, preguntó al público, con un brillo diabólico en los ojos, si había alguien que deseara relevarme. No hubo ni un solo voluntario.

Si el lector tiene un problema parecido al de Sue (y de otros oradores novatos) puede pedir a su público que critique su conferencia después de haberla dado —o antes, inclusive (ASERCIÓN NEGATIVA), para ayudarle a mejorar su estilo oratorio—. En tal caso, el lector deberá responder a las críticas mediante el BANCO DE NIEBLA (y tal vez con la INTERROGACIÓN NEGATIVA si las críticas se desvanecen demasiado fácilmente). Este método ha sido empleado con buenos resultados en conferencias fingidas o reales, por alumnos que deseaban reducir su ansiedad frente al público. En esta clase de ejercicios, el lector debe hacer que sus amigos o colegas (tantos como pueda reunir) critiquen su estilo y su manera de dar la charla, y responder luego a cada una de las críticas con el BANCO DE NIEBLA, como puede verse en el diálogo de Sue.

Escenario del diálogo: Sue acaba de pedirme que critique su conferencia, es decir, lo que ha dicho hasta ahora, para poder hacer una exhibición del BANCO DE NIEBLA para el público.

Yo: (Con gran pomposidad.) Sue, me alegro de que me pida usted mi modesta colaboración. Estoy seguro de que ello la ayudará a perfeccionar sus dotes oratorias para el futuro.

Sue: *No me cabe la menor duda.* [BANCO DE NIEBLA.]

Yo: Creo que tiene cierta dificultad para pronunciar algunas palabras. Hay momentos en que apenas se la entiende.

Sue: *Probablemente tiene usted razón.* [BANCO DE NIEBLA.]

Yo: No debería emplear palabras que no puede pronunciar. Resulta muy desagradable para el público.

Sue: *Es verdad.* [BANCO DE NIEBLA.]

Yo: Produce la impresión de que trata usted de impresionar a sus oyentes o de intimidarles. No resulta honesto.

Sue: *Cierto, no parece honesto.* [BANCO DE NIEBLA.]

Yo: Y cuando una persona no sabe pronunciar ciertas palabras, en general suele ser un indicio de que en realidad no comprende bien su significado.

Sue: *Es verdad; probablemente empleo palabras cuyo significado no acabo de comprender.* [BANCO DE NIEBLA.]

Yo: Y, además, ¡qué acento tiene usted! Da la impresión de que ha aprendido el inglés en las calles de Filadelfia del Sur.

Sue: En realidad lo aprendí en Elkins Park, pero *no dudo de que tengo cierto acento.* [BANCO DE NIEBLA.]

Yo: Lo cual trae a colación otra cuestión. Tal como habla, produce usted la impresión de que, en general, le falta confianza en lo que está diciendo.

Sue: *Estoy segura de que parezco menos convencida de lo que debería parecer.* [BANCO DE NIEBLA.]

Yo: Hace el efecto de que en realidad no conoce ni comprende todos los matices y las consecuencias del objeto de su presentación.

Sue: *Probablemente tiene usted razón. Es muy probable que se me pasen por alto algunos de los matices más delicados.* [BANCO DE NIEBLA.]

Yo: Si realmente se preocupara por su público, por todas estas personas tan amables que han venido a escucharla, se habría preparado mejor.

Sue: *Es verdad, estoy segura de que podría prepararme mejor.* [BANCO DE NIEBLA.]

Yo: Después de todo, son personas razonables. No les importa que tenga un desliz y cometa algunos errores.

Sue: *Estoy segura de que así es.* [BANCO DE NIEBLA.]

Yo: Pero la falta de estructura de su conferencia resulta irritante. Pasa usted de una cosa a otra. No está bien organizada. Les está usted exponiendo un tema muy interesante.

Sue: *Estoy segura de que paso de una cosa a otra y de que podría estar mejor organizada, y comprendo que el público debe de sentirse irritado y defraudado.* [BANCO DE NIEBLA.]

Yo: Si realmente le interesara lo que está haciendo, debería haber rechazado la invitación a pronunciar esta conferencia y dejado que la dieran personas más preparadas.

Sue: Es *verdad. Si tanto me importara, probablemente no habría aceptado el encargo.* [BANCO DE NIEBLA.]

Yo: Si hubiese sido usted una buena oradora, habría podido arrastrar al público con la fuerza de su personalidad.

Sue: *Cierto, muy cierto.* [BANCO DE NIEBLA.]

Yo: Pero lo que ha hecho ha sido demostrar de manera evidente que el público le inspiraba miedo.

Sue: *Es verdad, estaba un poco asustada.* [BANCO DE NIEBLA.]

Yo: Le digo todo esto como amigo. Así que quiero que me crea.

Sue: *Lo sé, lo sé.* [BANCO DE NIEBLA.]

Yo: En materia de oratoria, es usted perfectamente capaz de subir a un estrado y seguir todo el mecanismo, pero, francamente, ¡no es usted un Winston Churchill!

Sue: *Es verdad. No soy un Winston Churchill. Soy* una Sue Levine. [BANCO DE NIEBLA.]

Al llegar a este punto, la exhibición de BANCO DE NIEBLA se disolvió en un coro de carcajadas y Sue navegó felizmente a través del resto de la conferencia y del coloquio que la siguió; y se mostró animada, exaltada, interesante de escuchar y de ver, disfrutando de veras con la experiencia.

En contraste con el diálogo de Sue sobre oratoria, desarrollado a lo vivo, el siguiente versa sobre la práctica de varias técnicas asertivas con vistas a aprender a tomar la dirección de un grupo de personas, con ocasión de un debate o de presentar un informe, y a responder al mismo tiempo a los comentarios de los oyentes.

DIÁLOGO 22

Ron se enfrenta con comentarios digresivos,
poco pertinentes y críticos durante
la presentación de un informe

Ron es un joven estudiante de administración comercial que está siguiendo un curso de economía. Le resulta muy difícil ponerse al frente de un grupo de personas y organizar un debate o presentar un informe. Ron, como otras muchas personas, teme sobre todo que las personas que le oyen sepan más que él del tema o lo pillen en un error o diciendo una estupidez. El miedo a actuar en público, aun frente a un público reducido, es para muchas personas un grave obstáculo que les perjudica en la escuela y en el trabajo, les impide progresar, en su carrera y hasta les limita socialmente en las sociedades recreativas, benéficas o deportivas a las que se alistan. Inmediatamente antes de presentar una comunicación en un examen oral, en su clase de economía, Ron se ofreció voluntariamente para hacer un ensayo en su grupo asertivo. Con el fin de desensibilizar a Ron respecto a su miedo a hablar en público, se dio instrucciones a los miembros del grupo para que interrumpieran la charla de Ron con comentarios y preguntas que debían ir desde el sarcasmo y la pura estupidez hasta la crítica pertinente e inteligente. Esta clase de interrupciones fueron seleccionadas entre las que un orador puede esperar de diversos públicos y se enseñó a Ron a reaccionar asertivamente frente a ellas. Aunque en la presentación real que hizo Ron en la clase de economía no recibió ni mucho menos el mismo número de preguntas que se le dirigieron en el grupo de prácticas de asertividad, se procuró obligarle a responder asertivamente a preguntas que pudieran desmoralizarle.

El siguiente diálogo es un resumen de un largo informe de más de veinte minutos, con una muestra de los comentarios del público y de las respuestas de Ron que le permitieron dirigir asertivamente el debate, inspirándole confianza en su capacidad para responder a los comentarios que se le hicieran durante la presentación real del informe en la clase.

Escenario del diálogo: Ron se encuentra en plena presentación de su informe cuando los miembros del grupo le interrumpen con preguntas y comentarios.

RON: El otro factor principal del crecimiento económico es la confianza del público en el proceso económico. Podemos ver... (interrupción).

1.er MIEMBRO: ¿Y qué me dice de la influencia de la especulación extranjera en los mercados europeos?

RON: *Aunque estoy seguro de que hay factores exteriores al territorio continental de Estados Unidos que influyen realmente en nuestra economía,* en el presente informe me limito a estudiar los factores domésticos o interiores. [BANCO DE NIEBLA.]

1.er MIEMBRO: ¿No dejamos así fuera de debate cuestiones de la mayor importancia? Quiero decir que así el informe resulta incompleto, con grandes vacíos que llenar.

RON: *No dudo de que hay grandes vacíos en los aspectos que vamos a abarcar,* pero *me he propuesto limitar mi examen exclusivamente a los factores domésticos.* [BANCO DE NIEBLA y DISCO RAYADO.] Y ahora, volviendo a la confianza del público como principal factor... (interrupción).

2.° MIEMBRO: ¿Qué influencia ejerce en la economía, si alguna ejerce, la política de la Comisión de Cambio de Acciones?

RON: He aquí una cuestión interesante. Sin embargo, *me gustaría examinarla más adelante,* conjuntamente con otros factores de regulación. *Le agradeceré que vuelva a hacerme la pregunta cuando lleguemos a este punto.* [AUTORREVELACIÓN.] ¿Alguna otra pregunta antes de que continúe?

3.ᵉʳ Miembro: Sí. Hasta ahora no ha dicho usted nada sobre la estructura fiscal federal preferencial, como poderoso incentivo para el crecimiento económico.

Ron: *Es verdad, no lo he mencionado todavía,* pero *considero que es un punto que requiere un debate de varias horas. Dado el tiempo limitado de que disponemos, creo que sería imposible tratarlo con la profundidad necesaria.* [BANCO DE NIEBLA, AUTORREVELACIÓN y ASERCIÓN NEGATIVA.] Volviendo a la confianza del público... (interrupción).

4.º Miembro: ¿Y qué me dice de la doctrina keynesiana como influencia registrada en los últimos treinta años?

Ron: *He aquí una cuestión acerca de la cual no acierto todavía a ver claro. Tal vez alguno de los demás oradores podría encargarse de comentarla, o, si queda tiempo una vez presentadas las comunicaciones, usted mismo podría hacernos el honor de darnos a conocer sus ideas sobre el tema.* [ASERCIÓN NEGATIVA y COMPROMISO VIABLE.] ¿Más preguntas? ¿No? Sigamos... (interrupción).

5.º Miembro: En su declaración inicial ha dicho usted que su informe abarcaría el período comprendido entre la Administración Roosevelt de 1936 y nuestros días. Roosevelt ocupó la presidencia en 1934, en el punto culminante de la depresión. ¿Por qué partir de 1936?

Ron: ¿Dije 1936? *Fue un error por mi parte, desde luego.* El informe abarca desde 1934 hasta el presente. [ASERCIÓN NEGATIVA.] Volviendo al tema en examen, la confianza del público... (interrupción).

6.º Miembro: ¿Habla usted todavía de la confianza del público?

Ron: A *este paso no voy a llegar muy lejos, ¿verdad? Les agradecería que limitaran sus preguntas al término de cada una de las secciones del informe. Así avanzaremos más deprisa.* Y volvamos ahora a la confianza del público. [ASERCIÓN NEGATIVA, AUTORREVELACIÓN y COMPROMISO VIABLE.]

Al comienzo de esta presentación fingida de su informe frente a un puñado de oyentes hostiles, Ron estaba francamente asustado. Tropezaba con dificultades para exponer su informe y para responder a los comentarios del público. Hacia el final de la sesión de prácticas, el grupo empezó a encontrar más difícil criticar el informe y la presentación de Ron, sobre todo cuando este empezó a sonreír cada vez que alguien le interrumpía. Cuando hubo terminado, aquel grupo deliberadamente hostil de críticos premiaron con una ovación frenética la rapidez y la eficacia con las que había aprendido a enfrentarse con ellos. Después de aquel ejercicio, la presentación del informe de Ron en su clase de economía no tuvo color. Se sintió absolutamente tranquilo al presentar su comunicación sobre los principales factores que influyen en la economía nacional, según su criterio, y hasta gozó con el moderado debate que se desarrolló entre él y sus compañeros de clase sobre el tema. Ron comentó concretamente la satisfacción que le había causado saber que era capaz de reaccionar asertivamente frente a los dos tipos de preguntas manipulativas que recibió de sus compañeros. Estas preguntas corresponden a los dos tipos clásicos: «Sur de Francia» y «Noqueador». Cuando un oyente pregunta: «Pero ¿en qué medida es aplicable eso (que acaba usted de decir) al Sur de Francia?», está tratando de obligar al orador a pronunciarse acerca de zonas ajenas a su experiencia. Los oradores novatos suelen considerar que deben tener una respuesta para todas las preguntas. La pregunta tipo «Sur de Francia» resulta a menudo innecesariamente turbadora e incita al sentimiento de culpa, si uno no es lo bastante asertivo para ser capaz de responder simplemente: «No lo sé». El comentario o la pregunta «noqueadores» suelen ser formulados al orador por un miembro del público que ya conoce (o cree conocer) la respuesta. Generalmente, es un intento deliberado de poner en un apuro al orador y/o de darse tono uno mismo. Las preguntas «noqueadoras» suelen ir precedidas de un monólogo extraordinariamente elevado, a cargo del que pregunta, y que tiene por objetivo exhibir las calificaciones de este para formularlas. La mayoría de las veces uno ni siquiera se entera de cuál es la pregunta, y el orador puede verse realmente en apuros si no es capaz de decir, sin vacilar: «No comprendo la pregunta. ¿Tiene la bondad de repetirla?» o de declarar, como hizo Ron en su diálogo: «Mis ideas acerca de este punto no están claras todavía. Tal vez sea usted tan amable de exponernos las suyas más tarde, si queda tiempo...». Si el «noqueador», presa de pánico, suelta en el acto la respuesta a su propia pregunta, el orador puede replicar simplemente, como hice yo en cierta ocasión: «Gracias. Parece una buena respuesta a su pregunta», y seguir adelante.

Pasando ahora a un aspecto diferente de las relaciones de autoridad, en el siguiente conjunto de diálogos, veremos cómo unos padres y unos maestros asertivos actúan frente a niños y adolescentes, zona de comportamiento que plantea problemas a muchos de nosotros.

DIÁLOGO 23

Padres y maestros
atienden asertivamente
a las quejas formuladas
por niños de corta edad

En este conjunto de situaciones, harto corrientes, un matrimonio, Bert y Sara, responden a las quejas de sus hijas, y Bárbara, una maestra de la escuela elemental, ordena asertivamente a sus alumnos que se ajusten a las normas de clase que ella misma ha establecido.

Bert es profesor de teatro en un colegio local, lleva catorce años casado con Sara y tiene tres hijas, una de cinco años, una de nueve y otra de doce o trece. Tuve ocasión de relacionarme socialmente con Bert y Sara durante varios años. Solíamos pasar juntos algunas veladas, en plan de diversión, o simplemente para charlar mientras echábamos un trago. Cuando estábamos en este plan de tertulia, nuestra charla acababa siempre por versar sobre literatura, y Bert y yo intercambiábamos anécdotas sobre detalles de psicología humana que cabía captar entre bastidores en Hollywood o en la enseñanza y la práctica de la psicología. Tanto Bert como Sara acabaron por interesarse por lo que yo me dedicaba a enseñar a la gente, es decir, las técnicas asertivas sistemáticas. Una noche, a sus hijas les dio por entrar una y otra vez en la sala de estar, con cualquier pretexto, una después de la otra. Después que la última mirada severa de Bert les hubo fulminado y decidido a quedarse para toda la noche en sus cuartos, mi amigo se volvió hacia mí y comentó: «¡Esas crías! Son estupendas, pero a veces me vuelven loco. Simplemente, les encanta exhibirse cuando hay visitas. ¿Acaso eso de la aserción se les puede aplicar también a ellas?». Pregunté a Bert qué era exactamente lo que deseaba que sus hijas dejaran de hacer, y me dijo: «Lo que estuvieron haciendo esta noche. No han cesado de venir a ver qué se perdían no estando aquí. Lo mismo hacen otras veces. Entran siempre con alguna queja a modo de excusa. Si les dices: "Vuélvete a la cama", te exponen sus razones. Cuando envío a una a la cama, entra la otra con alguna nueva queja que exponer. Cuando Sara y yo estamos solos se portan estupendamente, pero cuando hay visitas se comportan como tres marineros de permiso en una escala. Saben que no voy a chillarles en presencia de las visitas. Hasta que sé que se han dormido me siento amenazado por su presencia. Y coartan mi manera de contar un chiste, o de dirigirme a Sara, o incluso de beber. Usted, que es un experto, ¿qué haría en mi caso?». Sonriendo todavía después de haber oído la forma campechana en que Bert me había expuesto su problema y el comportamiento de sus hijas, orientado a llamar la atención de los demás, le dije que ensayara la técnica del BANCO DE NIEBLA, es decir, atender a sus quejas y decir algo así como: «*Comprendo lo que sientes, es muy fastidioso (injusto, incómodo, etc.) tener que quedarse sola (aburrirse, permanecer desvelada, tener que es-*

cuchar el ruido que armamos, etc.), pero quiero que vuelvas a la cama y no aparezcas de nuevo por aquí esta noche, con la gente mayor». Mi sugerencia provocó un debate que duró toda la velada, sobre los hijos, los padres y el extraño cariz que toma a veces la relación de autoridad en este caso.

Varios meses después de aquella charla sobre la educación de los hijos, volvimos a reunirnos y Bert reanudó la discusión en el punto en que la habíamos interrumpido. Señaló que el solo hecho de mostrarse comprensivo con su hija más pequeña resolvía un problema cuando la niña acudía a él berreando porque se había hecho un rasguño en una rodilla. Bert no la tomaba en brazos ni hacía gran caso de sus lloros, y decía simplemente: «Cuando lloras así, mucho daño debe de hacerte», en lugar de: «Pero si no es nada, Marcie; ya eres mayorcita, y no debes llorar por cualquier cosa sin importancia». Marcie dejaba de llorar inmediatamente después de haber oído la primera respuesta de Bert tipo BANCO DE NIEBLA, le miraba, como decía Bert, con asombro y maravilla, y después de recibir una palmadita en la cabeza corría a jugar de nuevo con sus amiguitos. El mensaje que Bert transmitía con su BANCO DE NIEBLA lleno de comprensión —y que Marcie captaba eficazmente— era que su padre comprendía que la rodilla le dolía mucho, consideraba que tenía derecho a quejarse, pero que no podía ni quería hacer nada por ella. Con su manera de obrar y sus palabras, Bert daba a Marcie una importante lección: «En este mundo a veces nos hacemos daño. Yo también me he hecho alguna vez, y por eso sé lo que sientes, pero no puedo quitarte este dolor. Si quieres jugar, tienes que aprender a soportar el dolor».

Sara también estaba entusiasmada con la asertividad y me contó una situación con su hija mayor Katy, en la que el empleo de varias técnicas verbales resolvió un problema ya antiguo para ella. En aquella ocasión, Sara debía encontrarse con Katy, a las tres en punto de la tarde, frente a la boutique Contempo, de Westwood Village, para ir juntas de tiendas. A las tres y cuarto, Sara frenaba bruscamente frente a la tienda y se apeaba a toda prisa de su coche para enfrentarse con la mirada fría, glacial, de una jovencita a la que había hecho esperar demasiado tiempo para su gusto. A continuación reproducimos el diálogo que se desarrolló entre una Sara asertiva y una Katy regañona y quisquillosa.

SARA: Hola, *¿llego tarde, verdad?* [ASERCIÓN NEGATIVA.]

KATY: ¡Y que lo digas! Llevo más de media hora esperándote.

SARA: *Es fastidioso tener que esperar. Comprendo que estés furiosa conmigo.* [BANCO DE NIEBLA.]

KATY: Pero ¿qué es lo que te ha entretenido, si puede saberse?

SARA: Nada. *La culpa ha sido enteramente mía.* Simplemente, no miré el reloj, y cuando me di cuenta ya era tarde. *Una tontería.* [ASERCIÓN NEGATIVA.]

KATY: Me gustaría que llegaras a la hora cuando quedamos en algo. ¡Siempre llegas tarde!

SARA: *¿Sí, verdad? Ha sido un fallo por mi parte no tener más cuidado, sabiendo que me esperabas.* [BANCO DE NIEBLA y ASERCIÓN NEGATIVA.]

KATY: (Guarda silencio.)

SARA: ¿Por dónde prefieres que empecemos? ¿La U.N. o Contempo?

Sara estaba encantada por el hecho de haber descubierto una nueva manera de enfrentarse con una vieja dificultad, una manera diferente de reaccionar que le reportaba dos ventajas. En primer lugar, el hecho de mostrarse más asertiva frente a su hija hacía que Sara se sintiera más contenta de sí misma. Su manera asertiva de reaccionar le hizo comprender que, ciertamente, había exagerado, *pero ¿y qué?* Llegar con quince minutos de retraso en aquella situación no quería decir que el cielo fuese a desplomarse sobre su cabeza. En segundo lugar, su reacción asertiva frente a las quejas de Katy por su retraso había transmitido a Katy el siguiente mensaje: «Sí, tienes razón, he llegado tarde y te he fastidiado, y comprendo lo que sientes, pero no pienso morirme por eso». Y Katy había captado el mensaje. Lo que en ocasiones anteriores había provocado una escena de diez minutos por lo menos, con más o menos interrupciones, gruñidos de Katy y excusas y negativas de Sara, se había resuelto en menos de treinta segundos.

Como había descubierto Bárbara, una maestra de escuela elemental en su primer año de ejercicio de su profesión, los niños pueden mostrarse tan manipulativos y difíciles fuera del ambiente familiar como dentro de él. En la época en que Bárbara aprendía a reaccionar asertivamente frente a los colegiales de todas las edades, fue alumna de uno de mis cursos. Bárbara planteó la cuestión de cómo había que reaccionar frente a los niños cuando estos no cumplen las órdenes del maestro, y nos preguntó: «¿Qué hay que hacer cuando un niño no quiere participar en una actividad de la clase? ¿Cómo puede conseguirse que juegue con sus compañeros durante los recreos?». Después de que Bárbara nos hubo asegurado que el niño en cuestión era un chiquillo sano, de seis años, aparentemente normal y que se resistía pasivamente a hacer lo que ella le ordenaba, le pregunté si ya había ensayado todos los trucos manipulativos que todos conocemos tan bien, como por ejemplo la estructura externa —«según el reglamento es obligatorio jugar»—, o las amenazas —«si no juegas se lo diré a tu madre (o al director)»—, la inducción de sentimientos de culpabilidad —«a todos les gusta jugar con los demás»—; o hacer que se sintiera ignorante —«si quieres llegar a ser algo en la vida debes aprender a jugar con los demás»—; e incluso ansioso —«si no juegas con los demás les caerás antipático y no querrán jugar jamás contigo»—. Bárbara dijo que lo había ensayado todo, sin el menor éxito. Le pregunté entonces por qué en su relación de supervisión y autoridad respecto al chiquillo no le había dicho de manera persistente algo por este estilo: «Yo soy la maestra y tú el alumno. Aquí mando yo. Cuando te digo que quiero que juegues con los demás, debes salir y jugar con los demás. No es preciso que te guste, lo único que importa es que *lo hagas*». Bárbara me lanzó una mirada dudosa, ante esta sugerencia mía, que significaba: «Oiga, imbécil. Es posible que sepa usted mucho sobre la aserción, pero sin duda está usted en la luna en cuanto a la manera de enseñar a los chiquillos». De boquilla, sin embargo, Bárbara accedió a ensayar el método de la comunicación asertiva directa. De no haber sido por un encuentro casual en el curso de una «pausa-café», unas semanas después de terminado el curso, no habría podido hacer más que suposiciones acerca de su éxito en clase con aquel chiquillo y con otros. Mientras tomábamos nuestro café, Bárbara me relató con entusiasmo el siguiente diálogo, que había sostenido con el niño que no quería jugar con sus compañeros.

BÁRBARA: Tommy. ¿No quieres jugar con los demás?

TOMMY: (Da vueltas en un pequeño círculo, y menea negativamente la cabeza.)

BÁRBARA: *Lo comprendo,* pero aquí estás bajo mi cuidado y quiero que juegues a pelota con los demás. [BANCO DE NIEBLA.]

TOMMY: No quiero.

BÁRBARA: Ya *sé que no quieres, Tommy,* pero *aquí mando yo, y quiero que juegues con los demás.* [BANCO DE NIEBLA y DISCO RAYADO.]

TOMMY: (Primera excusa.) Me duele el pie. (Empieza a cojear.)

BÁRBARA: *Ya sé que te duele, no lo dudo,* pero *quiero que juegues con tus compañeros.* [BANCO DE NIEBLA y DISCO RAYADO.]

TOMMY: Me dolerá más si juego. (Cojeando más aún.)

BÁRBARA: *Es posible,* pero aun así *quiero que juegues con ellos. Si te sigue doliendo cuando hayas jugado con ellos, yo misma te acompañaré a la enfermería.* [BANCO DE NIEBLA, DISCO RAYADO y COMPROMISO VIABLE.]

TOMMY: (Segunda excusa.) No me gustan. (Sin cojear.)

BÁRBARA: *Nadie te pide que les quieras, ni siquiera que quieras jugar con ellos. Lo único que yo quiero es que juegues a pelota con ellos.* [BANCO DE NIEBLA y DISCO RAYADO.]

TOMMY: (Tercera excusa.) No me gusta jugar a pelota.

BÁRBARA: *Conforme, nadie te obliga a que te guste; lo único que quiero es que juegues, aunque no te guste.* [BANCO DE NIEBLA y DISCO RAYADO.]

TOMMY: No sé jugar a pelota.

BÁRBARA: *Conforme también. No tienes por qué saber. Yo también juego muy mal a pelota. Al principio cometerás muchas faltas y te sentirás incómodo, como me ocurría a mí cuando aprendí,* pero *quiero que salgas a jugar a pelota.* [BANCO DE NIEBLA, AUTORREVELACIÓN y DISCO RAYADO.]

TOMMY: Pues no quiero ir.

BÁRBARA: *Ya sé que no quieres,* pero yo *sí quiero que vayas. ¿Qué prefieres? ¿Quedarte aquí durante todos los recreos y hablarme así o ir a jugar con los demás?* [BANCO DE NIEBLA, DISCO RAYADO y COMPROMISO VIABLE.]

TOMMY: (Saliendo al patio donde están los demás niños.) Sigo sin querer jugar.

BÁRBARA: ¡Estupendo! Tú piensa lo que quieras. Pero juega.

A medida que íbamos conociendo los detalles de la interacción entre Bárbara y Tommy fue haciéndose más evidente que Tommy se resistía a jugar a pelota con los demás chiquillos porque se consideraba un pésimo jugador. Pregunté a Bárbara si el chiquillo demostró una verdadera incapacidad o falta de coordinación. Barbara contestó, sonriendo: «Al principio, durante la primera semana lo pasó bastante mal, pero cada vez que le veía lograr un tanto, le elogiaba después aplicando mi mejor técnica psicológica. Ahora juega exactamente como los demás. Tiene aciertos y fallos también, como todos».

A la vez que Bárbara se mostraba más asertiva con Tommy,

también fue modificando su comportamiento con los demás alumnos de sus clases cuando surgían conflictos a propósito de los deberes o ejercicios, del comportamiento en clase, etc. Al cabo de unas cuantas semanas de repetidos enfrentamientos asertivos entre ella y sus alumnos, como el que había tenido con Tommy, Bárbara observó que cada vez los chiquillos le planteaban menos problemas cuando les mandaba hacer algo. Según sus propias palabras: «Antes, no decían nada acerca de mí o de lo que les mandaba hacer, pero la mitad de ellos no obedecían. Ahora, cuando les ordeno que hagan algo, obedecen como un solo hombre, aunque refunfuñen y rezonguen. Pueden juzgarme antipática o no gustarles lo que les ordeno, pero lo hacen, y sin remolonear».

Otros maestros han comprobado igualmente que mostrarse asertivos con sus alumnos es la manera de resolver rápidamente los conflictos que surgen en clase, aun tratándose de alumnos ya mayores, que a veces pueden ser muy listos. Uno de nuestros maestros, Zeke, empleaba la asertividad sistemática para enfrentarse con los intentos de manipulación por parte de sus alumnos de bachillerato superior, sobre todo en período de exámenes y de pruebas finales. Zeke nos explicó que no tenía necesidad de entablar largos diálogos con sus alumnos cuando se quejaban o trataban de conseguir que les subiera la nota, y que no debía hacer el menor esfuerzo para responder a sus comentarios y críticas manipulativas acerca de su manera de enseñar y de concebir las pruebas, con breves respuestas como por ejemplo: «Tienes razón. Algunas de las preguntas con doble respuesta a opción (cierto-falso) eran ambiguas, pero no repetiré la prueba», o bien «Es verdad, podía haber aclarado este punto antes de la prueba, pero, después de todo, conseguiste aprobar», o bien: «Comprendo que consideres que llegaste al punto justo entre el notable y el sobresaliente, y que hubieses preferido esto último, pero tendrás que conformarte con el notable que te he puesto», o bien: «Por supuesto, no es justo que por haber estado enfermo tengas que pasar un examen especial, diferente del de los demás, pero no hay más remedio; quiero que hagas este examen». Y aun, en plan de humor, a la clase en general: «No dudo de que muchos de vosotros consideráis que podía haberos tocado en suerte un maestro mejor, que no estuviera rezongando constantemente, pero habéis tropezado conmigo, y conmigo seguiréis, muchachos».

En el diálogo siguiente veremos cómo un padre aprendió a iniciar el proceso de modificar gradualmente las relaciones entre él y su hija adolescente, que hasta entonces habían sido las de un padre con una niña, para convertirlas en relaciones de un adulto que interactúa con otro adulto.

Diálogo 24

*Scotty insta a
su hija adolescente
a ser responsable de su
propio comportamiento*

Scotty es un abogado de treinta y ocho años, casado desde hace quince años con su segunda esposa, Lynn. Scotty tiene dos hijos, una chica, Bunny, de catorce años, y un chico, Dave, de doce, los dos de su segundo matrimonio. De su primer matrimonio no tuvo hijos; y la unión acabó en divorcio al cabo de un año. El segundo matrimonio de Scotty ha sido satisfactorio para los dos cónyuges hasta que Bunny llegó a la pubertad. La preocupación de Lynn por el bienestar de Bunny durante el período de transición de esta, desde su condición de niña a la de mujer, la indujo a ejercer agresivamente cierta presión sobre Scotty. Lynn insistía continuamente para que Scotty regañase fuertemente a Bunny cuando esta violaba las normas referentes a las salidas con chicos, mientras ella, por su parte, recurría a la «huida» verbal, es decir, permanecía callada, sin apenas comunicar a su hija la preocupación que sentía por ella.

Después de debatir la fea costumbre de su hija de no volver a casa a la hora, recomendé que Scotty empleara de manera persistente la AUTORREVELACIÓN, es decir, la revelación de sus sentimientos privados a Bunny acerca de sus salidas con chicos. En la decisión de enfrentarse con el comportamiento irregular de Bunny mediante la comunicación persistente de los sentimientos personales de Scotty acerca del comportamiento de su hija directamente a esta, intervenían diversos factores. Por el hecho de comunicar sus sentimientos personales a Bunny, Scotty la obligaría a relacionarse con él sobre una base de trato entre adultos. Scotty enseñaría así a Bunny a comprender que, si exigía la libertad de un adulto dentro de la estructura de la familia, debería aceptar una parte de las responsabilidades de adulto dentro de esa misma familia, debería responsabilizarse de su propio comportamiento. La responsabilidad de adulto más importante que debería asumir sería la de reglamentar y poner límites a su comportamiento dentro del hogar, a través del proceso del COMPROMISO VIABLE. Era de suma importancia que Bunny aprendiera a funcionar con los adultos en la familia para que *todos ellos* pudieran llegar a una forma de acuerdo sobre el comportamiento que les afectaba a unos y a otros. Dentro de este compromiso asertivo, Bunny aprendería que la independencia asertiva no se alcanza alienándose con ira o apartándose sombríamente de los miembros adultos de la familia. Al contrario, Bunny debía aprender a empezar a establecer un acuerdo con sus padres que le otorgara a ella la máxima libertad de comportamiento realísticamente posible mientras aprendía a hacer uso de aquella nueva libertad de adulto y a hacer frente a todos los problemas consiguientes a esa misma libertad. Bunny, como muchas chicas de su edad, no estaría dispuesta a aceptar como base para la autorregulación de su comportamiento una lista de todos los problemas que se le podían plantear: un embarazo no deseado, por violación, seducción o voluntaria entrega sexual; la farmacodependencia o por lo menos la iniciación a la misma, empujada por la presión social de sus iguales o por el deseo de experimentación; una ficha policíaca por causa de un arresto casual, debido a un comportamiento delictuoso del muchacho con el que saliera; un accidente grave, y aun la muerte, por causa de un error de conducción por parte del muchacho que la acompañara, poco experto en el arte de conducir a causa de su juventud; un trauma emotivo precoz, sufrido antes de que estuviese lo bastante formada como para capear ciertos problemas, etc. Este método basado en los «consejos paternos» fue ensayado anteriormente y pareció no haber hecho mella en Bunny, probablemente a causa del optimismo poco realista de su corta edad. Por otra parte, a causa de su edad relativa y de los problemas que habían vivido, los padres de Bunny tenían una visión más pesimista e igualmente poco realista de las perspectivas de éxito de su hija a medida que esta creciera. Teniendo en cuenta ambos puntos de vista, el optimista y el pesimista, por cada «razón» que Scotty podía dar a Bunny para convencerla de que debía ser más cuidadosa y más responsable, Bunny podía encontrar una «razón» igualmente válida para no serlo, para vivir menos cohibida. Las advertencias y las razones lógicas o estadísticas encaminadas a limitar el comportamiento de Bunny ejercían escasa influencia en ella. Como en el pasado, la inducían más bien a reaccionar a su vez manipulando a sus padres. El único método del que Scotty disponía en la práctica para modificar el comportamiento de su hija consistía en la revelación de sus propios sentimientos como persona, y en la aserción persistente de esos sentimientos y de sus consecuencias. La comunicación más poderosa que podía hacer pesar sobre Bunny para inducirla a reglamentar su propio comportamiento era una revelación persistente de su propia preocupación o trastorno ante el comportamiento de la muchacha cada vez que surgía un conflicto, así como el hecho de que si Bunny seguía causándole preocupaciones en el futuro, Scotty continuaría enfrentándose con ella. Scotty necesitaba hacer comprender claramente a Bunny que mantener su palabra era la única solución para apaciguar la preocupación de su padre a propósito de su transición de la niñez a la condición de mujer, fuese o no fuese racional esa preocupación. La finalidad de la revelación de sus sentimientos de preocupación no era hacer que Bunny se sintiera culpable sino conseguir que se enfrentara con la realidad de los sentimientos de Scotty en un plano adulto. Empleando esta AUTORREVE-LACIÓN ASERTIVA y persistente de sus sentimientos de preocupación y un procedimiento de COMPROMISO VIABLE, Scotty debía conseguir tres cosas muy importantes para su hija y para sí mismo.

En primer lugar, Scotty comunicaría a Bunny que esta tenía un problema. Bunny debería enfrentarse con la preocupación de Scotty cuando llegara a casa tarde. Poco importaba la medida en que Bunny protestara contra su padre, alegando que la preocupación de este era injusta, irrazonable, irracional, ilógica e innecesaria. Bunny debía aprender que la situación se reducía, en resumidas cuentas, al hecho de que su padre se preocupaba por ella. Para no tener que enfrentarse con frecuencia con él, tendría que «preocuparse» de la preocupación de su padre, un «tendría que» impuesto por su padre en lugar de un mero «debería». No había razón alguna para que Bunny se sintiera culpable a causa de la preocupación de su padre o de sus propias aspiraciones de libertad. El hecho era, simplemente, que su padre se preocupaba cuando ella regresaba a casa tarde, y que Bunny debía contar con esta preocupación de su padre, que no cambiaría; debía, pues, encontrar una solución al problema.

En segundo lugar, la revelación de la sincera preocupación de Scotty, debida al comportamiento de Bunny, debía imponer a la relación que existía entre ellos una modificación que la convertiría de una relación autoritaria padre-hija, en una relación más en consonancia con la gradual transición de Bunny y su nueva condición de mujer, en menor grado, una relación estructurada a priori y cada vez más una relación de mayor igualdad, entre adultos.

En tercer lugar, al relacionarse con Bunny según este nuevo tipo de relación entre adultos, y no ya paternofilial, Scotty se obligaba a sí mismo a examinar sus preocupaciones irreales acerca de Bunny, y al mismo tiempo se preparaba emocionalmente para la posible separación de Bunny con respecto de su familia al otorgarle cada vez más la condición de persona adulta y la correspondiente libertad en cada nuevo enfrentamiento asertivo, con el paso de los años.

Para preparar a Scotty con miras a esta nueva relación con su hija, se organizó un diálogo de ensayo con una joven alumna que formaba parte de su grupo de terapia asertiva. Una vez ensayado el diálogo, y cuando Scotty se sintió preparado para interactuar con su hija según el nuevo estilo, le recomendé que hablara a su esposa de la conveniencia de que también ella tomara parte en la solución del problema y que procurara convencerla para que se comportase de manera más asertiva con Bunny.

Escenario del diálogo: En el guión ensayado, Bunny llega a casa con una hora de retraso, y Scotty la está esperando en la sala de estar.

BUNNY: (Abriendo la puerta principal.) Oh... hola, papá.

SCOTTY: Ven, y siéntate aquí conmigo, Bunny. Quiero hablar contigo.

BUNNY: (Fingiendo inocencia e ignorancia.) ¿Acerca de qué?

SCOTTY: ¿Te has divertido esta noche?

BUNNY: Oh, sí. Lo hemos pasado bomba.

SCOTTY: Me alegro. ¿Qué habéis hecho?

BUNNY: Hemos ido al festival de «horrorama», de Hollywood, y después a casa de Rosalie, a bailar.

SCOTTY: Supongo que a eso se debe que hayas vuelto más tarde de lo que dijiste.

BUNNY: ¡Oh, papá, por favor! Ya me has soltado este rollo más de cien veces.

SCOTTY: Quiero que volvamos a hablar de ello.

BUNNY: ¿De veras lo crees necesario? Quiero decir, ¿precisamente ahora? ¿No podemos hablar otro rato? ¡Vas a estropearme toda la fiesta! ¡Con lo bien que lo he pasado!

Scotty: Comprendo. *No quiero aguarte la fiesta,* pero *quiero que hablemos de esto.* [AUTORREVELACIÓN y DISCO RAYADO.]

Bunny: Cada vez que hablamos de mí te pones furioso.

Scotty: Es *verdad,* pero esta vez no me pondré furioso. *Solo quiero hablarte de esta cuestión.* [BANCO DE NIEBLA y DISCO RAYADO.] (En lugar de: «¡Claro que me pongo furioso! ¡Como que nunca me obedeces y siempre vuelves tarde a casa!».)

Bunny: (Sorprendida, pero a la defensiva.) Es que no tiene nada de divertido dejarles a todos y volver temprano a casa. Soy la única que tiene que llegar a casa a las diez y media.

Scotty: *Ya sé que no es divertido,* pero cuando tardas más de lo convenido, *me preocupo por ti.* [BANCO DE NIEBLA y AUTORREVELACIÓN de sentimientos.]

Bunny: (Enojada y con sarcasmo.) Entonces, lo único que puedo hacer es ir al cine y volver enseguida a casa, ¿verdad?

Scotty: Comprendo lo que sientes, pero cuando no llegas a la hora, *no puedo evitar el sufrir por ti.* [DISCO RAYADO.]

Bunny: (Exasperada.) ¡Pues no tienes por qué sufrir!

Scotty: *Ya sé que es una tontería por mi parte,* Bunny, pero *la verdad es que sufro.* Cuando me retienen en la oficina o me retraso por causa del tráfico una hora o más, tu madre siempre teme que haya sufrido un accidente. Hasta ahora, ninguna de las veces que he llegado tarde ha sido por causa de un accidente, y sin embargo tu madre sigue sufriendo por mí. Supongo que eso se debe a que nos queremos y somos importantes el uno para el otro. *Es una tontería de su parte dejar que el temor se adueñe de ella cuando no sabe lo que está pasando, pero es exactamente lo mismo que me ocurre a mí contigo. No puedo menos de preocuparme cuando tardas más de lo convenido.* [ASERCIÓN NEGATIVA y DISCO RAYADO.]

Bunny: Pues hasta ahora, ya ves que nunca me ha ocurrido nada. Nada que justifique tus aprensiones.

Scotty: Comprendo lo que sientes, Bunny, y *lo que dices es verdad,* pero a pesar de ello, cuando no llegas a la hora que has dicho, *sufro por ti.* [BANCO DE NIEBLA y DISCO RAYADO.]

Bunny: Pues yo no tengo la culpa de que sufras. Debes comprender que no me pasará nada.

Scotty: *No es una cuestión de lógica,* Bunny. Es algo que es más fuerte que yo. Estoy encantado cuando sé que has salido y estás pasándolo bien. Pero cuando te retrasas en la hora de volver *es cuando empiezo a preocuparme.* [BANCO DE NIEBLA y DISCO RAYADO.]

Bunny: Pues no tienes que preocuparte.

Scotty: Bunny, hasta ahora, en esta discusión, todavía no te he dicho que no debes volver tarde. Solo te estoy diciendo lo que me pasa cuando te retrasas... *Que me preocupo mucho.* [DISCO RAYADO.] ¿Está claro?

Bunny: Sí, pero no debes preocuparte

Scotty: Y *sin embargo me preocupo;* este es el hecho con el que debes enfrentarte. [DISCO RAYADO.]

Bunny: ¿Por qué no dejas de preocuparte?

Scotty: ¡*Ojalá pudiera! Pero el hecho es que me preocupo...* He aquí el problema que debes tratar de resolver. [ASERCIÓN NEGATIVA y DISCO RAYADO.]

Bunny: (Silencio.)

Scotty: ¿Ves lo que quiero decirte?

Bunny: Sí.

Scotty: Bueno, es algo que me fastidia, y que también te fastidia a ti. Pero es un hecho de la vida con el que tienes que apechugar. Cuando llegas más tarde de lo convenido, *sufro por ti. Y cuando me preocupo, no puedo menos de reprochártelo. Y hasta es posible que acabe por restringir tus salidas.* Ya ves si es sencillo. [DISCO RAYADO.]

Bunny: (Levantándose para retirarse.)

Scotty: Siéntate y escúchame, Bunny. No he terminado. *Cuando llegas tarde, me preocupo. Y cuando me preocupo no pue-*

do menos de echártelo en cara, como ahora. No hay escape. [DISCO RAYADO.]

Bunny: (Mostrándose interesada.) ¿Qué quieres decir?

Scotty: *A mí me disgusta que vuelvas tarde,* y a ti te fastidia volver antes de lo que desearías hacerlo. *¿Por qué no tratamos de hallar una solución que nos convenga a los dos?* [AUTORREVELACIÓN y COMPROMISO VIABLE.]

Bunny: Podrías dejar de preocuparte.

Scotty: No es esto lo que quiero decir, Bunny. También yo podría decir que deberías procurar sentirte encantada de volver a las diez y media. Pero ambas propuestas son poco realistas. Yo no te digo cuáles deben ser tus sentimientos. No pretendas tú obligarme a modificar los míos. *El hecho es que me preocupo por ti.* [DISCO RAYADO.]

Bunny: Bueno... ¿y qué más?

Scotty: Tú deseas quedarte hasta más tarde con tus amigos, y yo deseo que vuelvas a casa a la hora.

Bunny: Podríamos fijar otra hora para mi regreso.

Scotty: Podríamos, pero antes hay que resolver un montón de problemas.

Bunny: (Volviendo a levantarse para retirarse.) Ya me figuraba que dirías que no.

Scotty: *Puede ser,* pero, tal como yo lo veo, significa simplemente que, si quieres volver a casa más tarde, *tenemos que resolver antes otros problemas...* como tu madre. [BANCO DE NIEBLA y DISCO RAYADO.]

Bunny: Mamá nunca me habla de esto. ¿Qué puedo hacer yo?

Scotty: ¿Por qué no le hablas tú a ella de este asunto? Tú quieres tener permiso para llegar más tarde, ¿no?

Bunny: Sí, pero mamá es como tú. Ya sé que tampoco confía en mí.

Scotty: Bueno, ¿y por qué no hablamos de eso los tres?

Bunny: ¿Me dejaréis que vuelva más tarde?

Scotty: *Si aclaramos ciertos puntos.* [DISCO RAYADO.]

Bunny: ¿Por ejemplo?

Scotty: *Por ejemplo, lo que piensa tu madre del asunto, para empezar.* [COMPROMISO VIABLE.]

Bunny: ¿Qué más?

Scotty: Por ejemplo, mi fe en que eres capaz de cumplir la palabra dada. [COMPROMISO VIABLE.]

Bunny: Te dije que era eso lo que pensabas. No confías en mí y me tratas como a una niña.

Scotty: Bunny, hasta ahora solo me has demostrado que eres capaz de llegar más tarde de lo convenido. Esto es lo que haces la mayoría de las veces. Yo *no puedo leer en la mente de las personas. No puedo estar seguro de que no llegarás a las doce y media en lugar de la hora convenida, aunque cambiemos esta hora. Y ya estamos en lo mismo. Yo sufro por ti, y tú sales perdiendo, porque tengo que limitarte más en tus salidas.* [ASERCIÓN NEGATIVA y DISCO RAYADO.]

Bunny: Te prometo que llegaré a las once y media.

Scotty: ¿Cómo puedes convencerme de ello? Por el momento, *me resulta difícil creerte.* [DISCO RAYADO.]

Bunny: Pues yo sé cómo demostrártelo.

Scotty: *¿Por qué no me demuestras que eres capaz de cumplir la palabra dada?* [COMPROMISO VIABLE.]

Bunny: ¿De qué manera?

Scotty: *Llegando a la hora durante una temporada.* [COMPROMISO VIABLE.]

Bunny: ¡Lo único que tú quieres es que llegue a casa a las diez y media!

Scotty: *La hora precisa no es lo más importante para mí, Bunny. Lo importante es que cumplas lo prometido.* [AUTORREVELACIÓN.]

Bunny: Pues entonces déjame que vuelva a las once y media.

Scotty: *Estoy dispuesto a permitírtelo si consigues hacerme creer que volverás a la hora convenida.* [COMPROMISO VIABLE.]

Bunny: Te lo demostraré.

Scotty: ¿Cómo? [DISCO RAYADO.]

Bunny: No lo sé.

Scotty: *¿Por qué no tratas de llegar a la hora convenida durante algún* tiempo? [COMPROMISO VIABLE.]

Bunny: ¿Me creerías si llegara a casa a las diez y media la semana próxima?

Scotty: Tendrías que hacerlo más de una semana. [COMPROMISO VIABLE.]

Bunny: ¿Cuánto tiempo?

Scotty: *¿Qué te parecerían cinco o seis semanas?* Si a mediados del mes que viene no me has hecho sufrir por ti retrasándote en tu hora de volver a casa, estaré dispuesto a cambiar la hora. [COMPROMISO VIABLE.]

Bunny: ¿Y podré llegar a casa una hora más tarde?

Scotty: Si entretanto no dejas de cumplir tu palabra y no *vuelves a hacerme sufrir con tus retrasos,* y si tu madre está conforme. [DISCO RAYADO y COMPROMISO VIABLE.]

Bunny: Mamá nunca accederá.

Scotty: Yo le diré exactamente lo que pienso. *Pero es necesario que tú discutas con ella el problema.* [COMPROMISO VIABLE.]

Bunny: No sé qué decirle.

Scotty: *¿Por qué no hablamos los tres juntos?* [COMPROMISO VIABLE.]

Bunny: ¿Te pondrás de mi parte?

Scotty: En lo que hemos hablado esta noche, sí.

Bunny: Estupendo, papá. Hablemos mañana mismo.

Scotty: Es posible que se necesite más de una conversación para convencer a tu madre de que piensas volver a casa a la hora.

Bunny: Eso es lo que me temo.

Scotty: ¿Quieres probarlo, a ver qué pasa?

Bunny: De acuerdo.

Scotty: Hala, dale un beso a tu padre, y a la cama.

Bunny: De acuerdo.

Poco después de haber aprendido esta nueva manera de relacionarse con su hija adolescente, Scotty acabó su terapia asertiva, y no llegué a saber si llevó a buen término su propósito de llegar a un compromiso con Bunny. Espero que conseguiría el mismo éxito que otros alumnos han conseguido en su trato con adolescentes.

En el capítulo siguiente echaremos una ojeada a lo que Scotty estaba aprendiendo a enseñar a su hija: a descubrir de manera asertiva formas de convivencia con personas que son nuestros iguales.

10

Relaciones cotidianas entre iguales: el arte de llegar a un compromiso o de decir, simplemente, «NO»

Las situaciones en las que resulta más difícil aprender a mostrarse asertivo son aquellas en las que intervienen personas que realmente nos interesan o a las que amamos: nuestros iguales, como padres, amigos, amantes y compañeros. Las relaciones entre iguales son las interacciones con otras personas en las que hay menos estructuras a priori. Cuando surge un conflicto con un igual, ¿cómo «debemos» tratar de resolverlo? Supongamos, por ejemplo, que nuestro compañero de habitación resulta ser homosexual, y no nos enteramos de ello hasta que se nos insinúa. ¿Qué «debemos» hacer? ¿Dónde está el reglamento que fija la manera «correcta» de comportarse con los amigos homosexuales? En un ejemplo menos angustioso, ¿qué debemos hacer si nuestro compañero de habitación quiere que salgamos con una amiga suya (o un amigo en su caso) y la idea no nos entusiasma en absoluto?

O, cosa más frecuente, ¿qué reglas debemos seguir cuando nuestro amigo o nuestro compañero de habitación no cesa de fastidiarnos con algunos de sus hábitos molestos? ¿O cuando se trata de nuestro cónyuge? ¿Cuál es la manera «correcta» de enfrentarse con esta clase de problemas? La respuesta a esta serie de preguntas es, por supuesto, que no existe una manera correcta, y, sobre todo, única, de enfrentarse con estos problemas. Hasta la misma Biblia deja de seguir dando consejos una vez que has recibido el bofetón en la segunda mejilla. En estas interacciones entre iguales, todo es negociable, hasta quién debe encargarse de sacar la basura.

Cuando surge un conflicto entre nuestro compañero o nuestro cónyuge y nosotros, puede resultar difícil encontrar una solución si partimos del supuesto de que todo, incluida la manera de resolver un problema, debe llevarse a cabo ajustándose a un conjunto arbitrario de reglas sobre el matrimonio y las relaciones íntimas; los maridos no «deben» trastornar a sus mujeres, y las esposas siempre «deben» respetar a sus maridos, los amigos siempre «deben» mostrarse amables unos con otros, etc. Pero las reglas arbitrarias pueden hacernos imposible el decirle a nuestro cónyuge lo que realmente deseamos y llegar, en consecuencia, a un compromiso viable para ambos. Mostrarse asertivo en tales situaciones puede permitir aclarar lo que ambas partes desean realmente y llegar naturalmente a un compromiso. Puede tratarse de un problema tan insignificante como el hecho de que deseemos llevar pantalones Levis y un polo color de rosa, pero solo para ir a trabajar o a las fiestas de amigos, mientras que a nuestra esposa nuestro capricho solo la enfurece cuando se trata de ir a visitar a su madre. Para llegar a un compromiso en el caso que hemos puesto por ejemplo, puede ser necesario ante todo agotar todos los «debes» y «no debes» manipulativos no asertivos, como: «Debes vestir como un hombre adulto y no como un niño», o «¿No te importa lo que puedan pensar los demás?», o «¡Nadie debería vestir así!» antes de que, en sustitución de esos «debes» o «no debes», puedan formularse los «quiero» o «no quiero» que preceden a un compromiso. La manipulación empleada para controlar nuestro comportamiento (o que empleamos nosotros para controlar el comportamiento de nuestro cónyuge) generalmente no es maliciosa ni malévola, sino simplemente un resultado, como hemos visto, del adiestramiento recibido en nuestra infancia acerca de la manera de reaccionar cuando nos sentimos inseguros. En mi experiencia clínica en el tratamiento de pacientes no asertivos que emplean gran cantidad de manipulaciones para controlar el comportamiento de otras personas, he observado que la persona manipuladora siente a menudo una ansiedad oculta acerca de determinadas cosas. El manipulador a veces llega a reconocer estas ansiedades, pero carece de un método aceptable o «adecuado» para luchar contra esos temores, y ni siquiera se atreve a confesarlos a sus íntimos; al fin y al cabo, «no hay que» sentirse ansioso, ni tener miedo, ni ser neurótico; es algo que «no está bien visto». Para algunas personas, estas causas ocultas de ansiedad solo se expresan a nivel de sus sentimientos. Este tipo de paciente tiene dificultades para expresar verbalmente qué es, concretamente, lo que causa su ansiedad o su temor. No pueden precisar qué es lo que temen, qué es lo que creen que sucederá si uno hace «determinada» cosa. Por esto se ven obligados a controlar y limitar nuestro comportamiento aunque no sean capaces de decir concretamente por qué es necesario hacerlo.

Los pacientes de más edad a quienes he visto en conflicto con sus hijos adultos experimentan a menudo ansiedades ocultas acerca de la posibilidad de que estos los dejen solos o de tener que depender de ellos económicamente, sobre todo si su marido (o su mujer) está físicamente debilitado o ha fallecido ya. Estas ansiedades ocultas pueden vencerse a veces, si el paciente cuenta con la ayuda de adultos asertivos, que lo apoyen emocionalmente, como por ejemplo sus propios hijos adultos. Muchas veces esas ansiedades ocultas se expresan, por desgracia, bajo la forma de una manipulación exigente y rígida, pero «cariñosa», de los hijos por parte de sus padres ancianos. Otros pacientes más jóvenes, que se muestran manipulativos con su marido o su mujer, a menudo tienen sus propias ansiedades ocultas, centradas en su fútil dependencia con respecto a ellos, de quienes esperan que los protejan de la realidad y que los hagan personalmente felices. Esos seres desgraciados sienten ansiedades acerca de su propio atractivo sexual, ansiedades acerca del amor de su cónyuge hacia ellos y de la posibilidad de que este flirtee con otras personas, ansiedades acerca de sus cualidades como padre o madre, ansiedades acerca de sus realizaciones o frustraciones personales, ansiedades acerca de sus propias limitaciones humanas, y hasta ansiedades por el hecho de sentirse ansiosos. En resumen, la mayoría de las personas no asertivas que he conocido en el ejercicio de mi profesión adoptan una actitud pasiva o manipulativa; no siempre son gente malvada y perversa, sino más bien, en la mayoría de los casos, personas ansiosas, inseguras, que procuran reaccionar lo mejor que saben.

Habida cuenta de la posibilidad de que esta clase de ansiedades ocultas intervengan en las relaciones íntimas, sugiero a los alumnos que se muestren *asertivos y comprensivos* en su trato con las personas queridas, pero sobre todo asertivos. Podemos elevar el nivel de comunicación con nuestra pareja, posiblemente pasiva o manipulativa, empleando una combinación de todas las técnicas verbales asertivas con el fin de poner coto a todo intento de manipulación y de inducir a la persona en cuestión a mostrarse asertiva, a decir qué es lo que quiere, aunque nos lo diga de manera harto crítica para nosotros, y a dejar de mostrarse pasiva o manipulativa. Si reaccionamos asertivamente, pero al mismo tiempo con comprensión, será más probable que expresemos nuestros puntos de vista sin inducir al otro a perder el respeto de sí mismo, y llevándolo a examinar sus deseos o ansiedades ocultas que oponen obstáculos a la comunicación íntima.

También en este caso aconsejo a los alumnos que se ejerciten primero en mostrarse asertivos con las personas que, aun siendo sus iguales, no forman parte de su círculo más íntimo, y a las que, sin embargo, ven a menudo, cada día incluso, por ejemplo, un compañero de trabajo o un conocido. Solo cuando el alumno ha aprendido a afirmarse, a reaccionar asertivamente sin necesidad de violentarse ni de apoyarse en regla alguna acerca de cómo «deben» comportarse el uno con el otro, él y su igual (tal vez incluso frente a una fuerte crítica), recomiendo que se emplee la asertividad en el trato con las personas más queridas.

Pasemos ahora al primer diálogo de este capítulo, un diálogo de adiestramiento que se refiere a un conflicto no estructurado entre iguales: cómo reaccionar frente a un compañero de trabajo y después frente a un amigo íntimo que nos piden prestado el automóvil.

DIÁLOGO 25

Cómo decir «no»
a un amigo que
nos pide prestado
el coche

Uno de los primeros ejercicios que impongo a los alumnos o a los pacientes para aprender a mostrarse asertivos con personas con las que en principio deben mantener unas relaciones de igual a igual, consiste en hacerles representar una situación en la que un amigo, un compañero de trabajo, un primo, un cuñado, etc., trata de conseguir que le preste su coche y para ello recurre intensamente a la manipulación. Prestar una cosa propia, como el coche, cuando uno no desea prestarlo, es un problema frecuente. Muchos alumnos se lamentan de no saber enfrentarse con esta clase de situación. Es posible que tengamos la sensación de que, o bien tendremos que prestar nuestro coche para que nos dejen en paz y que la relación con el otro no quede destruida, o bien tendremos que mostrarnos un tanto irritados antes de que el otro se convenza de que no queremos prestarle el coche. Con el fin de poner término a los sentimientos de ansiedad provocados por esta clase de situación, hago que los alumnos se ejerciten, asertiva y comprensivamente, para decir «no» a una petición de un igual, un compañero de trabajo que puede ser un asociado, tal vez, pero no necesariamente un amigo íntimo.

Escenario del primer diálogo: estamos tomando un café durante una pausa de nuestro trabajo, y nuestro compañero Harry viene a sentarse a nuestra mesa.

HARRY: ¡Hombre, me alegro de verte! Tengo un problema, y empezaba a temer que no encontraría a nadie que me sacara del apuro.

NOSOTROS: ¿Pues qué te pasa?

HARRY: Esta tarde necesitaré tu coche.

NOSOTROS: Hummm. *He aquí un problema,* en efecto, *porque precisamente se da el caso de que no quiero prestar mi coche esta tarde.* [BANCO DE NIEBLA y AUTORREVELACIÓN.]

HARRY: ¿Por qué no?

NOSOTROS: *No dudo de que lo necesites,* pero, *simplemente, no pienso prestarlo.* [BANCO DE NIEBLA y AUTORREVELACIÓN.]

HARRY: ¿Tienes que ir a algún sitio?

NOSOTROS: *Es posible que lo necesite,* Harry. [AUTORREVELACIÓN.]

HARRY: ¿A qué hora lo necesitarías? Te lo devolvería a tiempo.

NOSOTROS: *No lo dudo,* pero, *simplemente, no pienso prestar mi coche esta tarde.* [BANCO DE NIEBLA y DISCO RAYADO.]

HARRY: Hasta ahora, siempre que te había pedido el coche me lo habías prestado.

NOSOTROS: *Cierto, ¿verdad que sí?* [ASERCIÓN NEGATIVA.]

HARRY: ¿Por qué no has de prestármelo hoy? Siempre te lo he devuelto en buenas condiciones, ¿no?

NOSOTROS: *Es verdad,* Harry, y *comprendo que te encuentres en un apuro,* pero, *simplemente, no quiero prestar mi coche hoy.* [BANCO DE NIEBLA, AUTORREVELACIÓN y DISCO RAYADO.]

Hasta aquí nos hemos enfrentado simplemente con un compañero de trabajo manipulativo que desea algo que nos pertenece: un coche, parte de nuestro tiempo libre, parte de nuestro plan de trabajo, la máquina de escribir más nueva de la oficina, o cualquier otra de las mil cosas que otra persona puede desear arrebatarnos. En la mayoría de los casos, el compañero en cuestión no lleva malas intenciones; solo aspira a conseguir algo que tenemos nosotros, y nuestros sentimientos le importan muy poco; es un conflicto en el que la mayoría de los alumnos no tienen ninguna dificultad en negarse a dar razones para justificar o explicar su comportamiento a la otra persona. A la mayoría de las personas, en cambio, les resulta más difícil no dar las razones de lo que piensan hacer a sus amigos, familiares, etc. Para enseñar a los alumnos a enfrentarse con estas situaciones que producen ansiedad y son, por consiguiente, más difíciles, hago que al llegar a este punto del diálogo conviertan a Harry de un simple compañero de trabajo en un buen amigo, y les adiestro a enfrentarse con la manipulación de ese amigo a base de revelar asertivamente sus propios sentimientos de preocupación.

HARRY: Oye, sabes muy bien que soy un chófer excelente, y que nunca le he hecho ni un rasguño a tu coche.

NOSOTROS: *Es verdad,* Harry, *pero el caso es que sufro mucho cuando presto mi coche a alguien, y no quiero volver a sufrir esa tortura.* [BANCO DE NIEBLA y AUTORREVELACIÓN.]

HARRY: Sabes muy bien que te devolveré el coche en estado impecable.

NOSOTROS: *Lo sé. Lo sé muy bien, y sé que es estúpido por mi parte sufrir así pero no puedo evitarlo.* [BANCO DE NIEBLA y ASERCIÓN NEGATIVA.]

HARRY: Entonces, ¿por qué no me prestas el coche?

NOSOTROS: *Porque no quiero tener que pasar ese mal rato.* [AUTORREVELACIÓN.]

HARRY: ¡Pero si sabes muy bien que no lo estropearé!

NOSOTROS: *Tienes razón, Harry. El problema no está en ti,*

sino en mí. Simplemente, sufro mucho cuando presto el coche a alguien, y por eso no quiero prestarlo. [BANCO DE NIEBLA y AUTORREVELACIÓN.]

Harry: Pues tendrás que hacer algo para arreglar eso.

Nosotros: ¿Por ejemplo?

Harry: Ir a ver un psiquiatra o algo por el estilo.

Nosotros: Gracias por la idea. Tal vez lo haga. Tal vez no. Veremos.

Muchos alumnos cuentan que, en aras al respeto que desean poder sentir por sí mismos, quisieran ser capaces de decir «no» a un buen amigo, alguna que otra vez, y no tener que ceder siempre. La dificultad estriba en que tienen un historial casi impecable, una especie de tradición ininterrumpida de «síes» dichos a sus amigos, y, por consiguiente, estos siempre están seguros de conseguir el coche que piden prestado. Algunos alumnos me han preguntado por qué no ha de ser posible enfrentarse simplemente con Harry y decirle a la cara: «Oye, Harry. A veces te pones demasiado exigente. Hay ocasiones en que puedo prestarte el coche, y otras en que no puedo o no quiero. No esperes siempre conseguir de mí todo lo que quieres». El camino que conviene elegir depende en gran medida, como le hizo ver el Gato de Cheshire a Alicia, del lugar al que uno quiere ir. Si queremos modificar el comportamiento manipulativo de nuestro amigo a largo plazo, entonces el método que probablemente resultará más eficaz consistirá en modificar nuestro propio comportamiento con él durante cierto período de tiempo. Si deseamos la satisfacción más inmediata de desahogar nuestros sentimientos de irritación contra Harry por su manera de manipularnos en el pasado, entonces el método más eficaz es hablar con él claramente, sin pelos en la lengua. Difícilmente conseguiremos las dos cosas, es decir, echarle en cara a Harry su manera de tratarnos en el pasado y conservar al mismo tiempo su amistad... Salvo si es un amigo realmente muy amigo, muy íntimo. Este tipo de catarsis emotiva funciona perfectamente en los grupos de sensibilización, pero es imposible transferirlo al mundo real, con nuestras relaciones cotidianas, pues un grupo de sensibilización unilateral no funciona. Harry tendría que desear primero ingresar en nuestro grupo de terapia, para que fuese capaz de llegar a aceptar el desahogo de nuestras emociones. Otra dificultad del sistema de decirle directamente a Harry que «lo mismo puede obtener prestado nuestro coche que no obtenerlo» consiste en que este proceder, además de irritar a Harry, le dejará completamente perplejo. Harry no tendrá ni la más vaga idea de cuál es nuestro problema, y no comprenderá por qué nos comportamos con él de esta manera sin precedentes. Al fin y al cabo, nunca nos robó el coche, ¿verdad? Siempre nos lo pidió prestado, y siempre le habíamos dicho que sí. Si no queríamos prestárselo, ¿por qué no se lo decíamos antes, en lugar de armar ahora tanto barullo por nada? El problema, para la mayoría de los alumnos, es simplemente este: a veces nos inquieta prestar algo a otra persona, según las circunstancias, y otras veces, solo ocurre que no queremos prestárselo, cualesquiera que sean las circunstancias. Cualquier otra solución de este problema que no sea la de modificar nuestro propio comportamiento para adaptarlo a la decisión que tomamos, se parecerá mucho a un intento de controlar el comportamiento de otras personas para nuestra conveniencia. Si, como la mayoría de los alumnos novatos, tenemos el problema de mostrarnos asertivos con nuestros amigos íntimos, debemos decidir qué deseamos dar a nuestros amigos en cada caso, y enfrentarnos asertivamente a las consecuencias de cada decisión; en lugar de pedirle a Harry, por ejemplo, que regule su comportamiento con respecto a nosotros calculando de antemano si le prestaremos el coche o no, hagamos que lea lo que pensamos. Tomar esta decisión es responsabilidad nuestra, y no de Harry. Se trata de nuestro coche. Lo que sea de él depende de nosotros.

Además de prestar a Harry nuestro coche, otras perspectivas se nos abren a los dos. Al final del diálogo anterior, podemos ayudar a Harry de alguna otra manera. Por ejemplo, podemos sugerirle que pida el coche a otra persona, o que nos lo vuelva a pedir a nosotros mañana o la semana que viene para ver si para entonces el coche estará disponible, o cualquier otra solución de compromiso.

Al llegar a esta fase de las prácticas de asertividad, la mayoría de los alumnos formulan la pregunta que cae por su propio peso: «¿Quiere usted decir que nunca debo dar a un amigo la razón por la que quiero hacer algo, o el motivo de lo que quiero hacer?». A esta pregunta doy siempre la respuesta que cae por su propio peso: «Si usted y su amigo tienden a un objetivo común y concreto, y están trabajando en equipo para alcanzar ese objetivo, hay que tener presente que dos cerebros suelen dar mejor resultado que uno solo cuando se trata de hallar la manera de resolver un problema. Pero aquí estamos tratando de situaciones en las que hay un conflicto planteado, y ningún objetivo común. Usted quiere una cosa y su amigo otra. Si usted expone sus razones, su amigo esgrimirá las suyas, igualmente válidas. Exponer razones durante un conflicto para justificar o defender un punto de vista es obrar tan manipulativamente como dar razones para atacar ese punto de vista. Ninguna de esas dos vías es un *"quiero"* asertivo y honrado que pueda conducir a un COMPROMISO VIABLE de intereses para resolver rápidamente el conflicto».

El siguiente y breve diálogo se refiere a una situación de la vida real entre vecinos, en la que una mujer asertiva salió rápidamente al paso de una manipulación que la había pillado por sorpresa, una situación que plantea dificultades a muchos alumnos.

DIÁLOGO 26

*Bobbie se enfrenta
con un vecino que quiere
convencerla para que tale
sus árboles*

Bobbie, la misma ama de casa de suburbio de la que hablamos en el capítulo sobre la INTERROGACIÓN NEGATIVA, nos relató también el siguiente diálogo corto sostenido con otro vecino suyo, el doctor Slick, acerca de —¡sí, lo adivinaron ustedes!— otra piscina.

Escenario del diálogo: Bobbie está plantando unos esquejes de hiedra en su patio delantero cuando el doctor Slick llega en su maravilloso coche deportivo de importación. Aparca, se apea y, acercándose a Bobbie, se presenta en los siguientes términos:

DR. SLICK: Hola, soy un vecino del patio trasero, Stanley Slick, para servirle. Creo que ya conoce usted a mi esposa, Shanda.

BOBBIE: Sí, nos saludamos con frecuencia por encima de la valla. ¿Cómo está usted?

DR. SLICK: ¡Estupendamente! Quería decirle a usted que voy a hacer construir una piscina en nuestro patio trasero, justamente al pie de sus eucaliptos, y que temo que la piscina se va a llenar de hojas...

BOBBIE: ¡Santo Dios! *Y que lo diga. ¡Seguro que se llena de hojas! Su jardinero seguramente tiene que recoger cada semana tres o cuatro canastas de hojas, ¿no es así?* [ASERCIÓN NEGATIVA.]

DR. SLICK: (Interrumpido a media frase, vacila, y cambia de táctica.) Bueno, en realidad las hojas no me preocupan. Lo malo es que sus árboles van a interceptar el sol de la tarde, que es precisamente la única hora en que podré bañarme.

BOBBIE: (Volviéndose en dirección a los árboles.) *Probablemente tiene usted razón. Si construye la piscina junto a los árboles va a tener mucha sombra.* [BANCO DE NIEBLA.]

DR. SLICK: (Vacilando de nuevo mientras sus ojos van de Bobbie a sus árboles, rápidamente, una y otra vez.) Por cierto, que he observado que necesitarían una buena poda.

BOBBIE: *Es verdad.* [BANCO DE NIEBLA.]

DR. SLICK: ¿Los hará podar si pago yo el trabajo?

BOBBIE: No.

DR. SLICK: ¿No?

BOBBIE: No.

DR. SLICK: ¡Oh!

BOBBIE: ¿Cuándo van a empezar la piscina?

DR. SLICK: Mañana.

BOBBIE: *Lástima que no me haya hablado antes de su proyecto.* En la casa donde vivíamos antes hice construir una piscina y no sabe usted los problemas que tuve con ella. *Hubiera podido usted sacar provecho de mis errores.* [AUTORREVELACIÓN y ASERCIÓN NEGATIVA.]

DR. SLICK: Bueno, ya es demasiado tarde para remediarlo. He firmado el contrato y aprobado los planos.

BOBBIE: *Tal vez pueda usted conseguir que la construyan más cerca de la fachada trasera de la casa y más lejos de los árboles, para que estos no les molesten tanto.* [COMPROMISO VIABLE.]

DR. SLICK: (Dirigiéndose hacia su coche.) No lo creo.

BOBBIE: (Con intención.) ¡Impóngase! Si quiere usted que cambien de lugar la piscina, puede conseguir que la cambien. ¡Se trata de su piscina, y de su dinero!

DR. SLICK: Es posible. Lo intentaré. Gracias.

Cuando Bobbie me relató este incidente, se manifestó muy orgullosa de sí misma por la manera serena, casi natural del todo, con la que supo salir al paso de una interacción manipulativa contra la cual no estaba preparada. El doctor Slick se lanzó al ataque contra Bobbie sin previo aviso, sin que Bobbie tuviera tiempo de prepararse. También yo estimo que reaccionó magníficamente.

El siguiente diálogo nos muestra cómo un alumno reaccionó frente a un amigo que le pedía un préstamo comercial, después de haber accedido inicialmente y de haber cambiado luego de idea.

DIÁLOGO 27

Alan y un buen amigo
que le pide un préstamo
comercial

Alan tiene poco más de treinta años, está casado, sin hijos, trabaja en la ordenación electrónica de datos y gana un buen sueldo, parte del cual su mujer y él han ahorrado durante su matrimonio, como garantía para su seguridad y con miras a una posible inversión. Además de sus ahorros, Alan acaba de percibir una herencia de dos mil dólares de un tío suyo.

Escenario del diálogo: Ralph, un buen amigo de Alan, entra en el despacho de este durante la pausa del café y le habla.

RALPH: Alan, ¿recuerdas ese asunto del almacén de excedentes electrónicos del que te hablé?

ALAN: Sí.

RALPH: Pues está al caer, pero necesito mil seiscientos dólares más.

ALAN: ¿De dónde vas a sacarlos?

RALPH: De esto quería hablarte. Tú pones esos mil seiscientos dólares, yo hago todo el trabajo, y te pago el diez por ciento de intereses.

ALAN: Gracias por el ofrecimiento, Ralph, pero *no me interesa.* [AUTORREVELACIÓN.]

RALPH: ¡Pero si es un asunto estupendo! Ya lo hablamos, ¿recuerdas? Tú mismo dijiste que podía dar mucho dinero.

ALAN: *Es verdad,* pero *no me interesa en este momento.* [BANCO DE NIEBLA y AUTORREVELACIÓN.]

RALPH: No puedes perder nada. En seis meses habrás ganado el diez por ciento.

ALAN: Muy *posible,* pero *no me interesa.* [BANCO DE NIEBLA y AUTORREVELACIÓN.]

Ralph: ¿Por qué no? Tienes el dinero. Tú mismo me dijiste la semana pasada que acababas de heredar un par de miles de dólares.

Alan: *Es verdad,* pero lo he pensado mejor y *he decidido no mezclar los negocios con la amistad.* [BANCO DE NIEBLA y AUTORREVELACIÓN.]

Ralph: Si es por esto no te preocupes. Sabes muy bien que no voy a engañarte. Es un trato justo.

Alan: *Estoy de acuerdo contigo en que no tendría que preocuparme,* pero cuando hay dinero en juego *no puedo menos de preocuparme.* Andaría constantemente espiando por encima de tu hombro para ver qué haces con el dinero. Sé que puedo confiar en ti, Ralph, y *sé que soy un tonto al preocuparme de este modo,* pero *yo soy así.* [BANCO DE NIEBLA, AUTORREVELACIÓN y ASERCIÓN NEGATIVA.]

Ralph: Por mí no hay problema. Puedes controlar todo lo que quieras.

Alan: *Ya sé que no te importaría que te controlara, Ralph,* pero *me importaría a mí.* No quiero echar a perder nuestra amistad de esa manera. [BANCO DE NIEBLA y AUTORREVELACIÓN.]

Ralph: Ya sabes que en cuestiones de dinero soy digno de toda confianza. Otras veces me has prestado dinero y siempre te lo he devuelto.

Alan: *Es verdad,* pero esta vez se trata de un préstamo comercial y no de un préstamo entre dos amigos. *Temo que si hacemos negocios juntos, nuestra amistad resulte perjudicada.* [BANCO DE NIEBLA y AUTORREVELACIÓN.]

Ralph: Por mi parte, no hay peligro.

Alan: *Estoy seguro de que a ti no te afectaría,* pero el *problema está en mí.* Si te prestara ese dinero, *sé que mis sentimientos por ti cambiarían. Sé que es una estupidez, que no debería ser así, pero soy así yo, y eso es lo que pienso.* [BANCO DE NIEBLA, AUTORREVELACIÓN y ASERCIÓN NEGATIVA.]

RALPH: Bueno, bueno, si es eso lo que piensas y tan convencido estás, veré si puedo conseguir el dinero de otra manera. No sé cómo, pero lo intentaré.

ALAN: Déjame que hable a varias personas que conozco. Si les interesa les diré que te llamen, ¿vale? [COMPROMISO VIABLE.]

RALPH: Vale.

ALAN: Ralph.

RALPH: ¿Qué?

ALAN: Gracias por habérmelo ofrecido antes mí.

Alan trató de ayudar a Ralph, después de haber sostenido con él este diálogo, llamando a varios de sus socios, y todos le dijeron que no querían tomar parte en el asunto y le felicitaron por el buen criterio que había demostrado al no dejarse arrastrar. Alan apreciaba a Ralph y gozaba con su compañía, tal vez porque Ralph siempre aparecía con ideas y planes nuevos, completamente diferentes del estilo de vida de Alan y de su manera de pensar. Pero esta misma cualidad que para Alan resultaba atractiva en el plano social, no lo era tanto cuando estaba en juego el dinero. Alan sabía que el dinero le preocupaba y no quería que su conservadurismo —tal vez excesivo y, por tanto, poco realista— se interfiriera con la simpatía que siempre había sentido por el alegre Ralph, y por eso, adoptando una acitud asertiva, confesó a Ralph su preocupación y su deseo de conservar la amistad que tanto apreciaba.

En el siguiente conjunto de diálogos veremos cómo algunos alumnos se enfrentaron con una situación muy emotiva y causante de ansiedad que acaso haya planteado un problema a muchos de nosotros: la interferencia de nuestros padres en nuestra existencia de adultos.

*Sandy modifica gradualmente
las relaciones que existen entre ella
y sus padres, y que pasan así
de ser unas relaciones de autoridad
a una interacción entre iguales*

En todas mis clases de asertividad y mis grupos de terapia, más de la mitad de los alumnos no han conseguido establecer una relación de igualdad entre ellos y sus padres. Viven lejos de papá y mamá, a veces desde hace años, y sin embargo sus padres siguen extendiendo el manto de la autoridad suprema sobre las cabezas de sus hijos. En la mayoría de los casos, esos padres no dicen a sus hijos lo que estos deben hacer, pero de algún modo se reservan el derecho a aprobar o criticar sus acciones, aunque sus hijos sean ya personas adultas. Esta ausencia de igualdad en las relaciones con los padres no es simplemente una característica de mis alumnos y mis enfermos jóvenes. Muchas de estas infortunadas personas tienen más de cuarenta y de cincuenta años, y algunas de más de sesenta años siguen sojuzgadas por un tirano de ochenta o noventa y tantos años. Antes de iniciar la terapia asertiva, muchos de esos alumnos ni siquiera sabían dónde estaba el problema; solo sabían que, de algún modo, en cuanto intervenían en algo papá o mamá, ellos acababan por sentirse insatisfechos y humillados; siempre experimentaban un amargo sentimiento de impotencia, y, sin embargo, aceptaban el hecho como algo inevitable. A causa del malestar que esas anticuadas relaciones de autoridad suscitan en muchos alumnos, siempre les obligo a ejercitarse en las diversas técnicas asertivas para salir al paso de la manipulación ejercida por sus padres de una manera nueva, para que no se vean obligados a responder infantilmente, contra su voluntad, ante los caprichos de sus padres. Les aconsejo que ensayen una situación muy común que resolvió satisfactoriamente Sandy, una de mis primeras alumnas. En esta situación, empiezo por enseñar a esos alumnos a decir «No» frente a las peticiones, sugerencias y a veces exigencias manipulativas formuladas por sus padres, quienes se empeñan en que sus hijos vayan a verles con más frecuencia de lo que estos desean.

En la época en que Sandy estaba aprendiendo a comportarse de manera asertiva en sus relaciones con sus padres, que le producían viva ansiedad, tenía veinticuatro años, llevaba once meses casada con Jay, se había graduado en el colegio y trabajaba como profesora sustituta mientras Jay se preparaba para graduarse en administración comercial. El tema principal de las prácticas asertivas de Sandy era su madre. La madre de Sandy exigía toda la atención de esta, sobre todo desde que la hermana mayor de Sandy y su hermano se habían casado, habían fundado un hogar propio y se habían mudado a otra zona del país (seguramente huyendo de su madre). La mujer en cuestión era casi un estereotipo de la clásica madre judía, sin ser de esta raza. Las características maniobras de manipulación que esa madre empleaba con los miembros de su familia, su manera descarada o en ocasiones sutil de suscitar sentimientos de culpabilidad, de ignorancia y de ansiedad en los demás, se ven con frecuencia y no solo en algunas madres judías dentro de su tradicional cultura restrictiva. Lo mismo yo que mis colegas en las disciplinas de salud mental hemos podido comprobar la existencia de esos mismos hábitos en judíos, árabes, gentiles, católicos, protestantes, ateos, orientales, negros, blancos, demócratas (tanto del Norte como del Sur), republicanos, independientes, liberales, conservadores, antifeministas y hasta en mujeres «liberadas»; en resumen, cuanto más inseguros y poco asertivos nos sentimos, tanto más tendemos a obrar como la típica mamá judía, con la única diferencia de que nosotros somos muchísimo más sutiles que ella.

Sandy nos expuso su problema y juntos estudiamos la posibilidad de salir al paso del creciente nivel de manipulación de su madre sin destruir sus relaciones mutuas ni tener que huir de ella como lo habían hecho sus hermanos, al parecer. La fuerte ansiedad que provocaban en ella las relaciones con su madre, obligó a Sandy a practicar muchísimo, antes de poder empezar a modificar su defensa, frente a la manera de manipular su comportamiento empleada por sus padres. En la práctica, cuando empezó a mostrarse asertiva frente a sus padres, Sandy tuvo que soportar media docena de encuentros asertivos similares a las primeras partes de este diálogo antes de poder observar cierta modificación en el comportamiento y la actitud de su madre. El siguiente diálogo, como algunos otros de este mismo capítulo que versan sobre relaciones íntimas (y algunas no tan íntimas) entre iguales, es una condensación y una muestra de los trucos manipulativos empleados por los padres de Sandy durante un período de varias semanas, y de las declaraciones asertivas que Sandy esgrimió para poner coto a su manipulación, así como para inducirles a comportarse a su vez de manera más asertiva con ella y su marido. La totalidad de los diálogos de Sandy se desarrollaron por teléfono. Algunos fueron iniciados por Sandy, pero la mayoría lo fueron por su madre.

Escenario del diálogo: Sandy y Jay están sentados en el sofá de su apartamento mirando la televisión. Suena el teléfono y Sandy acude a la llamada.

MAMÁ: Sandra. Soy tu madre.
SANDY: Hola, mamá. ¿Qué tal?
MAMÁ: Tu padre no está muy bien.
SANDY: Vaya... ¿Qué le pasa?
MAMÁ: No lo sé. Solo que quiere verte este fin de semana.
SANDY: ¿Es grave?
MAMÁ: Será mejor que hables con él.
SANDY: Papá, ¿qué te pasa?
PAPÁ: Nada, mi espalda otra vez. Sospecho que volví a distenderme algún músculo podando el ciruelo.
SANDY: ¡Menos mal! Por lo que decía mamá, pensé que estabas agonizando.

Papá: No es tan grave, ya ves. Solo que me duele bastante. Supongo que vendrás este fin de semana, ¿no?

Sandy: *Ya supongo que te duele, papá. Espero que te mejores cuanto antes,* pero este fin de semana no iré a veros. *Tengo otras cosas que hacer.* [BANCO DE NIEBLA y AUTORREVELA-CIÓN.]

Papá: ¿Qué puede ser más importante que ver a tu madre?

Sandy: *Comprendo lo que sientes, papá,* pero *este fin de semana no iré a veros.* [AUTORREVELACIÓN y DISCO RAYA-DO.]

Papá: (Mostrando irritación.) ¿Así le hablas a tu padre?

Sandy: *Tienes razón, y comprendo que debo haberte parecido poco respetuosa,* pero *no iré este fin de semana.* [BANCO DE NIEBLA, ASERCIÓN NEGATIVA y DISCO RAYADO.]

Papá: Para que lo sepas, tu madre ya ha comprado el pavo para la comida.

Sandy: *Pues no lo sabía.* [AUTORREVELACIÓN.]

Papá: Lo compró precisamente para ti y para Jay. Un pavo enorme. Nosotros solos no podríamos con él.

Sandy: *Por supuesto que no.* [BANCO DE NIEBLA.]

Papá: Si no venís, ¿qué vamos a hacer con el pavo?

Sandy: *No lo sé,* francamente. [AUTORREVELACIÓN.]

Papá: Mamá se va a llevar un gran disgusto.

Sandy: *No lo dudo, papá,* pero *este fin de semana no iremos.* [BANCO DE NIEBLA y DISCO RAYADO.]

Papá: (Aparte, a mamá.) Háblale a tu hija. Dice que no vendrán.

Mamá: Sandra.

Sandy: Sí, mamá.

Mamá: ¿Puede saberse qué te hemos hecho para que te portes así con tu padre? Está enfermo, bien lo sabes. Desde que se le formó ese soplo cardíaco, el año pasado, nos preocupa mucho. Ya sabes que no lo vamos a tener siempre con nosotros.

Sandy: *Ya sé que estás preocupada desde que papá tuvo esos problemas cardíacos, y comprendo que debéis sentiros muy solos desde que Bob y Joan se marcharon,* pero *este fin de semana no iré.* [BANCO DE NIEBLA, AUTORREVELACIÓN y DISCO RAYADO.]

MAMÁ: Tu hermano y tu hermana siempre han venido cuando les he invitado. Ha bastado una sugerencia mía para que vinieran.

SANDY: *Es verdad, mamá. Ya sé que te han hecho mucha compañía,* pero *este fin de semana no iremos.* [BANCO DE NIEBLA y DISCO RAYADO.]

MAMÁ: No está bien que trates así a tu padre.

SANDY: (Con suavidad.) *¿Qué es lo que no está* bien? [INTERROGACIÓN NEGATIVA.]

MAMÁ: ¡Eso de no venir cuando él desea verte!

SANDY: *¿Y por qué no está bien que no vaya cuando él desea verme?* [INTERROGACIÓN NEGATIVA.]

MAMÁ: Una buena hija cristiana (o judía, o budista, etc.) debe ir a ver a su padre.

SANDY: ¿Y en qué sentido el hecho de que no vaya a ver a papá hace de mí una mala hija? [INTERROGACIÓN NEGATIVA.]

MAMÁ: Si nos quisieras, desearías venir a vernos.

SANDY: *¿En qué sentido el hecho de que este fin de semana no quiera veros significa que no os quiero?* [INTERROGACIÓN NEGATIVA.]

MAMÁ: En mi vida había oído cosa semejante.

SANDY: ¿A qué te refieres, mamá?

MAMÁ: ¡Replicarle así una hija a su madre!

SANDY: *¿Qué hay de extraño en el hecho de que te replique?* [INTERROGACIÓN NEGATIVA.]

MAMÁ: Nunca lo habías hecho.

SANDY: (Sin sarcasmo.) *Es verdad, nunca te había replicado hasta ahora, ciertamente.* [BANCO DE NIEBLA.]

MAMÁ: Has cambiado mucho desde que te has casado con Jay. Ya te dije, antes de que te casaras con él, que tendrías que andar con mucho cuidado.

SANDY: *No comprendo. ¿Qué tiene de malo Jay para que tenga yo que andar con tanto cuidado?* [INTERROGACIÓN NEGATIVA.]

MAMÁ: Primero, te ha hecho cambiar mucho, hija.

SANDY: *Eso es verdad, mamá. Jay me ha hecho cambiar,* pero *sigo sin comprender. ¿Qué hay de malo en el hecho de haber cambiado?* [BANCO DE NIEBLA e INTERROGACIÓN NEGATIVA.]

MAMÁ: Sé muy bien que me tiene antipatía. Y ahora te está obligando a elegir entre él o nosotros.

SANDY: *Seguramente hay alguna fricción entre Jay y tú, no lo niego,* pero *si he decidido no ir a veros este fin de semana, la decisión la he tomado yo, y no él.* [BANCO DE NIEBLA y AUTORREVELACIÓN.]

MAMÁ: ¡Después de todo lo que hemos hecho por ti! ¡Enviarte a la universidad! Y todo para eso.

SANDY: *Es verdad, mamá. De no haber sido por ti y por papá no habría podido graduarme. Todavía os agradezco el dinero que me disteis para ir a la universidad.* [BANCO DE NIEBLA y AUTORREVELACIÓN.]

MAMÁ: Si tanto nos lo agradecieras podrías demostrárnoslo.

SANDY: ¿Cómo?

MAMÁ: Viniendo a darle una alegría a tu padre este fin de semana.

SANDY: *Tienes razón, si fuese a verle tal vez le alegraría,* pero *no iré.* [BANCO DE NIEBLA y DISCO RAYADO.]

MAMÁ: Oyéndote hablar así, no me puedo creer que desees vernos.

SANDY: *No este fin de semana en todo caso, mamá.* [AUTORREVELACIÓN.]

MAMÁ: ¿Te hemos hecho enfadar con algo?

SANDY: No, no lo creas. *Solo consigues irritarme, a veces, como ahora, cuando sigues insistiendo después de haberte dicho «no» una y otra vez. Reconozco que es tonto por mi parte tomarlo a mal, porque es tu manera de ser,* pero *de todos modos me fas-*

tidia, francamente. [AUTORREVELACIÓN, ASERCIÓN NEGATIVA y AUTORREVELACIÓN.]

MAMÁ: Bueno, bueno, si tanto te disgusta, perdona, hija. (Lloriqueando.) Yo solo quiero que sigamos unidos, sin que nada nos separe.

SANDY: *Lo sé, mamá. También yo quiero que sigamos unidos. Pero quiero vivir mi propia vida, y para eso a veces tengo que formalizarme y decir «no» a la gente, incluso a ti y a papá. No hay más remedio, que yo sepa. Ojalá lo hubiera,* pero *no lo hay.* [AUTORREVELACIÓN y ASERCIÓN NEGATIVA.]

MAMÁ: No tienes por qué ponerte así conmigo solo porque me preocupo por ti.

SANDY: *Es verdad, no debería enfadarme contigo, mamá, y voy a tratar de no hacerlo, si no me atosigas demasiado. ¿De acuerdo?* [BANCO DE NIEBLA y COMPROMISO VIABLE.]

MAMÁ: ¿Quieres decir con eso que no quieres volver a vernos?

SANDY: *No dudo de que te habré producido esta impresión, pero no es eso lo que quiero decir. Lo que ocurre es que sospecho que debo librarme de una vez de esa impresión de seguir agarrada a tus faldas. Si consigo ir a veros con menos frecuencia durante una temporada, estoy segura de que me libraré de esa sensación de una vez para siempre.* [BANCO DE NIEBLA, AUTORREVELACIÓN y COMPROMISO VIABLE.]

MAMÁ: (Con la voz ahogada en llanto.) ¿Me llamarás por lo menos para decirme cómo estáis?

SANDY: *Te llamaré todas las semanas si eso ha de ayudarte a resistir lo que me propongo hacer.* [COMPROMISO VIABLE.]

MAMÁ: ¿Me lo prometes?

SANDY: *Te lo prometo, y procuraré cumplir mi promesa,* pero *recuerda que a veces se me olvidan las cosas. No soy perfecta.* [COMPROMISO VIABLE y ASERCIÓN NEGATIVA.]

MAMÁ: Por supuesto. Pero ¿lo procurarás?

SANDY: Sí. [COMPROMISO VIABLE.]

Durante los primeros encuentros en los que Sandy reaccionó asertivamente frente a las exigencias de su madre, las cosas no siempre fueron sobre ruedas. Varias veces su madre le colgó el teléfono, y excepto en una sola ocasión en que Sandy volvió a llamarla inmediatamente para seguir mostrándose asertiva con su madre, esta siempre volvió a llamarla a los pocos días como si nada hubiese ocurrido entre ellas. Después de unas cuantas discusiones asertivas por teléfono, Sandy tuvo conciencia de que disminuía progresivamente la presión que sus padres ejercían sobre ella. Su madre hasta dejó de empeñarse en decirle lo que debía hacer para ser una maestra más eficiente. Una vez que este cambio empezó a dejarse sentir, Sandy se dio cuenta de que sus padres sentían cada vez más respeto por ella, por el hecho de hacer las cosas tal como ella quería hacerlas. Si lo que Sandy quería hacer, por ejemplo, ir de tiendas, coincidía con los planes de su madre, las dos eran felices; si no, su madre ya no trataba de forzarla y se arreglaba a su modo, lo mismo que Sandy. Lo que Sandy juzgó más curioso en los resultados de haber afirmado su independencia, fue que hasta su madre judía tenía preocupaciones y temores de *adulto,* a propósito de su edad y de su soledad, que una *hija adulta* podía ayudarla a rechazar en un plano de igualdad entre adultos.

Aunque el problema de Sandy con sus padres fue muy grave para ella antes de que aprendiera a resolverlo, la autoridad que antes atribuía a sus padres no se basaba en ninguna consideración de sexo, pues no son únicamente las mujeres las que tienen este problema con sus padres, como veremos en el diálogo siguiente.

*Paul consigue
finalmente impedir que su padre
se interfiera en su matrimonio
y en su trabajo*

Paul tuvo con sus padres prácticamente el mismo problema que Sandy, la protagonista del diálogo anterior, había tenido con los suyos, hasta que llegó a la edad de treinta años. Antes de que Paul aprendiera a ser más asertivo en sus relaciones con sus padres dependía extremadamente de estos en muchos aspectos de su vida. Sus padres, y no la familia de la novia, habían dispuesto todos los detalles de su boda con Connie, diez años atrás. Ellos eligieron los padrinos de los dos hijos de Paul y Connie. También fueron ellos quienes le ayudaron financieramente varias veces en períodos de crisis del negocio de Paul, y quienes le facilitaron el capital para montar un nuevo negocio cuando el primero acabó en bancarrota. Y todo esto pese al hecho de que los padres de Paul no gozaban de una situación financiera nada segura y estaban lejos de ser ricos. Bajo un punto de vista clínico, era evidente que los padres de Paul tenían un fuerte empeño en que su hijo hiciera las cosas tal como ellos querían que las hiciera, y que Paul fuese, en resumen, la clase de hijo que ellos deseaban que fuese. Toda esa intervención en los negocios de Paul se llevó a cabo de manera altruista y «familiar», con el resultado final de que Paul seguía dependiendo estrechamente de sus padres, aun después de haber alcanzado la edad adulta en sentido cronológico y jurídico. En los diez años de su matrimonio con Connie, Paul se había separado dos veces de esta, y las dos veces el padre de Paul había intervenido y había convencido a su hijo para que volviera con Connie, pese a que Paul había dicho que se sentía muy desdichado con ella. Paul y Connie nunca sostenían violentos altercados conyugales, aunque existían numerosos conflictos entre ambos a propósito del dinero, de la religión, de la educación de los hijos y de la forma en que Paul «debía» pasar sus ratos de ocio: a su gusto o haciendo lo que Connie deseaba que hiciera. Connie dominaba a Paul manipulándole sin enojarse, y Paul reaccionaba frente a Connie de la misma manera que lo hacía frente a sus padres, es decir, «discutiendo» con ella sin levantar la voz, pero cediendo la mayoría de las veces. Conocí a Paul en una sesión de terapia asertiva poco después de haberse cumplido el décimo aniversario de su boda. En la fiesta que para celebrar el aniversario habían organizado sus padres (por supuesto), Paul se emborrachó de mala manera, y la ira y el resentimiento acumulados durante todos aquellos años de sentirse dominado por Connie estallaron finalmente en una salvajada de borrachín. Al cabo de dos horas de oír a Connie insistir en que no debía beber tanto, Paul se acercó al bufet, tomó entre sus manos el pastel de aniversario que su madre había confeccionado para ellos, se acercó a Connie, le dijo: «¡Al infierno!» y le arrojó el pastel a la cabeza. Inmediatamente después, Paul salió de la casa, tomó el coche y se fue a dormir a un motel. Al día siguiente, despejada la borrachera, volvió a casa y dijo a Connie que sentía mucho haber echado a perder la fiesta, pero que si en adelante no dejaba de chincharle «le pegaría un tortazo en la boca». Después de una batalla verbal que duró varias horas, Connie dijo a Paul que estaba mentalmente enfermo y que debía ponerse en tratamiento. Manifiestamente decidido a probar cualquier cosa que pudiera aliviar la situación, Paul fue a ver a un colega mío que, al cabo de unas cuantas sesiones, me lo envió para que lo sometiera a un tratamiento de asertividad. Después de varias semanas de terapia asertiva intensiva, Paul me pidió permiso para traer a Connie a sus sesiones conmigo. Después de discutir por que quería que Connie me viera, se hizo evidente que Paul deseaba que yo fuese el árbitro de sus interacciones. Dije a Paul que les vería a él y a Connie juntos si esta estaba dispuesta a tomar parte en unas sesiones de consultorio conyugal, pero que la experiencia me había enseñado que no obraría el menor efecto terapéutico el hecho de que yo actuara a modo de árbitro entre ellos, es decir, explicarle a uno de ellos en qué obraba mal y al otro en qué obraba acertadamente, etc. Paul reconoció que su petición había sido un intento manipulativo de inducirme a decir a Connie que se portaba mal con él, pero que a su juicio lo del consultorio conyugal podía resultar muy beneficioso para los dos. Paul le habló a Connie de mi propuesta, y Connie accedió a tomar parte en las sesiones terapéuticas. Así pues, les vi a los dos conjuntamente durante cierto número de sesiones semanales. Las cosas rodaron bien durante las primeras sesiones, en las cuales Paul tenía el papel principal, manifestando abiertamente sus sentimientos y mostrándose deseoso de explorarlos junto con Connie, tal vez porque se sentía menos ansioso acerca de sí mismo y de su comportamiento después de las sesiones de terapia asertiva en las que había participado.

Cuando traté de averiguar cómo reaccionaba emotivamente su esposa en su relación conyugal, Connie se resistió a participar, y, específicamente, opuso resistencia a las condiciones que yo había expuesto en nuestro primer encuentro. Yo había explicado que, inicialmente, en el consultorio conyugal el único objetivo que me propondría sería explorar los sentimientos de cada uno de los dos cónyuges respecto a la relación matrimonial. Esta exploración estaba encaminada a ayudar a cada uno de ellos a decidir si deseaban continuar la relación, buscar nuevas maneras de relacionarse entre sí, separarse temporal o permanentemente, divorciarse, o buscar cualquier otra solución. Una vez alcanzado el objetivo de decidir la suerte del matrimonio, o bien Paul y Connie podrían buscar, mediante una terapia conjunta, nuevos modos de convivencia, o bien, si se decidían por esa otra solución, yo me ocuparía por separado de cada uno de ellos para ayudarles a enfrentarse con la crisis de la separación y/o del divorcio. Connie opuso resistencia pasiva a todos los intentos de dejar que Paul llegara a alguna decisión acerca de su matrimonio, o sea, a cualquier decisión que no coincidiera con lo que ella deseaba, es decir, volver a la situación de partida y conseguir que Paul volviera a «comportarse» de conformidad con las normas impuestas por Connie. Esta insistía en que Paul era el «enfermo», el «paciente», el que necesitaba tratamiento para cambiar de ideas. Por su parte, Connie no parecía dispuesta en absoluto a explorar ninguna nueva manera de ver y enjuiciar sus problemas conyugales. Ante la negativa de Connie a examinar su propia contribución a su dilema común, Paul renunció a todo intento constructivo y optó por una separación previa al divorcio. Connie abandonó entonces las sesiones de terapia, mientras que Paul pidió que se le siguiera aconsejando acerca de los hábitos que habían causado sus problemas y quiso seguir aprendiendo a relacionarse con los demás. Paul solicitó concretamente que se le ayudara a ejercitarse a responder asertivamente a su padre y a su manera de entrometerse en sus asuntos matrimoniales, puesto que ya anteriormente había decidido por dos veces divorciarse y su padre se lo había quitado de la cabeza. Paul se adiestró en las técnicas asertivas teniendo presente un objetivo inmediato, que los dos estuvimos de acuerdo en juzgar importante: conseguir la independencia con respecto a la influencia de sus padres sin tener que huir de ellos o enemistarse con ellos, en el supuesto de que ello fuese posible. Una vez que Paul se hubo ejercitado con miras a responder asertivamente frente a las mismas manipulaciones que su padre había empleado anteriormente para influir en su decisión acerca del divorcio (más alguna otra nueva), fue a ver a sus padres, y se impuso frente a las objeciones de estos, pero fue más allá de lo que habíamos previsto en las prácticas. El siguiente diálogo es una versión abreviada de una discusión que se desarrolló una tarde entre Paul y su padre.

Escenario del diálogo: Paul no espera que sus padres se pongan en contacto con él, sino que va a verles a su casa para hablarle a su padre de su decisión de separarse de Connie. Paul entra en la sala de estar con la mirada serena y el paso seguro, su padre se levanta de la butaca y le saluda con frialdad.

Padre: Me preguntaba si tendríamos noticias tuyas directas. Connie ha venido a vernos y nos ha dicho que, después de la última sesión con el médico, has decidido divorciarte. A veces sospecho que te falta algún tornillo en la cabeza, hijo.

Paul: *También yo lo pienso, papá, algunas veces.* [ASERCIÓN NEGATIVA.]

Padre: ¿No volverás a pensar en serio en eso del divorcio, verdad?

Paul: *Acerca del divorcio, no sé. Pero sí estoy decidido a separarme de Connie.* [AUTORREVELACIÓN.]

Padre: ¡Qué tontería! No esperaba eso de ti.

Paul: *Tienes razón, papá, es una tontería, y comprendo que debías de haber esperado que no fuese como soy,* pero *estoy decidido.* [BANCO DE NIEBLA y DISCO RAYADO.]

Padre: Ya pasaste por esa crisis dos veces, y por fortuna, logré convencerte.

Paul: *También en eso tienes razón. Lo intenté dos veces, hasta ahora, y tú me lo quitaste de la cabeza.* Pero *esta vez no será así. He terminado con Connie* [BANCO DE NIEBLA, DISCO RAYADO y AUTORREVELACIÓN.]

Padre: Todo lo que conseguiste siempre, hablando de divorcio, fue crear un cúmulo de problemas innecesarios e inútiles.

Paul: *Es cierto. No supe mostrarme decidido como debía.* [BANCO DE NIEBLA y ASERCIÓN NEGATIVA.]

Padre: Tú no quieres divorciarte.

Paul: *Es verdad, papá. No quiero divorciarme.* Pero *he terminado con Connie. Estoy dispuesto a aceptar lo que sea, trátese de una separación o de un divorcio. Lo que sea.* [BANCO DE NIEBLA, AUTORREVELACIÓN y DISCO RAYADO.]

Padre: Oye, hijo mío. Es evidente que Connie hizo algo que te sacó de tus casillas, o de lo contrario no le habrías puesto por sombrero la tarta de tu madre. Además, estabas borracho como una cuba, o de lo contrario no lo habrías hecho. Estas cosas se olvidan. Debes volver a ser flexible como fuiste siempre.

PAUL: *Papá, Connie me sacó de mis casillas, es verdad; y también es verdad que jamás habría tenido valor para encasquetarle la tarta de no haber estado borracho. Fue una estupidez obrar así en lugar de esperar a que terminara la fiesta. Eché a perder la fiesta, pero ¿qué quieres que te diga? No me arrepiento de lo que hice. Lo único que lamento es que os disgustarais tanto, tú y mamá.* [BANCO DE NIEBLA, ASERCIÓN NEGATIVA y AUTORREVELACIÓN.]

PADRE: No te preocupes por nosotros. Mamá se dio un hartazgo de llorar, y eso fue todo. Connie se puso histérica y le pegó la gran tunda al pequeño Jamie, solo porque este se burló de ella al verla con la cara embadurnada. Tuve que frenarla, porque le hubiera hecho daño de verdad.

PAUL: *He aquí algo que no sabía.* [AUTORREVELACIÓN.]

PADRE: Me lo figuraba. Por eso te lo he contado. Connie es muy buena chica, pero a veces se pone histérica. Esta es una de las razones por la que no puedes divorciarte de ella. ¿Cómo puedes saber que los chiquillos no te necesitarán?

PAUL: *No lo sé. Supongo que Connie y yo tendremos que hablar del problema con mi abogado.* [AUTORREVELACIÓN y COMPROMISO VIABLE.]

PADRE: No conseguirás que te otorguen la custodia, después de haberte emborrachado y de haberle arrojado una tarta a la cabeza a Connie.

PAUL: *Es posible,* pero *mi abogado estudiará la cuestión.* [BANCO DE NIEBLA y COMPROMISO VIABLE.]

PADRE: Escucha, hijo. Hasta ahora hemos andado con rodeos. Créeme. ¡El divorcio es un error! Tú no puedes desear divorciarte. ¡Cometerías un grave error!

PAUL: *Es posible que cometa un error,* pero *¿qué hay de malo en divorciarse?* [BANCO DE NIEBLA e INTERROGACIÓN NEGATIVA.]

PADRE: Hay que pensar en el bien de los hijos.

PAUL: *¿Y qué mal puede hacerles exponerles a esa realidad que es el divorcio?* [INTERROGACIÓN NEGATIVA.]

PADRE: Es algo que arrojará una sombra sobre su vida.

PAUL: *¿Por qué ha de ensombrecer su vida la realidad?* [INTERROGACIÓN NEGATIVA.]

PADRE: Hay que proteger a los chiquillos.

PAUL: *De acuerdo,* pero solo hasta cierto punto. No quiero discutir contigo, pero *creo que les será más nocivo vivir con Connie y conmigo y ver y oír cómo nos tratamos, que saber que vamos a vivir separados.* [BANCO DE NIEBLA y ASERCIÓN NEGATIVA.]

PADRE: Tú no puedes desear hacerles eso a tus hijos.

PAUL: *No lo deseo,* pero *he terminado con Connie.* [BANCO DE NIEBLA y DISCO RAYADO.]

PADRE: ¿Cómo vas a plantearles el problema?

PAUL: *Aún no lo sé. Pero algo haré.* [AUTORREVELACIÓN.]

PADRE: ¿Sabes el disgusto que va a llevarse tu madre si insistes?

PAUL: *Sospecho que no le va a gustar.* [AUTORREVELACIÓN.]

PADRE: Paul, tu madre y yo hemos hecho muchos sacrificios por ti y por Connie. Sobre todo por nuestros nietos. No hagas eso. Inutilizarías todo lo que hemos hecho durante todo este tiempo.

PAUL: *Tú y mamá habéis hecho mucho por mí, papá.* Y os lo agradezco, porque quiere decir que los dos me queréis mucho. [BANCO DE NIEBLA.]

PADRE: Para eso están los padres, hijo. Para ayudaros cuando vemos que las cosas no marchan. Eso es lo que estoy tratando de hacer en este momento.

PAUL: *Ya sé que eso es lo que piensas, papá.* Pero *estoy decidido a adoptar las medidas que juzgo más oportunas, aunque os disguste a ti y a mamá.* [BANCO DE NIEBLA y ASERCIÓN NEGATIVA.]

PADRE: Bueno, he hecho todo lo que he podido. Sé muy bien cómo va a tomarlo tu madre. Muy mal, por supuesto.

PAUL: *No lo sé,* pero *sospecho que estás en lo cierto.* También quería hablarte de otra cosa. [AUTORREVELACIÓN y BANCO DE NIEBLA.]

PADRE: ¿De qué se trata?

PAUL: De la tienda. *Quiero venderla y devolverte el dinero que pagaste por ella.* [AUTORREVELACIÓN.]

PADRE: ¿Por qué quieres hacer tal cosa, con todo lo que te costó levantar el negocio? Ahora te da mucho dinero. Y no tienes por qué devolverme nada.

PAUL: *Sí, ya sé que no tengo que devolverte el dinero,* pero *quiero hacerlo, y es importante para mí.* [BANCO DE NIEBLA y AUTORREVELACIÓN.]

PADRE: Esta es la estupidez más grande que te he oído decir jamás. De todos modos todo lo que poseemos tendrá que pasar a tus manos y a las de los chiquillos algún día.

PAUL: *Estoy de acuerdo contigo en un cien por cien. Es una estupidez y no tiene ningún sentido,* pero *siempre he tenido la sensación incómoda de estar trabajando para ti y no por mí mismo.* [ASERCIÓN NEGATIVA y AUTORREVELACIÓN.]

PADRE: ¡Qué locura! Jamás te he dicho cómo debías llevar tus negocios.

PAUL: *Es de locos, ya lo sé,* pero *eso es lo que siento. Jamás me has dicho nada al respecto, pero siempre he tenido la sensación de que temías que volviera a cometer otro error y que perdiera todo tu dinero.* [ASERCIÓN NEGATIVA, BANCO DE NIEBLA y DISCO RAYADO.]

PADRE: Si el negocio no hubiese marchado, no habría pasado nada. Son cosas que ocurren con frecuencia. Tu madre y yo te prestamos el dinero con mucho gusto, hijo.

PAUL: *¿Estás seguro de que no teníais vuestras dudas acerca de mi capacidad para llevar ese* negocio? [INTERROGACIÓN NEGATIVA.]

PADRE: (A la defensiva.) Tal vez un poco, pero es natural, ¿no?, después de la bancarrota y todo lo demás...

PAUL: *Diste en el clavo. No sería la primera vez que yo echaría*

317

por los suelos un negocio, y no puedo recriminarte que pensaras así. Pero *desde que me prestaste ese dinero para sacarme de apuros, he tenido siempre la impresión de que debía consultarte mis decisiones para asegurarme de que no eran erróneas.* [ASERCIÓN NEGATIVA y AUTORREVELACIÓN.]

PADRE: (Protestando.) Pero...

PAUL: (Interrumpiendo.) *Sé lo que vas a decir y estoy de acuerdo contigo. Es una estupidez pensar así* pero *no puedo evitarlo. Llámalo una actitud neurótica, si quieres.* Pienso cuidarme, no temas, pero entretanto *quiero cambiar las cosas para no sentirme como un chiquillo que siempre tiene que consultárselo todo a su padre.* [ASERCIÓN NEGATIVA y AUTORREVELACIÓN.]

PADRE: (Después de unos instantes de silencio, mirando a Paul pensativamente.) Nunca pensé que tratar de ayudarte fuese algo malo.

PAUL: (Mirando a su padre en silencio.) *No creo que sea nada malo. Yo te agradezco que trataras de ayudarme,* pero *hace que me sienta incompetente. Tal vez lo fui y acaso siga siéndolo, pero no quiero seguir viviendo bajo esta impresión.* [BANCO DE NIEBLA, AUTORREVELACIÓN, ASERCIÓN NEGATIVA y AUTORREVELACIÓN.]

PADRE: Si tan grave es para ti el asunto, ¿por qué no me devuelves de vez en cuando una parte del dinero en lugar de vender el negocio?

PAUL: *¿Por qué te preocupa tanto que venda la tienda?* [INTERROGACIÓN NEGATIVA.]

PADRE: Estoy más tranquilo si sé que cuentas con una buena fuente de ingresos. Si me ocurriera algo y no pudiera seguir trabajando, sé que podría confiar en que nos ayudarías a mamá y a mí. El retiro no es muy suculento, y cuando me jubile tal vez pueda ayudarte un poco en la tienda, para mantenerme ocupado.

PAUL: Papá, si alguna vez estás en apuros, trataré de ayudarte en todo lo que pueda. (Con la voz quebrada.) ¡Qué extraño suena esto! ¡Yo, ayudarte a ti! (Breve pausa.) ¿Qué te parecería lo que voy a decirte? *Podríamos hacer una hipoteca sobre el negocio por la cantidad que te debo. La ponemos a tu nombre en un banco y yo efectúo regularmente pagos, con intereses, a tu cuenta.* De este modo me sentiría mucho mejor. [COMPROMISO VIABLE.]

PADRE: ¿Y cómo arreglarás la cuestión económica con Connie, a la hora del divorcio?

PAUL: Los abogados se ocuparán de eso. Connie podría percibir un tanto por ciento.

PADRE: ¿No te verás obligado a vender la tienda y darle la mitad de lo que saques?

PAUL: Procuraremos que no sea así.

PADRE: Por mi parte, conforme.

PAUL: También por la mía, con una condición. En lo que se refiere a la tienda, aunque trabajes en ella cuando te retires, el amo soy yo. ¿De acuerdo?

PADRE: (Alargando la mano para estrechar la de Paul.) ¡De acuerdo!

Cuando Paul y yo, más tarde, discutimos esta interacción asertiva con su padre, se me hizo evidente que, aunque Paul había dado ya un gran paso en aquella única sesión, seguía teniendo, por lo menos a mi juicio, un problema en las relaciones con su padre. El sentimiento predominante que la interacción de Paul con su padre evocaba en mí era una profunda tristeza; me sentía conmovido. Compadecía a Paul por el tipo de relaciones que sostenía con su padre y también compadecía a su padre, quien, seguramente por la ansiedad que provocaban en él una serie de cosas, había utilizado la vida de su hijo para luchar contra esas ansiedades. Y al sentirme conmovido, había cometido el clásico pecado mortal del terapeuta: la contratransferencia. Me había identificado demasiado con los problemas del cliente. Peor aún, le revelé a Paul mis sentimientos en el siguiente diálogo.

Yo: Creo que estuviste estupendo, Paul, pero tu conversación con tu padre me ha entristecido. ¿Qué tal te sientes tú?

Paul: Después me sentí deprimido. No por lo del divorcio, sino a propósito de mí y de mi padre.

Yo: ¿No has comprendido por qué?

Paul: Sí y no. Al principio estuve encantado de haberme salido con la mía. Después me enfurecí contra él. Y después, simplemente me sentí desdichado.

Yo: Una simple crisis después de un conflicto, supongo.

Paul: No. Sospecho que fue porque pensé que papá podía necesitarme. Cuando me dijo que esperaba que le ayudara si le ocurría algo, me entraron ganas de llorar.

Yo: ¿No sabes por qué?

Paul: No.

Yo: ¿Estás dispuesto a correr un riesgo? Es posible que cuando descubras por qué, te duela.

Paul: No importa.

Yo: ¿Por qué crees tú que tu padre se negaba, simplemente, a aceptar el hecho de que te encontrabas en un apuro y necesitabas divorciarte?

Paul: No lo sé. Lo he pensado mucho.

Yo: ¿Qué le habría costado decir, sencillamente, algo parecido a: «Me hubiese gustado que fueseis capaces de aveniros, tú y Connie. Pero, si crees que no puedes, haz lo que consideres preferible. Lo siento por ti. Si puedo ayudarte, dímelo»?

Paul: No lo sé. Ojalá me hubiese hablado así.

Yo: ¿Qué te dijo para que te entraran ganas de llorar?

Paul: Dijo que necesitaba contar con mi ayuda.

Yo: ¿Lo había dicho ya alguna otra vez?

Paul: Jamás.

Yo: ¿Cuándo dijo eso?

Paul: Cuando yo le pregunté por qué le preocupaba tanto que yo vendiera la tienda y deseara independizarme.

Yo: ¿Te había dicho ya alguna vez que tuviera preocupaciones?

PAUL: No, esta fue la primera vez.

YO: ¿Y eso te hizo sentir ganas de llorar?

PAUL: Ahora mismo, con solo pensarlo, estoy a punto de llorar.

YO: ¿Quieres que deje de hablar?

PAUL: No.

YO: ¿Por qué le preocupaba que pensaras vender la tienda?

PAUL: (Mirándome, inquieto.)

YO: ¿No sospechás cuál era el motivo, pensándolo bien?

PAUL: Sí, pero prefiero no pensarlo.

YO: ¿Conoces el sonido de un martillo cuando golpea acero macizo? ¿El sonido de auténtico?

PAUL: Creo que sí.

YO: Esa sospecha que dices, ¿te suena también así?

PAUL: Creo que sí.

YO: Entonces, dime qué es lo que sospechas. ¿Por qué le preocupaba a tu padre que pensaras vender la tienda?

PAUL: Papá siempre confió en que yo podría ayudarle si alguna vez se encontraba en apuros.

YO: ¿Te lo dijo alguna vez?

PAUL: No, jamás.

YO: ¿Sabes por qué no te lo dijo?

PAUL: No.

YO: ¿Por qué no aceptaba el hecho de que tenías un problema y querías divorciarte?

PAUL: Si me divorciaba de Connie, dividiría la familia y papá ya no podría contar conmigo.

YO: ¿En qué sentido?

PAUL: Yo podría irme a vivir lejos. Y entonces papá no podría contar conmigo.

YO: ¿Qué tendrías que hacer tú antes de poder irte a vivir lejos?

PAUL: Vender la tienda. Exactamente lo que le dije que pensaba hacer.

YO: ¿Y por qué le disgustaba que pensaras vender la tienda?

PAUL: Yo y la tienda en marcha éramos su póliza de seguro para el caso de que no pudiera seguir trabajando o de que se retirara.

YO: ¿Por qué crees tú que cada vez que estabas en apuros te sacaba de ellos y lo hacía todo por ti, en lugar de dejar que te sacaras tú mismo las castañas del fuego como todo el mundo?

PAUL: Yo era su póliza de seguro, y sacarme de apuros era para él como pagar las primas. ¡Así especulaba conmigo, el gran cantamañanas! ¡Todos estos años tomándome el pelo!

YO: ¿Crees que tu padre es un tipo mezquino?

PAUL: No.

YO: Entonces, ¿por qué lo insultas?

PAUL: Porque ha abusado de mí. Dos veces traté de divorciarme y siempre me lo impidió, porque a él no le convenía que lo hiciera

YO: Entonces, ¿por qué te entraron ganas de llorar cuando dijo que podía necesitar tu ayuda?

PAUL: Dijo que estaba preocupado por lo que podía pasar cuando le llegara el retiro.

YO: ¿Crees que te estuvo dominando porque es un hombre mezquino o porque estaba preocupado?

PAUL: Yo nunca me he preocupado tanto por mi futuro. Jamás me ha preocupado lo que me ocurrirá cuando sea viejo.

YO: ¿Sabes por qué te manipula?

PAUL: Sí. No me divierte, pero sé por qué.

YO: ¿Comprendes ahora por qué compadezco a tu padre?

PAUL: También yo le compadezco. ¡Pobre tipo!

YO: ¿Sigues sintiéndote como un chiquillo que debe consultárselo todo a su papaíto?

PAUL: No.

YO: ¿Sabes lo que debes decir si tienes la impresión de que te está controlando?

PAUL: Creo que sí.

YO: ¿Por ejemplo?

PAUL: «Papá, deja ya de preocuparte de lo que yo puedo resolver perfectamente.»

YO: ¿Sigues considerando triste la situación?

PAUL: Sí.

Yo: Realmente, a veces no es agradable.

Paul: Lo que es para mí, no puede ser más desagradable.

Yo: (Pomposamente.) ¿Qué preferirías, vivir feliz y dominado por tu padre, o desdichado pero ser responsable de tu propia vida y capaz de cambiar lo que quieras cambiar?

Paul: (Sarcásticamente.) ¿Qué le parece a usted?

Yo: (Con la mayor gravedad.) Espero que hayas aprendido todo lo que he tratado de enseñarte.

Paul: ¡Empieza usted a hablarme como mi padre!

Yo: (Sonriendo.) Veo que estás aprendiendo muy deprisa. ¿Puedo darte un consejo?

Paul: Por supuesto.

Yo: No permitas que nadie tome tus decisiones en tu lugar, *ni siquiera yo.*

En el siguiente conjunto de situaciones de la vida cotidiana, veremos cómo varias personas hacen frente asertivamente a la manipulación, en una relación que, afortunadamente para la supervivencia de la especie humana, contiene más perspectivas de buenos sentimientos y de intimidad que las relaciones entre Paul y su padre. Nos referimos concretamente a las relaciones sexuales entre hombres y mujeres.

DIÁLOGO 30

*Dana y Beth hacen frente a las
manipulaciones amistosas de sus parejas,
y muchos estudiantes
aprenden a decir «No»*

En este conjunto de diálogos sociosexuales, dos muchachas, Dana y Beth, hacen frente asertivamente y con éxito a sus propios sentimientos confusos acerca de la cama y el matrimonio.

En el segundo diálogo, un psicólogo enseña a unas jóvenes estudiantes, en general poco complicadas, a decir «No», asertiva pero decididamente (si desean decir «No»), a las posibles parejas que puedan tratar manipulativamente de convencerlas para que se acuesten con ellos.

Dana es una jefa de compras, de veintisiete años. Me hizo el efecto de ser una muchacha muy brillante, imposible de clasificar como hermosa o como hogareña por su rostro ni por su figura; interesante y no desprovista de atractivos. Dana describía su propio estilo de vida, sus salidas con amigos del otro sexo, como algo propio de una soltera que tenía que conquistar activamente a los solteros para que saliesen con ella, mediante las cualidades de su personalidad, y no pasivamente gracias a su mera apariencia física. Como es fácil suponer, Dana pasaba muchas veladas sola o en los bares para solteros. Durante las sesiones de terapia asertiva, Dana describió una situación que, al menos para ella, era insólita y halagaba extraordinariamente su vanidad y el respeto que sentía por sí misma. Varias semanas antes del incidente descrito en el diálogo, Dana había conocido a un hombre que la había «puesto en marcha» sexualmente y por quien sintió una atracción general; le gustaron la manera que tenía John de mostrarse atento con ella, su inteligencia y su aspecto físico. Por consiguiente, como resultado a la vez de la escasa confianza que tenía en sí misma y de la atracción física que John ejercía sobre ella, Dana se acostó con él en su primera salida (se habían conocido en un bar para solteros) pese a que, según Dana explicó más tarde, en realidad no deseaba realizar el acto sexual en aquella ocasión. Aquellas relaciones no infundieron en Dana ningún sentimiento victoriano de culpabilidad, pero la disgustaron profundamente: había tenido relaciones sexuales con una persona a la que apenas conocía, y cuando no deseaba tenerlas. Como era de temer, en aquella ocasión Dana no experimentó ningún placer, mientras que su compañero al parecer lo pasó en grande. Como yo sugerí, y Dana reconoció, muchas solteras consideran que las relaciones sexuales con los hombres con quienes salen son como su billete de entrada en una relación con hombres; vienen a ser para ellas como pagar un precio para no quedarse solas, en lugar de compartir mutuamente algo a la vez excitante y tierno. En el caso de Dana, esta actuó a impulsos de una variante actual de nuestra vieja estructura manipulativa y de nuestro antiguo sistema de creencias, variante que consiste en que, actualmente, bajo la égida de la revolución sexual, «lo hace todo el mundo», o bien «si una mujer no se desahoga, acabará neurótica» o «nadie volverá a salir con ella». Después de enfrentarse con esta situación, a veces dolorosa, de una manera más asertiva, Dana llegó a la conclusión de que esta clase de afirmaciones acerca del comportamiento sexual (suyas o de otros) contienen en sí tanta verdad como las afirmaciones manipulativas que muchas personas usaban para dominar su comportamiento en otros sectores de su existencia. En mis estudios clínicos sobre mujeres de todas las edades y circunstancias, solteras, divorciadas o viudas, he observado que algunas de ellas emplean creencias estructuradas de esa clase acerca de las nuevas posibilidades sexuales, a modo de excusa para no participar en otras actividades de interés, actividades susceptibles de provocar en ellas modificaciones que las harían interesantes para otros hombres y no ya bajo un punto de vista meramente sexual. Estructurar unas relaciones primordialmente sobre la base del acto sexual es muy fácil, demasiado. Lo único malo es que unas relaciones de esta clase no duran mucho, al menos para las mujeres (y tampoco para los hombres) que acuden a mi consultorio. El problema, para muchas de ellas, es que quieren conseguir unas relaciones íntimas «instantáneas» y no están dispuestas a pasar por las dudas, las incertidumbres y el duro trabajo que requiere la lenta y a veces dolorosa elaboración de esa clase de relaciones íntimas. Esta, pues, era la situación en la que Dana comprendía que se encontraba, concretamente con John, y con tendencia a generalizarse con respecto a los demás hombres. Sin embargo, Dana consiguió hacer frente perfectamente a esa situación en un segundo encuentro casual con John, y lo consiguió empleando las técnicas verbales asertivas que había aprendido en otras situaciones, sin haberlas practicado especialmente con miras a los problemas del comportamiento sociosexual.

Escenario del diálogo: Dana se encuentra en compañía de una antigua amiga suya, Jan, a la que llevaba años sin ver. Ambas están sentadas en un rincón de un bar para solteros, de Redondo Beach, que Dana frecuentaba en otros tiempos, y charlan con entusiasmo acerca de los viejos tiempos y de los viejos amigos (murmuración), cuando entra John, ve a Dana, se acerca a las dos mujeres, se inclina sobre la mesa y dice:

JOHN: Hola, Dana. ¿Qué hay?

DANA: Hola. Bien, ¿y tú?

JOHN: (Mirando directamente a Jan.) Estupendamente. Oye, ¿quién es tu amiguita? Creo que es la primera vez que la veo.

DANA: (A Jan.) Jan, te presento a Johnny. (A John.) Jan es una vieja amiga. Llevábamos años sin vernos. Nos encontramos por casualidad hace unos minutos.

JAN: Encantada de conocerte, Johnny.

JOHN: (A nadie en particular.) Se me ocurre una gran idea. Podríamos echar unos tragos aquí mismo, los tres juntos, y luego llamaría a un amigo para que se reuniera con nosotros.

DANA: (Sin consultarlo con Jan.) *Sería estupendo, Johnny, pero preferiría seguir charlando con Jan un rato.* [BANCO DE NIEBLA y DISCO RAYADO.]

JOHN: Ese amigo es un tipo estupendo. Jan se alegraría de conocerle.

DANA: *Comprendo lo que sientes,* pero *preferiría seguir charlando con Jan a solas, un rato. Más tarde, si acaso...* [AUTORREVELACIÓN, DISCO RAYADO y COMPROMISO VIABLE.]

JOHN: ¡Lo pasamos tan bien el último día, Dana! Estoy seguro de que Jan se haría cargo. Y podríais veros más tarde.

DANA: (Sonriendo.) *Celebro que tengas tan buen recuerdo de la última vez y comprendo lo que sientes,* pero *hoy quiero charlar con Jan.* [AUTORREVELACIÓN y DISCO RAYADO.]

JOHN: Dana, no irás a creer que voy a permitir que me dejéis plantado, ¿verdad?

DANA: *Comprendo lo que sientes, Johnny,* pero *quiero seguir hablando con Jan.* [AUTORREVELACIÓN y DISCO RAYA-DO.]

JOHN: En todo el local no hay nadie más con quien valga la pena sentarse. ¿Quieres echarme a perder toda la velada? ¿Serías capaz de negarle un vaso de agua a un hombre que se muere de sed?

DANA: *Puede que tengas razón,* pero *sigo deseando charlar un rato con Jan.* [BANCO DE NIEBLA y DISCO RAYADO.]

JOHN: ¡La última vez fue tan estupendo!

DANA: (Sonriendo otra vez y empezando a divertirse.) *Comprendo lo que sientes,* pero *solo quiero charlar con Jan.* Sin embargo, voy a decirte una cosa. *Tengo libre la noche del viernes. ¿Por qué no quedamos para salir?* [AUTORREVELACIÓN, DISCO RAYADO y COMPROMISO VIABLE.]

JOHN: (Pillado por sorpresa.) ¿Cómo? Bueno... ¿Aquí?

DANA: ¿Qué te parece si primero vamos a cenar y luego venimos aquí o vamos a otro lugar?

JOHN: De acuerdo. ¿Pasaré a buscarte a las siete?

DANA: ¿Por qué no me llamas a la oficina antes del viernes y concretamos los detalles? (Anotando su número de teléfono en una servilleta de papel.)

JOHN: De acuerdo.

JAN: Encantada de conocerte, Johnny. Ya nos veremos.

JOHN: Lo mismo te digo.

La experiencia que vivió Dana al afirmar su independencia respecto de una pareja sociosexual sin tener que apelar a la hostilidad y sin acusar a John de sus propios sentimientos confusos ante el hecho de haber sido inducida a acostarse con él, resultó deliciosa para la muchacha. Dana no solo fue capaz de hacer frente a la actitud de John sin necesidad de enviarle al cuerno, sino que inició el proceso de sentar asertivamente unas nuevas bases para sus relaciones futuras. Pregunté a Dana qué había ocurrido después y cómo se había sentido.

Yo: ¿Por qué quisiste que te llamara a la oficina?

Dana: Quería que nos citáramos de manera regular en lugar de encontrarme con él en un bar.

Yo: Y por eso...

Dana: Y por eso quise que me llamara. Para que hiciera algún esfuerzo. Para que tuviera que «pedirme» algo, para variar.

Yo: ¿Y qué ocurrió?

Dana: Me llamó el jueves por la tarde, y adivina lo que me dijo «¿Sigues pensando que te gustaría que fuésemos a cenar juntos mañana?».

Yo: ¿Y...?

Dana: Dije que sí, y concretamos los detalles. Me preguntó si tenía preferencia por algún tipo de restaurantes y le dije que no me gustaban ni el Chasen ni el Frascatti, porque eran demasiado caros.

Yo: (Sonriendo.) ¿Y John soltó un suspiro de alivio?

Dana: No. Estuvo muy bien y dijo que por su parte deseaba ir a un local del Valley que le gustaba, de modo que accedí.

Yo: ¿Y qué pasó?

Dana: Que fuimos allá y lo pasé muy bien en su compañía.

Yo: ¿Y qué más?

Dana: Y después solo fuimos a beber unas copas y charlamos.

Yo: ¿Y qué más?

Dana: ¡Y nada más! ¡Pete, tú solo piensas en una cosa!

Yo: Puede que tengas razón, Dana, pero ¿qué pasó después? ¿Se repitió lo de la primera vez?

Dana: No. Después de la cena dije a John que me gustaba mucho, pero que me había acostado con él solo porque temí que si me negaba no se habría seguido interesando por mí. Pero que no me gustaba nada haber obrado así.

Yo: ¿Y cómo lo tomó John?

Dana: No se enfadó en absoluto. Dijo que sentía mucho que yo no hubiese gozado en aquella ocasión y que si había sido así se lo dijese.

Yo: ¿Y entonces?

Dana: Y entonces le dije que me sentía muy insegura de mí misma, con respecto a él, aunque lo pasáramos bien juntos... probablemente porque me gustaba tanto.

Yo: ¿Se lo dijiste con tu mejor técnica de aserción negativa?

Dana: Exactamente.

Yo: ¿Has vuelto a citarte con él?

Dana: Dijo que volvería a llamarme muy pronto.

Yo: ¿Y cómo lo interpretas tú? ¿Crees que le interesas o que trata de alejarse de ti?

Dana: No lo sé. Es cosa suya. Si no me llama la semana próxima, le llamaré yo y le propondré que vayamos a comer juntos a ver qué pasa.

Yo: Y, en conjunto, ¿cómo ves la cosa?

Dana: Pues muy bien.

Yo: ¿A pesar de no tenerle atado sexualmente?

Dana: Un tipo como John puede acostarse con quien quiera cuando quiera. No quiero competir con nadie en este plano. Si le interesa como Dana y desea proseguir nuestras relaciones, a mí me basta.

Según las últimas noticias, Dana seguía saliendo de vez en cuando con John y con otros, y, cosa más importante, se sentía más cómoda en su papel de pareja sexual asertiva y selectiva, y había dejado de considerarse como un trozo de carne encima del tajo de la carnicería, a punto de ser despachada al cliente.

En su interacción, Dana comunicó su problema a John, quien la ayudó en su propósito de hacer frente a los sentimientos confusos que le inspiraba su relación. Si John no hubiese sido John, sino otro hombre menos maduro y menos seguro de su propia virilidad personal, acaso habría ignorado los deseos de Dana de explorar sus relaciones sobre una base diferente del sexo —intereses comunes, intelectuales, estilos de personalidad, objetivos personales a largo plazo, gustos y aversiones, etc.—. Si John hubiese estado menos seguro del atractivo que ejercía sobre las mujeres, tal vez habría tratado de manipular verbalmente (seducir) a Dana y de llevársela de nuevo a la cama a pesar de los sentimientos confusos que este comportamiento suscitaba en la muchacha. En ese caso, Dana habría podido hacer frente asertivamente a la manipulación sexual de John de la misma manera que había aprendido a hacer frente a la manipulación en otros sectores de su existencia. Habría podido emplear la técnica asertiva sistemática que enseñó a centenares de alumnos de UCLA, en la clase de introducción a la psicología, el doctor Aaron Hass, un colega y amigo que fue uno de mis primeros alumnos licenciados a quienes adiestré en asertividad sistemática en la Clínica de Psicología UCLA. El entonces candidato al doctorado, Hass, y una deliciosa licenciada, también alumna mía, a la que él mismo había reclutado, hicieron el recorrido de las numerosas clases de psicología para enseñar a las jóvenes estudiantes (y sus futuras parejas masculinas) con poca o ninguna experiencia sexual, a decir asertivamente «No» a un compañero empeñado en seducirlas mediante técnicas de manipulación que iban desde el truco de mostrarse «herido» hasta las declaraciones encaminadas a suscitar sentimientos de culpabilidad o de ignorancia, y las acusaciones más o menos veladas. Aunque el doctor Hass hacía observar que la mayoría de los hombres no se muestran tan empeñados en llevarse a la cama a una mujer como el hombre cuyo papel encarnaba él en la demostración, consideraba importante demostrar cómo cabía emplear la asertividad aun en el caso extremo, en el que un hombre o un muchacho frustrado se muestra irritado contra su pareja. El siguiente diálogo sobre esta situación fue interpretado por mi colega Susan Levine y por mí en una reunión práctica profesional sobre terapia asertiva sistemática. Los trucos manipulativos que yo empleé en este diálogo fueron parecidos a los que empleaba el doctor Hass en UCLA. Las reacciones asertivas frente a esta manipulación son las que Susan Levine eligió para demostrar el empleo de varias técnicas verbales asertivas como defensa frente a un seductor atractivo pero molesto.

Escenario del diálogo: Sue y yo estamos sentados a una mesa situada en la cabecera del aula, y que representa el diván de su salita de estar. Acabamos de volver a su apartamento, al salir del cine, y Sue me ha invitado a tomar una copa. Después de unos tragos, me arrimo a Sue y trato de besarla, pero la muchacha me aparta.

Yo: ¿Qué ocurre?

Sue: (Sonriendo amistosamente.) Esta noche no me siento con ganas.

Yo: Pues yo creía que lo habíamos pasado muy bien, ¿no?

Sue: *Es verdad. Lo he pasado muy bien esta noche.* [BANCO DE NIEBLA.]

Yo: Entonces, ¿qué te pasa?

Sue: No comprendo. *¿Qué hay de malo en que esta noche no me sienta con ganas?* [INTERROGACIÓN NEGATIVA.]

Yo: Pero ¿por qué no? Creí que me amabas.

Sue: Y *te amo*, pero, *simplemente, esta noche no me apetece acostarme contigo.* [BANCO DE NIEBLA y DISCO RAYADO.]

Yo: ¡Con lo bien que lo pasaríamos!

Sue: *Sí, es posible,* pero *esta noche no quiero acostarme contigo.* [BANCO DE NIEBLA y DISCO RAYADO.]

Yo: Creo que sería una experiencia fantástica para los dos.

Sue: *Una vez más, es posible que tengas razón,* pero, *simplemente, no me apetece.* [BANCO DE NIEBLA y DISCO RAYADO.]

Yo: ¿Qué hay de malo en que lo pasemos bien?

331

Sue: *Nada, que yo sepa.* [BANCO DE NIEBLA.]

Yo: Entonces, ¿por qué me rechazas?

Sue: *No lo sé. Solo sé que esta noche no tengo ganas de acostarme contigo.* [AUTORREVELACIÓN y DISCO RAYADO.]

Yo: Pues yo considero que es perfectamente natural hacerlo cuando dos personas se quieren como tú y yo.

Sue: No comprendo. *¿Es que te parece antinatural que no tenga ganas de acostarme* contigo? [INTERROGACIÓN NEGATIVA.]

Yo: Podríamos dar rienda suelta a nuestros sentimientos y conocernos mucho mejor si nos acostáramos juntos.

Sue: *Es posible. También yo deseo dar rienda suelta a nuestros sentimientos, pero no si para eso tenemos que acostarnos juntos.* [BANCO DE NIEBLA y COMPROMISO VIABLE.]

Yo: Tú y yo nos comprendemos...

Sue: *Tienes razón. Me gusta hablar contigo.* [BANCO DE NIEBLA y AUTORREVELACIÓN.]

Yo: ¿Te das cuenta de cuánto mejor sería todavía en la cama, con el afecto que sentimos el uno por el otro?

Sue: *Comprendo lo que sientes,* pero *no quiero acostarme contigo.* [AUTORREVELACIÓN y DISCO RAYADO.]

Yo: ¿Qué tengo yo de malo para ti?

Sue: *Por el hecho de que no me acueste contigo, ¿consideras que debo encontrar algo malo en ti?* [INTERROGACIÓN NEGATIVA.]

Yo: En todo caso, está claro que no te atraigo.

Sue: (Con asombro.) *¡Eso sí que no lo comprendo! ¿El hecho de que no me acueste contigo quiere decir que no me atraes?* [AUTORREVELACIÓN e INTERROGACIÓN NEGATIVA.]

Yo: Creí que me querías.

Sue: Y *te quiero,* pero *esta noche no quiero acostarme contigo.* [BANCO DE NIEBLA y DISCO RAYADO.]

Yo: ¿Me quieres mucho o poco?

Sue: *No estoy muy segura.* [AUTORREVELACIÓN.]

Yo: Si realmente te importaran mis sentimientos, accederías

a acostarte conmigo. (Nota: el más bajo de todos los chantajes posibles.)

SUE: *Tal vez tengas razón; si me importaras más accedería a acostarme contigo.* [BANCO DE NIEBLA y DISCO RAYADO.]

YO: Me siento tan solo...

SUE: (Se limita a sonreír en silencio.)

YO: No te importan nada mis sentimientos. ¿Tienes acaso algún problema?

SUE: *Tengo un montón de problemas.* [ASERCIÓN NEGATIVA.]

YO: ¿Tienes algún problema con el sexo?

SUE: *No creo.* Pero *¿puede saberse que hay en mi comportamiento que te haga suponer que tengo un problema sexual?* [BANCO DE NIEBLA e INTERROGACIÓN NEGATIVA.]

YO: Me da la impresión de que hay algún prejuicio que te impide acostarte conmigo.

SUE: *Supongo que esa es la impresión que debo de causar.* [BANCO DE NIEBLA.]

YO: Yo podría ayudarte si este es tu problema.

SUE: *Es posible,* pero *no quiero acostarme contigo.* [BANCO DE NIEBLA y DISCO RAYADO.]

YO: Siempre dices que te preocupas por los demás, y sin embargo no obras conforme a lo que dices.

SUE: *Puede que tengas razón. A veces me contradigo a mí misma.* [BANCO DE NIEBLA y ASERCIÓN NEGATIVA.]

YO: Toda la noche hemos estado hablando de la superficialidad que impera en las relaciones entre la mayoría de las personas. No inician nada serio, profundo. Yo aspiro a un nivel de comprensión más significativo entre tú y yo, y tú pareces rehuirme.

SUE: *Probablemente es verdad.* [BANCO DE NIEBLA.]

YO: ¿Es este el juego que te gusta practicar con los chicos?

SUE: *No te entiendo.* [AUTORREVELACIÓN.]

YO: Creo que esta noche has jugado conmigo... No has cesado de decirme lo bien que lo pasabas conmigo, y hasta me has invitado a subir a tu apartamento.

Sue: (Sin el menor sarcasmo.) *Es evidente que al invitarte a subir a mi apartamento te he inducido a error. Ha sido una tontería por mi parte.* [ASERCIÓN NEGATIVA.]

Yo: Hay un nombre para las chicas como tú.

Sue: *¿Cuál?* [INTERROGACIÓN NEGATIVA.]

Yo: Calientabraguetas.

Sue: (Acercándose a la puerta, abriéndola y quedándose de pie en la parte de fuera.) *Fue un error por mi parte invitarte a subir. Vete, por favor.* [ASERCIÓN NEGATIVA y COMPROMISO VIABLE.]

Aunque el ejercicio de demostración fue llevado al peor extremo posible con miras a toda posible relación futura, podemos observar que si el hombre del diálogo hubiese atendido al «No» asertivo pero decisivo de la mujer en los primeros momentos, habría quedado en una posición que le hubiese permitido volver a salir con ella en otra ocasión y ver si había cambiado de idea. Eliminamos de la demostración todos los trucos halagadores propios de un seductor, como por ejemplo: «Creo que te amo», «Me tienes tan loco que pensando en ti soy incapaz de estudiar», «Tienes una sonrisa y una personalidad tan "sexy" que no puedo menos que besarte para que lo sepas», «Tú y tu cuerpo sois tan fascinantes que la mano me tiembla cuando pienso en tocarte». Tales halagos son, por supuesto, imbecilidades absurdas encaminadas a crear un clima sexual cuando las dos partes han dado signos verbales de sentir interés sexual una por otra.

Después de la demostración, pregunté a Sue por qué se había acercado a la puerta, la había abierto y había permanecido de pie en la parte de fuera del aula. Sue se dirigió hacia los presentes, que participaban en la reunión de prácticas, y contestó: «Fíjense en la diferencia que hay entre nuestras estaturas. En esas circunstancias, ¿qué solución debía preferir, la huida o la lucha?».

En contraste con las dos primeras situaciones expuestas en este conjunto de diálogos, la siguiente versa no solo sobre relaciones sexuales y salidas con amigos, sino también sobre una muchacha asertiva, Beth, quien tuvo que hacer frente a una propuesta de matrimonio procedente de un joven al que quería, pero al que consideraba con cierta aprensión como compañero para toda la vida. Conocí a Beth como resultado de una consulta sobre perfeccionamiento del personal y técnicas de comunicación, por cuenta de un organismo público. Se me encargó que diera al personal instrucción asertiva sistemática, y Beth fue incluida en uno de los primeros grupos que se formaron. Gracias a la educación que había recibido y que la había librado de muchos prejuicios sobre lo que *se debe* y lo que *no se debe* hacer, Beth se encontró como pez en el agua en cuanto empezó la instrucción. Llegamos a hacernos buenos amigos y mantuvimos nuestra relación, aunque nos veíamos con cierta irregularidad, una vez terminado el programa de perfeccionamiento del personal, que duró un año. En uno de nuestros encuentros, Beth me contó sus experiencias con Ted, un muchacho al que apreciaba mucho y que le había pedido que se casara con él, y me contó el compromiso viable al que había llegado con él. El siguiente diálogo es una versión abreviada de muchas de esas interacciones que Beth y Ted sostuvieron a lo largo de un período de varias semanas.

Escenario del diálogo: Beth está sentada en la sala de estar del apartamento de Ted, una calurosa tarde de sábado, y Ted llega de la cocina con una jarra de vino, hielo picado y fruta para llevarlo todo con ellos a la piscina. Ted es el primero en hablar.

TED: ¿Por qué no nos quedarnos aquí charlando un rato antes de ir a nadar? Quisiera hablarte de ti y de mí.

BETH: Parece que se trata de algo grave. *¿He hecho algo que te haya disgustado?* [INTERROGACIÓN NEGATIVA.]

TED: (Sonriendo.) No, pero me disgustarás si no haces lo que voy a pedirte.

BETH: Dispara.

TED: Eres la chica más simpática e interesante que he conocido, Beth. Y creo que tú opinas lo mismo de mí. ¿Me quieres mucho?

BETH: ¡Horrores!

TED: ¿Lo bastante para casarte conmigo?

BETH: *No lo sé.* [AUTORREVELACIÓN.]

TED: ¿Por qué no? Hace ya cerca de un año que salimos juntos. Debería haberte bastado para saberlo.

BETH: Es *posible,* pero, francamente, *no lo sé.* [BANCO DE NIEBLA y DISCO RAYADO.]

TED: Nos avenimos mucho, ¿no crees?

BETH: *Sin duda,* pero pasarlo bien juntos cuando salimos no es lo mismo que avenirnos las veinticuatro horas del día, como debe ocurrir en el matrimonio; *al menos yo creo que no es lo mismo, y esto es lo que me preocupa.* [BANCO DE NIEBLA y AUTORREVELACIÓN.]

TED: ¿Cómo podemos saberlo si no lo probamos? Nos exponemos a pasarnos la vida saliendo juntos, sin más.

BETH: *Es verdad,* pero hay algo que no comprendo: *¿qué hay de malo en salir juntos y no casarnos?* [BANCO DE NIEBLA y AUTORREVELACIÓN.]

TED: No es que haya nada malo en ello. Simplemente, quiero casarme contigo, eso es todo.

BETH: *¿Acaso te preocupa el hecho de que nos acostemos juntos sin estar casados?* [INTERROGACIÓN NEGATIVA.]

TED: No, no, en absoluto. Lo que pasa es que cuanto más lo pienso más deseo casarme contigo.

BETH: Ted. *Te agradezco mucho que me digas esto y creo que es una manera ideal de decirme que me quieres,* pero *sigo teniendo la impresión de que algo te inquieta. ¿Estás seguro de que no te preocupa el tipo de relación que sostenemos?* [AUTORREVELACIÓN e INTERROGACIÓN NEGATIVA.]

TED: En cierto modo me siento menos seguro por el hecho de no ser más que novios. Estaría mucho más seguro de que me quieres si estuviésemos casados.

BETH: No comprendo. *Creo entender que me estás diciendo*

que no te quiero lo bastante como para casarme contigo y que eso te inquieta. ¿Es así? [INTERROGACIÓN NEGATIVA.]

TED: Sí, me tienes sobre ascuas.

BETH: *¿Quieres que deje de hacerte preguntas acerca de nosotros dos?* [INTERROGACIÓN NEGATIVA.]

TED: No.

BETH: Perfectamente. *He observado algo que me preocupa. Creo que tienes un poco de celos de los demás muchachos que hablan conmigo en la piscina. ¿Estoy en lo cierto?* [AUTORREVELACIÓN.]

TED: (A la defensiva.) ¿Por qué tendría que sentir celos?

BETH: *No lo sé.* Pero ¿los sientes realmente? [AUTORREVELACIÓN.]

TED: Solo un poco, pero es lo más natural, con tu tipo y la forma en que les hablas.

BETH: *Tienes razón, Ted, soy un poco coqueta,* pero *soy así. Y no cambiaría aunque me casara.* [BANCO DE NIEBLA y ASERCIÓN NEGATIVA.]

TED: (Guarda silencio, un tanto herido.)

BETH: Si nos casáramos seguirías sintiendo celos, *porque me gusta coquetear, es algo que forma parte de mi personalidad. Pero esto no quiere decir que esté deseando acostarme con ellos.* [ASERCIÓN NEGATIVA y AUTORREVELACIÓN.]

TED: ¿Y cómo quieres que yo esté seguro?

BETH: *No lo sé. Supongo que de la misma manera que yo debo confiar en ti.* [AUTORREVELACIÓN Y ASERCIÓN NEGATIVA.]

TED: (En tono decisivo.) ¿Así que no quieres casarte conmigo?

BETH: *No lo sé.* [AUTORREVELACIÓN.]

TED: (Sarcásticamente.) ¿Cuánto tiempo crees tú que tardarás en averiguarlo?

BETH: *Tampoco lo sé.* [AUTORREVELACIÓN.]

TED: Entonces, ¿qué debo hacer? No quiero separarme de ti porque te quiero demasiado para perderte, pero al mismo tiempo no quiero seguir inquieto, pensando si me quieres o no.

BETH: *¿Por qué no nos juntamos y vivimos juntos?* [COMPROMISO VIABLE.]

TED: ¿Qué diferencia habría? ¿Qué clase de respuesta es esa? Prácticamente ya vivimos juntos.

BETH: *Es casi verdad,* pero yo *creo que sería diferente.* Ahora los dos somos todo lo libres que queremos, mientras que si viviéramos juntos tendríamos ciertas responsabilidades el uno para el otro. [BANCO DE NIEBLA y AUTORREVELACIÓN.]

TED: ¡No podemos vivir juntos!

BETH: No comprendo. *¿Qué hay de malo en vivir juntos?* [INTERROGACIÓN NEGATIVA.]

TED: ¿Y si los vecinos se enteraran?

BETH: *¿Por qué te horroriza tanto la posibilidad de que los vecinos lo averiguaran?* [INTERROGACIÓN NEGATIVA.]

TED: No lo sé. Probablemente la mitad de ellos tampoco están casados.

BETH: *Está bien, pero si tú quieres podemos mudarnos a un barrio donde nadie nos conozca.* [COMPROMISO VIABLE.]

TED: No, prefiero seguir aquí.

BETH: El próximo fin de semana trasladaremos mis cosas. ¡Menudo trabajo tendremos!

TED: ¿Y qué les digo yo a mis padres?

BETH: *¿Qué hay de malo en no decirles nada?* [INTERROGACIÓN NEGATIVA.]

TED: Lo averiguarán.

BETH: *Cuando sea el momento, resolveremos el problema.* Tu madre y yo nos avenimos mucho. ¿Prefieres que durmamos en mi cama de latón o en tus camas gemelas? [COMPROMISO VIABLE.]

Aunque Ted se mostró más manipulativo de lo que aparece en el presente diálogo, esta versión abreviada resume simplemente la interacción que tuvo lugar durante las semanas que Ted y Beth tardaron en llegar al compromiso de empezar a vivir juntos para ver en qué medida eran compatibles. En la práctica, las dudas de Beth acerca de Ted como compañero para toda la vida resultaron confirmadas por la experiencia. Después de seis meses de vivir juntos, Ted y Beth decidieron de común acuerdo separarse y seguir cada uno su propio camino. Como el lector acaso habrá columbrado a través de las respuestas de Ted en el diálogo, su separación fue amistosa, basada en diferencias reales en sus estilos personales, que eran difíciles de conciliar y armonizar en la vida en común que habían emprendido. Lo que se habría convertido en una desdichada situación sentimental y legal se evitó desde el primer momento gracias a que Beth prestó atención a sus propios sentimientos íntimos y actuó asertivamente sobre esta base. Parte de esos sentimientos eran dudas basadas en los propósitos ocultos de Ted al insistir en casarse con Beth; era evidente que daba por supuesto que, como marido legal, tendría «derecho» a obligar a Beth a dejar de coquetear con los demás. El coqueteo de Beth era un comportamiento que activaba la desconfianza que sentía Ted en cuanto a sus propios atractivos sexuales para las mujeres y a su capacidad para mantener a Beth sexualmente interesada por él. En otros diálogos, el lector verá cómo los alumnos hacen frente a esos propósitos ocultos de sus parejas, obligándoles asertivamente a declarar abiertamente sus ansiedades acerca de sí mismos o de las relaciones íntimas que comparten, con objeto de buscar los posibles remedios para esos temores ocultos.

11

Relaciones entre iguales, realmente íntimas
(sexo y aserción)

Cuando los alumnos de mis cursos de asertividad han dejado de ser novatos, una vez que han hecho mucha práctica en el empleo de sus técnicas verbales asertivas, en clase (o en terapia de grupo) y en sus vidas cotidianas, dirijo su atención hacia los numerosos problemas a los que Beth aludió en el último diálogo: los problemas con los que todos debemos enfrentarnos cuando vivimos con otra persona de manera permanente.

Empiezo por hacer que se ejerciten en situaciones en las que pueden aprender a mostrarse asertivos frente a las personas que cuentan realmente para ellos, a sus seres más queridos y cuyas opiniones son más importantes para ellos: sus parejas, sus amantes, sus esposas o sus maridos. Para acelerar la marcha en el aprendizaje de estas relaciones de igualdad, de importancia primordial, les propongo que empiecen por ejercitarse (al menos en clase) en un determinado sector del comportamiento, un sector que lleva consigo la garantía innata y psicofisiológica de suscitar y captar nuestra atención y nuestro interés: el *sexo*. Hago que los alumnos empiecen por ejercitarse en la técnica de afirmar verbalmente sus deseos o sus fantasías sexuales y explico que la asertividad puede contribuir a resolver esos problemas, a veces me interrumpo y escudriño los rostros en busca de impresiones. Indefectiblemente, descubro entonces todos los ojos clavados en mí, y a menudo el silencio es tan absoluto que oigo la respiración de mis alumnos. Este mismo interés se manifiesta en el ensayo de papeles asertivos sobre deseos sexuales, y yo lo aprovecho en beneficio de mis alumnos. Nuestra estructura y nuestra psicofisiología no nos permiten sentir ansiedad por algo y al mismo tiempo intenso interés por lo que provoca nuestra ansiedad. Si alguno de nuestros primos ancestrales fue capaz de realizar esa auténtica gesta psicofisiológica, su especie, desde luego, se ha extinguido. Ya no hay seres humanos capaces de permanecer impávidos, intensamente fascinados, mientras el tigre de colmillos como puñales carga contra ellos... Tales desdichados aprendieron por amarga experiencia por qué habría sido mejor, para sus propios intereses —y otros buenos sentimientos— sentir miedo y actuar en consecuencia. De la misma manera que el temor intenso puede ahogar nuestros deliciosos sentimientos de gozo y de interés, igualmente el interés intenso y otros buenos sentimientos pueden superar algunas de nuestras ansiedades. Puesto que las relaciones íntimas son aquellas en las que los alumnos experimentan la mayoría de sus ansiedades cuando están aprendiendo a mostrarse asertivos, trato de ofrecerles una oportunidad de trucar los dados en su favor, de darles una ligera ventaja a la hora de hacer frente a esas ansiedades, haciéndoles ejercitarse primero en una situación que por sí misma es interesante y divertida. Otra ventaja que ofrece el hecho de trabajar con material sexual, por norma general, es que el alumno comprende que, si puede hacer frente con serenidad a esos deseos personales que pueden ser turbadores (a pesar de la llamada revolución sexual), no ha de serle tan difícil explicar igualmente otros deseos. El método que sigo consiste, pues, en hablar de comportamiento sexual, de deseos sexuales, de problemas sexuales y de la interacción entre sexo y aserción. Después de exponer estas cuestiones, hago que los alumnos empiecen a ejercitarse en mostrarse sexualmente asertivos y, una vez que han conseguido expresar serenamente sus deseos y necesidades sexuales, les induzco a cambiar de tema y a mostrarse asertivos frente a sus parejas de prácticas a propósito de cualquiera de las mil y una situaciones conflictivas matrimoniales: la busca de un empleo, la utilización de los ratos de ocio, el cuidado de los hijos, el uso del dinero familiar, la compra de una nueva casa, etc. La lista es interminable. Una vez que los alumnos se acostumbran a mostrarse más asertivos en general con sus cónyuges o parejas, les propongo que vuelvan al sector del sexo y la aserción, para examinar por sí mismos las relaciones entre la falta de aserción, la manipulación, la manera deficiente e ineficaz de hacer frente a los conflictos conyugales, y las dificultades sexuales. Como último ejercicio en clase, propongo que se ejerciten en mostrarse asertivos con una pareja imaginaria que tenga una dificultad sexual, con objeto de ayudar a esa persona a superar su problema. Como el lector podrá ver en los párrafos que siguen, muchos problemas sexuales tienen sus raíces en el estilo pasivo, no asertivo o manipulativo, de la pareja sexual.

Una de las maneras más íntimas y más significativas de comunicarnos consiste en compartir una experiencia sexual con un ser al que amamos. Muchas experiencias que compartimos con esa persona y otras de nuestra intimidad son igualmente importantes para nuestro bienestar, para sentirnos contentos de nosotros mismos, pero la comunicación sexual como acto de amor es algo especial. El sexo, aunque no es más que uno de los eslabones de la cadena de nuestra comunicación con nuestra pareja (es básicamente un comportamiento primitivo y, en gran medida, mecánico), es diferente de los demás eslabones. Su disrupción no solo es una pérdida en sí, sino que puede complicar la solución mutua de problemas que nada tienen que ver con el sexo. Si la actividad sexual íntima resulta a menudo perturbada a causa de la presión que ejercen los problemas exteriores o a causa de dificultades surgidas en el propio acto sexual, podemos perder una manera particular de comunicarnos con nuestra pareja. Como miembros de la única especie cortical, que nos enorgullecemos de las proezas de nuestro intelecto, sospecho que sería muy grande nuestra sorpresa si supiéramos los auténticos beneficios para la supervivencia de la humanidad que se han derivado de los conflictos resueltos entre sábanas después de una experiencia sexual satisfactoria. Humildemente me permito aventurar que los resultados de tales negociaciones nocturnas rebasan en mucho los que han obtenido todos los Metternich, Kissinger y Chamberlain de nuestra especie, que a lo largo de la historia han luchado por «la paz en nuestros tiempos». Por desgracia, en sus relaciones entre iguales, muchas parejas tropiezan con dificultades que les impiden sacar provecho de esta válvula de escape natural que contribuye a eliminar o reducir las ansiedades, una válvula de desahogo que crea un clima de intimidad susceptible de contribuir a resolver los conflictos por medio de auténticos compromisos mutuos. La experiencia y las investigaciones nos han enseñado —a mí y a mis colegas, que hemos estudiado el funcionamiento sexual humano en el ámbito de la clínica o del laboratorio— varias cosas acerca de las dificultades sexuales y de su influencia en los problemas que se plantean en otros sectores dentro de unas relaciones íntimas entre iguales. Por fortuna, no solo hemos aprendido a tratar muchas dificultades sexuales con relativa rapidez, para poder aliviar así el sufrimiento psíquico del enfermo, sino que también estamos empezando a aprender que el hecho de mostrarse asertivo con una pareja sexual no solo puede contribuir a eliminar la dificultad sexual, sino también a ayudar a resolver los problemas de la convivencia que están en el origen de ciertas dificultades sexuales. Para comprender la relación que existe entre la falta de asertividad y las dificultades sexuales, examinemos brevemente algunos de los tipos de problemas sexuales que nos es dable aislar y tratar clínicamente, los tres modelos básicos de tratamiento psicoterapéutico adecuados para vencer estas dificultades, y veremos entonces dónde y cómo el hecho de mostrarnos asertivos con nuestra pareja puede contribuir a superarlas.

Los tres modelos básicos de tratamiento para los problemas sexuales y los terapeutas más asociados a su empleo son: el *modelo de la ansiedad* (doctor Joseph Wolpe, Temple University, Pensilvania; doctor Zev Wanderer, Center for Behavior Therapy, Beverly Hills, California), el *modelo de la ira* (un ejército de terapeutas tradicionales), y el *modelo mixto,* con elementos de los modelos de la ira y de la ansiedad a la vez (doctor William Masters y Virginia Johnson, Reproductive Biology Research Foundation, St. Louis, Missouri; doctor William Hartman y Marilyn Fithian, Center for Marital and Sexual Studies, Long Beach, California). Como puede verse por los títulos descriptivos, nuestras primitivas modalidades de defensa o de reacción —miedo-huida, ira-agresión— nos gobiernan a todos cuando nos encontramos con alguna dificultad, incluso de índole sexual.

El modelo de la ansiedad parte del supuesto de que, si gozamos de buena salud física y neurológica pero *tenemos planteados de manera persistente ciertos problemas sexuales específicos,* ello significa que hemos adquirido una ansiedad condicionada o adquirida, suscitada por los estímulos sexuales, que perturba nuestro comportamiento sexual. Dicho en un lenguaje más sencillo, el modelo de la ansiedad nos explica: «El ser humano no está hecho para gozar sexualmente y preocuparse al mismo tiempo por cosas como los impuestos que debemos pagar». Para los varones, estos problemas sexuales específicos son la eyaculación precoz, y la falta o pérdida de erección; para las mujeres, el vaginismo (contracción involuntaria de la abertura vaginal que impide el coito), la falta de orgasmo con una pareja determinada cuando antes no había problema alguno con esta o con otras parejas, o la falta de orgasmo con cualquier pareja, masculina o femenina, mientras que el orgasmo se produce regularmente en otro contexto, como, por ejemplo, la masturbación solitaria. El tratamiento administrado según este modelo presupone que esas dificultades son reacciones fóbicas o de temor aprendidas, condicionadas o involuntarias (generalmente llamadas erotofobia o cualquier otro de la media docena de nombres espantosos con los que se las denomina) y que son de la misma naturaleza que otra clase de fobias, como el miedo a las alturas (acrofobia) o el miedo a los espacios cerrados (claustrofobia).

Como la mayoría de las afecciones fóbicas, las reacciones de ansiedad sexual adquirida suelen tener asociada una historia de trauma concreto (shock de la ansiedad). Algunos pacientes sufrieron los efectos de un sentimiento de culpabilidad por el hecho de haberse masturbado en la adolescencia, o bien su primera pareja sexual no acertó a tranquilizarles emotivamente o a ayudarles cuando se sentían demasiado ansiosos ante una primera experiencia (cosa que ocurre con frecuencia). Casi siempre, los pacientes con reacciones sexuales fóbicas explican que, por varias causas —cansancio físico, preocupación por otros problemas, tensión general, demandas excesivas por parte de su pareja, etcétera—, hubo un período concreto de tiempo en el que su actividad sexual era deficiente tanto en su propia opinión como en la de su pareja, y que durante dicho período su pareja sexual no acertó a tranquilizarles haciéndoles ver que la cosa no tenía mayor importancia. Durante el período en cuestión, el paciente típico preveía cada vez un nuevo fracaso, y, al ser sensible al menor signo de fracaso en el curso del siguiente acto sexual, su ansiedad aumentaba y provocaba, en efecto, el temido fracaso (el caso de la profecía que se autorrealiza). En los casos en que sus parejas sexuales no sabían hacerse cargo del problema y les exigían que «cumplieran» debidamente, las preocupaciones de los pacientes aumentaban y el fracaso se repetía y se perpetuaba infaliblemente. En muchos casos, después de una serie de fracasos provocados por las preocupaciones acerca del sexo, en la misma cama y fuera de ella, sea cual sea la razón inicial de la ansiedad, casi cualquier estímulo sexual se convierte en algo que suscita el nerviosismo del paciente, un estímulo que despierta la ansiedad debilitante durante el acto sexual. Para ilustrar las características fisiológicas involuntarias de la excitación sexual ante mis alumnos en clase, saco un billete de veinte dólares de mi cartera y les formulo el siguiente ofrecimiento: «Si son ustedes capaces de obligarse a sí mismos a excitarse sexualmente, si son capaces de controlar su fisiología sexual, de conseguir por efecto de su voluntad una erección o una succión de tejido vaginal, les daré veinte dólares. Tienen treinta segundos. ¿No les basta? ¿Quieren un minuto? ¡Concedido!». Ni una sola vez he tenido que pagar los veinte dólares. Lo que se trata de demostrar, por supuesto, es que la fuerza de la voluntad —ordenarnos a nosotros mismos sentirnos «sexy»— no funciona, de la misma manera que en otras situaciones fóbicas no aliviaremos nuestra ansiedad ordenándonos a nosotros mismos no sentirnos ansiosos.

También como en el caso de las demás fobias, la reacción de ansiedad sexualmente condicionada puede hacerse extensiva a toda clase de otros estímulos asociados con el acto sexual, hasta el punto de conducir a una reacción general de huida o de rechazo. Cuando este condicionamiento extremado tiene lugar, el desdichado paciente aquejado de fobia sexual puede llegar a evitar todo contacto que tenga aunque solo sea una remota posibilidad de conducir a la actividad sexual, como por ejemplo el simple hecho de hablar con las posibles parejas sexuales (y no digamos ya el hecho de citarse con ellas). Contrariamente a lo que sostenían ciertas creencias profesionales arcaicas y estereotipadas pero que todavía gozan de alguna popularidad, la fobia sexual no es indicio de una personalidad deformada o de algún conflicto incestuoso, homosexual o psicótico profundamente oculto, sino, como las demás fobias, algo que se adquiere o «aprende» y que puede «desaprenderse» en un tiempo relativamente breve (que puede ir desde varias semanas a varios meses) mediante la aplicación de métodos de tratamiento behaviorístico.

A diferencia del modelo de la ansiedad, con todas sus claves de diagnóstico que indican una incapacidad psicofisiológica para sostener relaciones sexuales eficaces, a veces de aparición muy rápida, el *modelo de la ira* solo tiene una indicación clara de que existe una dificultad sexual: una disminución gradual de la frecuencia del coito entre cónyuges durante un largo período que puede ser de varios meses o de varios años. Aunque la frecuencia de las relaciones sexuales en las parejas que tienen un problema sexual de los que se describen mediante el modelo de la ira a menudo llega al cero absoluto durante considerables períodos de tiempo, la frecuencia de esas relaciones invariablemente oscila entre períodos de abstinencia y períodos de actividad sexual de poca frecuencia. Durante esos períodos de actividad sexual poco frecuente no se observa ninguno de los tipos de dificultad sexual descritos en el modelo de la ansiedad. Los «pacientes» varones no tienen problemas considerables de falta de erección o de erección insuficiente, ni otras dificultades producidas por la ansiedad, aunque a menudo falta la eyaculación. Algunas de las «pacientes» femeninas explican que «están meramente yaciendo durante todo el acto» y completamente desinteresadas; algunas hasta despectivas, y, por consiguiente, incapaces de experimentar el orgasmo.

El modelo de la ira, a diferencia del modelo de la ansiedad, parte del supuesto de que la poca frecuencia del acto sexual es un resultado de problemas surgidos entre los cónyuges, sin relación directa con la sexualidad. En general, uno de los dos cónyuges alimenta numerosos resentimientos «ocultos» contra el otro; él o ella sienten una intensa ira, no expresada, contra ella o él. Es posible que el interesado se niegue a reconocer su ira, y hasta es posible que niegue la existencia de un problema sexual. El otro cónyuge suele estar dispuesto a manifestar su ira y lo hace, y suele mostrarse manipulativo, además de irritado, en su trato con su pareja «pasiva». En mi experiencia clínica adquirida en el tratamiento de este problema, uno de los cónyuges está *siempre* demasiado cansado, o de poco humor, o sufre jaqueca, o está demasiado atareado, o no se siente muy bien, o tiene algo más importante que hacer, o tiene que levantarse temprano e ir a trabajar al día siguiente. Y este es el cónyuge que causa directamente el descenso en la frecuencia del acto sexual al evitar el contacto sexual, no por miedo, sino por desagrado e ira no expresada ante el comportamiento hacia él o ella por parte del otro cónyuge en la vida cotidiana. La experiencia clínica con este tipo de problema es corriente, y una observación común

—hecha también por otros terapeutas— es que el cónyuge que se inhibe no solo se inhibe en la cama, sino que se inhibe también de todo contacto íntimo y de toda comunicación verdadera en cualquier aspecto de su vida en común con el otro cónyuge. La inhibición del cónyuge pasivamente irritado es el resultado de no tener una válvula de escape eficaz para comunicar o manifestar su ira. Clínicamente, parece no poder o no querer manifestar la ira que siente contra su pareja como única manera de poner límites precisos a lo que está o no está dispuesto a tolerar, así como desahogar eficazmente esta emoción incómoda y despejar la atmósfera entre los dos. Además, cosa quizá todavía más importante que la falta de comunicación directa por parte del cónyuge que se inhibe, en los casos clínicos que presentan este problema y que acuden a mi consultorio, el cónyuge que se inhibe, sin excepción, carece de asertividad en su trato con el otro cónyuge. El marido no parece capaz de expresar ante la esposa sus gustos, o esta acierta a impedirle, mediante sus manipulaciones, obrar según sus deseos. Además, el marido parece terriblemente desprovisto de la capacidad necesaria para manifestar a su esposa, con serenidad o aunque sea sin ella, su disgusto por la forma en que esta se comporta con él. Sin una comunicación asertiva eficaz, y aun generalmente sin comunicación irritada inefectiva, el marido se inhibe. No está dispuesto a compartir ningún contacto estrechamente íntimo con su esposa —sus preocupaciones, sus esperanzas, ni siquiera sus alegrías—, presintiendo que no será capaz de hacer frente a la habilidad de su esposa para hacerle sentirse culpable o ansioso, si no le gusta lo que él dice. En consecuencia, durante un período de tiempo, mientras se van acumulando su resentimiento y su disgusto ante el comportamiento manipulativo de su mujer para con él, va disminuyendo la frecuencia de sus contactos íntimos con ella, incluidos los de orden sexual.

El tratamiento generalmente aceptado para este problema sexual consiste en conseguir que el cónyuge que se inhibe se muestre capaz, al mismo tiempo, de expresar la ira que siente contra su compañera cuando esta pisotea su dignidad, y de mostrarse más asertivo, en un plano cotidiano, acerca de lo que desea para sí mismo, de lo que está dispuesto a darle a su mujer, de lo que se niega a tolerar, y de los compromisos a los que pueden llegar mutuamente en su vida en común. Cuando presenté por primera vez mis trabajos sobre los conceptos y las técnicas verbales de la terapia asertiva sistemática en las reuniones que celebró en 1972 la Asociación Americana de Psicología en un simposio titulado «Nuevas orientaciones en psicoterapia», uno de los participantes, el doctor Harold Segal formuló un ingenioso comentario sobre el tratamiento preferido para este problema sexual, que fue comprendido inmediatamente: «Primero aserción, después inserción».

En el *modelo mixto* de tratamiento para la disfunción sexual, se parte del supuesto de que tanto la ansiedad como la ira intervienen en la historia del problema. Por ejemplo, un cónyuge que se inhibe puede verse obligado a tener relaciones sexuales con el otro cónyuge sin desearlo realmente, sin sentir el menor interés por entablar una comunicación íntima con su marido o su mujer; el marido no experimenta una excitación sexual suficiente para mantener la erección durante el coito o tal vez ni siquiera durante los preliminares. Si no es lo bastante asertivo como para decir: «Sencillamente, no tengo ganas de hacer el acto sexual contigo en este momento», es probable que se vea obligado a fingir por lo menos que desea acostarse con su mujer. Después de varios fracasos debidos a la falta de interés, su manipulativa esposa le hará llegar probablemente un poderoso mensaje que le hará sentirse culpable o ansioso; en algunos casos, ello se hace rápidamente y con eficacia en la misma cama, método de condicionamiento fóbico *in vivo,* por así decirlo. Otras veces, la esposa puede expresar su disgusto sexual de otras maneras, a veces silenciosamente según el cual el fracaso sexual nada tiene de extraño; no es más que otro punto que añadir a la ya larga lista de frustraciones propias de estas relaciones de manipulación-pasividad en las que ambos cónyuges sienten irritación contra el otro, el uno de manera activa y el otro pasivamente.

En el tratamiento de los problemas sexuales en los que intervienen los dos factores de la ira y de la ansiedad, suele ser una pérdida de tiempo adoptar cualquiera de estas dos orientaciones: 1) tratar de conseguir el descondicionamiento de la ansiedad sexual sin resolver antes la ira surgida en esa relación entre manipulación y pasividad, o 2) tratar de enseñar, de resolver el fracaso sexual que tiene su origen en esa misma ansiedad. Si se pretende hacer una de estas cosas sin la otra, es probable que el factor de la ira provoque nuevos fracasos sexuales, con lo que recomenzará todo el proceso, o bien el factor de la ansiedad sexual no tratada puede impedir las relaciones sexuales en el futuro, situación que probablemente suscitará de nuevo sentimientos racionales de ira en los dos cónyuges por causa de la frustración sexual, que acaso sea imposible desvanecer sin destruir el matrimonio. Cuando se emplea el modelo mixto, es imperativo tratar los dos factores causantes del problema sexual, los sentimientos de ira contra el otro cónyuge, y los sentimientos de ansiedad acerca de la actividad sexual propiamente dicha.

Algunos terapeutas, como el doctor Masters y el doctor Wolpe, señalan que puede resultar imposible tratar el factor de la ansiedad sexual, en esta clase de casos, sin hacer frente primero al factor de la ira, si este es muy pronunciado. Al emplear descripciones como «falta de interés» y «sabotaje de la terapia sexual» al referirse al factor de la ira, la experiencia de ambos colegas coincide con la mía, y comparto absolutamente su parecer. La terapia sexual de los dos cónyuges empleando un modelo mixto es difícil, por no decir imposible, de llevar adelante sin sustituir la manipulación solapada por la comunicación asertiva directa, sin sustituir la ira oculta por las necesarias manifestaciones asertivas, no defensivas, de los sentimientos y las emociones.

Hechas estas advertencias preliminares, pasemos ahora a la enseñanza de la asertividad en cuestiones sexuales para mostrar cómo un comportamiento asertivo puede ayudar a hacer frente a una ingenuidad sexual y a resolver los problemas sexuales, pero también para mostrar cómo la asertividad empleada para resolver conflictos sexuales en las relaciones íntimas no se diferencia básicamente de la asertividad empleada para resolver otros problemas dentro del marco de las mismas relaciones.

Para enseñar a la gente a hablar abierta y asertivamente a sus parejas acerca de lo que desean desde el punto de vista sexual y a llegar a un compromiso u otro entre ellos, les propongo varios ejemplos prácticos con los que trabajar. Se trata de problemas sexuales con los que otros alumnos (o pacientes) han tenido que enfrentarse anteriormente, y discutimos juntos de qué manera cabe resolver esos problemas con frecuencia delicados y a veces turbadores. Algunos de los alumnos que tuvieron que resolver tales conflictos eran personas casadas, otros, parejas que vivían juntas, y otras, personas que se limitaban a salir con otras o que tenían relaciones extraconyugales. En todas esas situaciones conflictivas extraídas de la realidad, uno de los miembros de cada pareja se sentía insatisfecho de sus relaciones sexuales, y el otro se había opuesto, mediante la manipulación o la pasividad, a toda modificación del *statu quo* sexual. En algunos de los que se manifestaban sexualmente «satisfechos», había motivos ocultos de ansiedad que les inducían a ofrecer resistencia a todo cambio. Esos miembros de las parejas que adoptaban una actitud de resistencia eran probablemente como muchas personas que tratamos en terapéutica sexual: personas que temen que cualquier cambio ponga de manifiesto alguna «debilidad» sexual en ellas, como, por ejemplo, la ignorancia de técnicas sexuales para satisfacer a su pareja (y a sí mismas), o que temen que si su pareja, que está deseando un cambio, ampliase sus horizontes, podría experimentar nuevos apetitos que quién sabe adónde les conducirían a ambos. Por otra parte, ¿serían ellos capaces de satisfacer tales apetitos? ¿Adónde podrían llegar por los nuevos caminos? ¿Cómo reaccionarían, por ejemplo, si su pareja propusiera una experiencia «a tres»? ¿Qué efectos obraría ese sesgo «aberrante» en sus sentimientos apenas insinuados de celos y de inseguridad ante el flirteo de su pareja como respuesta a las insinuaciones de otros? ¿Significaría ese cambio el fin de sus relaciones sexuales tal como se mantenían hasta el presente, tal vez un poco monótonas pero indudablemente seguras y ordenadas? Las dificultades frente a la ampliación de los horizontes sexuales con la propia pareja, que he tenido ocasión de observar tanto en mis clases como en mi consultorio, probablemente no son estadísticamente representativas de la población general, pero a pesar de ello esos ejemplos (algunos de los cuales presentamos aquí) facilitan a los aprendices de asertividad una muestra de situaciones que pueden emplear para ejercitarse en el comportamiento asertivo al comunicar sus deseos sexuales.

Al describir los deseos o necesidades sexuales acerca de los cuales muchas parejas tienen dificultades en comunicarse, los reúno a todos en un solo paquete, como si estuviese hablando de una sola pareja de desdichados e hipotéticos enamorados, Jack y Jill, quienes tienen una vida sexual plagada de problemas. Como siempre, hago que los alumnos empiecen con la petición sexual más sencilla, como por ejemplo, el deseo de una variación respecto de la posición «misionera», y, después de darles los ejemplos de problemas auténticos, les invito a trabajar sobre estos, dejando que su imaginación se desboque y se lance por las fantasías más eróticas. Les sugiero este método didáctico como procedimiento para facilitar alguna experiencia y exposición social «sin riesgos», que acaso les ayude a reducir sus ansiedades por el hecho de hablar de su sexualidad y de sus deseos sexuales primero con una persona que no forma parte de su círculo de íntimos y por la que no sienten ningún interés directo. Este procedimiento hace que algunos alumnos lleguen a derramar lágrimas a fuerza de reír, reacción que reduce también, hasta eliminarlas, las inhibiciones provocadas por la ansiedad. Como veremos en los diálogos que siguen, una petición de cambio sexual no va ligada exclusivamente a la sexualidad masculina ni a la femenina.

Durante los ensayos verbales asertivos, hago que los alumnos atribuyan a Jack el papel del hombre insatisfecho que desea ciertos cambios en sus relaciones sexuales con Jill, la cual, en tales casos, se resiste manipulativamente a causa de sus sentimientos de inseguridad sexual. Alternativamente, en otra situación conflictiva, hago que los alumnos atribuyan a Jill el papel del personaje asertivo y deseoso de cambio y a Jack el del que se resiste. Los siguientes diálogos son versiones abreviadas y revisadas de ensayos entre alumnos de asertividad que tratan de comunicarse sus deseos y necesidades sexuales. No es extraño que esos ejercicios conduzcan a los mismos compromisos finales a los que llegaron alumnos anteriores al contar sus propias experiencias de la vida real. Obsérvese que en estos diálogos, desarrollados en el marco de relaciones íntimas entre iguales, y que son adecuados para alumnos avanzados, el lenguaje estereotipado de las técnicas verbales asertivas, que se empleaba una y otra vez en los diálogos anteriores, se ha adaptado para que encaje con el estilo de lenguaje propio del alumno. Aunque para darse información uno a otro se emplea en gran parte un lenguaje «normal», las técnicas verbales, más o menos personalizadas, siguen empleándose cuando en la situación surge el conflicto.

DIÁLOGO 31

Un marido (o una esposa)
dice asertivamente a su cónyuge
que su vida sexual común es rutinaria
y que desearía modificarla,
introducir en ella algún cambio

En el primer diálogo de este conjunto de situaciones propias para ejercicios de aprendizaje, los papeles de Jack y de Jill, como persona asertiva o manipuladora, son intercambiables. En cualquiera de los dos casos bastará modificar los detalles de los prerrequisitos fisiológicos que la situación imponga. En esta situación, por ejemplo, Jack, que lleva ocho años casado con Jill y tiene de ella dos hijos, experimenta la impresión de que, en cierto modo, se le está escurriendo la vida entre los dedos. Fuera de su matrimonio ocurren un sinfín de cosas de las que solo se entera fragmentariamente a través de las conversaciones con sus amigos durante la pausa del café. Uno de los sectores de su existencia que, al parecer, le produce cada vez menos satisfacción, a medida que pasan los años, es su relación sexual con Jill. Parece como si le faltara algo. La excitación que experimentaba siempre con Jill durante los primeros años de su matrimonio va menguando hasta desaparecer en la rutina. Jack desea volver a experimentarla, pero no sabe exactamente cómo. Tiene algunas ideas, pero hasta ahora no ha sabido cómo ponerlas en práctica ni cómo las recibiría Jill.

Ambiente del diálogo: Jack y Jill están en la cama, después del acto sexual, y hablan del sexo.

JACK: Últimamente he pensado mucho en nosotros. En nuestra vida sexual. Creo que no es lo mismo que había sido en otro tiempo.

JILL: ¿Por qué lo dices? Nada ha cambiado.

JACK: Esto es lo que quiero decir, exactamente. Nada ha cambiado. Y sin embargo, no es como antes.

JILL: Pero ¿qué quieres decir? ¿Es lo mismo que antes o no?

JACK: *No sé realmente qué es lo que trato de decirte. La cosa resulta mucho menos excitante, para mí, de lo que había sido antes.* Tal vez sea porque siempre hacemos lo mismo. [AUTORREVELACIÓN.]

JILL: (Con irritación.) ¿Ya has vuelto a hablar de lo que hacemos en la cama con tus compinches de la oficina?

JACK: *No, reconozco que cometí un error cuando les hablé de eso, y otro error, más torpe todavía, cuando te lo conté.* [ASERCIÓN NEGATIVA.]

JILL: La última vez que empezaste a hablar así fue cuando entró en la oficina aquel nuevo empleado y conocimos a su mujer. Lo único que tiene es un cuerpo como una vaca. No tiene ni pizca de inteligencia, pero lo único que pensabais todos era lo qué os había dicho acerca de las «habilidades» de su mujer en la cama.

JACK: *Lo reconozco. Confieso que me interesó lo que nos contó.* [BANCO DE NIEBLA.]

JILL: Mira, Jack, estoy segura de que no hay nada malo en nuestra manera de hacer el amor. Lo que pasa es que siempre nos parece mejor lo que tienen los demás.

JACK: *Sí, es verdad. Yo también lo pienso así, a veces,* pero *no puedo quitarme de la cabeza la idea le que podríamos gozar más haciéndonos el amor si probáramos algo diferente.* Recuerdo lo que sentimos la primera vez que estuvimos juntos. [BANCO DE NIEBLA y DISCO RAYADO.]

JILL: ¿Quieres decir en el asiento trasero del coche? ¿Qué estás tramando?

JACK: *Tienes razón, tal vez esté descarrilando.* Pero *me gustaría probar.* He tenido un par de ideas. Cuando hacemos el amor lo hacemos siempre igual: o yo me pongo encima de ti o tú encima de mí. *Creo que deberíamos probar algo diferente.* [BANCO DE NIEBLA y DISCO RAYADO.]

JILL: (Mostrando cierto interés.) ¿Qué ideas se te han ocurrido?

JACK: *Considero que ni tú ni yo sabemos gran cosa acerca del sexo y creo que podríamos aprender algo nuevo.* [ASERCIÓN NEGATIVA.]

JILL: ¿Quieres que compremos unos cuantos libros sobre el tema y que los leamos juntos?

JACK: *No es mala idea,* pero lo *que yo quisiera, en realidad, es que fuésemos los dos a algún sitio, como por ejemplo Backbone Ridge, en Malibú Canyon, a ver si podemos aprender algo.* [BANCO DE NIEBLA y COMPROMISO VIABLE.]

JILL: ¡A Backbone! ¿No es esa colonia nudista donde practican el amor libre y celebran orgías? ¡Válgame Dios! ¿Qué diría mi madre si me viera en un sitio así?

JACK: *Por supuesto...* Aunque si la viéramos allá, lo primero que podríamos hacer sería preguntarle: «¿Dónde está papá?». [BANCO DE NIEBLA.]

JILL: No seas tonto. ¿Y si me viera alguna de mis compañeras de trabajo?

JACK: *Es cierto que podrías coincidir allá con alguna...* Pero *¿qué hay de malo en que alguien se entere de que hemos ido a Malibú a aprender algo más acerca del sexo?* [BANCO DE NIEBLA e INTERROGACIÓN NEGATIVA.]

JILL: Cuando pienso que al día siguiente tendría que enfrentarme con ella en el despacho...

JACK: *Cierto que deberías enfrentarte con ella,* pero *¿por qué te horroriza tanto la idea?* [BANCO DE NIEBLA e INTERROGACIÓN NEGATIVA.]

JILL: ¿Qué pensaría de mí?

JACK: *No lo sé. ¿Tú qué crees que pensaría?* [AUTORREVELACIÓN.]

JILL: Probablemente pensaría que soy una libertina.

JACK: (Sonriendo.) *¿Lo mismo que ella?* [INTERROGACIÓN NEGATIVA.]

JILL: Bueno, pero... ¿y si se lo contara a otra persona? ¿Qué pensaría?

JACK: *Por supuesto que podría hacerlo... Este es un punto que deberías aclarar con tus amigas, pero, a pesar de todo, me gustaría ir.* [BANCO DE NIEBLA y DISCO RAYADO.]

JILL: Pero todos sabrían que habríamos ido desnudos.

JACK: *Cierto,* pero *¿qué hay de malo en andar desnudo o en que alguien se entere?* [BANCO DE NIEBLA e INTERROGACIÓN NEGATIVA.]

JILL: En Malibú toda esa gente nos vería.

JACK: (Sonriendo.) *Por supuesto,* pero, *con todo y eso, me gustaría ir y aprender algo.* [BANCO DE NIEBLA y DISCO RAYADO.]

JILL: ¿Es decir, que no te importaría que otros hombres me miraran? ¿Y que lo vieran todo?

JACK: *No lo sé*, pero *sigo pensando que deberíamos ir.* [AUTORREVELACIÓN y DISCO RAYADO.]

JILL: Pues a mí no me gusta nada.

JACK: *Conforme... No es extraño,* pero *¿qué es lo que te molesta, concretamente, del hecho de que yo desee que vayamos los dos a Malibú?* [BANCO DE NIEBLA e INTERROGACIÓN NEGATIVA.]

JILL: Apuesto a que tu nuevo compañero de trabajo te ha hablado de Backbone... y le has hecho caso.

JACK: *Tienes razón; así ha sido.* Pero *¿por qué te trastorna tanto que yo quiera que vayamos allá y que perfeccionemos nuestras técnicas sexuales?* [BANCO DE NIEBLA e INTERROGACIÓN NEGATIVA.]

JILL: Apuesto a que confías que su mujer vaya también para poder ver lo que hay debajo de esos vestiditos tan indecentes que luce.

JACK: (Sonriendo.) *Tal vez tengas razón. A lo mejor también ellos estarían allá, y no me importaría verla a ella en cueros,* pero *¿por qué ha de disgustarte tanto que me guste ver mujeres desnudas?* [BANCO DE NIEBLA e INTERROGACIÓN NEGATIVA.]

JILL: Estás casado conmigo, ¿no?

JACK: (Con ligerísimo sarcasmo.) *Cierto,* pero *¿por qué el hecho de estar casado contigo me ha de impedir mirar a otras mujeres desnudas?* [BANCO DE NIEBLA e INTERROGACIÓN NEGATIVA.]

JILL: ¿Qué te parecería a ti si yo quisiera ver desnudos a otros hombres?

JACK: *¿Qué habría de malo en que quisieras ver desnudos a otros hombres?* (En lugar de: «No fui yo el primero, por cierto. Bien que estuviste con Harry Schwartz en el asiento trasero de su coche antes de conocerme a mí. Solo que el tipo tenía muy poco que enseñar».) [INTERROGACIÓN NEGATIVA.]

Jill: (Sarcástica y mordaz.) ¿Te gustaría que otros hombres me excitaran?

Jack: *No lo sé,* pero *de todos modos me gustaría que fuésemos y que viéramos si podíamos aprender algo.* [AUTORREVELACIÓN y DISCO RAYADO.]

Jill: ¿Quieres decir que deberíamos dejarnos excitar por otros para echarle un poco de picante a nuestra vida sexual?

Jack: *¿Hay algo malo en que otros nos exciten y en que le echemos un poco de picante a nuestra vida sexual?* [INTERROGACIÓN NEGATIVA.]

Jill: ¿Quieres decir que ya no te excito bastante?

Jack: *Claro que me excitas,* pero nuestras prácticas sexuales se han vuelto rutinarias. *Quiero que vayamos a Malibú a ver si podemos aprender algo nuevo.* [BANCO DE NIEBLA y DISCO RAYADO.]

Jill: (Con irritación o bien a punto de llorar.) Yo creía ser lo bastante sexy para ti.

Jack: Y *lo eres,* pero *quiero que vayamos a Malibú a ver qué podemos aprender allí.* [BANCO DE NIEBLA y DISCO RAYADO.]

Jill: ¿Y no podríamos limitarnos a leer unos cuantos libros?

Jack: *Ya te he dicho que no es mala idea,* pero *de todos modos quiero que vayamos a Malibú. ¿Por qué no deberíamos ir?* [BANCO DE NIEBLA, DISCO RAYADO e INTERROGACIÓN NEGATIVA.]

Jill: No lo sé, pero en cierto modo me preocupa.

Jack: *Lo comprendo... ¿Y si habláramos un poco de lo que te preocupa? ¿Vale?* [BANCO DE NIEBLA y COMPROMISO VIABLE.]

Jill: Vale.

Jack: *¿Qué es lo que te preocupa de la idea de ir los dos juntos a Malibú?* [INTERROGACIÓN NEGATIVA.]

Jill: No lo sé. Solo de pensarlo me horrorizo.

Jack: *¿En qué piensas, concretamente, para que te horrorice así?* [INTERROGACIÓN NEGATIVA.]

JILL: Los traseros al aire.

JACK: (En tono tranquilizador.) Vale. *¿Y qué es lo que te horroriza de unos cuantos traseros desnudos?* [INTERROGACIÓN NEGATIVA.]

JILL: Nuestros traseros desnudos.

JACK: Empiezo a comprender a lo que te refieres *¿Y por qué te horroriza pensar en nuestros traseros al aire?* [INTERROGACIÓN NEGATIVA.]

JILL: No está bien pasearse con el trasero al aire por delante de todo el mundo.

JACK: *¿Qué hay de malo en que nos paseemos desnudos por delante de otras personas?* [INTERROGACIÓN NEGATIVA.]

JILL: No he conocido a nadie que lo haga.

JACK: *Seguramente que no,* pero *¿qué hay de malo en conocer a otras personas diferentes, a las que les encanta ir desnudas por ahí?* [BANCO DE NIEBLA e INTERROGACIÓN NEGATIVA.]

JILL: Deben de ser tipos muy raros.

JACK: *Seguramente algunos lo son,* pero *¿qué hay de malo en conocer a unos cuantos tipos raros que andan desnudos por ahí?* [BANCO DE NIEBLA e INTERROGACIÓN NEGATIVA.]

JILL: Nada, ya lo sé... No serían los primeros tipos raros que conozco, pero nunca estando desnuda.

JACK: *¿Y cuál es la diferencia en conocer a otros sin ropa?* [INTERROGACIÓN NEGATIVA.]

JILL: Simplemente, me sentiría indefensa.

JACK: Y *lo estarías,* pero *¿por qué ha de preocuparte eso?* [BANCO DE NIEBLA e INTERROGACIÓN NEGATIVA.]

JILL: ¿Qué pensarían de mí, viéndome con el trasero al aire, corriendo por una colonia sexual?

JACK: *Tienes razón. Probablemente pensarían que has ido por la misma razón que ellos.* [BANCO DE NIEBLA.]

JILL: Pero a lo mejor tratarían de conquistarme.

Jack: *Seguramente.* Pero *¿por qué te preocupa tanto que traten de conquistarte?* [BANCO DE NIEBLA e INTERROGACIÓN NEGATIVA.]

Jill: Me sentiría en falso... porque mi trasero estaría diciendo una cosa, y mis labios dirían que no.

Jack: *Es verdad. Los dos estaríamos en el mismo caso y tal vez provocaríamos nuestros celos con otras personas de allá... No me considero preparado para el sexo en grupo,* pero *de todos modos me gustaría que fuésemos, a ver qué pasa.* [BANCO DE NIEBLA, ASERCIÓN NEGATIVA, AUTORREVELACIÓN y DISCO RAYADO.]

Jill: (Pensativa.) ¿Y si las mujeres empiezan a provocarte? ¿A que te gustaría?

Jack: *Claro que sí,* pero *eso no me preocupa a mí.* [BANCO DE NIEBLA y ASERCIÓN NEGATIVA.]

Jill: ¿Y si luego no quisieras marcharte?

Jack: *No quisiera marcharme sin haber aprendido algo.* [BANCO DE NIEBLA.]

Jill: ¿Y si me entra miedo y quiero irme enseguida?

Jack: *Podríamos decidir ir un par de horas como mínimo. Pasadas las dos horas, podríamos irnos si realmente te sintieras incómoda.* [COMPROMISO VIABLE.]

Jill: Pero ¿y si empiezan a hacerse el amor o sabe Dios qué delante de nosotros?

Jack: *Ese «Dios sabe qué» es justamente lo que espero que veamos.* [BANCO DE NIEBLA.]

Jill: ¿Y si la cosa te excita?

Jack: (Sonriendo.) *¿Quieres decir si experimento una erección?* [INTERROGACIÓN NEGATIVA.]

Jill: Exactamente lo que estaba pensando.

Jack: *También lo pensaba yo. Podría esconderme detrás de ti, ¿no?* [COMPROMISO VIABLE.]

Jill: Es que yo estaré deseando esconderme detrás de ti.

Jack: ¿Qué podemos hacer, entonces?

Jill: ¿Qué te parecería eso? Si tienes algún problema, te escondes detrás de mí, y si el problema lo tengo yo, me escondo detrás de ti.

JACK: Vale... Así, ¿qué? ¿Vamos?

JILL: Iré, si solo vamos a mirar y no hacemos nada.

JACK: *Solo iremos a aprender.* [COMPROMISO VIABLE.]

JILL: No sé... Hay algo que sigue preocupándome.

JACK: *Dime, ¿de qué se trata?* [INTERROGACIÓN NEGATIVA.]

JILL: ¿Y si coincidimos con algún conocido?

JACK: *Es posible. ¿Qué te gustaría hacer en tal caso?* [BANCO DE NIEBLA y COMPROMISO VIABLE.]

JILL: No lo sé. ¡Válgame Dios! ¡Qué sofocón!

JACK: Sí, pero *¿qué harías si ocurriera* eso? [BANCO DE NIEBLA y COMPROMISO VIABLE.]

JILL: (Pensando en voz alta.) Me pregunto si ellos sentirían lo mismo... (Reprimiendo la risa.) Sería divertido ver a Harry y Jane, nuestros vecinos de más abajo. Apuesto a que él tiene un aspecto muy diferente sin sus zapatos Gucci. Tal vez resultará divertido... pero no iré si no me prometes que iremos juntos, estaremos juntos todo el rato, y nos marcharemos juntos.

JACK: Prometido, cariño.

JILL: ¿Y no tratarás de conquistar a nadie?

JACK: *Solo a ti, una vez que nos hayamos marchado.* [COMPROMISO VIABLE.]

JILL: De acuerdo.

Este diálogo de prácticas no es más que una de las situaciones extraídas de la vida real con las que se han enfrentado los alumnos y en las que han triunfado gracias a haberse mostrado asertivos con sus parejas y haber llegado con ellas a establecer compromisos sexuales más satisfactorios para ambas partes. Esos compromisos pueden ser tan simples como el hecho de compartir las preferencias acerca de la posición del cuerpo en un determinado acto de coito o de alternar varias posiciones en diferentes ocasiones. Los compromisos sexuales que pacientes y alumnos han establecido incluyen a menudo «excitantes» mutuos tales como una intensificación de los «juegos preliminares», las caricias y la masturbación mutua, el *cunnilingus* (beso vaginal), la *fellatio* (introducción del miembro viril en la boca), el coito anal, etc., o decisiones más radicales, como el sexo en grupo y otras formas afines de sexualidad. La mayoría de los alumnos de las clases de asertividad emplean varios de esos temas como objetivos finales hipotéticos en los ensayos de sus papeles. En el curso de los últimos dieciocho meses, solo un alumno femenino, entre trescientos de ambos sexos, declaró que esas prácticas en el aula habían suscitado en ella una gran ansiedad, ansiedad que fue una verdadera sorpresa para ella. Se consideraba muy experta sexualmente, y lo era. Tenía experiencia en muchos de los comportamientos sexuales más exóticos de los que se hablaba. Se había creído sexualmente «liberada» y resultó que no lo estaba. Solo estaba «liberada» si la «liberación» corría a cargo de otra persona; en clase le resultaba sumamente difícil pedir lo que deseaba sexualmente y, cuando lo probó con su pareja en la vida real, descubrió con asombro que se le hacía todavía más difícil con él que con una persona relativamente extraña —un compañero de clase— e incluso con una persona de su mismo sexo. En realidad, la alumna en cuestión era completamente no asertiva en esa esfera de su vida privada y necesitaba muchas más prácticas de lo que permitían los límites de la clase. En el momento en que escribimos estas líneas, nuestra alumna está trabajando intensamente su problema en terapia privada. La mayoría de los alumnos, por fortuna, no tropiezan con graves dificultades, al parecer, para defenderse bien en esa esfera conflictiva, al menos después de ocho semanas de prácticas de asertividad en clase y fuera de clase, en otras situaciones. De hecho, la gran mayoría de los alumnos gozan con esas prácticas y lo manifiestan verbalmente o a través de su comportamiento en las sesiones de prácticas. Una alumna de cuarenta y tantos años vino a mi encuentro durante la pausa del café que siguió a una de esas sesiones y me dijo: «Pete, si hace ocho semanas me hubiese usted dicho que esta noche debía estar hablando acerca de mi vida y mis fantasías sexuales con un extraño y preguntándole luego a qué conclusión llegaba, le hubiese contestado: "¡Está usted loco!". Y sin embargo eso es lo que he hecho, y realmente esta noche he aprendido algo acerca de mí misma y de otros». Después de observar su comportamiento en clase durante ocho semanas, osaría asegurar que dicha alumna no se hallaba en una necesidad desesperada de hacer frente, de manera sistemáticamente asertiva, a sus deseos sexuales. Sin embargo, lo que la maravillaba era su capacidad para tomar parte, sin perder la calma, en aquella especie de póquer psicológico a cartas vistas. Así descubrió que, si ella y otros podían aventurarse por aquella zona tan personal y arriesgada con tan poca ansiedad, no hacía falta tener una gran imaginación para comprender lo que podían llegar a hacer en otras esferas menos delicadas. Varios meses más tarde coincidí con ella en Santa Mónica. Después de intercambiar las pullas de costumbre, me presentó a su hija de catorce años con las siguientes palabras: «Te presento a Pete Smith, el profesor de esas clases de asertividad de las que siempre te hablo y que espero querrás seguir cuando seas lo bastante mayor». Evidentemente, aquella matrona de la clase media estaba persuadida de que su hija adolescente podía sacar provecho de la asertividad, tal vez también en la esfera sexual, aunque probablemente la dama pensaba sobre todo en otra clase de conflictos más mundanos que su hija debía aprender a sortear y resolver cuando se casara.

El siguiente diálogo muestra cómo se puede aprender a reaccionar asertivamente frente a la manipulación de un marido que intenta retener en el hogar a su mujer, cuando esta desea ampliar los horizontes de su existencia más allá de los de una madre y ama de casa.

*Una mujer casada dice
a su marido que
quiere buscarse un empleo*

He aquí una versión abreviada de una secuencia asertiva entre marido y mujer, desarrollada por mi colega Susan Levine y yo, diálogo que representamos recientemente en una reunión profesional de prácticas. El contenido del diálogo es una muestra del material situacional y manipulativo que hemos observado clínicamente en matrimonios clientes nuestros.

Escenario del diálogo: Una vez que los niños se han acostado, la esposa asertiva se dirige a su marido y le da a conocer su deseo de cambiar de modo de vida.

Sue: Estaba pensando en buscarme un empleo. Los chiquillos ya son mayorcitos y me sobra mucho tiempo.

Yo: Pues no se nota, hija; la casa está hecha un asco, como si no tuvieras tiempo para nada.

Sue: *Sí, es verdad. La casa podría estar más limpia,* pero *preferiría ir a trabajar fuera.* [BANCO DE NIEBLA y DISCO RAYADO.]

Yo: Me parece una estupidez, chica. Sobre todo teniendo en cuenta que no posees conocimientos especiales que ofrecer.

Sue: *Estoy de acuerdo contigo.* De hecho, he estado pensando en mis cosas. No tengo conocimientos especiales, es verdad, pero, *a pesar de ello, quiero mirar si encuentro un empleo.* [BANCO DE NIEBLA y DISCO RAYADO.]

Yo: (Intentando una nueva táctica, pero más amablemente.) La idea me parece una locura, la verdad... Quiero decir que con lo que tendrás que pagar a una mujer que venga a sustituirte, se te irá todo lo que puedas cobrar con tu trabajo. Así que, ¿de qué te servirá ir a trabajar si no sacas nada?

Sue: *Ya he pensado en eso, ¿sabes? Probablemente tienes razón y no ganaré mucho dinero.., sobre todo al principio... pero me figuro que por algo hay que empezar, y estoy decidida a probar si me sienta bien trabajar fuera.* [BANCO DE NIEBLA y DISCO RAYADO.]

Yo: Sabes muy bien que tus padres siempre creyeron que yo no podría mantenerte en el nivel en que estabas acostumbrada a vivir, y si ven que trabajas fuera de casa van a despreciarme otra vez.

Sue: *Es posible...* pero, *en realilad..., ¿qué importa que te miren de arriba abajo?* [BANCO DE NIEBLA e INTERROGACIÓN NEGATIVA.]

Yo: ¡Vaya respuesta! ¿Que qué importa? ¡Oye, no te pases de lista conmigo, eh!

Sue: *Reconozco que no es una gran respuesta,* y tal vez *me habré pasado de lista,* pero *ha sido sin querer. En serio, ¿por qué te preocupa tanto lo que puedan pensar de ti mis padres?* [BANCO DE NIEBLA, AUTORREVELACIÓN e INTERROGACIÓN NEGATIVA.]

Yo: ¿Quieres que te lo diga a las claras?

Sue: Sí, por favor.

Yo: Bien, pues cuando tus padres me miran despectivamente me hacen sentirme inquieto... Tu padre me pone nervioso, hace que me sienta inferior, como un crío a veces, cuando hablo con él. Algunas veces se ha portado conmigo como un cochino... Pero el verdadero problema es que, al mismo tiempo, le respeto. Puede ser un cochino, pero es un tipo listo, no se le puede negar, y ha ganado montones de dinero.

Sue: *Sí, realmente, en algunas cosas es todo un tipo,* pero con nosotros no se ha portado nada bien. *Contigo, concretamente, ha obrado mal, pero también pienso a veces que se siente fastidiado contra nosotros porque siempre hemos sido independientes y no le hemos pedido nada.* [BANCO DE NIEBLA y ASERCIÓN NEGATIVA.]

Yo: Tal vez podría llegar a apechugar con la cara que pondrá tu padre si te pones a trabajar, pero ¿y nuestros hijos? Sabes muy bien que te necesitan cuando llegan de la escuela.

Sue: *Ya sé que les gustaría encontrarme en casa al volver de la escuela.* También a mí me gustaría... pero no puedo estar en casa y en la oficina al mismo tiempo. *Y quiero trabajar.* [BANCO DE NIEBLA y DISCO RAYADO.]

Yo: Recuerda que si trabajas no podrás llevar a Josh a su clase de música.

Sue: *Tienes razón. Supongo que no podré ir a buscarle a la escuela a las tres de la tarde, si trabajo, pero, a elegir entre una cosa y otra, prefiero trabajar.* Bastará que combinemos las cosas de otra manera. Aún no sé cómo, pero sé que quiero hacerlo así. [BANCO DE NIEBLA y DISCO RAYADO.]

Yo: (Pensando en voz alta.) Esa es una cosa que siempre eché de menos cuando era pequeño. Mamá y papá trabajaban, los dos, cuando tenían el restaurante. Cuando yo llegaba de la escuela tenía que prepararme la cena yo mismo y cenar solo. Eché mucho de menos a mis padres cuando tenía la edad de nuestros hijos. Siempre envidié a mi primo Sonny. Cuando me sentía demasiado solo, me iba a su casa, al salir de la escuela, y tía Cody se limitaba a poner otro plato a la mesa. Mis tíos no tenían mucho dinero, y el estofado de cordero no me gustaba, pero me agradaba la vida en familia. Tía Cody siempre estaba en casa, lo mismo que tío Spencer cuando no estaba en el trabajo. Tío Spencer hasta quiso enseñarme a tocar la guitarra.

Sue: Menos mal que podías ir a casa de tía Cody cuando lo deseabas. Pero, de todos modos, *qué triste, ¿verdad?* Nunca me habías contado eso. [BANCO DE NIEBLA.]

Yo: Ya lo sé. Hasta ahora nunca había tenido ganas de recordarlo.

Sue: Creo que ahora comprendo por qué te preocupa que yo trabaje.

Yo: Sí. ¿Y quién va a llevarles a la Pequeña Liga y a la asociación femenina de *scouts?* Son cosas muy importantes para ellos. Y eres tú quien les acompañas.

Sue: *Estoy completamente de acuerdo contigo,* y de momento no sé qué decirte. Pero alguna solución habrá. Aparte de esto, *¿hay algo más que te desagrade en el hecho de que yo trabaje?* [BANCO DE NIEBLA, AUTORREVELACIÓN e INTERROGACIÓN NEGATIVA.]

Yo: Josh me preocupa menos. Los chicos pueden cuidar de sí mismos, pero Jenny, para sus doce años, está muy desarrollada, ¿no te has dado cuenta?

Sue: (Sonriendo.) Por supuesto que sí.

Yo: Y siempre anda con ese escuchimizado de Larry Bisque pegado a ella. No me fío un pelo de ese bribonzuelo.

Sue: *Esa es una cuestión que tendremos que estudiar. Los chiquillos estarán menos controlados cuando yo trabaje, y eso es algo que también a mí me preocupa.* [BANCO DE NIEBLA.]

Yo: No puedo creer que quieras irte a trabajar y dejar a tu hija sola en casa con ese gaznápiro.

Sue: *Tienes razón. No quiero que tal cosa ocurra,* pero, por otra parte, estoy decidida y *quiero trabajar. ¿Cómo te parece que podríamos resolver el problema, para no tener que sufrir pensando que nuestros hijos se quedan solos en casa con sus amigos?* [BANCO DE NIEBLA, DISCO RAYADO y COMPROMISO VIABLE.]

Yo: No quiero que vayas a trabajar.

Sue: (Comprensiva.) *Ya te he oído,* pero *¿cómo podemos resolver el problema para no tener que sufrir por los chiquillos?* [BANCO DE NIEBLA y COMPROMISO VIABLE.]

Yo: (Reflexionando.) Tal vez podríamos hablar con ellos, exponerles el problema y establecer unas reglas... como, por ejemplo, dejar bien sentado que no recibirán a sus amigos en casa cuando nosotros no estemos.

Sue: *Me parece muy bien.* Además, *podría preguntar a Judy, nuestra vecina de más abajo, si los chiquillos podrían ir a su casa si necesitaran algo en ausencia nuestra.* [BANCO DE NIEBLA y COMPROMISO VIABLE.]

Yo: De acuerdo. No me gusta la idea de que trabajes, pero

un poco de responsabilidad propia no les hará ningún daño a los chiquillos. ¡Cuernos, bien que tenía que cuidar de mí mismo, yo, cuando solo tenía ocho años! Pero ¿cómo piensas poder ir a trabajar y seguir cuidando de la casa? Bastante cansada vas ya, y si además trabajas fuera de casa vas a derrumbarte sobre mí cuando vuelvas a casa al salir de tu trabajo.

Sue: *Probablemente andaré muy fatigada,* pero *¿qué hay de malo en que me derrumbe sobre ti cuando llegue a casa?* [BANCO DE NIEBLA e INTERROGACIÓN NEGATIVA.]

Yo: Ya sabes a qué me refiero. La casa estará siempre en desorden y yo me sentiré culpable al verte hacer dos cosas, trabajar fuera y cuidar del hogar, mientras yo solo hago una.

Sue: *Tal vez resulte duro para los dos,* pero, *a pesar de todo, quiero hacerlo. ¿Me ayudarás a resolver la cuestión?* [BANCO DE NIEBLA, DISCO RAYADO y COMPROMISO VIABLE.]

Yo: ¿De qué manera?

Sue: *En este momento no sé exactamente qué es lo que podríamos hacer. ¿Se te ocurre* algo? [AUTORREVELACIÓN y COMPROMISO VIABLE.]

Yo: Yo podría hacer las compras por la tarde. No me importaría en absoluto. Y Jenny y Josh podrían ayudarme a hacer la limpieza. Un poco más de responsabilidad no les hará ningún daño. Tal vez podamos arreglarlo todo.

Sue: Así lo espero... ¿Qué más te parece que podríamos hacer...?

De lo que se trataba, en este diálogo, era de demostrar que mostrarse asertivo y decir lo que uno desea, en un conflicto conyugal, no requiere necesariamente una disputa agria, ni gritos ni lágrimas. Como coterapeutas de muchos matrimonios, Sue y yo observamos que, aparte ciertas exhalaciones de vapor emotivo debido a las frustraciones generales que ninguno de nosotros puede evitar por completo, gran parte de la ira y de la frustración presentes en las situaciones conyugales se deben a temores poco realistas acerca de *lo que podría ocurrir si...*, y a las manipulaciones y contramanipulaciones empleadas para hacer frente a esas ansiedades. Sue y yo hemos observado que mostrarse decididamente asertivo y decirle a nuestro cónyuge qué es lo que deseamos, pese a *lo que podría ocurrir si...* minimiza la manipulación mutua, esa terrible piedra en la que tropiezan la comunicación y el compromiso.

En el siguiente diálogo de prácticas, hago que mis alumnas se ejerciten en reaccionar asertivamente frente a una dificultad sexual que se cita con frecuencia en los consultorios: el acto de hacer el amor sin... amor apenas. Las pacientes femeninas se lamentan a menudo de los hombres que se limitan a efectuar el coito con ellas, pero nada más. Aunque este comportamiento puede ser una expresión de la completa indiferencia del marido con respecto a su esposa, o de ignorancia de las necesidades de esta, el hábito de la «rapidez» es también una modalidad de comportamiento sexual frecuente en pacientes masculinos que están en tratamiento clínico por dificultades en mantener la erección durante un período de tiempo relativamente prolongado. Muchos de ellos, según su historial, si prolongan demasiado los juegos preliminares pierden la erección y son incapaces de realizar el coito en el momento en que su mujer lo desearía. El hombre que ha pasado por esa experiencia suele albergar el temor de que se repita. Muchos de esos pacientes cuentan además que sus parejas, sexualmente inexpertas, aunque no los «enfrían», no hacen nada, tampoco, por mantener su excitación sexual durante los juegos preliminares prolongados. Como no suelen ser lo bastante asertivos para poder pedir a su pareja que emplee algún procedimiento para excitarles sexualmente, recurren al método de acelerar «los trámites» y despachar cuanto antes para evitar todo posible fracaso. Aunque la indiferencia con respecto al otro puede ser resultado de un sentimiento de ira reprimido o de ignorancia sexual, yo sugiero a mis alumnas que partan del supuesto inicial de que esta dificultad se debe a una «ansiedad oculta» acerca de una actuación insatisfactoria durante los juegos preliminares, que su pareja lleva a cabo en solitario, incapaz de pedir asertivamente la colaboración de su esposa. Aunque es posible que al varón no le guste que su pareja hurgue en esta zona delicada, mi experiencia clínica en el tratamiento de este problema ha indicado que es más probable que el marido «sexualmente apresurado» *resista pasivamente* los intentos de su pareja de hurgar en su actuación sexual y que *no la manipule* para obligarla a aceptar el *status quo*. En cambio, he visto casos de contramanipulación por parte del marido cuando la mujer trata manipulativamente (y no asertivamente) de obligarle a obrar según sus deseos, en el aspecto sexual.

DIÁLOGO 33

*Una mujer casada
explica a su marido que
desea más juegos
preliminares antes del coito*

Para enseñar una manera de hacer frente a este problema, que podría resultar castrante, hago que mis alumnos practiquen asertivamente sus técnicas verbales en la situación siguiente.

Escenario del diálogo: Jill sostiene buenas relaciones con Jack, pero tiene la impresión de que en su manera de hacer el amor falta algo. Normalmente, si ella o él inicia el acto sexual, Jack efectúa la penetración y empieza el coito rápidamente. Una vez alcanzado su clímax, Jack establece poco contacto físico o verbal con Jill y suele dormirse. Después de cenar, Jill se sienta con Jack en el sofá y le plantea la cuestión.

JILL: ¿Podemos apagar la televisión, cariño? Quiero hablarte.
JACK: Por supuesto. (Se levanta y desconecta el aparato.) Dime, ¿de qué se trata?

JILL: Te quiero mucho, Jack, bien lo sabes, pero *hay algo en nuestra vida sexual que me preocupa.* [AUTORREVELA-CIÓN.]

JACK: Nuestra vida sexual es perfectamente normal.

JILL: *Por supuesto que lo es,* pero, a *pesar de ello, hay en ella algo que me preocupa.* [BANCO DE NIEBLA y DISCO RAYADO.]

JACK: (Después de un breve silencio.) ¿Es preciso que hablemos de eso precisamente ahora?

JILL: *No,* pero *lo preferiría. ¿Quieres que hablemos de ello después del telediario?* [BANCO DE NIEBLA, DISCO RAYADO y COMPROMISO VIABLE.]

JACK: No.

JILL: Bien. Cuando hacemos el amor, yo *preferiría que pasáramos un poco más de tiempo jugando y divirtiéndonos antes del acto, en lugar de lanzarnos a él enseguida. Creo que así conseguiría excitarme más, ¿sabes? Me pondría más en forma, ¿comprendes?* [AUTORREVELACIÓN.]

JACK: No puedes decir que yo precipite las cosas. Tal como lo has dicho, parece que solo piense en mi propio placer.

JILL: *Puede que tengas razón; no, no es verdad que nos lancemos enseguida a ello.* Sin embargo; yo *creo que si prolongáramos los juegos preliminares un poco más de lo que solemos hacerlo, yo gozaría más.* [BANCO DE NIEBLA y DISCO RAYADO.]

JACK: Antes lo hacíamos como tú dices, y al día siguiente los dos llegábamos tarde al trabajo.

JILL: *Ahora que lo dices, recuerdo, que, en efecto, por la mañana me quedaba dormida.* Pero cuando éramos recién casados muchas veces pasábamos mucho tiempo haciendo el amor a media noche. [BANCO DE NIEBLA.]

JACK: Yo no soy un superhombre. Al día siguiente tengo que trabajar, bien lo sabes.

JILL: *Tienes razón, y no quiero que tengas que ser un superhombre,* pero *¿no podríamos arreglar las cosas de manera que, aunque prolongáramos nuestros juegos, no quedaras tan fatigado?* [BANCO DE NIEBLA y COMPROMISO VIABLE.]

Jack: No es que me canse; es que me entra sueño, simplemente.

Jill: *Ya sé que te entra sueño,* pero *¿estás seguro de que no hay algo en esos juegos preliminares que no te gusta o que te cansa?* [BANCO DE NIEBLA e INTERROGACIÓN NEGATIVA.]

Jack: Cuando éramos recién casados, hubo algunas veces en que quedé tan derrengado que no pude hacer el amor, ¿recuerdas?

Jill: *Tienes razón. Tuvimos problemas, entonces. ¿Te estoy fastidiando con esta conversación? ¿Quieres que lo dejemos para más tarde?* [BANCO DE NIEBLA, INTERROGACIÓN NEGATIVA y COMPROMISO VIABLE.]

Jack: No, no, adelante.

Jill: *¿Acaso hay algo que te preocupe en el hecho de que yo desee más juegos preliminares?* [INTERROGACIÓN NEGATIVA.]

Jack: Bueno, sin duda recordarás que cuando me cansaba demasiado luego no podía.

Jill: *¿Crees que si prolongáramos un poco más los juegos preliminares, como yo quisiera, volvería a ocurrirte?* [INTERROGACIÓN NEGATIVA.]

Jack: No lo sé. Es posible.

Jill: *Si perdieras tu erección, ¿tan mal te parecería que yo me encargara de hacer que la recuperaras?* [INTERROGACIÓN NEGATIVA.]

Jack: (Con aspecto de preocupación.) ¿Cómo lo harías?

Jill: (Con una sonrisa pícara.) *¿Quieres una demostración en el acto?* [COMPROMISO VIABLE.]

Jack: (Sonriendo a su vez.)

Jill: *Si prolongáramos un poco más los juegos preliminares y se te pasara la erección, ¿te gustaría que yo me encargara de que la recuperaras?* [COMPROMISO VIABLE.]

Jack: ¡Por supuesto! (Nuevamente grave.) Pero ¿quién iría a trabajar a la mañana siguiente si nos pasáramos toda la noche haciendo el amor?

JILL: *¿Por qué no tratamos de hacerlo más a menudo a esta hora, por ejemplo?* Creo que por la mañana nos habríamos recuperado. ¿No? [COMPROMISO VIABLE.]

JACK: ¡Ahora mismo!

Si en las clases no tenemos mucho tiempo porque hay que ocuparse con gran detalle de otros sectores conflictivos, a veces me limito a hacer una exhibición de este tipo de diálogo asertivo, como una manera de llegar a un acuerdo con nuestra pareja si esta suele evitar los juegos sexuales preliminares. Hago la exhibición con la ayuda de una colega o de una de las mejores alumnas. Una de las preguntas que algunos alumnos formulan invariablemente después de la demostración (o del ejercicio práctico) es la siguiente: «¿Cómo consigue la mujer ayudar al hombre a mantener la erección durante los juegos preliminares?». A quien se formule esta misma pregunta puedo recomendarle, como se la recomiendo a mis alumnos, la lectura de los capítulos de la obra de Masters y Johnson *Human Sexual Inadequacy* (Little Brown, 1970)* que tratan concretamente del temor a la pérdida de la erección, y de cualquiera de los manuales populares sobre la vida sexual publicados en los últimos cinco años, como algunos libros del doctor Alex Comfort, entre ellos *The Joy of Sex* (Crown, 1972)**.

Cuando enseño a mis alumnos a comunicar asertivamente sus deseos a sus parejas, les propongo, como un excelente ejercicio de aprendizaje encaminado a resolver toda clase de conflictos conyugales, que se ejerciten en hacer frente al más difícil de todos los problemas sexuales en el matrimonio, a saber, una disminución gradual de la frecuencia del acto sexual a lo largo de un período de meses o de años. Al cabo de algún tiempo, se pone de manifiesto, mediante la más somera de las observaciones, que uno de los dos cónyuges nunca toma la iniciativa amo-

---

*Trad. cast., *Incompatibilidad sexual humana*, Intermédica, Buenos Aires, 1981.
**Trad. cast., *El placer del sexo*, Random House Mondadori, Barcelona, 2003.

rosa o siempre tiene una excusa para justificar que no se encuentre en forma. Aunque esta clase de huida sexual se observa clínicamente en el repertorio de ambos sexos, mi experiencia y la de mi colega, el doctor Zev Wanderer, nos han confirmado que el paciente masculino tiene mucha más tendencia a negar la existencia de un problema que la paciente femenina. Las mujeres que nos consultan suelen ser más abiertas y estar más dispuestas a reconocer sus problemas sexuales. En este caso concreto, me refiero al hombre que se aparta sexualmente de su mujer, sin mostrar signos visibles y ciertos de impotencia fóbica condicionada. No se trata de que pierda con frecuencia su erección ni de que le resulte difícil excitarse sexualmente con otras mujeres, y tampoco da signos de eyaculación precoz. La historia de su conducta encaja más bien en el modelo de la ira que en el modelo de la ansiedad o el modelo mixto de tratamiento psicoterapéutico. Así pues, este problema sexual tiene sus raíces más bien fuera de la cama que dentro de ella. El proceso de apartamiento al que me refiero no es a corto plazo, es decir, lo que puede ocurrir en un fin de semana; no conozco un solo matrimonio de los que han acudido a mi consulta o de entre mis amistades de toda la vida que alguna vez no se hayan enviado al cuerno mutuamente y se hayan negado a hacerse el amor por un breve período, arrastrados por su irritación. En contraste con esas escaramuzas normales, lo que trato de exponer aquí es el caso típicamente clínico de un cónyuge que se aparta sexualmente del otro, de manera gradual, durante un largo período, de muchos meses y aun de años. El tratamiento que se impone, evidentemente, en estos casos, según el modelo de la ira, consiste en adiestrar al «paciente identificado», es decir, al cónyuge que se aparta del otro, a mostrarse más asertivo con su pareja acerca de lo que le desagrada por parte de esta, o inducirle por lo menos a que muestre su enojo y «se desahogue» de vez en cuando para descargar la atmósfera entre él y el otro cónyuge. Pero ¿cómo conseguirlo? Este es el problema, sobre todo en el caso del marido que se aparta de su mujer y que, probablemente, negará que exista un problema sexual y se resistirá a permitir que nadie le indique cómo debe tratar a su mujer. En algunos casos clínicos, en los que una mujer casada que ha venido para resolver un problema psíquico personal se ha lamentado de este problema, le he dado un adiestramiento intensivo para que se muestre más asertiva, insistiendo sobre todo en las técnicas del BANCO DE NIEBLA, la ASERCIÓN NEGATIVA y la INTERROGACIÓN NEGATIVA, con objeto de capacitarla para hacer frente a las críticas —justas o manipulativas— de su marido, sexualmente apartado de ella. Cuando mi alumna ha aprendido a mostrarse no defensiva acerca de sí misma y de su antiguo estilo manipulativo, hago que se enfrente a su marido y provoque sus críticas personales acerca de ella y de su vida en común, críticas personales que el marido se resiste a formularle espontáneamente y que le permiten decir qué es lo que no le gusta de su mujer y de su comportamiento, y lo que, en parte, se encuentra en el origen de su apartamiento sexual. Al mismo tiempo, el hecho de que su mujer provoque directamente la expresión de sus críticas le da a entender que no es en absoluto la mujer frágil, hipersensible, muy dependiente y a veces oprimida que había imaginado conocer. Para algunas de esas mujeres, sin embargo, el esfuerzo para encontrar la solución de su dilema resulta, a su juicio, más duro de soportar que el problema de un marido frío o distante. Para esas mujeres desdichadas, hacer frente a algunas de las quejas de su marido significa efectuar grandes modificaciones en su estilo de vida personal, cobrar mayor confianza en sí mismas, cultivar su propia manera de ser felices, depender menos de lo que su marido pueda (o quiera) darles, mostrarse menos manipulativas y asumir la responsabilidad de estudiar y ejecutar sus propios deseos y aspiraciones, examinando asertivamente sus propios sentimientos y preocupaciones negativos y aceptándolos como parte de sí mismas, o llegando a establecer compromisos con su marido para tratar de resolver sus problemas en lugar de apelar a manipulaciones para obligarle a aceptar el molde rutinario que les salva de tener que enfrentarse con estas inseguridades personales. Tal como yo lo veo, desde un punto de vista clínico y no político, esa clase de mujeres no desean hacer el esfuerzo necesario para «liberarse». Según mi experiencia me ha demostrado, esas infortunadas clientes consideran las clases de asertividad terapéutica, o bien como un lugar donde encontrar unos oídos comprensivos, dispuestos a escuchar la historia de cuán terribles son sus maridos o de cuán injusta es la vida para con ellas, o bien como un lugar donde aprender una serie de pequeños trucos ingeniosos para modificar el comportamiento de su marido sin modificar el suyo propio y sin el menor esfuerzo personal por su parte. El número de pacientes (masculinos o femeninos) de esta clase es relativamente corto en comparación con el de los que están dispuestos a hacerlo todo por modificar su comportamiento y aprender el arte de la convivencia con otra persona.

El diálogo siguiente, que ilustra algunas de las técnicas asertivas que esas mujeres empleaban para luchar contra el apartamiento de sus maridos, es también una versión abreviada y corregida, compuesta de varios elementos extraídos de los ejercicios hechos en clase y de las sesiones terapéuticas. La crítica provocada por la esposa asertiva es una muestra de las críticas espontáneas formuladas en los ejercicios prácticos por cientos de alumnos. Sus críticas, probablemente extraídas de sus propias experiencias, cubrían prácticamente todo lo que puede ir mal en un matrimonio, al menos desde su punto de vista. La crítica no es una batalla del hombre contra la mujer, una guerra de sexos. Muchas veces, cuando teníamos más alumnas que alumnos, en la clase o en las sesiones terapéuticas, dos mujeres se ejercitaban entre sí, y buena parte de las críticas que formulaban contra sus supuestas esposas eran las mismas que los alumnos varones formulaban contra sus parejas femeninas, y cuando las dos mujeres en juego intercambiaban sus papeles, también las críticas que formulaba la nueva «marido» eran similares. El lenguaje y los detalles eran diferentes, pero las críticas masculinas y femeninas versaban sobre los mismos puntos. Muchas de las críticas (pero no todas) formuladas con más frecuencia por nuestros alumnos (y pacientes) se incluyen en este diálogo. Aunque, en muchos casos, los alumnos que se ejercitaban en esta manera asertiva de enfrentarse con un conflicto sexual no tenían el problema de que su pareja se apartara de ellos sexualmente, puede observarse en el diálogo que el problema sexual inicial se emplea como un interesante vehículo didáctico para enseñar a la gente a reaccionar debidamente en situaciones matrimoniales conflictivas e íntimas.

En la vida real de nuestros pacientes, esta situación problemática exigía semanas y hasta meses de repetidos encuentros no críticos ni defensivos con las parejas en cuestión, antes de que se consiguiera llegar a un compromiso y modificar el comportamiento mutuo de los cónyuges. En algunos casos, la técnica asertiva mejoraba la relación sexual; en otros, mejoraba la calidad de la vida en común a través de una comunicación abierta y directa, hasta el punto de permitir a los cónyuges elaborar un nuevo estilo de vida más satisfactorio para las dos partes.

DIÁLOGO 34

Un cónyuge que anteriormente
se había mostrado manipulativo
induce asertivamente
a su pareja a exponer los defectos
que observa en su matrimonio, con
objeto de buscar entre los dos
la manera de corregirlos

Jill lleva tres años de matrimonio con Jack. Durante los primeros dieciocho meses de matrimonio, su vida sexual fue satisfactoria, pero, transcurrido el período inicial, esta vida sexual fue haciéndose gradualmente menos intensa a lo largo del año siguiente hasta llegar a su mínima expresión, a lo que siguieron cuatro meses de abstinencia completa. Jill sigue queriendo a su marido y desea la intimidad de que gozaron durante su noviazgo y sus primeros tiempos de casados. Jill ha aprendido a ser asertiva y se ha ejercitado con diligencia para desensibilizarse frente a la ansiedad y a la tendencia a situarse a la defensiva. No sin gran esfuerzo, ha acabado por convencerse de que ella es su único juez; hace algunas cosas bien, otras horriblemente, es capaz de evaluar sus propios éxitos lo mismo que sus errores y fracasos, y sabe que es ella la responsable de los cambios que desea implantar en su forma de vida.

Escenario del diálogo: Jill habla a Jack, un domingo por la mañana, cuando los dos han terminado de leer *The Times*. (Jack podría igualmente ser el iniciador asertivo del diálogo, en lugar de Jill. En el diálogo, he tratado de indicar el estado emocional y de espíritu de los matrimonios reales en las sesiones terapéuticas, durante el empleo de las técnicas de comunicación asertiva, no defensiva.)

JILL: Jack. Últimamente he estado pensando mucho. *Nos guste o no nos guste el caso es que tenemos un problema sexual.* [ASERCIÓN NEGATIVA.]

JACK: Te repito que no es cierto. Lo hemos discutido ya muchas veces. ¿Por qué meternos en ese berenjenal, con lo bien que estábamos en este momento?

JILL: *Tienes razón. Tiempo atrás solía atosigarte, y llorar y hacerte una escena para conseguir que me hicieras el amor,* pero *no pienso volver a hacerlo. Solo quiero ver las cosas desde tu punto de vista.* [BANCO DE NIEBLA, AUTORREVELACIÓN y COMPROMISO VIABLE.]

JACK: Todo un cambio, por cierto.

JILL: *¿No es verdad? Cuando ocurre algo así tengo la sensación de que vamos apartándonos uno de otro.* No hemos hecho el amor desde hace cerca de cuatro meses. [BANCO DE NIEBLA y AUTORREVELACIÓN.]

JACK: (A la defensiva.) Te quiero, bien lo sabes, pero últimamente ando demasiado preocupado y fatigado. Con ese exceso de trabajo y todo lo demás, simplemente, no me encuentro en forma.

JILL: *Sé muy bien que te matas trabajando últimamente, Jack.* (En lugar de decir: «¡Durante cuatro meses!» o «¿Y por qué trabajas tanto últimamente?»), pero yo *sospecho que hay, además, alguna otra explicación. Temo que debe de haber en mi comportamiento algo que te enfría sexualmente, que te hace perder las ganas de hacer el amor.* [BANCO DE NIEBLA, AUTORREVELACIÓN y ASERCIÓN NEGATIVA.]

JACK: No es verdad. En la cama eres estupenda.

JILL: *Es posible que sea estupenda una vez en la cama, pero creo que nos estamos apartando uno de otro en muchos sentidos y temo hacer cosas que te apartan de mí, quiero decir en general y no ya en la cama.* [BANCO DE NIEBLA, DISCO RAYADO y ASERCIÓN NEGATIVA.]

JACK: (Volviendo a su periódico.) No, mujer, que no, te digo. Te portas muy bien.

JILL: *Es probable que así sea, en muchos aspectos, Jack,* pero *¿no es verdad que algunas de las cosas que hago te fastidian profundamente?* [BANCO DE NIEBLA e INTERROGACIÓN NEGATIVA.]

JACK: (Sigue a la defensiva.) Nadie es perfecto. Todas las personas casadas encuentran defectos en sus cónyuges.

JILL: *No dudo de que otros matrimonios tendrán también sus problemas,* pero *¿hay algo de lo que yo hago, pequeños detalles si tú quieres, que se te introducen debajo de la piel y te irritan un poco?* [BANCO DE NIEBLA e INTERROGACIÓN NEGATIVA.]

JACK: Bueno... (reflexivamente), hay un par de cosillas que haces y que me molestan.

JILL: *¿Cuáles son estas cosas que yo hago y que te molestan?* [INTERROGACIÓN NEGATIVA.]

JACK: No es fácil concretar... Insignificancias... como por

ejemplo eso de preguntarme si he sacado el cubo de la basura, entrada ya la noche, cuando ya me lo recordaste a las seis.

JILL: *¿Algo más?* [INTERROGACIÓN NEGATIVA.]

JACK: Sí. Por ejemplo, cuando te ayudo a hacer limpieza de la casa, siempre pasas tú después y encuentras algo mal.

JILL: (Asombrada.) *¿De veras hago eso?* (Sonríe para sí.) *Pues sí... es verdad que lo hago... ¿Algo más que te irrite?* [INTERROGACIÓN NEGATIVA, ASERCIÓN NEGATIVA e INTERROGACIÓN NEGATIVA.]

JACK: (Entrando de lleno en el tema.) Sí. Y da la impresión de que no es que no confíes en mi manera de hacer las cosas, sino que te empeñas en buscar algo que reprocharme.

JILL: *Ahora que lo dices, me doy cuenta de que acaso sea cierto que obro así... ¿Qué otras cosas hago que puedan producir la impresión de que trato de encontrarte en falta?* [ASERCIÓN NEGATIVA e INTERROGACIÓN NEGATIVA.]

JACK: *¿No crees que ya es bastante?*

JILL: *No me falta tema de reflexión, ciertamente,* pero de todos modos me gustaría que me confesaras qué otras cosas de las que yo hago te molestan. [BANCO DE NIEBLA y AUTORREVELACIÓN.]

JACK: Pues bien, ¿recuerdas cuando solo teníamos un coche?

JILL: Sí.

JACK: Cada vez que iba a recogerte y me retrasaba, te pasabas veinte minutos protestando y dándome la lata.

JILL: *Era una estupidez por mi parte descargar en ti mis frustraciones, ¿no es verdad?* (En lugar de protestar: «Pues ¿qué querías? ¡Siempre llegabas tarde, y nunca té acordabas!».) [ASERCIÓN e INTERROGACIÓN NEGATIVAS.]

JACK: (Guarda silencio, apretando los dientes.)

JILL: (Insistiendo en provocar las críticas de su marido en el punto donde este se ha interrumpido.) *Sospecho que no te resultaba muy atractiva en tales ocasiones, ¿verdad? ¡Qué mal me portaba!* [INTERROGACIÓN NEGATIVA SOSTENIDA y ASERCIÓN NEGATIVA.]

Jack: (Enfureciéndose.) ¡Y que lo digas! Solo de pensarlo se me sube la sangre a la cabeza. Y otra cosa, además. Cada vez que te daba por protestar, quejarte de mí y maltratarme, se suponía que yo debía limitarme a quedarme sentado aguantando el chaparrón.

Jill: *¿Cómo podía ser tan injusta* contigo? [INTERROGACIÓN NEGATIVA.]

Jack: Tú podrías ponerte furiosa cuando te apeteciera. En ti era algo que merecía todos los respetos. En cambio, apenas casados, una sola vez que me enfurecí contigo, empezaste a llorar y a chillar y corriste a echarte en la cama para llorar horas seguidas, hasta que entré y te pedí perdón.

Jill: (Comprensiva y, quizá, con cierta turbación.) *¿Es posible que obrara así?* ¡Qué manera de comportarme! O sea que yo tenía derecho a chillar, pero tú no. *Voy a decirte una cosa. Concluyamos un pacto. Si yo me enfurezco, tú puedes hacerlo también, y viceversa, y ninguno de los dos tiene por qué pedir perdón luego, ¿vale?* [ASERCIÓN NEGATIVA y COMPROMISO VIABLE.]

Jack: (Con cautela.) Vale... pero ¿por qué no pedir perdón?

Jill: Porque si uno pide perdón da la impresión de que enfurecerse y desahogarse es algo malo.

Jack: De acuerdo, pero sospecho que en esta cuestión tú te quedas con la parte del león.

Jill: *¿Por qué lo dices?* [INTERROGACIÓN NEGATIVA.]

Jack: Porque tú te enfureces conmigo con mucha más frecuencia que yo contigo.

Jill: *Creo que también esto es verdad... Así que te diré lo que vamos a hacer. Yo trataré de no enfurecerme por cada pequeño detalle que me irrite, si tú me haces saber cuándo te hago enfadar. ¿Qué tal te parece?* [BANCO DE NIEBLA y COMPROMISO VIABLE.]

Jack: ¿No corres el peligro de sentirte frustrada como me sentía yo?

Jill: *Es posible... pero tengo muy buena memoria, ya lo sabes.*

Soy perfectamente capaz de guardármela y dejar estallar la bomba más tarde. [BANCO DE NIEBLA y COMPROMISO VIABLE.]

JACK: ¿Ves? Este es otro de tus defectos. Siempre tratas de arreglar las cosas donde yo las he estropeado. O donde tú crees que las he estropeado. Y lo haces una y otra vez. ¿Por qué no te limitas a decir qué es lo que no te gusta y a dejarlo así? Es como si trataras de castigarme. No soy un chiquillo al que hay que enseñar a no mojarse. Soy un hombre adulto.

JILL: *Supongo que también en ese asunto tienes razón. ¿Sabes? Me horroriza darme cuenta de la forma en que me comporto.* [AUTORREVELACIÓN.]

JACK: (Guarda silencio.)

JILL: Me dan ganas de llorar... Pero si empiezo a llorar lo estropearé todo, como antes. Es mi escape, ya lo sé. (Larga pausa.) ¿Qué te parece si tomamos un poco más de café hasta que me sienta mejor?

JACK: Vale. (Después del café.) ¿Qué, seguimos o no?

JILL: Sigue siendo muy duro para mí, pero creo que es mejor que sigamos hablando de esa cuestión.

JACK: Si tú quieres...

JILL: Quiero y no quiero; vas a tener que ayudarme.

JACK: ¿Qué quieres que te diga?

JILL: Quisiera que fueses mi terapeuta y que pudieras indicarme qué debo decir.

JACK: (Enojado.) ¿Te dijo él que me hablaras así?

JILL: Me lo propuso. Pero no me parece mal si así logramos despejar la atmósfera entre nosotros. Mucho me temo que te he tratado pésimamente cada vez que hacías algo que no me gustaba. Quiero ver si soy capaz de aguantar que me digas qué es lo que no te gusta de mi manera de ser, sin desmayarme. Si aprendo a no mostrarme tan hipersensible cuando te entran ganas de enfurecerte conmigo, tal vez podamos volver a compartir de verdad nuestra existencia.

JACK: (Esquivando.) ¡Ahora soy yo el que necesita café! (Vuelve a entrar con expresión irritada.)

JILL: *¿Por qué te molesta tanto que te hable así?* [INTERRO-GACIÓN NEGATIVA.]

JACK: No me gusta hacer las veces de conejillo de Indias para vuestros experimentos; los tuyos y los de tu psicólogo.

JILL: *No comprendo. ¿Por qué no me acompañas un día y ha-blas con él delante de* mí? [BANCO DE NIEBLA y COMPRO-MISO VIABLE.]

JACK: No.

JILL: ¿Quieres el divorcio?

JACK: Claro que no.

JILL: Si seguimos así y las cosas no mejoran entre tú y yo, no sé qué llegaremos a hacer. *Me gustaría poder aclarar las cosas aquí mismo, entre nosotros, si fuese posible. Si no quieres ir a ver a mi psicólogo y te niegas a proseguir esta conversación, ¿qué po-demos hacer?* [COMPROMISO VIABLE.]

JACK: No me gusta.

JILL: *Ni tiene por qué gustarte. Lo único que te pido es que lo intentes, conmigo.* [BANCO DE NIEBLA y COMPROMISO VIABLE.]

JACK: Exactamente lo mismo de siempre. Yo soy el tonto de remate y tú doña sabelotodo.

JILL: *¿Qué es lo que he hecho yo para que te sientas tonto de remate?* [INTERROGACIÓN NEGATIVA.]

JACK: Tengo la impresión de que andas experimentando con mi cerebro.

JILL: *¿Quieres que dejemos de hablar de esto?* [COMPRO-MISO VIABLE.]

JACK: No, no. ¡Tú y tu condenado loquero me estáis fasti-diando!

JILL: Bueno, bueno. *¿Qué hemos hecho para fastidiarte?* [IN-TERROGACIÓN NEGATIVA.]

JACK: Los dos hacéis que me sienta como si yo fuese el pa-ciente en lugar de tú. Y entretanto, ¡duro con esa monserga de la terapia asertiva que te ha enseñado!

JILL: *Es verdad. No conozco otra manera de penetrar en tu es-*

píritu. Pero, *si no quieres, no lo haré.* [BANCO DE NIEBLA, AUTORREVELACIÓN y COMPROMISO VIABLE.]

JACK: ¿No puedes dejarme en paz?

JILL: No quiero, ¿sabes? *Tal vez quiera que volvamos a ser como éramos antes, o mejores, o diferentes.* (Frustrada.) *La verdad es que no sé exactamente qué diablos quiero.* [AUTORREVELACIÓN.]

JACK: Bueno, pues yo tengo la impresión de que me estás tendiendo un lazo, que estás jugando conmigo.

JILL: *Es posible,* pero *no sé qué otra cosa puedo hacer. ¿Lo sabes tú? ¿De veras quieres que sigamos viviendo como hasta ahora?* [BANCO DE NIEBLA, AUTORREVELACIÓN y COMPROMISO VIABLE.]

JACK: ¿Qué hay de malo en vivir como vivimos?

JILL: (Furiosa y reincidiendo en sus pasados errores de comportamiento.) ¡Mucho! ¿Quieres que te haga la lista de todas las estupideces que has cometido *tú* en tu vida?

JACK: Eso es lo malo. Esos humos que gastas.

JILL: (Irritada aún.) De esto te estoy hablando precisamente. Todo lo que sabemos hacer es pelearnos. O bien yo chillo y tú te callas. Y no quiero seguir viviendo así.

JACK: (Exasperado.) ¡Tampoco yo!

JILL: ¡Pues haz algo por remediarlo, por el amor de Dios! ¡No temas, que no te vas a morir por ello!

JACK: (Exhausto.) ¿Qué quieres que hagamos?

JILL: (Recobrando su compostura y después de guardar silencio unos instantes.) *Nada, si de verdad no quieres.* [COMPROMISO VIABLE.]

JACK: No me gusta la solución.

JILL: *Lo comprendo, pero ¿no quieres probar? Si dices que no, lo dejaremos.* [BANCO DE NIEBLA y COMPROMISO VIABLE.]

JACK: Si se hace demasiado fastidioso, ¿lo dejaremos?

JILL: *De ti dependerá.* Si no quieres hacerlo conmigo, sería tan solo una pérdida de tiempo... como mis escenas de otro tiempo. No sería más que conseguir por mi parte que hicieras lo que yo quiero, en lugar de trabajar al unísono para averiguar qué es lo que queremos los dos. [BANCO DE NIEBLA.]

JACK: De acuerdo. (Nota: a partir de aquí, sin el consentimiento de Jack sería imposible toda comunicación íntima.)

JILL: *¿Quieres que lo dejemos para más tarde? ¿Para mañana o la semana próxima?* [COMPROMISO VIABLE.]

JACK: No, probémoslo otra vez.

JILL: ¿Dónde nos interrumpimos?

JACK: Que me aspen si lo sé. Yo estaba furioso por el hecho de que tú y tu psicólogo me emplearais como conejillo de Indias.

JILL: Bien. Empecemos por aquí. *¿Puedes identificar exactamente qué es lo que te ha puesto furioso?* [INTERROGACIÓN NEGATIVA.]

JACK: Me has dado la impresión de que tú lo sabías todo y yo nada.

JILL: *¿Cómo te he producido esta impresión?* [INTERROGACIÓN NEGATIVA.]

JACK: Te mostrabas tan fría y serena...

JILL: *¿Como si te tendiera un lazo?* [INTERROGACIÓN NEGATIVA.]

JACK: ¡Exacto!

JILL: *¿Y qué es lo que te ha hecho sentir esta impresión?* [INTERROGACIÓN NEGATIVA.]

JACK: Parecía como si hubieses previsto todas mis respuestas. Las escuchabas sin pestañear...

JILL: *Pues yo pensé que en aquel momento lo echaba todo a perder, llorando.* [AUTORREVELACIÓN.]

JACK: No es lo mismo. Cuando lloras y escapas corriendo, comprendo que estás furiosa conmigo. Esta vez solo llorabas.

JILL: *¿Y qué diferencia hay entre que llore o que me enfurezca contigo?* [INTERROGACIÓN NEGATIVA.]

JACK: Cuando lloras así, te compadezco y luego me siento culpable.

JILL: *¿Y qué hago yo para que te sientas culpable?* [INTE-RROGACIÓN NEGATIVA.]

JACK: No lo sé. Sé muy bien que te estás portando mal conmigo, pero a pesar de todo me siento culpable. Y luego siento deseos de pedirte perdón, aunque siga enojado contigo.

JILL: *Es una huida por mi parte, lo sé muy bien... Cuando lloro y escapo corriendo es como si te obligara a tragarte tu enojo, como si te dijera: «¡Mira, mira, hombre malvado, cómo maltratas a esta pobre mujer indefensa!».* [ASERCIÓN NEGATIVA muy marcada.]

JACK: Cuando obras así me armo el gran lío. Te odio, y al mismo tiempo haría cualquier cosa por ti. ¡Dios mío, qué lío!

JILL: *¿Quieres que paremos?* [COMPROMISO VIABLE.]

JACK: (Enojado todavía.) ¡No, no!

JILL: *¿Y qué más?* [INTERROGACIÓN NEGATIVA.]

JACK: En esas ocasiones me siento como un mocosuelo que necesita que le cambien los pañales.

JILL: (Incitándole a proseguir en su crítica.) *¿Te hago sentirte como un chiquillo y no como un hombre mayor?* [INTERRO-GACIÓN NEGATIVA.]

JACK: Exacto.

JILL: *¿Qué otras cosas hago yo que te hagan sentirte así?* [IN-TERROGACIÓN NEGATIVA.]

JACK: Esas pequeñas observaciones que sueltas, como por ejemplo: «¡Todo tengo que hacerlo yo, aquí!», «Tú no haces nunca lo que debe hacerse. ¡Solo lo que te interesa a ti!».

JILL: *Es verdad que a veces digo cosas así. En general, supongo que lo digo para desahogarme,* pero *cuando hablo así da la impresión de que no siento el menor respeto por ti, ¿no?* [BANCO DE NIEBLA, AUTORREVELACIÓN e INTERROGACIÓN NE-GATIVA.]

JACK: Así es exactamente como suena.

JILL: *¿Y no puedes no hacerme caso cuando obro así?* [COM-PROMISO VIABLE.]

JACK: Lo intento, pero por dentro sigo enfurecido.

JILL: *Entonces, ¿por qué no haces la prueba de estallar de una vez cuando te hable así y decirme que cierre la cochina boca?* [COMPROMISO VIABLE y ASERCIÓN NEGATIVA.]

JACK: ¿Quieres decir que debo revolverme contra ti?

JILL: Exactamente.

JACK: (Deprimido.) A veces me siento tan harto de ti que ni siquiera me quedan ganas de pelear.

JILL: *Es verdad, y entonces yo te acuso de poner mala cara. Ya sé que no voy a dejar de quejarme de ti, pero si me sueltas una buena andanada cada vez que me desmando, tal vez las cosas se arreglen un poco.* [BANCO DE NIEBLA, ASERCIÓN NEGATIVA y COMPROMISO VIABLE.]

JACK: (Con cautela.) De acuerdo. No te prometo nada, pero lo intentaré.

JILL: *¿Qué otra cosa hago yo que te descorazona?* [INTERROGACIÓN NEGATIVA.]

JACK: Cuando algo no marcha, cosas corrientes de la vida cotidiana, siempre tengo la sensación de que me culpas a mí.

JILL: (Con curiosidad.) Eso sí que no lo entiendo. *¿Qué hago yo para que tengas la impresión de que te culpo a ti cuando algo no marcha?* [INTERROGACIÓN NEGATIVA.]

JACK: No sé cómo es. Si hay algo del apartamento que no te gusta y empiezas a quejarte, en cierto modo tengo la sensación de que la culpa es mía. Debí tener más cuidado al examinar el apartamento, antes de alquilarlo.

JILL: (Insistiendo en provocar las críticas de Jack donde este se ha interrumpido.) *En cierto modo es como si te cargara las culpas de todo lo que ocurre, ¿no es así?* [INTERROGACIÓN NEGATIVA.]

JACK: Sí. Es como si yo fuese responsable de todo lo que pasa. No se trata de cosas graves, pero al cabo de tres años hay un sinfín de cositas que no marchan, y resulta fastidioso. A veces me da pereza volver a casa, por la noche, porque temo que va a ocurrir algo de lo que seré responsable.

JILL: Comprendo. *¿Qué otras cosas hago yo que te hagan*

sentirte culpable o responsable? [INTERROGACIÓN NEGA-TIVA.]

JACK: No sé. Muchas cosas. Por ejemplo, cuando te aburres, tengo la sensación de que te aburres por mi culpa.

JILL: (Insistiendo.) *Hago que te sientas responsable de mi aburrimiento, ¿no es así?* [INTERROGACIÓN NEGATIVA.]

JACK: Exactamente. Es como si yo tuviera que andar con mucho cuidado con lo que digo o hago delante de ti, para no trastornarte. No puedo mostrarme natural, ni, simplemente, relajarme y ponerme cómodo. Siempre debo estar preocupándome por ti, por si estás bien.

JILL: (Insistiendo en que Jack prosiga en su crítica.) Dices que dependo demasiado de ti en muchas cosas. (Reflexivamente.) *Seguramente es cierto. ¿Qué otra cosa hago yo que te haga sentirte responsable de mí?* [BANCO DE NIEBLA e INTERROGACIÓN NEGATIVA.]

JACK: A veces tengo la impresión de que no puedes hacer nada tú sola, sin mi ayuda. Siempre debo intervenir yo. Y si no tengo ganas de hacer algo y te lo confieso, me respondes con un silencio frío, glacial. Porque no se puede admitir que no me guste hacer lo que tú quieres que yo haga. Es como si no tuviera una vida propia, como si debiera depender de ti. Te pondrías furiosa si yo hiciera algo sin ti, salvo ir a trabajar. Y sospecho que hasta irías a trabajar conmigo si acertaras a encontrar una excusa para hacerlo. A veces tengo la impresión de que eso nuestro no es propiamente un matrimonio, sino otro empleo que yo tengo, y en el que trabajo para ti. Hasta en lo del sexo... A veces tengo la sensación de que es algo que te debo, en lugar de desear hacerte el amor, y me fastidia tener esta impresión. ¿No te das cuenta? En tres años que llevamos casados, no he salido ni una sola noche para divertirme con mis amigos, salvo para ir a pescar, y siempre te has enfadado cuando he ido.

JILL: (Perdiendo el aplomo y un tanto exasperada.) ¡Válgame Dios! ¡Qué problema!

JACK: A eso me refiero, precisamente. Yo te digo lo que siento y tú no me escuchas. Te limitas a poner el grito en el cielo y a descargar tu ira sobre mi cabeza.

JILL: (Encendiendo un cigarrillo y reflexionando un momento.) *Comprendo tu punto de vista.* (Sonriendo, un tanto apurada.) *No aguanto muy bien, ¿verdad? ¿No encajo como debería?* [BANCO DE NIEBLA muy acentuado y ASERCIÓN-INTERROGACIÓN NEGATIVAS.]

JACK: (A la defensiva.) Tú lo has querido.

JILL: Por favor, Jack. *Tienes razón. Lo paso muy mal cuando me atacas realmente,* como ahora, *pero no cedas, te lo ruego.* [BANCO DE NIEBLA y COMPROMISO VIABLE.]

JACK: ¿Qué hago, entonces?

JILL: (Rehaciéndose y volviendo al punto donde Jack se interrumpió.) *Estoy viendo que me he mostrado muy dependiente y exigente al mismo tiempo, ¿no es así? ¿Qué podríamos hacer para remediarlo?* [ASERCIÓN-INTERROGACIÓN NEGATIVAS muy acentuadas y COMPROMISO VIABLE.]

JACK: No lo sé. Tú no puedes decir: «Anda, sal esta noche y ve a divertirte», porque si te quedaras sola en casa, y contra tu voluntad, yo seguiría sintiéndome culpable y responsable de ti. No, no basta con decirlo.

JILL: *Tienes razón. Tampoco yo creo que bastara.* Veamos lo que hemos sacado en claro hasta ahora. Yo quiero recobrar nuestra intimidad; que estemos más unidos. El problema está en que te encierro fuera cuando tú compartes lo malo que hay en nuestra unión, las cosas que no te gustan acerca de nosotros. Y lo peor de todo es la forma en que te excluyo... (Las lágrimas asoman a sus ojos.) Jack... Lo siento. [BANCO DE NIEBLA.]

JACK: (Sin ceder.) Yo también lo siento.

JILL: Sospecho que, para mí, estar unidos solo significa lo bueno. No he podido soportar los reproches que me has dirigido.

JACK: (Sonriendo.) ¡Como si yo fuera perfecto!

JILL: (Sonriendo también.) *¡Sin duda!* [BANCO DE NIEBLA sarcástico, pero con simpatía.]

Jack: Sospecho que si tuviese más hombría te habría hecho cerrar la boca cuando te ponías realmente tonta.

Jill: *Tal vez... Quiero que insistas en algo cuando lo desees de verdad, aunque yo te haga una escena.* [BANCO DE NIEBLA y COMPROMISO VIABLE.]

Jack: Es fácil decirlo, pero ¿cómo lo hacemos?

Jill: *Podríamos tener otras conversaciones como esta de hoy para despejar la atmósfera y ver dónde estamos cada uno de nosotros. ¿Te parece?* [COMPROMISO VIABLE.]

Jack: De acuerdo, pero quiero que dejes de hacer algunas de esas cosas que me hacen sentirme como un empleado tuyo que tiene el deber de hacerte feliz.

Jill: *¿Qué cosas?* [INTERROGACIÓN NEGATIVA.]

Jack: Esas cosas que acabamos de comentar.

Jill: *De acuerdo... Pero no dejes de advertirme, cuando vuelva a las andadas.* [COMPROMISO VIABLE.]

Jack: Así no voy a conseguir que dejes de colgarte de mi cuello.

Jill: *¿Qué otra cosa puedo hacer, entonces?* [INTERROGACIÓN NEGATIVA.]

Jack: ¿Por qué no buscas algo en qué ocuparte en lugar de limitarte a quedarte en casa? Ve a una academia. Aprende una profesión. Una técnica de artesanía. Algo. No sé.

Jill: *Tienes razón. Debo buscar algo en qué ocuparme sin depender de ti. Siempre me ha sido difícil, pero tal vez así, cuando tú desees hacer algo solo, yo podré dedicarme a lo mío.* [BANCO DE NIEBLA, ASERCIÓN NEGATIVA y COMPROMISO VIABLE.]

Jack: ¿Cuándo empezamos?

Jill: ¿Por qué no ahora mismo?

Jack: ¿Y por qué no después de comer? Me estoy muriendo de hambre.

Jill: ¡Estás en forma!

Los alumnos han observado por experiencia, y en este diálogo puede observarse también, que comportarse como una máquina o como un «experto en kárate verbal» no es necesario cuando se trata de afirmarse asertivamente frente a otra persona. La mayoría coincide en reconocer que el daño es mínimo si tienen algún problema en comunicar lo que desean, o pierden los estribos, o dicen algo estúpido o se irritan, o dicen algo que realmente no querían decir, o formulan un compromiso que no habían previsto formular. Nada se pierde, salvo un poco de tiempo. Simplemente vuelven a empezar como si nada hubiese ocurrido hasta entonces y siguen diciendo lo que realmente quieren decir para conseguir su propósito, ya sea este un objetivo material concreto, un cambio de comportamiento en sí mismos o en la otra persona con la que están en conflicto, o bien una mejora en la comunicación, como en el caso del diálogo que acabamos de reproducir.

A modo de resumen

Al interactuar y hacer frente al «oponente» de la manera no defensiva ni manipulativa que señala el último diálogo, se consigue transmitir un mensaje importantísimo a la persona frente a la cual nos afirmamos asertivamente: la seguridad de que no nos interferiremos en su proceso de adopción de decisiones, y, cosa de la máxima importancia, que no lo haremos ni siquiera en el caso de que no nos guste lo que oímos. Esta seguridad permite que los conflictos que surgen en materia de deseos o de antipatías se resuelvan mediante un compromiso mutuo, en el supuesto de que exista la posibilidad de compromiso, por mínima que sea. Llegar a un compromiso «de comportamiento» entre dos personas no es lo mismo que imponer un comportamiento a otra persona. La imposición de comportamiento se produce cuando una persona llega «al interior» de esta parte única e individual del ser que llamamos el «yo». Esa parte de todos nosotros, en la que somos independientes de Dios, de Mamá y de Papá, de la Ley, de la Moral y de los Demás; esa parte de nosotros mismos desde la cual decidimos qué es lo que queremos, donde sopesamos las ventajas y las consecuencias de lo que deseamos hacer, a veces a pesar de la realidad. Incluso en psicoterapia, el psicólogo pide permiso para entrar en esta zona privada de la vida del paciente, porque, sin permiso, la psico*terapia* (psico*servicio)* no es posible. Si el terapeuta se introduce en esa zona sin consentimiento, o bien la relación de servicio cesa, o bien se produce una psicodependencia en la que el paciente pasa a depender morbosamente del terapeuta y espera que este tome decisiones por él. Por fortuna, esta clase de dependencia es rara. Los terapeutas no tardan en cansarse de las personas que los llaman a las tres de la madrugada para preguntarles: «¿Qué debo hacer?». El terapeuta que de veras quiere compartir el proceso decisorio del paciente debe ayudar a este a esclarecer cuáles son sus deseos o necesidades, sus emociones y las acciones que de ellas resultan; debe emplear sus conocimientos técnicos para ayudar al paciente a resolver sus problemas pero no debe resolvérselos él; debe ayudar al paciente a hacer lo que este desea, y no lo que el terapeuta desea que haga...

Ningún terapeuta es tan presuntuoso como para suponer que un cambio benéfico de comportamiento o de manera de pensar entre dos personas solo puede producirse en su despacho profesional o gracias a su consejo. Lo que realmente vemos (al menos inicialmente) en nuestras consultas son las interacciones que no acaban de funcionar como deberían entre varias personas. Lo que jamás vemos son las interacciones productivas entre personas que las descubren y aplican por sí mismas, hasta conseguir resolver perfectamente sus conflictos sin nuestra ayuda. Debo excusarme ante los espíritus más sensibles que puedan encontrarse entre nuestras filas profesionales, si declaro que, aunque los terapeutas somos útiles y nadie puede decir que no nos ganamos honradamente el dinero que nos pagan, no somos absolutamente indispensables para que se produzca el proceso de un cambio saludable de comportamiento. La suma de toda mi experiencia personal y profesional me dice que dos personas pueden resolver los conflictos cotidianos que les plantea su relación, y que pueden resolverlos satisfactoriamente. El mayor obstáculo que se opone a la solución de nuestros conflictos en la convivencia con otra persona surge cuando nos interferimos en el proceso decisorio de esa persona, cuando manipulamos sistemáticamente los deseos y necesidades de nuestro prójimo haciendo que se sienta ansiosamente amenazado, culpable o ignorante. Si advertimos que, en un conflicto dado, en particular en un conflicto con una persona querida, no conseguimos dar con la solución, vale la pena que tratemos de afirmar asertivamente nuestros deseos en lugar de emplear la manipulación, de afirmar asertivamente nuestros deseos en lugar de pisotear la dignidad y el respeto de sí mismo del otro, nuestro igual, y que veamos luego qué ocurre.

Algunos alumnos, profesionales o legos por un igual, se han sentido intrigados por la idea de proyectar las consecuencias, negativas y positivas, que una asertividad sistemática podría tener para la sociedad en general, consecuencias en cuanto a nuestra manera de vivir nuestras vidas y hasta en la manera en que nos relacionamos con ciertas cosas, como por ejemplo la General Motors (o la Rolls-Royce para el caso). Esos tales se preguntan qué ocurriría en la sociedad y en la forma en que esta suele obrar desde el punto de vista social, político, económico y jurídico, si grandes masas de personas adoptaran una actitud más asertiva y dejaran de responder a la manipulación de su comportamiento. Al mismo tiempo que aprendo a decir «No lo sé», simplemente, sin sentir la menor incomodidad al hacerlo, puedo también hacer hincapié en que lo único que me interesa, en la esfera de la formación asertiva sistemática y de la correspondiente terapia, son los dos extremos de la sociedad humana: el individuo y la especie. En tanto que psicólogo solo me interesan realmente las relaciones conflictivas entre dos personas, es decir, la mínima expresión de sociedad, y, en el otro extremo de la gama, el estado de la humanidad como especie dinámica, en evolución perpetua. Entre estos dos polos, todo lo demás es arbitrario y negociable, y probablemente de escasa importancia para la humanidad, a la larga. Si por influencia de la política, de la religión, de la abundancia o del exceso, llegamos a superpoblarnos, se producirá automáticamente una regulación. La naturaleza nos obliga, sin remisión, a sufrir las consecuencias de nuestras acciones. Si por causa de la contaminación, de la píldora, de los prejuicios, de las guerras, del hambre o de las enfermedades, despoblamos nuestro medio ambiente, volveremos a crecer automáticamente, como ya ha ocurrido en el pasado. Tengo una fe implícita en nuestra herencia genética *ensayada y puesta a prueba,* en cuanto a la supervivencia de nuestra especie, pero muy poca fe en mi propia supervivencia salvo en la manera en que decida competir con los demás seres individuales. Tengo fe en la humanidad, pero no en que otros hombres individuales estén cualificados para tomar decisiones acerca de mi bienestar personal. Solo yo puedo ser mi propio juez. Todos somos nuestros propios jueces. Todos podemos decidir. Si queremos hacerlo.

Glosario de las técnicas asertivas sistemáticas

ASERCIÓN NEGATIVA: Técnica que nos enseña a aceptar nuestros errores y faltas (sin tener que excusarnos por ellos) mediante el reconocimiento decidido y comprensivo de las críticas, hostiles o constructivas, que se formulan a propósito de nuestras cualidades negativas.

Efectos clínicos: Nos permite sentirnos a nuestras anchas aun reconociendo los aspectos negativos de nuestro comportamiento o de nuestra personalidad, sin tener que adoptar actitudes defensivas o ansiosas, ni vernos obligados a negar un error real, consiguiendo al mismo tiempo reducir la ira o la hostilidad de nuestros críticos.

AUTORREVELACIÓN: Técnica que enseña a aceptar e iniciar la discusión de los aspectos positivos y negativos de nuestra personalidad, nuestro comportamiento, nuestro estilo de vida y nuestra inteligencia, con objeto de fomentar y favorecer la comunicación social y reducir la manipulación.

Efectos clínicos: Nos permite revelar aspectos de nosotros mismos y de nuestra vida que anteriormente provocaban en nosotros sentimientos de ignorancia, ansiedad o culpabilidad.

BANCO DE NIEBLA: Técnica que enseña a aceptar las críticas manipulativas reconociendo serenamente ante nuestros críticos la posibilidad de que haya parte de verdad en lo que dicen, sin que por ello abdiquemos de nuestro derecho a ser nuestros únicos jueces.

Efectos clínicos: Esta técnica nos permite recibir las críticas sin sentirnos violentos ni adoptar actitudes ansiosas o defensivas, y sin ceder un ápice frente a los que emplean críticas manipulativas.

COMPROMISO VIABLE: Cuando empleamos las técnicas asertivas verbales, es muy práctico, siempre que comprendamos que no está en juego el respeto que nos debemos a nosotros mismos, ofrecer a la otra parte un compromiso viable. Siempre podemos regatear, cuando se trata de nuestros objetivos materiales, a menos que el compromiso afecte a nuestros sentimientos personales de dignidad propia. Cuando el objetivo final entraña algo que afecta a nuestra dignidad, sin embargo, *no* caben compromisos de ninguna clase.

DISCO RAYADO: Técnica que, mediante la repetición serena de las palabras que expresan nuestros deseos, una y otra vez, enseña la virtud de la persistencia, sin tener que ensayar argumentos o sentimientos de ira de antemano, con el objeto de «calentarse» con miras al enfrentamiento con los demás.

Efectos clínicos: Esta técnica nos permite sentirnos a nuestras anchas e ignorar las trampas verbales manipulativas, los cebos dialécticos, la lógica irrelevante, sin apartarnos del punto en el que deseamos insistir.

INTERROGACIÓN NEGATIVA: Técnica que nos enseña a suscitar las críticas sinceras por parte de los demás, con el fin de sacar provecho de la información (si son útiles) o de agotarlas (si son manipulativas), inclinando al mismo tiempo a nuestros críticos a mostrarse más asertivos y a no hacer un uso tan intensivo de los trucos manipulativos.

Efectos clínicos: Nos permite provocar con serenidad las críticas contra nosotros mismos en el seno de las relaciones íntimas, induciendo al mismo tiempo a la otra persona a expresar honradamente sus sentimientos negativos y consiguiendo así mejorar la comunicación.

LIBRE INFORMACIÓN: Técnica que nos enseña a identificar los simples indicios que nos da otra persona en el curso de la vida cotidiana y que permiten reconocer qué es lo interesante o importante para esa persona.

Efectos clínicos: Esta técnica nos permite vencer nuestra timidez y entrar en conversación social con los demás, y, al mismo tiempo, induce a estos a hablarnos con mayor libertad de sí mismos.